湖北经济普查年鉴

Hubei Economic Census Yearbook

2018

第二产业卷|上

湖北省第四次全国经济普查领导小组办公室　编著

中国统计出版社
China Statistics Press

图书在版编目（CIP）数据

湖北经济普查年鉴. 2018. 第二产业卷. 上 / 湖北省第四次全国经济普查领导小组办公室编著. -- 北京 : 中国统计出版社, 2020.11
ISBN 978-7-5037-9245-8

Ⅰ. ①湖… Ⅱ. ①湖… Ⅲ. ①经济－普查－湖北－2018－年鉴②第二产业－经济－普查－湖北－2018－年鉴 Ⅳ. ①F127.63-54

中国版本图书馆 CIP 数据核字(2020)第 169434 号

湖北经济普查年鉴—2018/第二产业卷（上）

作　　者/湖北省第四次全国经济普查领导小组办公室
责任编辑/冯燕玲
封面设计/黄俊杰　李雪燕　刘亚非
出版发行/中国统计出版社有限公司
通信地址/北京市丰台区西三环南路甲 6 号　邮政编码/100073
电　　话/邮购（010）63376909　书店（010）68783171
网　　址/http://www.zgtjcbs.com/
印　　刷/武汉市盛宏源印务有限公司
经　　销/新华书店
开　　本/880mm×1230mm　1/16
字　　数/1178 千字
印　　张/27.25
版　　别/2020 年 11 月第 1 版
版　　次/2020 年 11 月第 1 次印刷
定　　价/780.00 元（全四册）

如有印装差错，由本社发行部调换。

《湖北经济普查年鉴—2018》编纂机构和人员组成

编者说明

为便于社会各界共同分享湖北省第四次全国经济普查的成果，更方便地开发利用普查资料，我们将经济普查资料编辑整理，汇编成《湖北经济普查年鉴—2018》一书。全书共三卷四册，即综合卷、第二产业卷和第三产业卷。《综合卷》分三篇：第一篇为“综合篇”，第二篇为“企业篇”，第三篇为“文化及相关产业篇”。《第二产业卷》按内容分为上、下两册。上册两篇：第一篇为“工业企业生产经营及财务状况篇”，第二篇为“主要工业产品产量篇”。下册两篇：第一篇为“规模以上工业企业科技情况篇”，第二篇为“建筑业企业生产经营及财务状况篇”。《第三产业卷》分六篇：第一篇为“批发和零售业企业基本情况及财务状况篇”，第二篇为“住宿和餐饮业企业基本情况及财务状况篇”，第三篇为“房地产开发经营业生产经营及财务状况篇”，第四篇为“服务业企业财务状况篇”，第五篇为“服务业行政事业及非企业法人单位篇”，第六篇为“企业信息化和电子商务交易情况篇”。为使读者能够更好地使用本资料，现对有关问题做如下说明：

一、第四次全国经济普查的标准时点为2018年12月31日，时期资料为2018年度；

二、综合卷中综合篇和企业篇汇总表，均不包含少量无分组标识的单位数据，其中单位数包含兼营二、三产业的农、林、牧、渔业法人单位，从业人员数不包含兼营二、三产业的农、林、牧、渔业法人单位，不包含人民银行、银保监会、证监会监管的金融业以及铁路运输部门单位数据；

三、本资料建筑业按法人单位注册地，其他行业按法人单位经营地进行汇总；

四、本资料部分数据由于单位取舍不同或四舍五入而产生的误差数均未作机械调整；

五、表中空格表示该项统计指标数值为零、不足最小单位、数据不详或无该项数据，“#”表示其中的主要项；

六、为了更准确地使用本年鉴，每卷后附有该卷详细的指标解释。

我们希望此书的面世，能使社会各界对湖北省第四次全国经济普查有一个全面的了解，更愿本书的内容，能为社会经济研究工作者提供有价值的参考。

湖北省第四次全国经济普查资料是全省普查工作者共同辛勤工作的成果，也是广大普查对象积极支持配合的结果。在此，我们向全省所有普查工作者、普查对象和所有参与和支持普查工作的人员致以崇高的敬意和衷心的感谢！

湖北省第四次全国经济普查领导小组办公室

2020年6月

第二产业卷（上） 目录

第一篇 工业企业生产经营及财务状况篇

A. 行业部分

B. 地区部分

第二篇 主要工业产品产量篇

附 录

第1篇

工业企业生产经营及财务状况篇

A. 行业部分

1-A-1 全部工业企业主要经济指标

行 业	企业单位数(个)	资产总计(亿元)	负债合计(亿元)	营业收入(亿元)	从业人员(万人)
总 计	**100415**	**47845.9**	**23645.0**	**49020.8**	**415.9**
煤炭开采和洗选业	146	31.6	13.0	18.2	0.7
石油和天然气开采业	7	217.7	102.0	75.3	1.3
黑色金属矿采选业	240	168.8	99.9	200.0	2.0
有色金属矿采选业	108	67.5	28.2	45.5	0.7
非金属矿采选业	1878	488.5	219.3	568.7	5.2
开采专业及辅助性活动	60	76.2	51.2	83.1	1.2
其他采矿业	140	25.8	5.3	27.6	0.2
农副食品加工业	7071	1993.5	724.9	3844.9	23.7
食品制造业	2640	744.4	308.6	1084.4	10.9
酒、饮料和精制茶制造业	4185	1259.3	639.4	1057.2	11.0
烟草制品业	70	540.1	177.2	757.1	0.8
纺织业	3751	1146.5	499.3	2261.9	27.3
纺织服装、服饰业	6025	606.0	239.8	1195.7	26.4
皮革、毛皮、羽毛及其制品和制鞋业	917	135.4	61.3	287.2	4.7
木材加工和木、竹、藤、棕、草制品业	2616	370.5	152.5	505.9	6.3
家具制造业	1806	263.6	88.6	261.1	4.1
造纸和纸制品业	1426	556.5	280.3	573.6	5.1
印刷和记录媒介复制业	2469	418.2	184.5	587.0	6.6
文教、工美、体育和娱乐用品制造业	1931	501.3	272.0	573.6	6.3
石油、煤炭及其他燃料加工业	310	319.6	174.8	1051.3	1.3
化学原料和化学制品制造业	4198	3301.6	1547.4	3422.2	22.0
医药制造业	1696	1801.4	725.5	1335.0	13.8
化学纤维制造业	82	44.9	20.7	58.1	0.7
橡胶和塑料制品业	3641	752.1	308.8	1163.6	11.9
非金属矿物制品业	11343	2632.6	1058.0	3606.3	35.9
黑色金属冶炼和压延加工业	575	2577.3	1507.7	2402.4	7.5
有色金属冶炼和压延加工业	595	411.2	266.3	835.5	4.2
金属制品业	6470	1518.5	791.2	1835.4	18.4
通用设备制造业	6284	1415.9	684.3	1495.0	17.0
专用设备制造业	5395	1341.2	701.7	1430.2	15.9
汽车制造业	6349	7719.4	3915.8	7625.8	48.3
铁路、船舶、航空航天和其他运输设备制造业	548	1216.0	793.1	671.6	6.8
电气机械和器材制造业	3207	2051.9	1127.2	2318.0	17.3
计算机、通信和其他电子设备制造业	2586	3810.6	2026.3	2431.6	21.0
仪器仪表制造业	1110	227.7	120.3	235.4	3.5
其他制造业	1240	146.2	70.8	152.8	2.3
废弃资源综合利用业	600	350.3	167.3	387.1	1.7
金属制品、机械和设备修理业	1180	79.5	44.2	104.1	1.6
电力、热力生产和供应业	3526	5356.1	2787.3	2034.6	14.5
燃气生产和供应业	364	287.6	167.8	235.1	1.3
水的生产和供应业	1630	872.9	491.6	181.8	4.5

注：1. 工业统计调查单位为工业企业单位数，包括机构类型为企业的法人单位，以及执行企业会计制度的事业法人单位、民办非企业法人单位和基金会，农民专业合作社，农村集体经济组织和除宗教活动场所以外的机构类型为其他组织机构的法人单位。

2. "全部工业企业"指规模以上工业企业和规模以下工业企业的总和。"规模以上工业企业"指年主营业务收入在2000万元及以上的工业企业。"规模以下工业企业"指年主营业务收入在2000万元以下的工业企业。

3. 表中的合计数和部分计算数据因小数取舍而产生的误差，均未作机械调整。以下相关表均同。

1-A-2　全部大型工业企业主要经济指标

行　业	企业单位数(个)	资产总计(亿元)	负债合计(亿元)	营业收入(亿元)	从业人员(万人)
总　计	**321**	**20377.3**	**10738.0**	**15857.3**	**95.3**
煤炭开采和洗选业					
石油和天然气开采业	1	217.5	101.9	75.0	1.3
黑色金属矿采选业	3	48.5	28.5	22.5	0.7
有色金属矿采选业	1	16.1	4.3	9.7	0.2
非金属矿采选业					
开采专业及辅助性活动	2	45.3	33.2	51.0	1.0
其他采矿业					
农副食品加工业	10	100.3	59.9	235.0	1.5
食品制造业	8	160.7	69.6	258.6	1.9
酒、饮料和精制茶制造业	13	505.5	277.2	268.0	2.6
烟草制品业	1	491.4	166.5	740.3	0.6
纺织业	18	156.5	71.0	239.3	3.3
纺织服装、服饰业	13	79.6	38.4	138.0	2.6
皮革、毛皮、羽毛及其制品和制鞋业	2	13.8	8.1	12.4	1.0
木材加工和木、竹、藤、棕、草制品业	1	10.1	4.1	6.5	0.2
家具制造业	2	19.1	5.5	23.4	0.4
造纸和纸制品业	2	35.8	14.7	29.5	0.3
印刷和记录媒介复制业	3	14.6	5.5	16.5	0.4
文教、工美、体育和娱乐用品制造业	2	27.7	12.8	45.7	0.4
石油、煤炭及其他燃料加工业	3	230.6	131.7	912.9	0.7
化学原料和化学制品制造业	26	1453.9	705.1	1001.3	6.1
医药制造业	18	966.7	376.4	501.6	5.6
化学纤维制造业	1	9.1	5.2	7.5	0.3
橡胶和塑料制品业	1	36.8	7.7	31.7	0.1
非金属矿物制品业	11	180.2	73.9	150.8	3.2
黑色金属冶炼和压延加工业	10	2275.9	1314.9	1926.7	5.4
有色金属冶炼和压延加工业	2	177.0	133.1	314.8	1.2
金属制品业	12	313.1	180.9	225.6	2.1
通用设备制造业	12	230.5	149.9	108.1	1.9
专用设备制造业	11	225.5	149.3	176.3	2.1
汽车制造业	54	4966.0	2352.2	4105.2	18.6
铁路、船舶、航空航天和其他运输设备制造业	11	892.9	632.2	329.9	3.8
电气机械和器材制造业	17	660.7	389.6	886.4	4.4
计算机、通信和其他电子设备制造业	31	1949.7	1290.2	1395.1	10.3
仪器仪表制造业	4	47.1	33.3	31.4	0.7
其他制造业	3	53.2	35.0	46.1	0.5
废弃资源综合利用业	1	153.4	59.4	90.2	0.2
金属制品、机械和设备修理业	1	4.8	0.4	14.9	0.1
电力、热力生产和供应业	7	3360.0	1640.3	1354.6	8.6
燃气生产和供应业	1	50.6	34.0	42.6	0.2
水的生产和供应业	2	197.1	142.3	32.2	0.9

1-A-3 全部中型工业企业主要经济指标

行 业	企业单位数(个)	资产总计(亿元)	负债合计(亿元)	营业收入(亿元)	从业人员(万人)
总 计	**1664**	**8196.5**	**4419.0**	**9168.8**	**86.0**
煤炭开采和洗选业	2	2.7	0.7	1.1	0.1
石油和天然气开采业					
黑色金属矿采选业	10	33.1	16.5	67.0	0.6
有色金属矿采选业	5	8.9	2.6	9.5	0.2
非金属矿采选业	12	50.4	33.7	46.0	0.5
开采专业及辅助性活动	1	23.6	15.7	26.7	0.0
其他采矿业	1	4.0	3.3	19.4	0.1
农副食品加工业	105	464.7	135.9	779.3	4.9
食品制造业	63	203.1	79.7	258.7	3.3
酒、饮料和精制茶制造业	43	258.0	138.7	269.0	2.0
烟草制品业	1	13.1	1.2	2.1	0.0
纺织业	201	383.7	165.3	743.0	10.4
纺织服装、服饰业	111	162.6	74.9	311.7	6.1
皮革、毛皮、羽毛及其制品和制鞋业	14	19.0	6.9	29.0	1.0
木材加工和木、竹、藤、棕、草制品业	15	84.7	51.5	66.9	1.0
家具制造业	10	24.3	10.1	9.3	0.5
造纸和纸制品业	28	201.6	126.3	247.8	1.5
印刷和记录媒介复制业	30	128.4	50.5	153.1	1.5
文教、工美、体育和娱乐用品制造业	32	68.2	32.4	131.7	1.5
石油、煤炭及其他燃料加工业	2	33.0	18.9	47.8	0.1
化学原料和化学制品制造业	91	616.8	368.7	695.0	4.5
医药制造业	56	296.2	129.8	289.2	2.8
化学纤维制造业	2	10.1	5.5	18.3	0.1
橡胶和塑料制品业	55	196.8	99.4	290.5	3.0
非金属矿物制品业	117	517.7	218.6	576.7	5.5
黑色金属冶炼和压延加工业	17	151.7	98.9	240.5	0.9
有色金属冶炼和压延加工业	24	70.1	41.2	119.8	1.5
金属制品业	58	264.4	173.9	281.8	3.2
通用设备制造业	57	334.2	173.7	241.3	2.8
专用设备制造业	52	283.1	169.2	267.3	2.5
汽车制造业	206	1211.0	776.7	1412.5	10.6
铁路、船舶、航空航天和其他运输设备制造业	21	127.7	65.8	162.4	1.1
电气机械和器材制造业	77	510.7	328.2	504.3	4.0
计算机、通信和其他电子设备制造业	67	523.0	301.1	357.6	3.7
仪器仪表制造业	13	45.4	20.8	35.2	0.7
其他制造业	2	6.0	1.3	5.8	0.1
废弃资源综合利用业	6	38.1	25.7	74.4	0.4
金属制品、机械和设备修理业	5	27.2	18.8	20.7	0.3
电力、热力生产和供应业	29	507.9	287.2	308.9	1.9
燃气生产和供应业	5	25.8	12.5	23.0	0.2
水的生产和供应业	18	266.0	137.3	24.9	0.9

1-A-4　全部小微型工业企业主要经济指标

行　业	企业单位数(个)	资产总计(亿元)	负债合计(亿元)	营业收入(亿元)	从业人员(万人)
总　计	**98430**	**19272.1**	**8488.0**	**23994.7**	**234.7**
煤炭开采和洗选业	144	28.9	12.3	17.0	0.6
石油和天然气开采业	6	0.2	0.0	0.3	0.0
黑色金属矿采选业	227	87.2	54.9	110.6	0.7
有色金属矿采选业	102	42.5	21.2	26.4	0.4
非金属矿采选业	1866	438.1	185.6	522.7	4.7
开采专业及辅助性活动	57	7.3	2.3	5.4	0.1
其他采矿业	139	21.8	2.0	8.1	0.2
农副食品加工业	6956	1428.5	529.2	2830.7	17.3
食品制造业	2569	380.6	159.3	567.1	5.8
酒、饮料和精制茶制造业	4129	495.8	223.5	520.2	6.4
烟草制品业	68	35.6	9.5	14.7	0.1
纺织业	3532	606.3	263.1	1279.6	13.6
纺织服装、服饰业	5901	363.8	126.6	746.0	17.7
皮革、毛皮、羽毛及其制品和制鞋业	901	102.6	46.4	245.8	2.7
木材加工和木、竹、藤、棕、草制品业	2600	275.8	96.8	432.5	5.1
家具制造业	1794	220.2	73.0	228.4	3.2
造纸和纸制品业	1396	319.1	139.3	296.3	3.4
印刷和记录媒介复制业	2436	275.1	128.5	417.5	4.8
文教、工美、体育和娱乐用品制造业	1897	405.4	226.7	396.1	4.4
石油、煤炭及其他燃料加工业	305	56.0	24.2	90.7	0.5
化学原料和化学制品制造业	4081	1230.9	473.6	1725.9	11.5
医药制造业	1622	538.5	219.3	544.2	5.4
化学纤维制造业	79	25.8	10.1	32.4	0.3
橡胶和塑料制品业	3585	518.5	201.7	841.4	8.8
非金属矿物制品业	11215	1934.7	765.5	2878.7	27.3
黑色金属冶炼和压延加工业	548	149.7	93.9	235.2	1.2
有色金属冶炼和压延加工业	569	164.1	92.0	400.9	1.5
金属制品业	6400	941.0	436.4	1328.1	13.1
通用设备制造业	6215	851.2	360.7	1145.6	12.3
专用设备制造业	5332	832.7	383.2	986.6	11.3
汽车制造业	6089	1542.5	786.9	2108.1	19.1
铁路、船舶、航空航天和其他运输设备制造业	516	195.5	95.1	179.2	1.9
电气机械和器材制造业	3113	880.5	409.5	927.3	8.8
计算机、通信和其他电子设备制造业	2488	1337.9	435.0	678.9	7.0
仪器仪表制造业	1093	135.2	66.2	168.9	2.1
其他制造业	1235	87.1	34.5	101.0	1.7
废弃资源综合利用业	593	158.8	82.2	222.5	1.1
金属制品、机械和设备修理业	1174	47.5	25.1	68.5	1.2
电力、热力生产和供应业	3490	1488.2	859.7	371.1	4.1
燃气生产和供应业	358	211.3	121.4	169.6	0.9
水的生产和供应业	1610	409.9	212.0	124.7	2.8

1-A-5 分登记注册类型规模以

分　组	企业单位数(个)	资产总计	固定资产净额	固定资产原价	累计折旧	流动资产合计	应收账款
总　计	**15222**	**41396.15**	**12368.05**	**25238.85**	**11938.35**	**19133.59**	**4963.61**
一、按登记注册类型分组:							
内资企业	14479	35354.45	10703.16	21934.66	10440.55	15863.25	4090.14
国有企业	86	2179.89	1193.94	2571.31	1272.62	558.46	69.37
中央企业	18	2051.50	1156.74	2489.84	1229.78	487.55	41.34
地方企业	68	128.39	37.20	81.47	42.85	70.91	28.03
集体企业	51	53.41	20.40	33.80	12.69	28.32	8.39
股份合作企业	4	2.62	0.20	0.47	0.28	2.18	0.84
联营企业	4	1.15	0.19	0.59	0.40	0.66	0.34
国有联营企业	1	0.27				0.08	0.03
集体联营企业	1	0.10	0.03	0.06	0.03	0.06	0.05
国有与集体联营企业	1	0.62	0.09	0.41	0.31	0.49	0.24
其他联营企业	1	0.15	0.07	0.12	0.05	0.03	0.02
有限责任公司	3865	14396.39	3964.89	7759.09	3584.52	7197.89	1952.71
国有独资公司	150	4249.51	1143.61	2730.59	1523.67	1901.39	369.10
其他有限责任公司	3715	10146.88	2821.28	5028.50	2060.84	5296.50	1583.61
股份有限公司	818	9167.13	2336.29	4633.16	2208.45	3623.40	850.70
私营企业	9645	9548.26	3186.39	6931.29	3360.65	4450.35	1207.63
私营独资企业	187	128.49	54.23	118.69	57.96	52.44	8.20
私营合伙企业	26	12.66	6.67	11.78	4.85	4.33	0.86
私营有限责任公司	8709	8438.57	2813.59	6228.99	3060.38	3944.15	1089.27
私营股份有限公司	723	968.54	311.89	571.84	237.47	449.43	109.30
其他企业	6	5.60	0.85	4.95	0.95	1.98	0.17
港、澳、台商投资企业	291	1984.83	604.20	1063.49	447.06	1019.53	346.22
合资经营企业(港或澳、台资)	111	1088.32	245.08	454.09	205.88	656.85	235.11
合作经营企业(港或澳、台资)	1	0.36				0.13	0.01
港澳台商独资经营企业	159	675.79	307.24	536.98	220.91	274.62	98.60
港澳台商投资股份有限公司	9	114.99	31.80	38.04	6.00	20.72	6.64
其他港澳台商投资企业	11	105.38	20.07	34.38	14.28	67.21	5.87
外商投资企业	452	4056.87	1060.69	2240.69	1050.74	2250.81	527.25
中外合资经营企业	228	3070.71	797.45	1700.62	788.02	1668.71	300.55
中外合作经营企业	5	25.18	12.80	35.03	22.16	9.50	2.29
外资企业	197	755.53	223.77	436.62	200.10	442.62	174.69
外商投资股份有限公司	11	162.41	18.02	48.76	29.46	104.44	42.54
其他外商投资企业	11	43.05	8.64	19.66	11.00	25.55	7.18
二、在总计中:亏损企业	1028	4294.25	1048.09	2362.41	1041.97	1933.31	397.82
在总计中:国有控股企业	751	18742.52	5920.19	12033.32	5756.06	7547.07	1582.57
在总计中:大型企业	317	20249.80	5687.09	11887.08	5851.14	8922.02	1992.00
中型企业	1618	8023.87	2404.96	5025.25	2478.63	4048.45	1122.38
小型企业	13287	13122.48	4276.00	8326.51	3608.57	6163.12	1849.23

上工业企业主要经济指标

单位：亿元

存货	产成品	负债合计	流动负债合计	应付账款	所有者权益合计	实收资本	国家资本	集体资本
4214.76	**1614.85**	**21116.69**	**16931.95**	**5083.08**	**20277.25**	**8161.28**	**2324.51**	**191.50**
3639.28	1377.98	17702.61	13898.20	3989.07	17649.63	6894.68	2004.32	146.93
171.63	15.63	1425.36	1078.19	432.87	754.54	570.23	558.25	0.80
167.21	12.52	1345.92	1043.07	422.36	705.58	452.70	450.20	
4.42	3.11	79.44	35.12	10.51	48.95	117.53	108.05	0.80
3.37	1.51	32.00	25.03	6.02	21.41	7.06	0.01	5.03
0.95	0.36	2.17	2.06	0.39	0.45	0.12		0.03
0.17	0.11	0.52	0.39	0.22	0.63	0.19		0.09
0.03	0.02	0.06			0.21			
		0.08	0.02		0.02	0.01		0.01
0.12	0.08	0.33	0.33	0.18	0.29	0.14		0.08
0.01	0.01	0.04	0.04	0.04	0.11	0.05		
1601.12	554.73	8264.18	6706.34	2054.23	6129.97	3089.94	1022.19	62.79
510.90	114.15	2364.80	1883.32	518.32	1884.71	787.93	426.22	1.49
1090.23	440.58	5899.38	4823.01	1535.91	4245.27	2302.01	595.97	61.30
654.37	239.94	3664.79	2590.19	556.84	5502.34	1079.93	401.56	32.65
1207.31	565.65	4311.59	3494.01	937.67	5236.70	2146.69	22.32	45.55
10.07	4.87	51.39	35.98	5.96	77.10	34.50		0.02
0.90	0.60	5.19	3.86	0.38	7.47	3.76		
1078.90	500.29	3845.99	3129.39	834.90	4592.61	1888.40	19.65	37.86
117.45	59.89	409.02	324.78	96.44	559.53	220.02	2.67	7.68
0.35	0.05	2.01	2.00	0.84	3.59	0.51		
211.63	78.97	1048.21	877.46	265.14	936.62	438.80	88.15	2.94
138.54	45.02	636.17	566.82	154.14	452.15	165.17	50.74	1.63
0.01	0.01	0.26			0.10			
62.51	28.01	310.47	245.32	92.33	365.32	230.41	37.41	1.31
3.20	1.92	43.95	16.75	5.18	71.04	24.98		
7.36	4.00	57.37	48.57	13.49	48.01	18.24		
363.86	157.90	2365.87	2156.28	828.86	1691.00	827.80	232.05	41.64
244.46	116.65	1850.61	1692.22	638.91	1220.10	591.11	216.80	40.70
0.72	0.26	13.79	11.46	0.90	11.39	10.01	4.82	
102.09	35.69	408.59	371.54	153.55	346.94	190.27	2.16	0.11
8.38	3.03	70.77	59.81	28.44	91.63	16.79		0.83
8.20	2.28	22.11	21.26	7.07	20.94	19.61	8.27	
458.50	153.70	2761.36	2130.04	610.82	1530.66	1134.93	259.11	16.83
1504.68	449.36	9785.19	7429.59	2156.28	8957.33	3695.07	2139.21	56.81
1865.16	558.45	10648.29	8449.71	2685.65	9601.51	3070.30	1605.50	44.62
898.66	382.37	4280.32	3527.55	974.30	3743.55	1588.35	323.04	45.26
1450.95	674.03	6188.08	4954.68	1423.12	6932.19	3502.62	395.97	101.63

1-A-5 续表

分　组	法人资本	个人资本	港澳台资本	外商资本	营业收入	营业成本	销售费用
总　计	**3196.33**	**1823.72**	**186.97**	**430.49**	**44636.38**	**36217.25**	**1315.07**
一、按登记注册类型分组:							
内资企业	2921.06	1776.14	8.36	36.52	37414.42	30269.29	1073.83
国有企业	10.57	0.61		0.01	1339.86	1286.34	5.11
中央企业	2.50				1227.88	1194.89	1.36
地方企业	8.06	0.61		0.01	111.97	91.45	3.75
集体企业	0.76	1.27			81.40	68.79	1.55
股份合作企业	0.07	0.03			1.99	1.56	0.17
联营企业	0.05	0.05			2.71	2.24	0.08
国有联营企业					1.49	1.28	0.05
集体联营企业					0.34	0.27	
国有与集体联营企业	0.05				0.31	0.28	
其他联营企业		0.05			0.56	0.40	0.03
有限责任公司	1588.63	381.37	2.35	31.99	13734.02	10963.87	359.67
国有独资公司	359.16	1.04		0.03	3300.97	2323.39	36.75
其他有限责任公司	1229.48	380.34	2.35	31.96	10433.05	8640.48	322.92
股份有限公司	302.34	338.05	1.55	3.78	4801.47	3525.04	206.00
私营企业	1018.54	1054.34	4.46	0.74	17441.22	14412.87	501.02
私营独资企业	19.39	15.04	0.05		350.40	282.15	12.90
私营合伙企业	0.52	3.24			44.65	36.29	1.15
私营有限责任公司	892.04	933.11	4.40	0.65	15656.13	12953.91	444.06
私营股份有限公司	106.59	102.95		0.09	1390.04	1140.53	42.91
其他企业	0.10	0.41			11.75	8.58	0.21
港、澳、台商投资企业	140.49	13.95	158.89	34.39	1985.27	1636.10	78.37
合资经营企业(港或澳、台资)	69.73	3.53	31.21	8.34	1046.46	860.48	52.69
合作经营企业(港或澳、台资)					1.25	0.98	0.13
港澳台商独资经营企业	55.76	10.13	104.75	21.05	810.84	678.00	19.44
港澳台商投资股份有限公司	9.70	0.12	12.87	2.29	40.53	36.97	1.10
其他港澳台商投资企业	5.29	0.17	10.07	2.72	86.19	59.66	5.02
外商投资企业	134.78	33.64	19.72	359.58	5236.68	4311.86	162.87
中外合资经营企业	108.58	23.27	16.42	185.36	4017.96	3301.18	128.25
中外合作经营企业	0.37	0.11		4.71	22.64	19.60	0.59
外资企业	15.09	8.87	3.30	154.34	974.89	813.47	28.48
外商投资股份有限公司	9.60	0.76		5.61	185.72	148.86	4.64
其他外商投资企业	1.14	0.64		9.55	35.47	28.75	0.91
二、在总计中:亏损企业	619.88	140.31	50.44	41.45	2135.93	1968.01	59.98
在总计中:国有控股企业	1199.20	163.14	4.46	132.24	12079.07	9431.17	265.60
在总计中:大型企业	905.67	266.69	56.72	191.10	15772.51	12519.77	455.30
中型企业	679.68	343.61	70.92	118.86	9002.87	7368.23	287.53
小型企业	1610.98	1213.42	59.33	120.53	19861.00	16329.25	572.24

单位：亿元

管理费用	财务费用	利息收入	利息支出	投资收益（损失以"–"号记）	营业利润	利润总额	亏损企业亏损额	平均用工人数（万人）
1947.07	**406.35**	**39.22**	**370.66**	**134.43**	**3756.91**	**3752.76**	**185.39**	**315.55**
1636.10	385.39	28.75	334.57	117.43	3162.54	3156.67	141.09	277.10
26.09	14.36	0.46	12.77	–0.35	–8.46	–6.53	21.15	11.68
20.63	13.32	0.45	11.76	–0.45	–14.81	–13.16	20.58	10.34
5.46	1.05	0.01	1.00	0.11	6.34	6.63	0.57	1.35
4.11	0.39	0.03	0.28	0.66	5.54	5.72	0.17	0.92
0.23	0.02	–0.01			–0.03	–0.04	0.07	0.04
0.17	0.04		0.01		0.13	0.16		0.05
0.05	0.02				0.08	0.08		0.01
					0.06	0.06		
0.05	0.01		0.01		–0.03			0.02
0.08	0.01				0.02	0.02		0.01
658.44	128.77	10.05	131.14	72.63	1010.41	1004.15	57.31	92.52
174.47	32.96	9.72	38.81	82.43	262.01	231.13	8.50	14.28
483.96	95.81	0.33	92.33	–9.80	748.41	773.02	48.81	78.24
309.81	67.83	11.44	76.59	54.74	623.06	623.32	46.34	36.51
636.90	173.92	6.78	113.76	–10.25	1530.58	1528.58	16.04	135.31
10.99	4.60	0.06	2.75	0.01	33.45	33.02	0.06	2.49
1.38	0.53		0.30	–0.23	4.46	4.21		0.27
563.34	153.18	6.50	95.16	–9.85	1374.93	1372.82	14.78	120.85
61.18	15.61	0.21	15.56	–0.19	117.74	118.54	1.21	11.70
0.36	0.05		0.02		1.31	1.31		0.07
80.65	9.88	7.64	17.73	2.91	175.25	176.03	5.50	14.76
46.92	3.88	7.02	11.16	1.27	76.22	77.30	1.50	7.26
0.10	0.01				0.02	0.02		0.02
29.50	4.58	–0.14	4.77	–2.54	77.28	76.81	2.02	6.81
1.57	1.31	–0.01	1.26	4.19	3.57	3.40	1.97	0.17
2.56	0.10	0.77	0.54	–0.02	18.15	18.49	0.01	0.50
230.33	11.09	2.82	18.36	14.09	419.12	420.06	38.80	23.68
164.59	2.65	3.26	11.78	10.78	324.47	324.46	33.30	14.94
0.33	0.15	–0.03	0.19		1.83	1.92	0.01	0.08
51.38	7.75	0.09	5.60	1.34	68.87	70.37	4.92	7.77
11.26	0.45	–0.52	0.72	1.87	21.13	20.72		0.63
2.77	0.08	0.03	0.08	0.10	2.81	2.59	0.57	0.26
162.92	31.34	–1.76	33.19	–0.29	–185.45	–185.39	185.39	23.49
639.16	113.75	19.57	145.45	120.81	946.50	919.86	128.26	67.27
741.68	123.38	36.82	158.05	133.08	1246.46	1223.23	93.42	96.77
423.32	96.18	3.94	80.72	–2.92	730.89	751.79	32.93	83.54
782.08	186.79	–1.54	131.89	4.28	1779.55	1777.73	59.05	135.24

1-A-6 规模以上工业企业主要

行业	企业单位数(个)	资产总计	固定资产净额	固定资产原价	累计折旧	流动资产合计	应收账款
总计	**15222**	**41396.15**	**12368.05**	**25238.85**	**11938.35**	**19133.59**	**4963.61**
采矿业	**401**	**857.73**	**242.16**	**746.75**	**470.82**	**354.21**	**144.09**
煤炭开采和洗选业	11	7.96	1.81	4.11	1.84	3.72	0.51
烟煤和无烟煤开采洗选	11	7.96	1.81	4.11	1.84	3.72	0.51
褐煤开采洗选							
其他煤炭采选							
石油和天然气开采业	1	217.50	34.84	328.45	272.16	64.70	55.46
石油开采	1	217.50	34.84	328.45	272.16	64.70	55.46
陆地石油开采	1	217.50	34.84	328.45	272.16	64.70	55.46
海洋石油开采							
天然气开采							
陆地天然气开采							
海洋天然气及可燃冰开采							
黑色金属矿采选业	47	149.38	53.86	110.34	55.46	61.74	26.12
铁矿采选	44	142.56	52.87	108.25	54.35	56.28	25.74
锰矿、铬矿采选	1	1.23	0.77	1.80	1.04	0.13	–0.09
其他黑色金属矿采选	2	5.59	0.22	0.29	0.07	5.33	0.47
有色金属矿采选业	26	50.40	14.67	33.82	16.39	21.19	3.46
常用有色金属矿采选	18	38.04	10.00	22.18	11.38	16.84	3.14
铜矿采选	18	38.04	10.00	22.18	11.38	16.84	3.14
铅锌矿采选							
镍钴矿采选							
锡矿采选							
锑矿采选							
铝矿采选							
镁矿采选							
其他常用有色金属矿采选							
贵金属矿采选	4	8.05	2.07	7.11	3.38	3.11	0.17
金矿采选	4	8.05	2.07	7.11	3.38	3.11	0.17
银矿采选							
其他贵金属矿采选							
稀有稀土金属矿采选	4	4.31	2.60	4.53	1.63	1.24	0.16
钨钼矿采选	2	1.72	0.59	1.31	0.72	0.67	0.04
稀土金属矿采选	1	2.51	1.98	3.17	0.89	0.53	0.11
非金属矿采选业	308	358.41	102.09	193.33	87.27	170.27	44.62
土砂石开采	190	128.80	52.84	111.35	55.62	49.31	12.99
石灰石、石膏开采	70	59.09	21.57	58.15	35.84	25.21	6.15
建筑装饰用石开采	43	32.94	16.27	25.51	8.33	9.65	3.01
耐火土石开采	6	2.67	1.31	1.85	0.52	1.10	0.11
粘土及其他土砂石开采	71	34.11	13.68	25.83	10.93	13.35	3.72
化学矿开采	81	181.12	36.24	59.17	22.29	91.74	18.38
采盐	3	8.95	3.21	8.75	5.54	5.40	0.90
石棉及其他非金属矿采选	34	39.54	9.80	14.06	3.81	23.83	12.35
石棉、云母矿采选							
石墨、滑石采选							

经济指标(大、中、小类行业)

单位：亿元

存货	产成品	负债合计	流动负债合计	应付账款	所有者权益合计	实收资本	国家资本	集体资本
4214.76	**1614.85**	**21116.69**	**16931.95**	**5083.08**	**20277.25**	**8161.28**	**2324.51**	**191.50**
41.56	**24.18**	**462.21**	**379.23**	**76.64**	**395.51**	**138.78**	**53.99**	**5.57**
0.19	0.10	5.22	5.19	2.74	2.75	2.46		0.02
0.19	0.10	5.22	5.19	2.74	2.75	2.46		0.02
2.12	1.42	101.93	88.80	13.02	115.57			
2.12	1.42	101.93	88.80	13.02	115.57			
2.12	1.42	101.93	88.80	13.02	115.57			
11.54	7.49	93.20	74.32	13.87	56.18	43.65	31.65	0.66
9.28	5.25	88.43	69.57	11.21	54.13	42.50	31.65	0.49
0.03	0.03	0.36	0.36	0.29	0.87	0.58		
2.24	2.21	4.41	4.39	2.36	1.17	0.56		0.16
2.25	1.39	21.53	17.53	2.01	28.87	7.05	4.01	0.01
1.44	0.81	17.74	14.58	1.61	20.31	3.70	2.00	0.01
1.44	0.81	17.74	14.58	1.61	20.31	3.70	2.00	0.01
0.69	0.50	2.48	1.87	0.23	5.58	2.83	1.81	
0.69	0.50	2.48	1.87	0.23	5.58	2.83	1.81	
0.12	0.08	1.32	1.08	0.17	2.99	0.53	0.19	
0.05	0.04	1.00	0.76	0.07	0.72	0.46	0.19	
0.07	0.04	0.30	0.30	0.08	2.22	0.02		
22.64	13.31	187.66	144.13	27.70	170.76	69.86	2.80	4.88
7.10	4.41	43.84	33.66	5.65	84.96	32.30	1.09	1.22
2.71	1.88	19.08	16.42	2.94	40.01	14.42	0.01	0.07
1.76	1.22	13.51	8.84	1.25	19.43	9.11	0.71	0.07
0.14	0.11	0.18	0.14	0.03	2.48	1.05		
2.49	1.20	11.07	8.26	1.44	23.04	7.71	0.37	1.08
9.91	7.79	111.06	78.92	15.11	70.06	28.53	1.63	3.50
0.83	0.29	5.98	5.92	0.18	2.97	2.37		
4.80	0.82	26.77	25.63	6.75	12.77	6.66	0.08	0.17

1-A-6 续表1

行业	企业单位数(个)	资产总计	固定资产净额	固定资产原价	累计折旧	流动资产合计	应收账款
宝石、玉石采选	1	1.47	0.02	0.03	0.02	0.38	
其他未列明非金属矿采选	33	38.07	9.78	14.02	3.80	23.44	12.35
开采专业及辅助性活动	6	69.56	34.78	76.32	37.55	28.46	11.26
煤炭开采和洗选专业及辅助性活动							
石油和天然气开采专业及辅助性活动	3	68.85	34.61	76.00	37.41	28.03	11.21
其他开采专业及辅助性活动	3	0.71	0.17	0.32	0.14	0.43	0.05
其他采矿业	2	4.51	0.10	0.37	0.15	4.12	2.65
制造业	**14426**	**34866.79**	**8534.25**	**18123.09**	**8716.74**	**18123.76**	**4655.75**
农副食品加工业	1529	1712.17	590.76	1355.52	688.13	735.39	145.21
谷物磨制	601	519.77	183.48	471.96	254.28	216.17	37.22
稻谷加工	552	460.78	165.30	428.65	236.50	189.87	30.53
小麦加工	42	45.50	16.80	32.93	10.56	15.93	3.58
玉米加工	1	0.56	0.43	6.43	6.00	0.09	0.05
杂粮加工	1	0.18	0.03	0.12	0.08	0.06	0.06
其他谷物磨制	5	12.74	0.91	3.82	1.14	10.23	3.00
饲料加工	221	230.92	77.38	182.46	94.32	109.67	18.41
宠物饲料加工	8	11.61	4.66	6.19	1.53	5.45	0.86
其他饲料加工	213	219.30	72.72	176.27	92.79	104.22	17.55
植物油加工	133	275.85	91.22	206.29	106.21	148.32	16.64
食用植物油加工	123	267.75	87.87	187.22	91.91	145.90	16.36
非食用植物油加工	10	8.11	3.35	19.06	14.30	2.42	0.28
制糖业	3	4.68	0.63	1.67	1.04	3.38	0.18
屠宰及肉类加工	128	161.30	61.18	109.82	44.63	65.52	17.27
牲畜屠宰	61	65.98	26.47	54.66	25.74	25.82	4.36
禽类屠宰	14	32.78	13.08	23.86	10.78	9.43	2.70
肉制品及副产品加工	53	62.54	21.63	31.30	8.11	30.27	10.20
水产品加工	67	193.59	64.42	182.25	115.95	35.09	13.64
水产品冷冻加工	35	162.47	51.00	161.08	109.84	23.59	10.81
鱼糜制品及水产品干腌制加工	17	11.77	4.74	8.54	2.78	4.55	1.14
鱼油提取及制品制造	3	2.39	1.45	2.40	0.85	0.23	−0.02
其他水产品加工	12	16.95	7.23	10.23	2.48	6.73	1.71
蔬菜、菌类、水果和坚果加工	164	137.24	43.83	78.82	30.24	70.55	20.02
蔬菜加工	88	61.25	22.29	41.93	17.80	27.60	7.67
食用菌加工	55	57.68	15.57	25.94	7.85	33.11	8.65
水果和坚果加工	21	18.31	5.97	10.95	4.60	9.83	3.70
其他农副食品加工	212	188.83	68.63	122.26	41.44	86.69	21.83
淀粉及淀粉制品制造	36	37.71	19.13	33.46	13.96	13.51	4.47
豆制品制造	27	14.84	5.64	10.64	3.33	6.35	1.41
蛋品加工	45	58.98	19.44	30.37	10.63	29.05	5.88
其他未列明农副食品加工	104	77.30	24.43	47.79	13.53	37.78	10.06
食品制造业	367	624.78	206.12	404.03	184.25	295.22	62.90
焙烤食品制造	81	118.45	43.05	93.73	49.70	51.21	7.86
糕点、面包制造	41	43.89	20.50	30.33	9.65	13.19	2.26
饼干及其他焙烤食品制造	40	74.56	22.55	63.40	40.05	38.01	5.60
糖果、巧克力及蜜饯制造	20	46.62	14.76	51.07	36.08	28.08	4.57
糖果、巧克力制造	17	24.59	12.86	48.48	35.53	9.04	2.40
蜜饯制作	3	22.03	1.90	2.59	0.55	19.04	2.16

单位：亿元

存货	产成品	负债合计	流动负债合计	应付账款	所有者权益合计	实收资本	国家资本	集体资本
0.36	0.02	1.39	1.39		0.08	0.30		
4.43	0.80	25.38	24.23	6.75	12.69	6.36	0.08	0.17
2.38	0.47	49.04	48.83	17.10	20.52	15.54	15.50	
2.30	0.39	48.86	48.65	17.02	19.99	15.50	15.50	
0.08	0.08	0.18	0.18	0.08	0.53	0.04		
0.44		3.64	0.42	0.20	0.87	0.22	0.04	
4130.31	**1587.63**	**17620.45**	**14854.19**	**4635.93**	**17244.13**	**6874.19**	**1477.85**	**167.94**
263.38	108.50	653.05	538.77	116.20	1059.12	340.48	10.28	7.00
87.23	24.18	171.94	137.36	24.34	347.83	115.53	2.72	2.47
76.99	22.01	149.98	119.75	19.10	310.80	101.36	2.72	2.47
5.61	2.03	15.09	10.74	0.92	30.41	10.62		
0.04	0.03	0.20	0.20		0.36	0.33		
					0.18	0.18		
4.58	0.11	6.67	6.67	4.33	6.07	3.03		
32.58	8.65	112.94	100.30	18.39	117.97	45.97	0.25	0.46
1.39	0.53	7.76	5.66	0.86	3.85	0.89		
31.19	8.11	105.18	94.64	17.53	114.12	45.08	0.25	0.46
64.54	30.05	120.69	97.15	32.71	155.16	43.96	3.44	2.20
63.10	29.08	118.70	95.81	32.27	149.05	39.49	3.44	2.20
1.43	0.97	1.99	1.34	0.44	6.11	4.47		
0.42	0.11	3.89	3.77	0.20	0.80	0.55		
19.69	10.94	76.75	59.50	10.45	84.55	36.86	0.34	0.12
8.67	6.79	32.99	26.40	2.75	32.99	16.33	0.34	0.12
2.26	1.16	19.97	10.64	2.43	12.80	10.36		
8.76	2.99	23.79	22.45	5.28	38.75	10.17		
11.14	8.72	39.17	33.83	9.98	154.41	15.71	0.46	0.48
7.36	6.42	27.75	23.72	8.46	134.72	7.89	0.36	
1.58	0.90	5.92	5.12	1.12	5.86	2.33	0.10	
0.18	0.06	0.55	0.54	-0.52	1.84	1.47		0.48
2.03	1.34	4.95	4.44	0.92	12.00	4.01		
23.15	12.27	57.85	51.46	9.67	79.39	35.71	0.06	0.67
10.57	5.99	22.99	19.54	5.02	38.26	16.00	0.02	0.62
9.92	5.12	26.49	23.94	2.57	31.19	13.70	0.04	0.05
2.66	1.17	8.36	7.98	2.09	9.94	6.01		0.01
24.65	13.58	69.83	55.40	10.45	119.00	46.19	3.03	0.60
3.63	1.80	14.24	9.50	2.10	23.47	6.53	2.06	0.07
1.33	0.48	5.83	4.78	1.22	9.01	5.26	0.07	
9.26	5.26	22.35	17.69	1.87	36.63	12.35	0.10	
10.43	6.04	27.40	23.44	5.26	49.90	22.05	0.80	0.53
72.87	27.27	267.92	233.03	52.58	356.86	117.78	7.86	1.16
22.96	4.64	43.57	32.50	5.84	74.88	19.67	0.12	0.24
3.65	1.47	13.05	12.17	2.91	30.85	12.10		
19.31	3.18	30.52	20.34	2.93	44.04	7.57	0.12	0.24
5.01	3.61	26.61	24.58	9.37	20.01	3.67		
2.14	0.76	7.07	5.03	2.52	17.53	3.17		
2.87	2.85	19.54	19.54	6.85	2.48	0.50		

1-A-6 续表2

行业	企业单位数(个)	资产总计	固定资产净额	固定资产原价	累计折旧	流动资产合计	应收账款
方便食品制造	75	71.36	31.10	47.04	13.60	28.54	5.31
米、面制品制造	46	46.31	21.22	29.46	6.65	17.01	2.58
速冻食品制造	15	9.16	3.35	5.50	1.46	3.37	0.91
方便面制造	7	13.17	5.54	10.73	5.12	6.72	1.37
其他方便食品制造	7	2.73	0.99	1.36	0.37	1.45	0.46
乳制品制造	14	56.68	20.50	34.24	13.69	28.53	8.24
液体乳制造	11	50.41	18.14	30.82	12.64	26.11	8.06
乳粉制造	3	6.27	2.36	3.42	1.05	2.42	0.17
其他乳制品制造							
罐头食品制造	41	59.78	32.01	52.64	19.11	21.85	3.61
肉、禽类罐头制造	7	4.09	1.56	3.64	1.44	1.91	0.44
水产品罐头制造	2	2.16	1.08	2.69	1.07	0.53	0.39
蔬菜、水果罐头制造	27	41.99	22.28	36.08	13.53	15.43	2.63
其他罐头食品制造	5	11.53	7.09	10.22	3.07	3.98	0.15
调味品、发酵制品制造	26	120.99	21.35	35.62	12.54	56.95	13.86
味精制造	1	19.11	3.23	4.00	0.77	9.85	4.33
酱油、食醋及类似制品制造	5	4.49	2.95	4.17	1.22	1.22	0.24
其他调味品、发酵制品制造	20	97.39	15.17	27.45	10.55	45.89	9.28
其他食品制造	110	150.90	43.35	89.68	39.53	80.06	19.45
营养食品制造	27	26.44	5.98	16.87	8.28	14.62	7.80
保健食品制造	20	15.98	5.00	7.63	2.11	7.23	1.07
冷冻饮品及食用冰制造	7	8.49	5.79	9.91	4.12	2.54	0.45
盐加工	6	21.04	7.93	22.60	12.46	10.79	2.21
食品及饲料添加剂制造	27	40.37	16.00	26.43	9.65	15.63	3.09
其他未列明食品制造	23	38.57	2.65	6.24	2.92	29.25	4.84
酒、饮料和精制茶制造业	442	1044.23	256.20	457.65	184.43	608.71	46.04
酒的制造	123	691.28	136.67	235.17	90.28	448.92	18.10
酒精制造	6	13.60	7.16	10.04	2.43	3.48	0.63
白酒制造	65	235.27	64.52	103.66	32.08	126.96	10.07
啤酒制造	18	77.05	32.27	72.43	40.00	34.15	5.32
黄酒制造	7	11.20	6.35	7.55	1.20	2.09	0.81
葡萄酒制造	6	3.15	1.96	3.48	1.18	0.68	0.09
其他酒制造	21	351.01	24.41	38.00	13.40	281.57	1.17
饮料制造	97	224.86	80.88	160.44	72.91	99.94	14.63
碳酸饮料制造	7	20.42	8.35	14.41	5.65	11.09	0.91
瓶（罐）装饮用水制造	25	27.88	17.41	26.68	9.02	5.93	1.77
果菜汁及果菜汁饮料制造	17	23.17	11.77	18.89	7.12	6.91	1.14
含乳饮料和植物蛋白饮料制造	18	38.35	20.50	40.60	18.31	11.66	4.20
固体饮料制造	4	11.16	1.97	4.82	2.28	5.39	2.76
茶饮料及其他饮料制造	26	103.89	20.88	55.05	30.53	58.96	3.86
精制茶加工	222	128.09	38.65	62.03	21.24	59.85	13.31
烟草制品业	7	539.27	55.21	124.95	69.52	418.20	83.53
烟叶复烤	1	13.05	4.93	8.88	3.95	6.43	0.15
卷烟制造	1	491.42	45.93	106.57	60.65	383.39	70.32
其他烟草制品制造	5	34.80	4.35	9.50	4.92	28.37	13.07
纺织业	895	968.06	354.71	910.29	531.01	410.69	84.74
棉纺织及印染精加工	611	695.92	246.10	647.03	383.86	293.57	55.38

单位：亿元

存货	产成品	负债合计	流动负债合计	应付账款	所有者权益合计	实收资本	国家资本	集体资本
7.92	2.17	27.21	24.62	6.03	44.16	15.04	0.08	0.05
5.63	1.09	14.46	13.39	1.34	31.85	9.07		
1.25	0.60	3.10	2.38	0.52	6.07	2.36		
0.71	0.39	8.13	7.67	3.82	5.04	2.92		0.05
0.33	0.09	1.52	1.18	0.36	1.21	0.69	0.08	
2.93	0.97	27.59	25.87	8.90	29.09	17.45	2.20	0.50
2.62	0.95	24.25	22.56	8.15	26.15	16.62	2.16	0.50
0.31	0.02	3.33	3.32	0.75	2.94	0.83	0.04	
7.95	4.54	19.39	17.07	4.97	40.39	8.96	0.56	0.16
0.46	0.30	0.95	0.94	0.23	3.15	1.45	0.56	0.14
0.09	0.09	0.39	0.39		1.77	0.06		
7.05	4.10	15.71	13.40	4.45	26.29	6.40		0.02
0.35	0.05	2.34	2.34	0.29	9.18	1.06		
8.05	3.62	52.59	42.43	4.92	68.40	20.89	3.29	
0.56	0.47	3.95	3.95	1.63	15.17	9.00		
0.48	0.20	2.31	2.14	0.60	2.19	1.17		
7.01	2.96	46.34	36.33	2.69	51.05	10.71	3.29	
18.06	7.70	70.96	65.96	12.55	79.94	32.11	1.61	0.22
3.68	1.53	9.83	7.40	3.46	16.62	4.98	0.05	
1.97	1.00	7.38	6.79	1.13	8.60	4.88		
0.88	0.24	4.31	4.28	1.07	4.19	1.32		
1.87	0.75	10.43	9.28	1.29	10.61	6.24	1.50	
4.95	2.25	15.88	15.42	2.51	24.49	10.57	0.02	0.03
4.71	1.93	23.15	22.80	3.09	15.42	4.12	0.04	0.18
125.77	43.46	549.54	498.59	81.03	494.69	174.91	7.99	2.57
92.63	25.11	374.78	344.29	38.60	316.50	90.07	7.68	1.95
0.72	0.33	4.95	4.12	0.17	8.65	2.31		
46.52	15.03	134.41	116.30	16.05	100.86	46.78	0.20	1.64
7.69	0.77	49.31	40.46	11.26	27.74	26.26	7.48	
0.94	0.61	4.43	3.51	0.20	6.77	6.31		
0.21	0.16	0.76	0.70	0.33	2.40	0.52		0.02
36.54	8.21	180.92	179.20	10.58	170.09	7.88	0.01	0.29
15.13	6.76	122.17	114.62	32.99	102.69	55.54	0.14	0.35
2.87	1.79	13.60	13.42	2.36	6.82	3.47	0.06	
2.25	0.78	13.90	12.97	3.53	13.98	8.02	0.08	0.20
1.91	0.80	8.32	7.05	0.84	14.85	6.69		
3.03	0.86	19.84	18.23	3.07	18.52	10.87		
0.46	0.42	6.54	5.88	4.12	4.61	1.30		
4.60	2.11	59.97	57.06	19.08	43.92	25.18		0.15
18.01	11.59	52.59	39.69	9.44	75.50	29.30	0.16	0.27
224.90	24.94	177.11	175.61	62.52	362.17	31.62	12.08	1.05
0.49	0.44	1.20	1.20		11.85	11.74	11.74	
219.07	20.29	166.49	165.24	55.30	324.93	18.13		
5.34	4.21	9.42	9.17	7.22	25.38	1.75	0.33	1.05
124.08	59.76	425.55	340.00	83.09	542.52	189.76	6.55	7.15
93.05	45.03	306.47	243.49	53.38	389.45	138.34	3.97	4.20

1-A-6 续表3

行业	企业单位数(个)	资产总计	固定资产净额	固定资产原价	累计折旧	流动资产合计	应收账款
棉纺纱加工	401	531.14	186.34	506.41	305.74	218.12	36.62
棉织造加工	186	139.59	54.19	121.26	64.55	63.03	16.31
棉印染精加工	24	25.20	5.58	19.36	13.56	12.42	2.45
毛纺织及染整精加工	5	12.10	5.06	8.14	2.85	5.89	1.15
毛条和毛纱线加工	2	3.55	0.74	2.62	1.65	2.55	0.35
毛织造加工	2	2.16	0.71	1.25	0.54	1.31	0.40
毛染整精加工	1	6.39	3.62	4.27	0.65	2.03	0.40
麻纺织及染整精加工	21	35.77	17.98	25.98	6.75	12.53	2.15
麻纤维纺前加工和纺纱	15	28.47	14.87	20.30	4.90	9.93	1.80
麻织造加工	6	7.30	3.11	5.68	1.85	2.60	0.35
麻染整精加工							
丝绢纺织及印染精加工	4	1.20	0.35	0.45	0.11	0.54	0.32
缫丝加工	1	0.75	0.12	0.12		0.37	0.25
绢纺和丝织加工	3	0.45	0.23	0.33	0.11	0.17	0.07
丝印染精加工							
化纤织造及印染精加工	21	21.46	9.90	27.44	17.12	8.97	2.18
化纤织造加工	17	19.23	8.07	17.42	8.93	8.62	2.10
化纤织物染整精加工	4	2.22	1.83	10.02	8.18	0.36	0.08
针织或钩针编织物及其制品制造	12	12.97	2.02	11.14	8.82	8.26	1.73
针织或钩针编织物织造	11	12.49	1.61	4.29	2.37	8.18	1.68
针织或钩针编织物印染精加工							
针织或钩针编织品制造	1	0.48	0.40	6.86	6.45	0.08	0.05
家用纺织制成品制造	43	36.64	13.60	37.47	22.84	13.52	3.07
床上用品制造	20	13.95	4.73	12.25	6.59	5.74	1.33
毛巾类制品制造	13	16.28	4.61	18.53	13.91	6.03	1.09
窗帘、布艺类产品制造	3	1.24	0.31	0.47	0.06	0.69	0.35
其他家用纺织制成品制造	7	5.16	3.95	6.22	2.27	1.07	0.30
产业用纺织制成品制造	178	152.00	59.69	152.63	88.68	67.41	18.74
非织造布制造	98	90.53	36.14	108.34	68.45	38.06	11.31
绳、索、缆制造	2	0.70	0.51	0.64	0.13	0.15	0.02
纺织带和帘子布制造	3	1.69	0.63	1.03	0.25	0.87	0.17
篷、帆布制造	5	4.81	1.91	5.76	3.84	2.86	0.63
其他产业用纺织制成品制造	70	54.27	20.51	36.86	16.00	25.47	6.61
纺织服装、服饰业	478	388.30	133.56	290.56	144.34	183.15	37.59
机织服装制造	364	307.68	112.90	252.24	130.07	145.94	28.58
运动机织服装制造	110	88.87	35.48	93.45	57.46	43.30	8.64
其他机织服装制造	254	218.81	77.42	158.78	72.61	102.64	19.94
针织或钩针编织服装制造	31	34.24	7.64	13.38	5.20	20.11	4.43
运动休闲针织服装制造	7	1.83	0.68	0.94	0.26	1.09	0.22
其他针织或钩针编织服装制造	24	32.41	6.96	12.44	4.94	19.02	4.20
服饰制造	83	46.37	13.02	24.94	9.07	17.10	4.59
皮革、毛皮、羽毛及其制品和制鞋业	147	99.73	31.96	122.65	79.94	53.47	13.70
皮革鞣制加工	2	8.54	1.80	2.41	0.61	5.61	2.05
皮革制品制造	23	10.30	3.40	7.67	2.61	3.82	1.23
皮革服装制造	2	0.48	0.08	0.10	0.01	0.39	0.21
皮箱、包（袋）制造	15	7.41	2.60	6.41	2.19	2.18	0.86
皮手套及皮装饰制品制造	3	1.46	0.54	0.69	0.11	0.65	0.09

单位：亿元

存货	产成品	负债合计	流动负债合计	应付账款	所有者权益合计	实收资本	国家资本	集体资本
70.02	32.72	235.28	186.52	37.91	295.86	100.05	3.26	3.44
19.76	10.40	59.22	46.46	12.63	80.37	31.66	0.08	0.76
3.27	1.92	11.97	10.50	2.84	13.23	6.63	0.63	
2.83	2.19	6.46	6.24	3.28	5.63	1.28		
2.12	2.01	3.14	3.14	2.91	0.41	0.35		
0.40	0.08	0.84	0.69	0.03	1.32	0.81		
0.31	0.11	2.48	2.41	0.33	3.90	0.12		
3.65	1.31	13.65	11.93	1.75	22.12	6.95		2.62
2.88	0.93	10.40	9.09	1.52	18.06	5.20		2.62
0.77	0.38	3.24	2.84	0.23	4.06	1.75		
0.06	0.05	0.60	0.60	0.03	0.59	0.39		
0.03	0.02	0.43	0.43		0.32	0.20		
0.04	0.03	0.17	0.17	0.03	0.27	0.19		
3.10	1.65	12.16	10.90	3.29	9.30	4.49		
3.02	1.59	11.34	10.59	3.27	7.89	4.11		
0.07	0.05	0.82	0.31	0.02	1.40	0.38		
1.28	0.69	5.06	5.00	2.34	7.91	1.47		
1.26	0.67	4.89	4.83	2.34	7.60	1.32		
0.02	0.02	0.17	0.17		0.31	0.15		
4.93	1.94	17.74	13.80	5.10	18.90	6.61		0.32
1.72	0.65	8.04	7.25	2.91	5.91	4.57		0.26
2.68	1.08	7.84	4.73	1.51	8.45	1.14		0.06
0.20	0.04	0.91	0.89	0.32	0.34	0.25		
0.33	0.17	0.96	0.93	0.35	4.20	0.65		
15.17	6.90	63.40	48.03	13.92	88.60	30.24	2.58	0.01
8.23	3.92	35.71	26.01	6.63	54.82	20.59	2.56	
0.06	0.03	0.56	0.56	0.26	0.14	0.14		
0.20	0.08	0.69	0.57	0.08	1.00	0.29		
0.40	0.15	2.48	1.28	0.51	2.33	0.89		
6.29	2.71	23.96	19.62	6.44	30.30	8.32	0.02	0.01
57.13	30.08	169.14	142.94	30.66	219.15	82.11	5.42	1.41
40.42	20.43	143.03	120.43	25.70	164.66	69.62	5.29	1.32
16.93	8.84	42.11	36.76	7.14	46.76	25.77	0.11	
23.49	11.58	100.91	83.67	18.55	117.90	43.85	5.18	1.32
11.75	7.33	12.33	11.23	1.74	21.92	3.74		
0.33	0.12	1.22	0.92	0.13	0.61	0.26		
11.42	7.21	11.10	10.31	1.61	21.31	3.48		
4.95	2.32	13.79	11.28	3.23	32.58	8.76	0.13	0.09
17.49	8.08	47.74	41.06	9.87	52.00	27.26	1.98	
3.04	0.22	8.81	8.63	2.20	−0.27	1.48		
1.01	0.69	4.10	3.72	1.44	6.19	3.09		
0.07	0.06	0.24	0.24	0.20	0.24	0.24		
0.58	0.43	3.23	3.03	1.13	4.19	1.78		
0.21	0.10	0.22	0.20	0.01	1.25	0.81		

1-A-6 续表4

行业	企业单位数(个)	资产总计	固定资产净额	固定资产原价	累计折旧	流动资产合计	应收账款
其他皮革制品制造	3	0.94	0.18	0.48	0.30	0.61	0.06
毛皮鞣制及制品加工	66	27.06	10.18	69.38	57.29	16.36	3.38
毛皮鞣制加工	2	0.35	0.05	1.66	1.61	0.28	0.07
毛皮服装加工	61	24.65	9.12	66.42	55.45	15.10	3.08
其他毛皮制品加工	3	2.07	1.00	1.29	0.23	0.98	0.23
羽毛(绒)加工及制品制造	6	2.87	1.04	1.64	0.59	1.53	0.41
羽毛（绒）加工	2	1.20	0.58	0.70	0.11	0.59	0.12
羽毛（绒）制品加工	4	1.67	0.46	0.94	0.48	0.94	0.29
制鞋业	50	50.97	15.55	41.55	18.84	26.16	6.63
纺织面料鞋制造	14	22.73	7.34	13.94	6.49	13.37	3.93
皮鞋制造	17	16.37	5.19	13.37	3.17	5.82	1.90
塑料鞋制造	2	1.33	0.85	7.97	7.12	0.41	0.07
橡胶鞋制造	14	9.93	1.93	5.86	1.89	6.18	0.63
其他制鞋业	3	0.61	0.24	0.41	0.18	0.38	0.10
木材加工和木、竹、藤、棕、草制品业	254	261.27	89.34	196.90	100.60	116.92	18.99
木材加工	42	29.72	7.44	14.03	5.72	11.96	2.37
锯材加工	13	4.92	1.97	3.37	1.16	2.44	0.53
木片加工	10	12.13	2.45	3.81	1.22	3.32	0.42
单板加工	11	5.46	1.91	4.84	2.92	1.63	0.48
其他木材加工	8	7.21	1.11	2.01	0.42	4.58	0.95
人造板制造	103	125.56	49.43	110.06	58.35	48.80	8.52
胶合板制造	52	33.26	13.78	48.07	32.32	12.51	2.63
纤维板制造	32	76.16	28.94	53.63	24.38	30.58	4.65
刨花板制造	4	2.78	1.37	1.59	0.22	1.12	0.24
其他人造板制造	15	13.35	5.33	6.77	1.44	4.58	1.01
木质制品制造	94	99.35	29.92	69.18	35.56	53.09	7.44
建筑用木料及木材组件加工	21	11.46	5.25	6.99	1.34	4.11	0.70
木门窗制造	22	14.83	5.52	16.41	9.41	7.31	1.45
木楼梯制造	1	0.35	0.13	0.15	0.02	0.16	0.02
木地板制造	36	19.92	6.03	19.17	12.03	9.55	1.97
木制容器制造	9	50.95	12.04	15.93	3.36	31.07	3.07
软木制品及其他木制品制造	5	1.84	0.95	10.53	9.40	0.88	0.23
竹、藤、棕、草等制品制造	15	6.64	2.54	3.64	0.97	3.07	0.65
竹制品制造	12	5.70	2.08	3.12	0.92	2.61	0.60
藤制品制造							
棕制品制造	1	0.46	0.35	0.39	0.04	0.11	0.02
草及其他制品制造	2	0.48	0.11	0.13	0.02	0.35	0.04
家具制造业	153	184.02	67.92	104.36	30.03	71.85	12.70
木质家具制造	129	160.69	60.46	90.55	24.74	63.27	10.21
竹、藤家具制造							
金属家具制造	9	13.00	4.43	6.37	1.18	5.02	1.97
塑料家具制造							
其他家具制造	15	10.33	3.03	7.45	4.11	3.56	0.52
造纸和纸制品业	206	386.45	138.24	253.94	106.32	173.30	42.32
纸浆制造	3	2.54	0.58	0.96	0.23	1.61	0.06
木竹浆制造	3	2.54	0.58	0.96	0.23	1.61	0.06
非木竹浆制造							

单位：亿元

存货	产成品	负债合计	流动负债合计	应付账款	所有者权益合计	实收资本	国家资本	集体资本
0.14	0.10	0.42	0.25	0.09	0.52	0.26		
4.46	2.15	13.18	11.04	0.75	13.89	3.96		
0.05		0.09	0.01		0.26	0.01		
3.86	1.87	12.25	10.20	0.74	12.40	3.14		
0.56	0.28	0.84	0.84	0.01	1.23	0.81		
0.38	0.15	1.35	1.35	0.43	1.52	0.90		
0.09	0.03	0.54	0.54	0.43	0.66	0.66		
0.29	0.13	0.81	0.81		0.86	0.24		
8.60	4.87	20.30	16.32	5.06	30.67	17.83	1.98	
4.24	1.77	12.77	9.49	3.99	9.96	6.87		
1.17	0.77	2.89	2.71	0.54	13.48	8.36	1.98	
0.22	0.08	0.63	0.24		0.70	0.15		
2.82	2.20	3.67	3.67	0.51	6.26	2.28		
0.14	0.05	0.34	0.21	0.01	0.27	0.18		
29.75	13.94	129.70	105.61	15.54	131.57	54.46	1.21	3.07
4.74	2.13	16.14	13.00	2.68	13.58	7.72	0.67	
0.39	0.33	0.97	0.81	0.32	3.94	3.36	0.67	
1.30	1.09	9.71	9.21	1.98	2.42	0.53		
0.37	0.15	2.79	0.86	0.15	2.67	1.38		
2.68	0.56	2.67	2.13	0.23	4.54	2.44		
15.41	6.79	56.37	42.67	6.37	69.18	27.92	0.29	2.13
4.46	1.48	8.64	7.56	2.19	24.62	6.44	0.27	
9.03	4.03	39.11	28.46	3.04	37.05	17.88	0.02	2.13
0.43	0.33	1.63	1.10	0.22	1.15	1.00		
1.49	0.95	6.99	5.54	0.92	6.36	2.60		
7.86	3.97	54.21	47.08	5.98	45.14	16.49	0.25	0.94
1.12	0.75	3.67	3.04	0.84	7.80	6.02	0.20	
1.29	0.68	8.14	7.01	2.30	6.69	2.82	0.03	0.01
0.02	0.02	0.29	0.29	0.02	0.06	0.06		
3.68	1.63	8.08	6.16	1.42	11.84	4.08	0.02	0.92
1.54	0.80	33.43	30.13	1.30	17.52	3.31		
0.21	0.10	0.61	0.44	0.10	1.23	0.21		0.01
1.74	1.05	2.97	2.86	0.52	3.67	2.33		
1.44	0.96	2.43	2.34	0.39	3.27	2.08		
0.04	0.02	0.36	0.36	0.05	0.10	0.10		
0.25	0.07	0.19	0.16	0.08	0.29	0.15		
13.60	6.85	69.09	47.87	19.21	114.93	81.55	0.01	0.02
12.32	6.23	60.85	41.17	16.66	99.84	73.57	0.01	0.02
0.63	0.39	5.04	4.74	1.52	7.95	4.62		
0.65	0.23	3.19	1.96	1.03	7.14	3.36		
39.28	17.66	212.81	158.80	41.18	173.65	88.11	0.42	1.77
0.21	0.01	2.06	2.01	0.22	0.47	0.24		
0.21	0.01	2.06	2.01	0.22	0.47	0.24		

1-A-6 续表5

行业	企业单位数(个)	资产总计	固定资产净额	固定资产原价	累计折旧	流动资产合计	应收账款
造纸	109	252.51	96.03	150.34	49.56	109.47	25.47
机制纸及纸板制造	98	244.64	93.87	142.78	44.59	107.12	24.68
手工纸制造	4	2.41	1.10	3.37	2.05	0.41	0.06
加工纸制造	7	5.46	1.05	4.19	2.92	1.95	0.72
纸制品制造	94	131.41	41.63	102.64	56.53	62.22	16.79
纸和纸板容器制造	54	53.08	21.34	47.49	25.20	24.48	6.86
其他纸制品制造	40	78.33	20.29	55.15	31.33	37.74	9.93
印刷和记录媒介复制业	292	339.51	98.66	203.04	96.89	179.03	66.28
印刷	284	320.11	97.22	197.62	94.24	168.62	63.40
书、报刊印刷	44	32.90	12.21	28.40	15.98	15.49	4.53
本册印制	5	18.05	1.97	4.72	2.03	13.31	8.86
包装装潢及其他印刷	235	269.16	83.04	164.49	76.23	139.82	50.01
装订及印刷相关服务	6	11.28	0.49	4.12	2.29	5.19	2.25
记录媒介复制	2	8.12	0.95	1.30	0.35	5.22	0.63
文教、工美、体育和娱乐用品制造业	262	366.07	114.79	289.35	166.57	202.85	26.41
文教办公用品制造	9	4.64	0.27	15.37	14.97	3.43	0.37
文具制造	6	2.27	0.20	0.46	0.13	1.18	0.12
笔的制造	2	2.17	0.06	14.89	14.82	2.05	0.21
教学用模型及教具制造	1	0.21		0.02	0.01	0.20	0.03
墨水、墨汁制造							
其他文教办公用品制造							
乐器制造	8	19.95	9.91	13.49	3.51	7.93	1.69
中乐器制造	2	1.28	0.06	0.25	0.14	0.99	0.20
西乐器制造	4	17.79	9.74	13.10	3.35	6.74	1.40
电子乐器制造	1	0.22	0.05	0.05	0.01	0.17	0.08
其他乐器及零件制造	1	0.66	0.06	0.09	0.02	0.03	0.01
工艺美术及礼仪用品制造	201	317.16	93.46	194.94	94.21	180.34	20.92
雕塑工艺品制造	78	71.19	31.49	90.02	55.66	25.25	7.02
金属工艺品制造	9	8.83	3.56	4.51	0.95	4.39	1.68
漆器工艺品制造	5	4.91	2.55	3.05	0.50	0.99	0.17
花画工艺品制造							
天然植物纤维编织工艺品制造	12	8.00	1.20	2.61	0.99	3.08	0.50
抽纱刺绣工艺品制造	21	8.21	1.54	19.02	17.10	5.33	1.41
地毯、挂毯制造	5	6.32	2.52	3.86	1.34	3.44	0.90
珠宝首饰及有关物品制造	16	139.97	19.20	25.13	4.16	110.89	3.88
其他工艺美术及礼仪用品制造	55	69.72	31.40	46.74	13.51	26.96	5.38
体育用品制造	11	5.93	3.08	3.99	0.87	2.53	0.47
球类制造	2	0.63	0.14	0.26	0.08	0.47	0.06
专项运动器材及配件制造	4	3.03	2.10	2.53	0.43	0.90	0.18
健身器材制造							
运动防护用具制造	1	0.51	0.31	0.42	0.11	0.19	
其他体育用品制造	4	1.76	0.53	0.77	0.24	0.97	0.22
玩具制造	24	14.10	6.52	59.15	52.44	6.46	1.89
电玩具制造	1	0.25	0.07	0.49	0.42	0.08	0.01
塑胶玩具制造	2	0.49	0.31	0.40	0.09	0.09	0.05
金属玩具制造							
弹射玩具制造							

单位：亿元

存货	产成品	负债合计	流动负债合计	应付账款	所有者权益合计	实收资本	国家资本	集体资本
25.31	11.61	144.77	106.18	26.80	107.74	66.39	0.38	1.38
24.41	10.96	142.80	104.46	26.35	101.84	64.38	0.38	1.38
0.15	0.02	0.67	0.42	0.05	1.74	0.13		
0.74	0.63	1.31	1.31	0.41	4.15	1.88		
13.76	6.03	65.97	50.61	14.16	65.44	21.48	0.04	0.39
6.49	2.23	31.29	25.42	6.99	21.80	11.73		0.39
7.27	3.80	34.69	25.19	7.17	43.64	9.75	0.04	
46.87	19.37	156.17	135.62	38.31	183.33	70.81	9.53	1.16
45.13	18.23	153.26	133.32	37.18	166.85	65.08	9.53	0.56
5.96	2.57	18.25	15.41	3.75	14.65	8.70	4.86	0.12
2.20	0.75	12.27	11.41	2.17	5.77	1.90		
36.96	14.92	122.73	106.51	31.26	146.43	54.48	4.67	0.44
0.70	0.21	1.68	1.08	0.70	9.60	4.14		0.59
1.04	0.93	1.23	1.22	0.43	6.88	1.60		
75.55	21.64	208.54	93.30	16.91	157.53	67.24	0.78	5.98
0.77	0.39	1.88	1.47	0.39	2.76	1.47		
0.55	0.19	1.10	0.70	0.37	1.17	0.84		
0.11	0.10	0.69	0.69	0.01	1.48	0.52		
0.10	0.10	0.10	0.08	0.02	0.11	0.11		
3.72	0.84	5.97	5.90	1.41	13.98	1.46	0.02	
0.23	0.12	0.94	0.88	0.10	0.34	0.07	0.02	
3.47	0.70	4.91	4.91	1.21	12.88	1.33		
0.02	0.01	0.11	0.11	0.10	0.10	0.05		
		0.01	0.01		0.66	0.01		
67.64	18.65	191.46	78.79	13.62	125.70	58.62	0.76	5.98
9.45	6.56	22.71	14.06	1.27	48.48	23.98	0.46	4.74
1.63	0.62	4.34	4.00	0.50	4.49	0.75		0.01
0.50	0.32	1.12	0.94	0.24	3.79	3.10	0.01	
0.83	0.52	3.22	1.32	0.39	4.78	1.58	0.05	0.01
1.51	0.82	3.66	3.64	0.61	4.54	1.34		
1.16	0.71	3.15	2.92	1.29	3.17	1.55		0.48
41.81	4.99	119.09	26.66	4.08	20.89	14.47		0.75
10.75	4.12	34.17	25.25	5.24	35.55	11.85	0.23	
0.96	0.44	2.12	2.05	0.28	3.81	1.27		
0.34	0.09	0.29	0.28	0.02	0.34	0.09		
0.10	0.07	0.50	0.47	0.06	2.53	0.82		
		0.02	0.02		0.48			
0.52	0.28	1.30	1.29	0.20	0.46	0.37		
1.88	0.95	4.71	3.22	0.65	9.39	3.38		
0.02	0.01	0.20	0.20		0.05	0.04		
0.02	0.02	0.36	0.29	0.04	0.13	0.05		

1-A-6 续表6

行　业	企业单位数(个)	资产总计	固定资产净额	固定资产原价	累计折旧	流动资产合计	应收账款
娃娃玩具制造							
儿童乘骑玩耍的童车类产品制造	20	12.75	5.87	57.91	51.85	6.06	1.73
其他玩具制造	1	0.61	0.27	0.35	0.08	0.22	0.10
游艺器材及娱乐用品制造	9	4.29	1.56	2.41	0.57	2.16	1.07
露天游乐场所游乐设备制造	2	1.38	0.69	1.02	0.04	0.39	0.18
游艺用品及室内游艺器材制造							
其他娱乐用品制造	7	2.91	0.86	1.39	0.53	1.77	0.89
石油、煤炭及其他燃料加工业	44	301.18	120.32	262.36	140.62	135.02	17.80
精炼石油产品制造	34	260.99	95.48	222.25	125.35	122.87	12.79
原油加工及石油制品制造	31	259.10	95.08	221.54	125.05	122.40	12.72
其他原油制造	3	1.89	0.41	0.71	0.30	0.47	0.07
煤炭加工	5	38.14	24.03	39.16	15.12	11.53	4.73
炼焦	2	32.99	20.26	33.06	12.80	10.25	4.67
煤制合成气生产	1	3.99	2.86	4.76	1.90	1.04	
煤制液体燃料生产							
煤制品制造	2	1.15	0.91	1.34	0.43	0.24	0.06
其他煤炭加工							
生物质燃料加工	5	2.05	0.80	0.95	0.15	0.63	0.28
生物质液体燃料生产							
生物质致密成型燃料加工	5	2.05	0.80	0.95	0.15	0.63	0.28
化学原料和化学制品制造业	946	2981.01	855.71	2124.12	1172.46	1147.72	196.36
基础化学原料制造	206	607.21	196.83	511.41	298.58	199.45	31.17
无机酸制造	17	32.29	11.43	72.49	60.46	15.60	2.99
无机碱制造	7	137.39	46.86	105.85	54.63	42.59	3.99
无机盐制造	35	179.53	46.10	116.28	67.59	26.34	5.18
有机化学原料制造	88	168.76	57.47	155.61	92.23	84.71	10.86
其他基础化学原料制造	59	89.24	34.98	61.19	23.65	30.21	8.14
肥料制造	204	1098.09	304.79	733.39	383.11	479.32	44.20
氮肥制造	8	349.18	67.87	181.85	112.08	128.54	8.68
磷肥制造	37	100.90	41.57	85.57	42.36	43.51	6.43
钾肥制造	2	1.46	0.18	0.35	0.14	0.97	0.14
复混肥料制造	85	603.66	178.71	431.05	214.37	287.89	24.85
有机肥料及微生物肥料制造	65	36.77	14.84	30.02	11.74	14.32	3.80
其他肥料制造	7	6.12	1.63	4.56	2.42	4.10	0.30
农药制造	27	66.74	20.13	39.26	16.15	25.83	4.14
化学农药制造	19	57.01	16.72	28.99	10.59	21.70	3.24
生物化学农药及微生物农药制造	8	9.73	3.41	10.27	5.56	4.14	0.90
涂料、油墨、颜料及类似产品制造	154	177.72	48.97	151.13	82.73	70.13	22.18
涂料制造	115	123.17	30.89	89.16	41.27	43.15	13.19
油墨及类似产品制造	12	27.41	12.64	53.25	38.28	9.91	3.28
工业颜料制造	2	0.53	0.27	0.43	0.11	0.26	0.13
工艺美术颜料制造	4	0.98	0.34	0.54	0.19	0.40	0.12
染料制造	6	13.67	1.98	3.29	1.31	9.23	3.44
密封用填料及类似品制造	15	11.96	2.84	4.47	1.57	7.17	2.03
合成材料制造	59	293.35	126.61	219.23	90.36	79.35	18.33
初级形态塑料及合成树脂制造	23	198.19	117.44	184.23	66.24	45.86	6.55
合成橡胶制造	7	9.07	2.83	7.24	4.41	5.02	1.99

单位：亿元

存货	产成品	负债合计	流动负债合计	应付账款	所有者权益合计	实收资本	国家资本	集体资本
1.76	0.85	3.95	2.54	0.62	8.80	2.94		
0.08	0.08	0.20	0.19		0.41	0.35		
0.58	0.37	2.40	1.86	0.56	1.89	1.04		
0.11	0.04	0.91	0.69	0.09	0.48	0.37		
0.47	0.33	1.49	1.17	0.47	1.42	0.67		
42.96	20.32	166.62	154.80	37.55	134.56	84.32	70.53	0.15
41.29	20.14	144.00	133.75	30.38	117.00	60.70	48.63	0.15
41.20	20.12	142.46	132.43	30.14	116.63	60.50	48.63	0.05
0.09	0.02	1.53	1.33	0.24	0.36	0.21		0.10
1.55	0.16	21.03	19.71	7.00	17.10	23.12	21.91	
1.37	0.08	18.90	18.75	7.00	14.10	21.91	21.91	
0.11		2.00	0.83		1.99	1.19		
0.08	0.08	0.13	0.13		1.01	0.02		
0.11	0.02	1.59	1.34	0.17	0.46	0.50		
0.11	0.02	1.59	1.34	0.17	0.46	0.50		
283.30	135.33	1424.12	1171.51	255.39	1556.90	561.58	100.01	10.11
44.04	23.33	302.45	233.80	42.90	304.76	111.39	9.50	3.08
4.25	2.34	18.68	15.05	2.26	13.62	8.29		
8.62	5.02	84.92	76.83	4.31	52.47	38.15	6.00	
6.67	3.82	76.44	39.94	6.75	103.09	19.73	1.44	1.61
16.10	9.12	70.70	59.33	17.23	98.06	23.37	0.50	1.42
8.40	3.03	51.71	42.64	12.34	37.53	21.84	1.56	0.05
140.27	58.58	711.85	588.21	119.38	386.24	180.61	22.27	1.84
15.48	5.58	318.43	240.92	25.39	30.75	55.09	5.91	
14.95	6.87	59.54	53.03	12.04	41.36	15.01		
0.09	0.07	0.62	0.41		0.85	0.18		
105.39	44.09	317.36	279.99	78.94	286.30	98.84	16.37	1.56
3.92	1.72	13.07	11.44	2.72	23.70	10.65		0.28
0.44	0.26	2.84	2.42	0.28	3.28	0.84		
9.98	5.72	37.11	33.02	14.31	29.64	9.91	0.05	0.10
8.57	5.18	34.10	30.14	13.67	22.91	7.50		0.10
1.41	0.54	3.01	2.88	0.64	6.72	2.41	0.05	
17.70	9.89	52.74	45.56	11.08	124.98	29.29	0.50	0.53
10.17	6.37	30.98	27.56	8.39	92.19	21.57	0.50	0.53
2.66	1.74	6.83	5.74	0.48	20.58	3.06		
0.12	0.03	0.19	0.18		0.35	0.31		
0.16	0.11	0.32	0.25	0.03	0.66	0.32		
3.35	1.35	4.90	4.17	1.07	8.77	1.86		
1.24	0.30	9.53	7.66	1.11	2.42	2.18		
15.90	5.37	67.87	62.49	12.66	225.48	98.67	43.43	0.07
11.06	3.17	43.88	40.14	7.88	154.31	80.63	41.01	0.01
0.78	0.63	3.53	2.90	0.94	5.54	0.69		0.06

1-A-6 续表7

行业	企业单位数(个)	资产总计	固定资产净额	固定资产原价	累计折旧	流动资产合计	应收账款
合成纤维单（聚合）体制造	5	10.20	2.09	2.90	0.61	5.36	2.06
其他合成材料制造	24	75.89	4.25	24.86	19.11	23.10	7.73
专用化学产品制造	231	579.22	111.26	389.78	270.55	217.37	52.69
化学试剂和助剂制造	77	113.00	25.71	71.81	43.20	69.63	16.64
专项化学用品制造	64	77.59	22.01	38.45	15.55	43.45	15.60
林产化学产品制造	3	2.21	1.02	1.56	0.54	0.56	0.20
文化用信息化学品制造	17	75.57	18.42	29.54	11.08	22.39	4.04
医学生产用信息化学品制造	4	4.62	0.29	1.56	0.27	3.19	1.47
环境污染处理专用药剂材料制造	8	4.82	1.09	2.42	1.32	1.76	0.41
动物胶制造	1	0.07	0.03	0.94	0.91	0.04	
其他专用化学产品制造	57	301.34	42.68	243.49	197.67	76.35	14.33
炸药、火工及焰火产品制造	23	92.22	29.63	49.23	19.03	37.79	8.77
炸药及火工产品制造	9	65.01	16.92	29.94	12.61	30.39	6.37
焰火、鞭炮产品制造	14	27.21	12.71	19.28	6.42	7.41	2.40
日用化学产品制造	42	66.46	17.48	30.69	11.95	38.47	14.89
肥皂及洗涤剂制造	14	19.10	9.11	15.14	6.03	8.71	4.17
化妆品制造	8	12.65	3.46	7.59	3.78	8.25	3.49
口腔清洁用品制造	2	3.29	0.06	0.24	0.02	1.75	0.02
香料、香精制造	7	21.52	2.42	3.41	0.87	14.88	5.62
其他日用化学产品制造	11	9.90	2.43	4.31	1.25	4.88	1.58
医药制造业	403	1692.76	346.77	621.95	257.53	716.40	185.28
化学药品原料药制造	74	378.13	79.89	147.10	63.91	94.45	15.06
化学药品制剂制造	49	612.36	89.33	155.25	62.14	278.20	92.06
中药饮片加工	57	72.35	20.30	27.61	7.21	39.30	16.87
中成药生产	87	312.20	74.47	124.80	42.92	154.72	26.20
兽用药品制造	16	54.32	8.36	14.10	5.56	26.46	4.94
生物药品制品制造	47	172.42	41.80	75.23	32.63	81.23	21.51
生物药品制造	47	172.42	41.80	75.23	32.63	81.23	21.51
基因工程药物和疫苗制造							
卫生材料及医药用品制造	65	74.18	29.36	73.77	42.32	32.10	7.41
药用辅料及包装材料	8	16.80	3.26	4.11	0.85	9.95	1.23
化学纤维制造业	21	40.83	13.70	40.03	25.78	19.79	5.36
纤维素纤维原料及纤维制造	8	22.66	6.63	19.96	13.31	10.51	2.27
化纤浆粕制造	2	1.31	0.30	0.38	0.09	0.77	0.26
人造纤维（纤维素纤维）制造	6	21.34	6.33	19.58	13.22	9.74	2.01
合成纤维制造	12	16.40	6.77	19.66	12.36	7.97	3.09
锦纶纤维制造							
涤纶纤维制造	7	11.61	4.93	17.12	11.66	6.11	2.05
腈纶纤维制造							
维纶纤维制造							
丙纶纤维制造	2	2.69	0.53	0.95	0.42	1.63	0.99
氨纶纤维制造							
其他合成纤维制造	3	2.11	1.31	1.59	0.28	0.24	0.05
生物基材料制造	1	1.77	0.30	0.41	0.12	1.31	
生物基化学纤维制造							
生物基、淀粉基新材料制造	1	1.77	0.30	0.41	0.12	1.31	
橡胶和塑料制品业	578	578.03	162.11	385.59	200.00	304.01	79.07

单位：亿元

存货	产成品	负债合计	流动负债合计	应付账款	所有者权益合计	实收资本	国家资本	集体资本
0.97	0.30	5.44	5.04	0.69	4.76	2.58	1.82	
3.08	1.27	15.02	14.42	3.16	60.87	14.76	0.60	
42.58	25.70	178.69	153.20	37.11	400.53	95.99	21.41	3.60
10.55	5.24	39.23	34.19	7.16	73.76	22.48	1.10	1.22
7.38	3.79	32.24	29.27	5.82	45.35	15.97	0.66	0.35
0.17	0.13	1.32	1.32	0.11	0.90	0.21		
5.02	2.20	45.24	36.98	6.49	30.32	14.88	0.04	1.38
1.21	0.06	1.24	1.24	0.53	3.38	1.51	0.10	
0.42	0.18	1.46	1.46	0.16	3.36	0.96		0.05
0.04	0.04	0.02	0.02		0.05	0.02		
17.78	14.06	57.93	48.73	16.84	243.41	39.96	19.51	0.61
5.53	3.01	43.59	28.29	5.46	48.64	12.39	2.22	0.06
3.60	1.62	31.93	19.22	4.55	33.08	7.17	0.72	0.06
1.93	1.39	11.65	9.07	0.91	15.56	5.22	1.50	
7.31	3.73	29.83	26.94	12.49	36.63	23.34	0.62	0.83
1.63	0.33	10.67	9.66	3.38	8.43	15.32		0.83
2.13	1.36	12.25	12.16	6.11	0.40	3.54		
0.66	0.01	0.65	0.20		2.64	0.04		
1.79	1.42	3.75	2.94	2.03	17.76	1.56	0.62	
1.11	0.61	2.51	1.99	0.97	7.40	2.89		
148.17	76.93	685.32	546.43	88.44	1007.44	282.43	23.16	8.28
21.47	8.92	102.18	78.69	16.15	275.95	86.83	1.31	5.53
54.81	34.98	288.93	223.84	31.98	323.43	47.52	2.13	1.15
9.23	5.67	32.60	27.47	7.13	39.74	14.30		0.11
27.36	13.42	132.23	107.98	14.79	179.97	56.74	6.52	0.13
4.97	2.54	18.71	11.76	2.87	35.61	10.86	0.78	
20.90	7.76	68.18	58.97	7.68	104.24	48.37	12.42	0.79
20.90	7.76	68.18	58.97	7.68	104.24	48.37	12.42	0.79
9.07	3.46	32.71	28.99	6.72	41.47	13.98		0.57
0.37	0.18	9.77	8.73	1.13	7.03	3.84		
8.82	3.64	18.38	14.99	6.42	22.45	15.10		
6.12	1.60	11.40	10.11	5.35	11.26	10.08		
0.18	0.07	0.82	0.80	0.08	0.50	0.31		
5.94	1.53	10.58	9.31	5.27	10.77	9.77		
2.62	1.98	6.11	4.03	1.02	10.29	4.72		
2.20	1.76	4.99	2.90	0.84	6.62	3.46		
0.31	0.15	0.97	0.97	0.18	1.72	0.80		
0.11	0.07	0.16	0.16		1.95	0.46		
0.08	0.07	0.87	0.85	0.05	0.90	0.30		
0.08	0.07	0.87	0.85	0.05	0.90	0.30		
61.43	33.97	253.61	207.22	52.84	324.42	121.39	1.57	2.06

1-A-6 续表8

行业	企业单位数(个)	资产总计	固定资产净额	固定资产原价	累计折旧	流动资产合计	应收账款
橡胶制品业	83	85.28	19.91	64.28	35.97	47.23	13.45
轮胎制造	6	20.72	3.28	15.00	4.73	11.44	1.59
橡胶板、管、带制造	15	11.02	3.21	6.95	3.10	5.38	1.97
橡胶零件制造	24	11.42	4.93	12.55	7.36	5.37	2.12
再生橡胶制造	6	3.96	0.98	1.76	0.77	2.79	1.45
日用及医用橡胶制品制造	10	24.51	3.13	16.27	13.13	16.20	4.14
运动场地用塑胶制造	1	0.33	0.11	0.14	0.01	0.15	0.06
其他橡胶制品制造	21	13.32	4.27	11.61	6.87	5.91	2.10
塑料制品业	495	492.75	142.20	321.31	164.03	256.78	65.62
塑料薄膜制造	39	33.63	12.32	25.33	11.83	16.48	4.65
塑料板、管、型材制造	136	204.86	47.69	92.15	39.95	118.18	23.48
塑料丝、绳及编织品制造	82	62.53	20.66	56.06	33.13	23.10	5.22
泡沫塑料制造	23	16.85	6.25	11.69	4.22	7.52	2.38
塑料人造革、合成革制造	2	5.37	1.04	2.18	1.13	1.22	0.16
塑料包装箱及容器制造	53	42.48	15.03	32.20	16.57	21.73	7.15
日用塑料制品制造	50	34.87	16.57	56.41	38.15	14.89	2.79
人造草坪制造	4	2.69	0.37	1.52	0.51	1.46	0.45
塑料零件及其他塑料制品制造	106	89.47	22.29	43.78	18.54	52.21	19.33
非金属矿物制品业	1878	1956.46	720.71	1379.34	591.17	864.41	286.49
水泥、石灰和石膏制造	186	459.86	185.35	390.96	198.60	196.83	35.82
水泥制造	133	422.96	168.48	355.02	180.69	187.10	32.16
石灰和石膏制造	53	36.89	16.87	35.94	17.90	9.73	3.66
石膏、水泥制品及类似制品制造	616	486.76	135.37	275.28	119.08	271.28	137.12
水泥制品制造	474	359.38	95.02	190.55	78.89	210.83	108.37
砼结构构件制造	64	58.60	16.38	40.58	23.26	28.85	18.15
石棉水泥制品制造	1	0.29	0.08	0.12	0.03	0.16	0.04
轻质建筑材料制造	47	47.95	17.88	29.14	10.76	21.43	6.82
其他水泥类似制品制造	30	20.53	6.00	14.89	6.13	10.00	3.74
砖瓦、石材等建筑材料制造	678	440.48	177.79	325.04	122.14	169.44	57.20
粘土砖瓦及建筑砌块制造	262	143.85	59.49	145.22	77.13	54.95	14.82
建筑用石加工	242	170.47	85.87	116.09	21.21	50.32	14.18
防水建筑材料制造	48	26.58	8.88	18.81	8.89	12.48	5.04
隔热和隔音材料制造	39	34.08	7.78	14.53	4.51	19.77	8.60
其他建筑材料制造	87	65.50	15.78	30.39	10.41	31.92	14.56
玻璃制造	43	116.18	47.28	71.59	23.86	30.01	7.62
平板玻璃制造	13	93.97	36.23	54.84	18.34	23.28	4.98
特种玻璃制造	13	12.39	4.99	7.97	2.80	4.11	1.58
其他玻璃制造	17	9.82	6.06	8.78	2.72	2.62	1.06
玻璃制品制造	79	132.83	45.38	97.87	49.18	65.48	20.34
技术玻璃制品制造	23	45.86	15.32	31.74	16.24	23.02	7.22
光学玻璃制造	11	46.80	18.39	30.08	11.36	23.48	8.71
玻璃仪器制造	1	0.16	0.04	0.14	0.09	0.11	0.04
日用玻璃制品制造	24	19.30	5.16	13.08	6.12	9.27	2.33
玻璃包装容器制造	5	7.50	2.47	15.98	13.51	4.55	0.89
玻璃保温容器制造							
制镜及类似品加工	1	0.08	0.02	0.04	0.02	0.05	
其他玻璃制品制造	14	13.14	3.98	6.80	1.85	4.99	1.15

单位：亿元

存货	产成品	负债合计	流动负债合计	应付账款	所有者权益合计	实收资本	国家资本	集体资本
10.21	5.61	46.32	36.75	9.14	38.96	15.80	0.50	0.79
2.64	2.13	15.81	14.80	1.23	4.91	3.18	0.50	
1.84	0.65	5.66	4.79	1.67	5.36	2.96		0.19
1.36	0.55	4.39	3.90	1.34	7.03	2.46		0.30
0.56	0.29	2.62	2.29	0.96	1.35	0.68		
2.36	1.23	12.61	7.31	2.52	11.90	3.75		0.30
0.05	0.05	0.15	0.15		0.18	0.02		
1.41	0.71	5.09	3.52	1.42	8.23	2.75		
51.22	28.36	207.29	170.47	43.70	285.45	105.59	1.07	1.27
6.12	2.98	16.15	12.09	2.51	17.48	8.05	1.07	0.80
18.56	11.18	78.00	69.01	13.34	126.87	44.65		0.10
6.20	2.99	20.34	14.82	3.18	42.19	12.99		
2.00	0.96	9.43	8.46	2.13	7.42	4.65		
0.56	0.35	2.22	2.06	0.35	3.15	1.41		
3.66	2.28	16.14	14.66	5.66	26.34	10.48		
2.69	1.30	13.54	11.12	3.35	21.32	5.61		
0.42	0.25	1.42	1.42	0.45	1.27	0.85		0.02
11.01	6.07	50.05	36.83	12.74	39.41	16.89		0.35
170.38	87.39	819.72	702.74	223.52	1136.74	521.30	31.95	21.37
29.63	12.52	192.29	165.04	54.00	267.56	119.86	15.48	2.11
27.65	11.68	179.97	155.68	52.11	242.99	113.95	15.48	1.82
1.98	0.84	12.32	9.37	1.89	24.57	5.91		0.29
36.37	15.60	245.30	221.17	89.99	241.46	111.40	3.41	3.40
25.01	9.61	186.28	168.82	72.95	173.09	86.79	1.58	3.08
3.43	1.23	30.53	28.45	8.65	28.07	12.94	0.51	
0.04	0.04	0.16	0.16		0.13	0.01		
5.46	3.30	20.47	16.60	4.97	27.48	8.53	1.17	0.33
2.42	1.42	7.86	7.13	3.43	12.68	3.12	0.15	
43.69	26.09	142.49	118.60	30.43	297.99	137.93	1.89	11.79
13.67	8.27	56.17	46.98	11.44	87.68	32.42	0.01	0.48
18.71	12.54	28.57	19.73	4.94	141.90	72.82	0.05	10.60
2.71	1.52	9.51	8.79	4.09	17.07	7.28		0.44
4.09	1.58	15.88	14.81	3.75	18.19	10.34	1.08	0.26
4.51	2.18	32.36	28.27	6.22	33.14	15.06	0.76	
7.28	2.53	47.39	38.04	2.59	68.79	27.69		
5.14	1.61	33.34	29.00	1.35	60.63	20.13		
1.52	0.62	8.88	5.22	0.59	3.51	3.89		
0.61	0.30	5.17	3.83	0.65	4.65	3.67		
14.39	8.03	66.68	55.80	21.59	66.15	21.28	4.32	3.00
4.01	1.69	22.08	20.55	7.00	23.78	8.59		3.00
5.97	4.61	23.21	16.60	10.03	23.59	6.10	4.32	
0.02		0.10	0.06	0.04	0.05	0.01		
2.02	0.61	8.80	7.14	2.69	10.50	3.26		
1.25	0.78	4.67	4.59	0.87	2.83	0.77		
0.03		0.02	0.01		0.06	0.02		
1.09	0.33	7.80	6.85	0.97	5.34	2.53		

1-A-6 续表9

行业	企业单位数(个)	资产总计	固定资产净额	固定资产原价	累计折旧	流动资产合计	应收账款
玻璃纤维和玻璃纤维增强塑料制品制造	26	58.60	30.94	36.97	5.68	24.57	2.64
玻璃纤维及制品制造	9	50.19	28.19	32.88	4.39	20.29	0.61
玻璃纤维增强塑料制品制造	17	8.41	2.75	4.08	1.29	4.27	2.03
陶瓷制品制造	76	113.57	46.17	78.84	26.35	38.81	5.04
建筑陶瓷制品制造	26	61.71	24.70	42.77	15.17	21.05	1.89
卫生陶瓷制品制造	12	6.53	1.34	2.61	1.18	2.58	0.53
特种陶瓷制品制造	7	4.70	1.24	2.33	1.01	1.91	0.60
日用陶瓷制品制造	3	2.18	0.99	1.50	0.46	1.01	0.12
陈设艺术陶瓷制造	24	36.19	17.24	26.77	7.09	11.71	1.80
园艺陶瓷制造	3	1.38	0.39	2.46	1.32	0.19	0.10
其他陶瓷制品制造	1	0.88	0.27	0.40	0.13	0.37	0.01
耐火材料制品制造	55	48.77	15.68	41.22	24.72	23.96	8.81
石棉制品制造	3	3.15	1.20	1.38	0.17	0.39	0.20
云母制品制造	6	5.22	1.22	2.64	1.29	3.50	0.63
耐火陶瓷制品及其他耐火材料制造	46	40.40	13.25	37.20	23.26	20.07	7.98
石墨及其他非金属矿物制品制造	119	99.40	36.74	61.58	21.55	44.04	11.89
石墨及碳素制品制造	22	24.46	9.08	14.22	4.30	10.19	3.29
其他非金属矿物制品制造	97	74.95	27.66	47.36	17.25	33.85	8.60
黑色金属冶炼和压延加工业	110	2537.73	860.30	2108.46	1191.95	955.98	87.32
炼铁	3	14.67	8.13	9.26	1.13	5.78	2.15
炼钢	2	7.09	4.19	7.28	3.09	2.74	0.26
钢压延加工	89	2471.46	834.31	2066.10	1175.87	920.73	82.23
铁合金冶炼	16	44.51	13.68	25.82	11.86	26.72	2.68
有色金属冶炼和压延加工业	144	383.70	121.54	233.61	103.53	201.15	38.21
常用有色金属冶炼	22	213.48	73.44	142.80	68.31	105.99	9.37
铜冶炼	3	167.36	55.71	107.00	50.90	84.34	3.76
铅锌冶炼	2	11.48	3.08	5.17	2.09	6.09	0.44
镍钴冶炼	1	0.60	0.43	0.49	0.06	0.10	0.08
锡冶炼	1	1.31	0.41	0.83	0.41	0.90	0.26
锑冶炼	3	0.88	0.08	0.14	0.07	0.77	0.23
铝冶炼	8	28.90	13.14	27.46	14.29	12.13	3.75
镁冶炼	1	0.38	0.02	0.08	0.05	0.25	0.09
硅冶炼							
其他常用有色金属冶炼	3	2.58	0.57	1.63	0.44	1.41	0.76
贵金属冶炼	3	13.71	0.66	1.66	0.57	11.21	9.78
金冶炼	1	0.79	0.26	0.79	0.10	0.04	0.02
银冶炼	1	1.66	0.32	0.65	0.33	0.38	
其他贵金属冶炼	1	11.25	0.08	0.22	0.13	10.79	9.76
稀有稀土金属冶炼	1	0.99	0.49	0.75	0.09	0.32	0.06
钨钼冶炼							
稀土金属冶炼							
其他稀有金属冶炼	1	0.99	0.49	0.75	0.09	0.32	0.06
有色金属合金制造	30	36.02	8.86	11.04	2.11	24.23	4.94
有色金属压延加工	88	119.51	38.09	77.36	32.45	59.41	14.06
铜压延加工	19	40.59	12.76	25.36	8.67	19.71	6.36
铝压延加工	53	65.70	20.22	34.18	12.10	34.75	6.60
贵金属压延加工	1	0.24	0.10	0.16	0.05	0.09	

单位：亿元

存货	产成品	负债合计	流动负债合计	应付账款	所有者权益合计	实收资本	国家资本	集体资本
1.75	1.09	6.17	5.55	1.37	52.43	47.96	0.01	0.26
0.52	0.44	2.48	2.37	0.65	47.71	45.17		0.10
1.23	0.65	3.69	3.18	0.72	4.72	2.79	0.01	0.16
18.91	12.74	58.83	46.98	8.84	54.73	18.84	0.67	0.04
9.79	6.82	31.88	27.11	4.40	29.82	9.45		
1.10	0.62	3.59	2.07	0.73	2.94	1.21		0.04
0.28	0.22	2.53	2.24	0.14	2.17	1.59	0.67	
0.63	0.36	1.35	1.35	0.22	0.84	0.30		
6.85	4.54	18.28	13.57	3.08	17.91	5.53		
0.07	0.05	0.66	0.23	0.14	0.72	0.64		
0.19	0.13	0.55	0.41	0.14	0.33	0.10		
6.30	2.98	17.31	15.82	4.55	31.47	11.96	1.46	0.38
0.13	0.10	2.53	2.50	0.12	0.62	0.12		0.05
1.21	0.49	2.01	1.57	0.71	3.21	0.89		
4.96	2.38	12.77	11.74	3.72	27.64	10.95	1.46	0.33
12.07	5.82	43.26	35.74	10.15	56.15	24.39	4.69	0.38
3.61	1.75	14.34	13.63	4.34	10.12	6.82	4.50	0.28
8.47	4.07	28.92	22.11	5.82	46.03	17.58	0.19	0.10
203.17	59.25	1484.22	1203.41	294.14	1053.51	498.72	147.32	0.65
2.68	1.33	8.69	8.69	0.73	5.99	0.36	0.20	0.09
1.18	0.06	3.70	3.61	0.43	3.38	3.04		
191.11	54.36	1444.10	1163.87	288.11	1027.36	484.85	147.12	0.56
8.20	3.50	27.73	27.24	4.87	16.78	10.47		
84.50	19.22	257.21	196.39	56.83	126.49	67.29	27.86	0.53
58.02	7.98	149.38	98.20	24.54	64.10	23.06	4.47	0.05
50.77	5.77	126.76	77.74	20.39	40.60	15.06	0.69	
3.13	0.80	6.14	5.16	1.20	5.33	1.30		
0.01		0.54	0.16	0.02	0.05	0.05		
0.06	0.05	0.80	0.50	0.13	0.51			
0.38	0.10	0.75	0.75	0.11	0.13	0.12		
3.38	1.16	12.60	12.39	1.95	16.30	6.14	3.77	
		0.22	0.22	0.09	0.16	0.05		0.05
0.30	0.10	1.56	1.29	0.64	1.02	0.34		
1.16	0.51	11.33	10.95	10.69	2.38	1.64		
		0.02	0.02	0.01	0.77	0.01		
0.34	0.08	0.69	0.42	0.17	0.98	1.00		
0.81	0.43	10.62	10.52	10.52	0.63	0.63		
0.05	0.02	0.15	0.15		0.84	0.05		
0.05	0.02	0.15	0.15		0.84	0.05		
4.22	1.43	25.02	23.05	7.05	11.00	4.73	0.05	0.42
21.05	9.28	71.33	64.04	14.56	48.18	37.81	23.35	0.06
7.26	3.44	24.83	21.91	5.32	15.76	26.34	23.22	
12.61	5.38	38.49	35.13	8.44	27.21	8.95	0.12	0.05
0.04	0.01	0.18	0.18		0.06	0.06		

1-A-6 续表10

行　业	企　业单位数(个)	资产总计	固定资产净　额	固定资产原　价	累计折旧	流动资产合　计	应收账款
稀有稀土金属压延加工	1	0.23	0.15	0.18	0.03	0.05	0.02
其他有色金属压延加工	14	12.75	4.86	17.49	11.60	4.82	1.08
金属制品业	840	1170.86	285.82	595.06	257.54	685.32	194.09
结构性金属制品制造	376	499.41	100.38	224.60	101.63	306.65	96.00
金属结构制造	288	364.31	80.18	157.21	66.45	221.55	62.11
金属门窗制造	88	135.09	20.20	67.39	35.18	85.10	33.89
金属工具制造	69	84.27	27.39	48.55	18.27	34.17	9.90
切削工具制造	46	55.69	18.11	30.62	10.15	20.13	6.03
手工具制造	2	10.10	3.07	4.70	1.63	3.36	0.68
农用及园林用金属工具制造	1	0.44	0.32	0.38	0.06	0.11	0.03
刀剪及类似日用金属工具制造	2	1.19	0.47	0.53	0.06	0.37	0.19
其他金属工具制造	18	16.86	5.43	12.32	6.37	10.20	2.97
集装箱及金属包装容器制造	68	137.36	36.49	66.92	26.42	86.03	23.33
集装箱制造	2	0.73	0.12	0.43	0.31	0.41	0.11
金属压力容器制造	30	57.59	8.65	24.41	12.16	40.81	14.33
金属包装容器及材料制造	36	79.03	27.72	42.08	13.96	44.81	8.88
金属丝绳及其制品制造	17	54.62	32.39	65.13	29.94	19.72	7.30
建筑、安全用金属制品制造	42	66.99	7.77	15.44	4.29	49.27	9.21
建筑、家具用金属配件制造	11	13.35	1.53	5.61	0.97	7.48	2.45
建筑装饰及水暖管道零件制造	10	44.60	4.42	7.19	2.65	36.49	5.07
安全、消防用金属制品制造	12	5.36	1.39	2.01	0.52	2.79	0.87
其他建筑、安全用金属制品制造	9	3.67	0.42	0.64	0.15	2.52	0.83
金属表面处理及热处理加工	24	18.11	4.24	15.23	10.80	11.32	2.53
搪瓷制品制造	2	1.69	0.48	0.92	0.44	1.12	0.46
生产专用搪瓷制品制造	1	0.28	0.04	0.09	0.05	0.22	0.04
建筑装饰搪瓷制品制造							
搪瓷卫生洁具制造							
搪瓷日用品及其他搪瓷制品制造	1	1.41	0.44	0.83	0.39	0.91	0.42
金属制日用品制造	41	57.09	12.06	20.91	8.29	38.73	6.76
金属制厨房用器具制造	13	37.04	4.77	8.19	3.34	29.92	4.54
金属制餐具和器皿制造	15	13.35	4.75	7.44	2.69	5.78	1.42
金属制卫生器具制造							
其他金属制日用品制造	13	6.70	2.54	5.28	2.26	3.03	0.81
铸造及其他金属制品制造	201	251.33	64.61	137.34	57.45	138.30	38.60
黑色金属铸造	120	166.00	43.06	96.19	42.60	85.96	19.83
有色金属铸造	6	2.46	0.96	1.24	0.27	1.39	0.54
锻件及粉末冶金制品制造	35	48.33	16.05	30.91	10.68	24.05	8.04
交通及公共管理用金属标牌制造	8	4.30	0.53	0.81	0.27	3.56	2.18
其他未列明金属制品制造	32	30.24	4.03	8.18	3.63	23.34	8.02
通用设备制造业	690	1061.65	247.43	516.24	251.78	589.17	189.85
锅炉及原动设备制造	56	140.70	30.91	60.72	28.69	93.74	22.17
锅炉及辅助设备制造	40	75.70	24.38	40.77	15.45	44.34	9.92
内燃机及配件制造	12	49.65	4.70	16.50	11.63	39.02	6.31
汽轮机及辅机制造	1	0.58	0.19	0.29	0.10	0.36	0.29
水轮机及辅机制造	1	0.23	0.07	0.26	0.19	0.14	0.09
风能原动设备制造	1	11.42	1.23	2.38	1.15	7.43	3.82
其他原动设备制造	1	3.11	0.34	0.52	0.17	2.45	1.74

单位：亿元

存货	产成品	负债合计	流动负债合计	应付账款	所有者权益合计	实收资本	国家资本	集体资本
					0.22	0.22		
1.14	0.45	7.83	6.82	0.79	4.92	2.24		0.01
179.19	72.10	647.87	548.95	134.90	522.99	334.51	146.83	2.18
83.99	27.94	284.60	246.88	64.76	214.80	207.94	124.81	0.94
64.03	24.25	197.63	178.68	39.71	166.69	90.09	24.54	0.59
19.97	3.68	86.98	68.19	25.04	48.12	117.84	100.27	0.35
11.56	7.61	30.43	25.05	4.46	53.84	13.48	0.56	0.42
9.05	6.32	15.17	11.45	2.32	40.52	10.16	0.01	0.15
0.29	0.29	4.86	3.89	0.61	5.24	0.54	0.03	
0.04	0.04	0.16	0.16	0.01	0.28	0.01		
0.13	0.07	0.54	0.21	0.05	0.65	0.33		
2.04	0.89	9.71	9.36	1.48	7.15	2.43	0.53	0.27
14.54	4.99	76.89	63.99	9.49	60.46	25.22	0.05	0.49
0.08	0.05	0.49	0.49	0.22	0.24	0.06		
10.32	3.66	29.18	27.42	2.21	28.42	13.77	0.05	
4.15	1.28	47.22	36.08	7.06	31.81	11.39		0.49
5.38	3.02	36.71	23.54	4.50	17.90	10.26		
4.21	1.45	38.88	37.17	8.77	28.11	15.24		
2.46	0.51	6.81	6.55	2.06	6.54	2.38		
0.39	0.27	27.74	27.36	5.75	16.86	10.28		
0.65	0.40	2.22	1.48	0.49	3.14	1.57		
0.71	0.27	2.12	1.79	0.47	1.56	1.00		
3.58	2.58	10.18	9.00	3.06	7.93	2.63	0.85	
0.30	0.06	1.07	1.07	0.43	0.61	0.22		
0.10	0.06	0.23	0.23	0.07	0.05	0.02		
0.20		0.85	0.85	0.35	0.56	0.20		
10.35	7.25	21.71	20.61	7.57	35.38	7.48	0.06	0.03
7.05	5.51	13.00	12.65	6.16	24.03	4.12		
1.84	1.15	5.04	4.78	0.99	8.31	2.56	0.06	0.03
1.46	0.59	3.66	3.18	0.41	3.04	0.79		
45.27	17.20	147.39	121.64	31.88	103.94	52.05	20.50	0.30
29.14	12.20	97.96	81.05	18.02	68.04	40.29	19.04	0.22
0.25	0.16	1.06	0.88	0.26	1.40	1.06	0.11	
6.18	1.86	25.94	17.96	6.06	22.39	4.24	1.35	
0.72	0.43	2.29	2.11	1.24	2.01	1.13		
8.99	2.54	20.14	19.64	6.30	10.10	5.33		0.08
151.67	68.54	542.79	470.39	142.31	518.84	175.30	25.52	11.56
17.09	2.57	94.12	85.75	16.90	46.59	22.69	8.24	
8.86	1.22	57.69	55.27	12.18	18.02	15.64	5.24	
5.59	0.71	26.83	23.27	3.73	22.82	2.83		
0.01		0.33	0.33	0.01	0.25	0.25		
0.04	0.02	0.10	0.10	0.03	0.14	0.10		
2.01	0.62	7.49	5.26	0.25	3.94	3.00	3.00	
0.58		1.69	1.53	0.70	1.43	0.87		

1-A-6 续表11

行业	企业单位数(个)	资产总计	固定资产净额	固定资产原价	累计折旧	流动资产合计	应收账款
金属加工机械制造	145	195.26	48.15	104.20	51.56	103.81	31.45
金属切削机床制造	30	76.89	25.67	50.41	21.79	40.91	9.99
金属成形机床制造	24	25.20	6.71	12.09	5.38	14.91	4.13
铸造机械制造	21	10.03	4.85	17.84	12.96	4.29	1.38
金属切割及焊接设备制造	25	40.77	4.47	7.11	2.61	20.87	8.09
机床功能部件及附件制造	11	22.42	2.85	9.65	6.21	10.55	4.03
其他金属加工机械制造	34	19.95	3.59	7.10	2.61	12.28	3.83
物料搬运设备制造	62	120.71	20.15	40.73	19.40	57.73	21.64
轻小型起重设备制造	8	2.52	1.02	2.20	1.18	1.18	0.29
生产专用起重机制造	20	30.48	5.05	8.07	2.95	20.03	10.09
生产专用车辆制造	5	14.12	5.61	8.28	2.48	7.12	2.41
连续搬运设备制造	18	44.55	3.08	7.50	4.06	12.20	3.30
电梯、自动扶梯及升降机制造	8	27.10	4.65	11.04	5.95	16.11	5.20
客运索道制造							
机械式停车设备制造	1	0.25				0.24	0.03
其他物料搬运设备制造	2	1.71	0.74	3.64	2.78	0.86	0.33
泵、阀门、压缩机及类似机械制造	94	165.71	45.28	89.96	43.11	96.22	28.82
泵及真空设备制造	31	72.24	23.98	37.14	12.62	37.58	12.26
气体压缩机械制造	9	17.98	4.33	19.80	15.48	11.53	3.42
阀门和旋塞制造	26	36.05	6.53	15.66	9.12	23.40	6.62
液压动力机械及元件制造	27	37.72	10.10	16.53	5.42	22.48	5.95
液力动力机械元件制造	1	1.72	0.34	0.82	0.48	1.23	0.57
气压动力机械及元件制造							
轴承、齿轮和传动部件制造	41	98.90	25.27	50.25	24.29	47.81	17.83
滚动轴承制造	20	49.90	17.24	32.28	14.53	19.06	5.39
滑动轴承制造							
齿轮及齿轮减、变速箱制造	14	8.54	1.58	6.80	5.05	4.39	1.43
其他传动部件制造	7	40.46	6.45	11.17	4.72	24.36	11.01
烘炉、风机、包装等设备制造	85	154.01	24.57	61.51	36.01	93.99	37.41
烘炉、熔炉及电炉制造	10	3.86	0.75	1.22	0.60	2.85	1.32
风机、风扇制造	22	23.85	5.90	9.90	3.62	15.97	6.48
气体、液体分离及纯净设备制造	10	5.95	2.87	13.88	10.96	2.45	0.66
制冷、空调设备制造	34	76.72	11.78	21.75	9.39	55.23	24.84
风动和电动工具制造	2	1.30	0.45	0.55	0.11	0.76	0.22
喷枪及类似器具制造	2	0.51	0.05	0.14	0.08	0.44	0.16
包装专用设备制造	5	41.83	2.77	14.08	11.24	16.28	3.72
文化、办公用机械制造	13	13.06	3.75	6.60	2.74	4.75	0.92
电影机械制造							
幻灯及投影设备制造	4	6.34	1.48	2.05	0.57	1.21	0.27
照相机及器材制造	4	2.52	0.73	2.30	1.49	0.89	0.38
复印和胶印设备制造	3	3.83	1.52	2.22	0.66	2.30	0.26
计算器及货币专用设备制造							
其他文化、办公用机械制造	2	0.37	0.02	0.04	0.02	0.35	0.01
通用零部件制造	153	129.17	39.29	83.61	38.38	61.67	19.51
金属密封件制造	6	7.54	2.94	5.36	1.91	3.45	1.58
紧固件制造	17	12.90	2.83	9.89	5.05	6.90	3.77
弹簧制造	5	3.60	1.89	2.95	1.07	1.67	0.87

单位：亿元

存货	产成品	负债合计	流动负债合计	应付账款	所有者权益合计	实收资本	国家资本	集体资本
30.84	12.86	111.61	83.97	19.94	83.64	26.15	2.21	0.28
13.97	6.17	48.49	26.39	6.96	28.40	6.17	0.08	0.02
4.43	1.40	16.71	14.22	3.76	8.49	4.36	1.07	0.04
1.07	0.50	2.98	2.32	0.52	7.05	2.45		
4.83	3.01	26.53	25.83	4.89	14.23	6.79	0.74	
2.53	0.49	8.66	8.06	1.70	13.76	2.70	0.33	
4.01	1.28	8.24	7.15	2.11	11.71	3.69		0.22
16.75	8.24	52.77	47.57	11.08	67.94	19.72	2.41	6.98
0.27	0.19	0.87	0.79	0.11	1.64	1.49		
3.34	0.49	19.50	18.23	6.96	10.98	6.12	2.41	1.35
2.96	2.20	8.53	8.24	0.23	5.59	1.42		
4.56	1.42	8.30	7.56	2.12	36.24	7.57		5.48
5.17	3.62	15.09	12.31	1.38	12.00	2.22		0.15
0.07	0.01	0.10	0.10	0.05	0.15	0.19		
0.38	0.31	0.37	0.35	0.23	1.34	0.71		
18.08	8.52	71.63	62.16	21.01	94.07	36.20	5.02	0.20
7.67	2.93	31.73	24.96	9.05	40.51	17.34	4.62	0.20
1.87	0.84	12.46	12.16	3.68	5.52	1.22	0.30	
4.35	1.93	14.38	12.62	3.38	21.67	11.32		
3.89	2.81	12.52	11.87	4.69	25.20	5.83		
0.30	0.01	0.55	0.55	0.20	1.17	0.49	0.11	
19.21	12.22	51.58	47.75	18.02	47.32	14.54	2.69	0.86
7.05	4.63	27.77	24.50	7.96	22.13	12.08	2.69	0.77
1.77	0.75	3.28	2.83	0.75	5.26	1.39		
10.40	6.84	20.53	20.41	9.31	19.93	1.07		0.08
20.65	9.47	77.89	69.05	31.49	76.12	24.90	2.15	2.74
0.36	0.15	2.25	2.01	0.36	1.61	0.68		
4.15	1.46	8.82	7.05	2.52	15.03	6.27		0.39
0.74	0.33	1.89	1.43	0.32	4.05	1.34		
9.54	5.41	48.41	46.39	23.47	28.31	10.62	2.15	2.36
0.39	0.23	0.37	0.37	0.02	0.93	0.15		
0.17	0.06	0.23	0.20	0.17	0.29	0.06		
5.32	1.84	15.93	11.61	4.63	25.90	5.77		
1.31	0.70	6.20	5.57	1.41	6.87	2.27		0.05
0.64	0.45	2.83	2.32	0.57	3.52	1.19		
0.22	0.11	1.03	0.91	0.35	1.49	0.64		
0.16	0.14	2.13	2.13	0.39	1.70	0.34		0.05
0.28		0.21	0.21	0.11	0.16	0.11		
17.74	9.55	54.86	49.41	16.43	74.31	22.06	2.79	0.44
1.29	0.43	3.30	2.56	0.76	4.24	0.56		0.01
1.22	0.65	7.96	6.76	2.60	4.94	2.68		
0.52	0.19	2.78	2.71	0.91	0.81	0.48	0.30	

1-A-6 续表12

行 业	企业单位数(个)	资产总计	固定资产净额	固定资产原价	累计折旧	流动资产合计	应收账款
机械零部件加工	94	75.84	21.03	47.99	24.19	34.84	9.96
其他通用零部件制造	31	29.30	10.60	17.41	6.16	14.81	3.32
其他通用设备制造业	41	44.11	10.05	18.67	7.58	29.45	10.10
工业机器人制造	5	4.13	0.88	1.07	0.19	2.79	1.03
特殊作业机器人制造							
增材制造装备制造	4	7.36	1.28	2.49	1.22	5.57	0.95
其他未列明通用设备制造业	32	32.63	7.89	15.11	6.18	21.09	8.12
专用设备制造业	721	1059.47	228.06	476.38	215.08	681.58	206.01
采矿、冶金、建筑专用设备制造	164	372.52	72.39	179.55	89.18	255.01	82.12
矿山机械制造	49	44.56	13.04	32.29	14.98	22.56	8.39
石油钻采专用设备制造	36	160.06	29.50	80.34	48.62	120.83	41.50
深海石油钻探设备制造	6	4.46	0.51	1.56	0.81	3.02	1.21
建筑工程用机械制造	22	66.91	14.68	22.33	6.98	43.93	17.04
建筑材料生产专用机械制造	20	12.40	3.48	6.31	2.83	6.10	1.94
冶金专用设备制造	29	81.46	10.42	35.80	14.82	56.94	11.55
隧道施工专用机械制造	2	2.67	0.78	0.92	0.14	1.64	0.50
化工、木材、非金属加工专用设备制造	151	144.25	52.99	83.18	26.93	67.80	21.01
炼油、化工生产专用设备制造	20	18.24	5.73	9.68	3.54	8.25	2.72
橡胶加工专用设备制造	4	2.18	0.12	1.01	0.79	1.51	0.55
塑料加工专用设备制造	5	1.67	0.34	1.66	1.33	1.13	0.10
木竹材加工机械制造	4	1.80	0.35	1.91	1.39	1.21	0.16
模具制造	114	116.54	45.44	67.73	19.70	54.48	17.26
其他非金属加工专用设备制造	4	3.82	1.01	1.19	0.18	1.22	0.22
食品、饮料、烟草及饲料生产专用设备制造	48	56.98	16.21	39.44	20.23	34.30	6.27
食品、酒、饮料及茶生产专用设备制造	6	9.22	1.00	4.23	0.78	6.32	0.34
农副食品加工专用设备制造	39	45.02	14.70	34.49	19.24	26.02	5.63
烟草生产专用设备制造	1	0.68	0.32	0.36	0.04	0.29	0.07
饲料生产专用设备制造	2	2.05	0.19	0.36	0.16	1.67	0.23
印刷、制药、日化及日用品生产专用设备制造	32	39.47	7.15	12.71	4.60	27.20	7.98
制浆和造纸专用设备制造	2	1.22	0.52	0.93	0.41	0.57	0.14
印刷专用设备制造	11	24.05	3.10	4.99	1.85	18.59	5.14
日用化工专用设备制造	3	4.73	1.04	1.84	0.71	3.42	0.54
制药专用设备制造	4	1.96	0.41	0.49	0.07	1.43	0.51
照明器具生产专用设备制造	2	2.35	0.13	0.76	0.11	0.59	0.41
玻璃、陶瓷和搪瓷制品生产专用设备制造	7	4.10	1.75	3.38	1.33	1.81	0.79
其他日用品生产专用设备制造	3	1.05	0.21	0.33	0.12	0.80	0.45
纺织、服装和皮革加工专用设备制造	11	14.73	1.90	3.96	1.62	11.43	1.85
纺织专用设备制造	9	13.85	1.62	3.47	1.42	10.84	1.59
皮革、毛皮及其制品加工专用设备制造	1	0.83	0.26	0.46	0.20	0.57	0.25
缝制机械制造	1	0.05	0.02	0.03		0.03	
洗涤机械制造							
电子和电工机械专用设备制造	44	72.55	9.19	26.71	14.56	45.49	9.80
电工机械专用设备制造	17	21.99	5.61	21.28	12.83	11.46	3.36
半导体器件专用设备制造	10	29.13	1.15	1.70	0.52	17.23	3.36
电子元器件与机电组件设备制造	8	6.80	1.66	2.42	0.68	4.45	1.75
其他电子专用设备制造	9	14.63	0.78	1.31	0.53	12.34	1.33
农、林、牧、渔专用机械制造	50	36.84	14.22	22.21	7.54	12.34	4.13

单位：亿元

存货	产成品	负债合计	流动负债合计	应付账款	所有者权益合计	实收资本	国家资本	集体资本
8.44	5.64	29.29	26.88	9.05	46.55	11.28	2.49	0.43
6.27	2.66	11.52	10.50	3.10	17.77	7.06		
9.99	4.41	22.14	19.16	6.05	21.97	6.77		
0.29	0.02	2.23	2.21	0.70	1.90	0.94		
2.68	0.88	4.04	3.75	1.70	3.31	1.28		
7.02	3.51	15.87	13.19	3.65	16.76	4.55		
203.79	81.31	596.39	520.19	168.38	463.08	221.76	35.88	5.12
93.67	42.70	241.41	210.43	67.93	131.11	78.29	23.53	1.39
6.56	1.94	22.39	21.23	6.24	22.17	24.45	6.01	1.29
61.26	32.11	104.74	102.35	41.68	55.31	22.74	13.55	
0.88	0.52	2.14	1.67	0.73	2.32	0.83		
12.53	4.05	52.07	33.64	10.94	14.83	11.45	1.12	0.08
2.00	1.21	5.67	4.59	1.47	6.74	4.03	1.30	0.03
9.99	2.86	52.71	45.26	6.60	28.75	14.04	0.85	
0.44	0.01	1.68	1.68	0.25	0.99	0.75	0.70	
22.40	8.22	74.24	65.85	15.55	70.01	28.89	0.15	0.45
2.43	1.22	6.07	5.36	1.07	12.16	5.53		
0.38	0.21	1.19	1.04	0.45	0.99	0.24		
0.50	0.15	0.52	0.52	0.17	1.15	0.72		
0.48	0.13	0.55	0.55	0.10	1.25	0.75		
18.45	6.40	63.86	57.35	13.67	52.68	21.32	0.15	0.45
0.16	0.12	2.03	1.03	0.08	1.79	0.33		
7.90	4.44	28.02	21.41	4.25	28.96	5.99		
0.79	0.20	2.95	2.76	1.34	6.27	0.33		
6.45	4.01	23.38	17.17	2.74	21.64	5.01		
0.22		0.03	0.03	0.01	0.64	0.30		
0.45	0.22	1.65	1.45	0.16	0.40	0.36		
6.23	2.44	20.75	18.22	5.16	18.71	8.28		
0.34	0.02	0.50	0.50	0.12	0.72	0.11		
4.63	1.81	11.78	10.72	2.33	12.27	6.01		
0.24	0.06	2.53	1.84	0.66	2.20	0.71		
0.23	0.19	1.28	1.25	0.32	0.68	0.39		
0.10	0.09	2.07	1.60	0.62	0.28	0.31		
0.47	0.18	1.94	1.74	0.72	2.16	0.54		
0.20	0.10	0.66	0.57	0.39	0.39	0.21		
2.12	0.93	7.80	7.12	1.42	6.93	2.05	0.15	0.05
1.87	0.84	7.60	6.91	1.38	6.25	1.76	0.15	0.05
0.23	0.07	0.20	0.20	0.04	0.63	0.23		
0.02	0.02				0.05	0.05		
10.49	6.29	31.41	28.76	11.97	41.14	17.68	0.04	1.96
2.00	0.81	9.81	8.55	2.35	12.18	7.30		0.10
5.76	4.34	10.23	9.78	3.36	18.90	6.38	0.04	
1.12	0.84	2.59	2.43	1.15	4.21	2.42		1.56
1.61	0.31	8.78	8.00	5.10	5.86	1.58		0.30
3.80	1.67	16.50	12.52	2.71	20.34	11.01	2.55	

1-A-6 续表13

行业	企业单位数(个)	资产总计	固定资产净额	固定资产原价	累计折旧	流动资产合计	应收账款
拖拉机制造	4	2.58	1.26	1.57	0.31	0.30	0.09
机械化农业及园艺机具制造	19	20.92	7.36	8.66	1.30	6.70	2.08
营林及木竹采伐机械制造							
畜牧机械制造	6	1.69	0.08	0.33	0.20	1.51	0.56
渔业机械制造	1	0.08	0.01	0.02	0.01	0.06	0.01
农林牧渔机械配件制造	6	3.16	1.05	1.81	0.76	1.42	0.59
棉花加工机械制造	4	3.37	2.07	3.38	0.96	0.61	0.23
其他农、林、牧、渔业机械制造	10	5.05	2.40	6.44	3.98	1.74	0.56
医疗仪器设备及器械制造	47	40.83	8.14	13.55	5.35	26.36	7.33
医疗诊断、监护及治疗设备制造	19	20.91	3.15	5.83	2.67	15.85	4.53
口腔科用设备及器具制造	1	0.39	0.08	0.12	0.04	0.25	0.02
医疗实验室及医用消毒设备和器具制造	2	1.48	0.19	0.89	0.70	0.61	0.15
医疗、外科及兽医用器械制造	5	3.10	0.72	1.13	0.40	2.14	0.35
机械治疗及病房护理设备制造	5	3.30	1.10	1.65	0.55	1.38	0.44
康复辅具制造	1	0.60	0.33	0.44	0.09	0.19	0.04
眼镜制造	1	0.07	0.04	0.04	0.01	0.03	0.02
其他医疗设备及器械制造	13	10.99	2.53	3.44	0.91	5.91	1.78
环保、邮政、社会公共服务及其他专用设备制造	174	281.32	45.86	95.08	45.07	201.65	65.52
环境保护专用设备制造	89	168.42	28.45	57.89	26.85	119.04	36.90
地质勘查专用设备制造							
邮政专用机械及器材制造							
商业、饮食、服务专用设备制造	2	0.12	0.01	0.01		0.12	0.05
社会公共安全设备及器材制造	6	6.50	1.05	1.93	0.71	4.49	2.35
交通安全、管制及类似专用设备制造	7	5.82	1.19	4.77	3.59	4.07	0.09
水资源专用机械制造	8	4.71	0.54	0.96	0.41	3.62	1.71
其他专用设备制造	62	95.75	14.62	29.52	13.51	70.31	24.42
汽车制造业	1490	7214.56	1200.96	2457.53	1099.26	4102.83	974.20
汽车整车制造	27	3856.53	410.79	961.81	509.87	2148.87	283.67
汽柴油车整车制造	21	3836.99	408.14	957.89	508.88	2135.18	274.90
新能源车整车制造	6	19.54	2.65	3.92	0.99	13.69	8.77
汽车用发动机制造	5	101.68	14.20	121.91	41.97	13.79	1.54
改装汽车制造	79	251.90	43.65	72.25	23.20	165.97	40.45
低速汽车制造	1	0.24	0.17	0.21	0.04	0.03	0.01
电车制造	3	3.86	1.67	2.18	0.51	1.65	0.58
汽车车身、挂车制造	119	292.46	59.52	123.37	55.22	176.50	54.59
汽车零部件及配件制造	1256	2707.90	670.96	1175.80	468.45	1596.01	593.36
铁路、船舶、航空航天和其他运输设备制造业	153	1174.02	127.53	395.88	154.54	708.43	125.44
铁路运输设备制造	40	133.78	28.25	51.55	20.35	73.20	31.31
高铁车组制造							
铁路机车车辆制造	1	49.17	15.95	28.45	12.48	17.00	6.20
窄轨机车车辆制造	4	3.04	0.66	1.29	0.61	2.03	1.15
高铁设备、配件制造	4	3.15	0.23	0.39	0.15	2.79	1.64
铁路机车车辆配件制造	9	6.16	1.11	1.92	0.39	3.86	2.04
铁路专用设备及器材、配件制造	19	26.80	4.12	10.72	4.13	16.61	7.13
其他铁路运输设备制造	3	45.47	6.18	8.78	2.59	30.91	13.15
城市轨道交通设备制造	5	28.38	5.31	7.09	1.78	21.43	11.07

单位：亿元

存货	产成品	负债合计	流动负债合计	应付账款	所有者权益合计	实收资本	国家资本	集体资本
0.15	0.07	0.97	0.66	0.09	1.61	0.43		
1.90	0.87	9.90	6.94	1.31	11.02	7.13	2.55	
0.55	0.20	0.62	0.61	0.30	1.07	0.50		
		0.03	0.02	0.01	0.05	0.05		
0.35	0.10	1.19	1.01	0.33	1.96	0.40		
0.19	0.15	1.57	1.54	0.02	1.80	1.32		
0.66	0.27	2.22	1.75	0.66	2.83	1.18		
6.28	3.06	17.55	15.67	4.78	23.28	8.09		0.33
2.68	1.01	7.38	7.18	2.23	13.53	3.16		
0.09	0.05	0.29	0.26	0.03	0.09	0.05		
0.07	0.04	0.33	0.33	0.02	1.15	0.29		
0.62	0.16	1.56	1.50	0.21	1.54	0.88		
0.39	0.16	1.26	0.80	0.40	2.04	1.64		
0.04	0.04	0.56	0.48	0.27	0.04	0.01		
		0.02	0.02	0.02	0.05	0.05		
2.38	1.60	6.15	5.10	1.61	4.83	2.01		0.33
50.90	11.55	158.71	140.21	54.62	122.60	61.47	9.46	0.94
22.57	7.64	98.64	81.73	36.70	69.77	37.11	3.05	0.09
0.06	0.06	0.02	0.02		0.10	0.20		
0.65	0.30	2.50	2.50	0.37	4.00	1.53	0.16	
2.00	0.41	2.23	2.22	0.76	3.59	1.22		
0.92	0.37	2.16	1.87	1.32	2.55	0.85		
24.70	2.77	53.16	51.87	15.48	42.59	20.55	6.25	0.85
559.55	285.05	3660.18	3196.46	1208.87	3554.38	1023.11	465.14	52.73
169.40	97.23	1746.97	1578.73	593.81	2109.56	527.86	364.96	38.14
168.26	96.54	1729.72	1562.06	586.88	2107.27	525.21	364.80	38.14
1.14	0.69	17.26	16.67	6.93	2.29	2.65	0.16	
3.24	0.61	25.91	14.83	2.03	75.77	1.88	0.06	
50.04	19.05	169.17	154.88	56.42	82.73	52.21	15.61	0.54
		0.03	0.03	0.03	0.21	0.21		
0.41	0.25	1.42	1.42	0.33	2.44	0.58		
32.98	18.04	161.76	142.34	56.29	130.70	38.08	3.41	0.53
303.47	149.88	1554.92	1304.22	499.96	1152.97	402.28	81.09	13.52
218.05	24.99	776.44	646.29	272.18	397.58	222.00	142.30	1.09
19.81	2.98	78.97	73.39	40.52	54.81	42.86	8.18	0.61
4.58	0.12	30.86	28.17	14.08	18.31	23.84		
0.32	0.08	1.94	1.90	0.80	1.09	0.51		0.24
0.54	0.20	1.60	1.57	1.28	1.55	0.56		
0.79	0.19	3.62	3.55	1.91	2.54	1.74	0.06	
4.32	1.68	12.76	11.13	3.11	14.04	5.21	3.14	0.36
9.26	0.71	28.20	27.08	19.34	17.27	11.01	4.98	
5.13	0.02	21.79	20.19	13.06	6.59	5.01	4.89	

1-A-6 续表14

行业	企业单位数(个)	资产总计	固定资产净额	固定资产原价	累计折旧	流动资产合计	应收账款
船舶及相关装置制造	69	805.25	54.59	250.49	87.14	487.91	52.97
金属船舶制造	37	677.19	40.25	226.40	77.52	402.50	22.85
非金属船舶制造							
娱乐船和运动船制造	1	1.06	0.08	0.20	0.11	0.87	0.16
船用配套设备制造	26	114.70	12.46	20.81	8.33	75.72	26.27
船舶改装	3	0.83	0.47	0.59	0.09	0.26	0.17
船舶拆除							
海洋工程装备制造	2	11.47	1.34	2.49	1.08	8.56	3.52
航标器材及其他相关装置制造							
航空、航天器及设备制造	17	158.65	28.34	57.73	29.12	102.30	24.02
飞机制造	3	32.78	7.65	16.95	9.30	22.38	3.70
航天器及运载火箭制造	3	48.68	4.11	11.41	7.31	31.64	3.36
航天相关设备制造	6	3.23	0.94	2.79	1.58	2.04	0.58
航空相关设备制造	3	68.78	15.13	25.77	10.64	43.29	15.22
其他航空航天器制造	2	5.16	0.51	0.80	0.29	2.96	1.17
摩托车制造	8	27.02	5.61	20.01	13.65	10.68	4.04
摩托车整车制造	1	0.42	0.32	0.35	0.03	0.06	0.01
摩托车零部件及配件制造	7	26.60	5.29	19.66	13.63	10.62	4.04
自行车和残疾人座车制造	2	3.41	0.18	0.22	0.04	3.22	0.37
自行车制造	2	3.41	0.18	0.22	0.04	3.22	0.37
残疾人座车制造							
助动车制造	7	14.54	4.79	7.88	2.00	7.25	1.11
非公路休闲车及零配件制造							
潜水救捞及其他未列明运输设备制造	5	2.99	0.46	0.91	0.45	2.43	0.55
潜水装备制造							
水下救捞装备制造							
其他未列明运输设备制造	5	2.99	0.46	0.91	0.45	2.43	0.55
电气机械和器材制造业	659	1794.64	361.61	645.78	266.09	1139.09	466.78
电机制造	60	178.15	46.19	64.05	17.17	101.05	37.43
发电机及发电机组制造	18	117.32	36.31	47.85	11.23	58.50	20.93
电动机制造	24	49.33	7.58	12.55	4.90	35.61	13.84
微特电机及组件制造	5	1.12	0.16	0.39	0.22	0.63	0.22
其他电机制造	13	10.37	2.15	3.26	0.81	6.30	2.43
输配电及控制设备制造	258	381.86	69.96	137.61	61.20	246.38	121.68
变压器、整流器和电感器制造	64	76.95	14.83	27.82	12.61	51.62	26.57
电容器及其配套设备制造	4	9.29	0.40	0.80	0.36	5.97	2.62
配电开关控制设备制造	75	103.29	12.46	21.52	8.46	68.08	30.75
电力电子元器件制造	50	55.58	18.02	40.88	20.68	31.37	14.40
光伏设备及元器件制造	24	48.05	11.65	22.57	10.48	24.78	7.32
其他输配电及控制设备制造	41	88.70	12.60	24.02	8.60	64.56	40.02
电线、电缆、光缆及电工器材制造	144	483.11	76.14	159.68	80.04	321.10	124.13
电线、电缆制造	102	271.73	43.48	94.13	47.87	202.01	69.92
光纤制造	19	192.72	28.89	58.13	28.90	108.20	48.97
光缆制造	6	2.79	0.95	1.46	0.51	1.30	0.30
绝缘制品制造	7	6.91	1.32	2.39	1.02	3.23	1.43
其他电工器材制造	10	8.96	1.51	3.57	1.73	6.36	3.51

单位：亿元

存货	产成品	负债合计	流动负债合计	应付账款	所有者权益合计	实收资本	国家资本	集体资本
160.46	13.55	579.13	466.03	184.27	226.11	139.51	104.41	0.48
146.28	10.85	504.89	402.52	170.13	172.30	112.24	82.86	0.10
0.26	0.02	0.57	0.57	0.23	0.49	0.40		
13.29	2.14	66.54	56.64	10.43	48.15	24.74	20.17	0.38
0.01	0.01	0.27	0.27	0.04	0.55	0.30		
0.62	0.52	6.86	6.02	3.45	4.61	1.83	1.39	
25.28	4.01	82.45	75.23	28.43	76.19	26.17	23.97	
11.57	1.52	16.63	15.26	6.74	16.16	2.65	2.65	
3.53	0.70	20.10	16.90	8.21	28.59	11.60	11.50	
0.36	0.17	1.44	1.40	0.28	1.79	0.89	0.02	
9.17	1.50	42.96	40.56	12.90	25.82	9.90	9.80	
0.64	0.12	1.33	1.11	0.29	3.83	1.13		
3.10	1.94	9.11	7.14	3.85	17.91	3.02	0.71	
0.05	0.01	0.01	0.01	-0.01	0.41	0.41		
3.06	1.93	9.10	7.13	3.86	17.50	2.61	0.71	
0.12	0.01	0.70	0.70	0.53	2.71	2.39		
0.12	0.01	0.70	0.70	0.53	2.71	2.39		
3.91	2.42	3.32	2.65	1.08	11.22	2.23		
0.23	0.05	0.96	0.96	0.44	2.02	0.81	0.14	
0.23	0.05	0.96	0.96	0.44	2.02	0.81	0.14	
249.11	108.93	1040.56	888.83	329.11	754.08	309.02	23.72	13.59
24.35	7.65	134.01	93.61	36.34	44.14	25.27	8.39	2.33
14.56	4.26	99.65	61.08	24.72	17.68	14.56	8.39	1.81
7.82	2.72	28.44	27.89	9.84	20.89	7.85		0.21
0.18	0.07	0.51	0.23	0.12	0.61	0.36		
1.79	0.60	5.42	4.41	1.65	4.95	2.50		0.30
45.37	19.48	224.02	209.00	80.40	157.84	87.57	2.51	8.81
10.82	4.11	55.52	53.37	21.71	21.43	20.01	0.40	0.57
1.46	1.00	6.00	3.36	1.56	3.29	1.31		
13.86	7.22	56.90	54.30	16.99	46.39	22.39	0.80	1.17
6.91	2.83	28.32	26.78	10.23	27.26	18.35	0.47	0.06
5.13	1.71	20.86	17.82	6.32	27.19	14.73	0.34	6.50
7.20	2.62	56.42	53.36	23.59	32.28	10.77	0.51	0.51
53.57	24.31	269.96	228.03	46.89	213.16	93.15	7.80	1.59
41.81	19.59	186.78	166.12	20.58	84.95	56.61	7.00	1.04
9.54	4.06	75.92	55.31	23.07	116.80	29.42	0.80	0.15
0.43	0.05	1.83	1.50	0.51	0.96	1.91		
0.64	0.20	1.49	1.24	0.36	5.42	3.17		
1.16	0.41	3.93	3.86	2.37	5.03	2.04		0.40

1-A-6 续表15

行业	企业单位数(个)	资产总计	固定资产净额	固定资产原价	累计折旧	流动资产合计	应收账款
电池制造	70	368.62	86.11	136.66	46.55	204.33	76.37
锂离子电池制造	41	176.02	40.87	53.04	10.84	100.04	37.69
镍氢电池制造							
铅蓄电池制造	8	142.75	35.99	59.79	23.73	76.43	26.66
锌锰电池制造							
其他电池制造	21	49.84	9.25	23.83	11.97	27.86	12.02
家用电力器具制造	34	243.39	54.11	99.15	44.36	179.01	65.49
家用制冷电器具制造	5	54.67	8.53	17.91	9.35	44.40	25.35
家用空气调节器制造	4	114.49	24.94	42.12	16.99	86.43	25.11
家用通风电器具制造							
家用厨房电器具制造	5	7.09	2.22	3.17	0.95	3.39	0.94
家用清洁卫生电器具制造							
家用美容、保健护理电器具制造							
家用电力器具专用配件制造	13	62.50	16.48	30.69	14.21	42.56	13.15
其他家用电力器具制造	7	4.64	1.94	5.26	2.86	2.23	0.94
非电力家用器具制造	22	33.92	3.37	6.33	2.61	26.65	17.81
燃气及类似能源家用器具制造	11	18.93	2.05	3.68	1.65	15.19	11.51
太阳能器具制造	7	13.12	1.21	2.50	0.92	9.90	5.94
其他非电力家用器具制造	4	1.87	0.11	0.15	0.04	1.56	0.35
照明器具制造	48	66.55	20.05	32.09	10.22	31.30	10.58
电光源制造	8	9.65	3.34	6.21	2.68	4.81	1.24
照明灯具制造	16	32.91	11.27	15.88	4.35	15.23	4.33
舞台及场地用灯制造	22	23.59	5.33	9.86	3.16	11.04	4.88
智能照明器具制造	1	0.03	0.01	0.01		0.02	0.01
灯用电器附件及其他照明器具制造	1	0.36	0.10	0.13	0.03	0.19	0.12
其他电气机械及器材制造	23	39.05	5.68	10.21	3.95	29.28	13.30
电气信号设备装置制造	5	9.49	0.41	1.74	0.78	7.11	2.86
其他未列明电气机械及器材制造	18	29.55	5.27	8.47	3.17	22.17	10.45
计算机、通信和其他电子设备制造业	416	3381.95	611.54	932.56	314.28	2054.02	866.79
计算机制造	29	351.14	23.82	51.52	27.29	316.93	202.99
计算机整机制造	4	287.73	18.91	41.15	22.24	261.92	164.07
计算机零部件制造	10	14.02	2.32	3.49	1.15	10.68	5.78
计算机外围设备制造	7	37.29	2.22	6.07	3.47	33.57	26.91
工业控制计算机及系统制造	1	2.65	0.08	0.19	0.11	2.52	1.43
信息安全设备制造	1	3.27	0.03	0.19	0.16	3.15	2.09
其他计算机制造	6	6.18	0.26	0.43	0.17	5.09	2.70
通信设备制造	71	696.80	50.08	97.02	46.39	598.35	371.51
通信系统设备制造	45	153.21	13.54	32.68	18.64	109.78	62.46
通信终端设备制造	26	543.59	36.53	64.34	27.74	488.57	309.05
广播电视设备制造	11	23.87	8.51	18.06	9.06	8.75	3.59
广播电视节目制作及发射设备制造	2	11.27	4.35	6.00	1.42	2.37	0.85
广播电视接收设备制造	5	4.65	1.19	7.26	5.81	3.16	0.94
广播电视专用配件制造	3	7.60	2.91	4.73	1.81	2.93	1.66
专业音响设备制造							
应用电视设备及其他广播电视设备制造	1	0.35	0.06	0.08	0.02	0.29	0.14
雷达及配套设备制造	2	14.28	2.80	5.09	2.29	9.94	0.78

单位：亿元

存货	产成品	负债合计	流动负债合计	应付账款	所有者权益合计	实收资本	国家资本	集体资本
53.51	12.76	193.99	149.32	58.83	174.62	60.28	3.35	
23.56	7.89	107.57	87.54	43.63	68.45	30.41	2.33	
23.18	2.64	57.13	38.88	7.80	85.62	15.01	1.02	
6.78	2.24	29.30	22.91	7.39	20.55	14.86		
54.62	39.27	147.17	141.37	84.86	96.22	19.21	0.17	0.03
10.41	7.85	28.22	28.22	20.18	26.45	9.34		
33.74	26.02	70.31	70.20	52.55	44.18	3.39	0.17	0.03
1.01	0.28	2.62	2.50	1.45	4.48	2.59		
8.80	4.76	43.86	38.59	10.04	18.64	3.60		
0.67	0.36	2.16	1.86	0.64	2.48	0.29		
2.66	0.87	12.72	11.86	4.64	21.21	3.47	0.12	
1.72	0.59	6.06	5.71	2.56	12.87	2.00		
0.53	0.22	5.89	5.38	1.49	7.23	1.08	0.12	
0.40	0.07	0.77	0.77	0.59	1.11	0.38		
9.97	2.74	33.47	30.90	6.24	33.08	15.09	0.83	0.74
1.39	0.53	4.48	4.47	1.50	5.17	4.76	0.20	0.50
6.19	1.41	20.27	18.54	2.59	12.64	4.83	0.39	0.24
2.35	0.78	8.55	7.71	2.09	15.04	5.39	0.24	
0.01	0.01	0.01			0.02	0.01		
0.02	0.01	0.17	0.17	0.06	0.19	0.10		
5.06	1.85	25.23	24.74	10.91	13.81	4.98	0.56	0.10
1.99	0.31	4.00	3.89	2.22	5.49	1.78	0.45	
3.08	1.54	21.23	20.85	8.69	8.32	3.19	0.10	0.10
363.30	93.88	1857.37	1607.28	736.55	1524.58	939.26	150.57	2.16
70.54	16.27	276.89	276.40	90.36	74.26	29.43	0.44	0.10
65.08	14.01	238.29	238.25	68.30	49.45	21.59		
1.06	0.73	12.37	12.35	2.55	1.65	2.05		
3.60	1.31	21.45	21.44	17.31	15.84	4.37		
0.14		1.05	0.70	0.33	1.60	0.22		
0.14	0.07	1.42	1.35	0.88	1.85	0.33	0.23	0.09
0.53	0.15	2.31	2.31	0.99	3.87	0.88	0.21	0.01
56.39	11.45	540.28	517.95	364.33	156.52	60.86	10.03	0.48
15.58	3.47	85.57	81.16	45.33	67.63	27.45	1.09	0.48
40.82	7.97	454.70	436.79	319.00	88.89	33.41	8.94	
1.20	0.44	14.37	12.41	2.73	9.51	7.46		0.20
0.47	0.21	5.79	4.29	0.78	5.48	5.70		
0.23	0.17	2.04	1.88	0.60	2.61	0.91		
0.48	0.07	6.38	6.10	1.24	1.22	0.80		0.20
0.02		0.16	0.13	0.11	0.19	0.05		
3.03	0.60	8.48	7.84	2.02	5.81	3.29	3.07	

1-A-6 续表16

行　业	企　业单位数(个)	资产总计	固定资产净　额	固定资产原　价	累计折旧	流动资产合　计	应收账款
非专业视听设备制造	17	26.37	7.61	11.37	3.45	15.54	7.49
电视机制造	2	13.79	3.82	4.32	0.50	9.20	6.09
音响设备制造	9	8.80	2.12	3.32	0.89	4.38	0.94
影视录放设备制造	6	3.77	1.68	3.74	2.06	1.95	0.46
智能消费设备制造	38	158.15	50.14	125.23	75.04	70.55	19.16
可穿戴智能设备制造	6	16.01	1.47	3.47	2.00	11.23	3.13
智能车载设备制造	3	6.70	1.67	3.10	1.43	4.26	2.49
智能无人飞行器制造	3	81.84	35.86	103.40	67.53	23.23	2.66
服务消费机器人制造	2	2.79	0.43	0.59	0.17	1.24	0.39
其他智能消费设备制造	24	50.81	10.72	14.66	3.90	30.59	10.50
电子器件制造	123	1719.94	404.86	529.28	122.72	872.85	201.67
电子真空器件制造	19	64.82	34.33	46.50	11.56	25.46	7.06
半导体分立器件制造	3	12.45	2.09	3.59	1.50	6.02	0.56
集成电路制造	8	431.37	115.14	118.61	3.47	144.41	0.58
显示器件制造	17	522.01	199.61	246.78	47.06	163.99	57.03
半导体照明器件制造	1	0.22	0.01	0.03	0.01	0.13	0.05
光电子器件制造	50	335.40	23.15	54.83	31.35	258.61	40.31
其他电子器件制造	25	353.67	30.53	58.94	27.76	274.24	96.07
电子元件及电子专用材料制造	85	226.91	48.43	70.29	18.88	90.62	32.40
电阻电容电感元件制造	21	79.80	5.50	9.29	3.28	33.13	11.90
电子电路制造	21	62.50	24.57	29.50	4.68	26.60	9.93
敏感元件及传感器制造	7	17.37	3.40	6.58	2.01	10.40	4.03
电声器件及零件制造	3	3.34	1.79	3.09	1.30	0.53	0.20
电子专用材料制造	12	47.86	7.61	12.63	4.23	11.73	2.24
其他电子元件制造	21	16.03	5.55	9.21	3.39	8.21	4.10
其他电子设备制造	40	164.48	15.29	24.70	9.16	70.49	27.20
仪器仪表制造业	146	180.92	33.73	71.60	34.79	124.40	40.96
通用仪器仪表制造	75	66.91	8.96	26.07	16.64	50.33	18.54
工业自动控制系统装置制造	38	35.62	5.74	19.53	13.75	25.63	8.13
电工仪器仪表制造	15	18.69	1.45	2.35	0.90	16.12	6.14
绘图、计算及测量仪器制造	3	2.22	0.06	0.12	0.06	1.72	0.57
实验分析仪器制造	4	1.39	0.44	0.73	0.29	0.63	0.24
试验机制造	4	1.19	0.27	0.40	0.12	0.69	0.26
供应用仪器仪表制造	6	5.52	0.58	0.99	0.41	4.55	2.71
其他通用仪器制造	5	2.28	0.41	1.94	1.10	0.97	0.48
专用仪器仪表制造	39	57.65	11.40	21.05	9.44	39.13	14.59
环境监测专用仪器仪表制造	8	12.17	1.43	3.23	1.80	7.91	3.27
运输设备及生产用计数仪表制造	6	7.90	1.26	3.89	2.63	5.96	2.58
导航、测绘、气象及海洋专用仪器制造	4	10.83	1.37	2.97	1.59	7.40	3.79
农林牧渔专用仪器仪表制造							
地质勘探和地震专用仪器制造	3	2.42	0.48	0.84	0.36	1.77	0.85
教学专用仪器制造	3	1.36	0.23	0.56	0.15	0.77	0.22
核子及核辐射测量仪器制造	1	0.49	0.03	0.06	0.01	0.43	0.19
电子测量仪器制造	5	12.89	3.55	5.68	2.13	8.86	1.92
其他专用仪器制造	9	9.59	3.06	3.82	0.75	6.03	1.77
钟表与计时仪器制造	4	2.50	1.56	1.89	0.33	0.93	0.50

单位：亿元

存货	产成品	负债合计	流动负债合计	应付账款	所有者权益合计	实收资本	国家资本	集体资本
3.91	0.97	18.79	13.79	8.80	7.57	3.37	1.00	
2.16	0.56	12.03	7.79	6.66	1.76	1.19	1.00	
1.25	0.17	4.78	4.13	1.36	4.02	1.37		
0.49	0.24	1.98	1.87	0.78	1.79	0.81		
15.76	3.51	53.65	49.63	21.53	104.50	76.30	10.00	
1.94	0.68	4.80	4.29	1.56	11.21	3.00		
0.76	0.29	4.41	4.33	2.41	2.29	1.50		
6.50	1.44	20.82	18.42	11.41	61.02	55.74		
0.64	0.29	1.56	1.51	0.46	1.23	1.10		
5.92	0.81	22.06	21.08	5.68	28.75	14.97	10.00	
174.95	41.29	797.19	608.53	197.11	922.76	672.24	122.98	0.63
7.22	3.98	27.93	27.24	10.59	36.89	22.30		
0.79	0.20	2.46	2.24	0.91	9.99	2.53		0.30
8.01	4.50	61.70	32.52	26.05	369.67	386.62		0.13
26.05	9.94	298.57	164.76	75.38	223.45	196.99	93.28	
0.01		0.14	0.14	0.07	0.08	0.06		
26.98	8.17	195.62	181.40	23.92	139.79	38.18	17.44	0.20
105.88	14.49	210.77	200.23	60.19	142.90	25.57	12.26	
21.19	10.84	89.49	76.34	35.46	137.42	56.66	0.08	0.15
10.49	6.36	27.15	26.70	12.95	52.65	10.67		0.05
4.80	2.09	40.10	32.34	14.20	22.40	25.07		
1.86	0.55	8.29	5.59	2.80	9.08	3.00		
0.26	0.11	1.05	0.71	0.24	2.29	0.42		
1.85	0.76	4.09	3.20	1.23	43.78	14.13		
1.93	0.96	8.81	7.80	4.04	7.22	3.38	0.08	0.10
16.33	8.51	58.26	44.37	14.23	106.22	29.65	2.97	0.60
32.09	14.30	96.88	81.89	25.14	84.07	36.01	10.52	0.74
12.50	6.24	34.09	32.57	10.70	32.86	14.62	1.03	0.54
8.17	4.15	19.52	18.84	5.78	16.10	8.30	0.90	0.09
3.05	1.78	8.81	8.61	3.20	9.88	4.04		0.05
0.31		0.43	0.42	0.20	1.80	0.68		0.40
0.16	0.11	0.33	0.29	0.20	1.06	0.18		
0.07	0.02	0.91	0.41	0.06	0.32	0.11		
0.62	0.14	2.64	2.55	1.14	2.88	0.91	0.13	
0.11	0.04	1.45	1.44	0.11	0.83	0.40		
6.15	2.07	25.13	21.95	7.64	32.53	11.01	2.30	0.20
1.65	0.56	5.35	4.69	1.16	6.82	1.65		
0.80	0.35	4.59	4.11	1.75	3.31	1.61	0.50	
1.00	0.10	4.04	3.90	1.35	6.78	2.16	1.18	
0.49	0.28	1.10	1.10	0.08	1.32	0.71		
0.30	0.13	0.47	0.47	0.10	0.89	0.65		0.20
0.09	0.08	0.22	0.22	0.01	0.27	0.05		
0.75	0.25	6.50	4.70	1.59	6.39	1.09	0.45	
1.07	0.32	2.84	2.74	1.59	6.75	3.10	0.17	
0.16	0.12	0.52	0.52	0.14	1.98	0.08		

1-A-6 续表17

行业	企业单位数(个)	资产总计	固定资产净额	固定资产原价	累计折旧	流动资产合计	应收账款
光学仪器制造	13	43.63	9.23	14.96	5.69	29.00	5.29
衡器制造	6	6.60	1.39	5.87	2.15	3.03	1.29
其他仪器仪表制造业	9	3.63	1.21	1.75	0.55	1.98	0.74
其他制造业	49	94.57	17.44	40.00	21.09	62.60	16.25
日用杂品制造	18	7.00	2.40	5.79	2.98	3.11	1.28
鬃毛加工、制刷及清扫工具制造	2	0.61	0.20	0.32	0.12	0.21	0.01
其他日用杂品制造	16	6.39	2.20	5.47	2.86	2.90	1.27
废弃资源综合利用业	84	304.45	74.19	105.80	28.41	152.73	29.13
金属废料和碎屑加工处理	47	256.64	57.38	82.35	22.76	140.60	26.88
非金属废料和碎屑加工处理	37	47.81	16.81	23.45	5.66	12.13	2.26
金属制品、机械和设备修理业	22	44.13	7.29	17.55	8.81	30.36	9.96
金属制品修理	3	0.62	0.02	0.12	0.06	0.45	0.09
通用设备修理	3	2.35	0.18	0.35	0.17	2.16	1.01
专用设备修理							
铁路、船舶、航空航天等运输设备修理	7	27.02	2.13	4.59	2.46	19.79	5.84
铁路运输设备修理	1	1.67	0.26	0.42	0.16	1.40	0.29
船舶修理	3	1.61	0.24	0.50	0.27	0.56	0.14
航空航天器修理	3	23.74	1.63	3.67	2.04	17.83	5.41
其他运输设备修理							
电气设备修理	1	4.10	1.02	1.56	0.54	2.74	1.17
仪器仪表修理	1	1.05	0.04	0.20	0.16	0.80	0.27
其他机械和设备修理业	7	8.99	3.91	10.73	5.41	4.42	1.58
电力、热力、燃气及水生产和供应业	**395**	**5671.64**	**3591.64**	**6369.01**	**2750.79**	**655.62**	**163.77**
电力、热力生产和供应业	224	4912.59	3348.83	5983.69	2614.89	373.03	112.16
电力生产	202	3594.94	2217.34	3690.56	1455.25	344.55	109.73
火力发电	23	625.13	413.20	847.34	432.87	107.29	39.54
热电联产	8	86.47	59.90	100.11	38.49	20.57	5.67
水力发电	66	2366.64	1418.80	2348.14	923.48	107.09	20.46
核力发电	1	2.72	0.09	0.33	0.24	0.07	0.03
风力发电	33	225.83	145.70	180.35	28.80	37.90	17.56
太阳能发电	46	201.48	136.52	149.11	12.53	48.00	22.26
生物质能发电	17	59.16	28.14	39.34	8.77	17.74	3.19
其他电力生产	8	27.51	15.00	25.83	10.07	5.89	1.02
电力供应	7	1288.05	1119.18	2257.96	1138.77	17.72	0.58
热力生产和供应	15	29.60	12.30	35.17	20.87	10.76	1.85
燃气生产和供应业	76	239.28	113.99	159.02	39.86	85.47	11.34
燃气生产和供应业	71	232.49	110.91	152.22	38.17	84.44	10.93
天然气生产和供应业	65	220.21	104.98	143.43	35.68	80.64	10.39
液化石油气生产和供应业	5	10.87	5.28	7.71	2.11	3.51	0.54
煤气生产和供应业	1	1.41	0.66	1.07	0.38	0.29	
生物质燃气生产和供应业	5	6.78	3.07	6.80	1.69	1.03	0.41
水的生产和供应业	95	519.78	128.83	226.30	96.04	197.12	40.27
自来水生产和供应	76	478.58	122.78	200.56	76.59	185.43	37.60
污水处理及其再生利用	18	40.81	5.97	25.65	19.43	11.48	2.62
海水淡化处理							
其他水的处理、利用与分配	1	0.39	0.08	0.09	0.01	0.21	0.05

单位：亿元

存货	产成品	负债合计	流动负债合计	应付账款	所有者权益合计	实收资本	国家资本	集体资本
12.32	5.38	31.22	21.74	4.85	12.41	8.39	7.19	
0.55	0.24	4.04	3.30	1.28	2.56	0.76		
0.42	0.25	1.89	1.82	0.53	1.74	1.15		
18.34	2.69	55.77	43.41	15.60	36.57	13.94	4.38	0.02
1.20	0.53	2.42	2.22	0.47	4.58	2.24		
0.15	0.01	0.42	0.42	0.07	0.19	0.17		
1.05	0.52	2.01	1.80	0.40	4.39	2.08		
55.73	17.55	142.97	123.50	12.94	161.48	112.87	5.91	2.64
53.33	16.75	125.81	110.61	9.91	130.83	93.72	5.10	1.66
2.40	0.80	17.16	12.90	3.03	30.65	19.16	0.81	0.98
6.09	0.67	27.66	18.29	7.70	16.46	8.18	0.58	0.61
0.17	0.01	0.35	0.34	0.04	0.27	0.32		
0.57	0.02	1.79	1.79	0.46	0.56	0.51		0.46
3.74	0.25	17.90	8.75	4.27	9.12	1.47	0.50	
0.10		0.79	0.79	0.75	0.88	0.50	0.50	
0.02	0.02	0.69	0.50	0.05	0.92	0.34		
3.62	0.23	16.42	7.46	3.47	7.32	0.63		
0.85	0.17	3.28	3.28	0.82	0.82	0.82		
0.06	0.04	0.41	0.33	0.19	0.63	0.15		
0.71	0.19	3.93	3.80	1.92	5.06	4.92	0.08	0.15
42.89	**3.04**	**3034.03**	**1698.53**	**370.50**	**2637.61**	**1148.31**	**792.68**	**17.99**
27.92	0.30	2595.36	1423.65	315.98	2317.23	1030.73	741.83	8.33
26.84	0.23	1780.55	814.12	73.15	1814.39	694.21	410.20	7.88
20.80	0.04	358.92	251.47	29.10	266.21	179.68	88.65	
2.25	0.03	56.49	38.15	8.45	29.97	26.69	21.78	
2.04	0.09	1035.86	370.71	7.23	1330.78	373.08	260.30	3.01
		1.94	0.07		0.78	0.78	0.78	
0.33	0.04	138.50	71.96	11.12	87.33	47.37	24.42	2.02
0.01	0.01	126.79	49.52	9.69	74.69	50.70	12.70	1.49
1.26	0.02	47.98	25.51	5.16	11.18	8.91	1.54	
0.14	0.01	14.07	6.74	2.38	13.43	7.00	0.03	1.36
0.81	0.02	796.12	594.82	238.08	491.93	326.95	326.71	
0.27	0.04	18.69	14.70	4.76	10.91	9.57	4.91	0.45
7.30	1.58	146.31	134.85	31.72	92.97	44.62	7.21	6.51
6.92	1.27	144.08	132.76	31.60	88.41	43.17	7.21	6.51
6.08	1.00	136.33	126.16	31.41	83.88	40.79	7.21	6.51
0.84	0.27	7.18	6.04	0.19	3.69	2.00		
		0.58	0.57		0.84	0.37		
0.38	0.32	2.23	2.09	0.12	4.55	1.45		
7.67	1.16	292.36	140.03	22.80	227.42	72.96	43.64	3.16
5.42	0.79	268.95	126.16	19.01	209.63	60.43	43.34	2.90
2.18	0.33	23.22	13.68	3.78	17.59	12.43	0.30	0.26
0.06	0.03	0.19	0.19	0.01	0.19	0.11		

1-A-6 续表18

行业	法人资本	个人资本	港澳台资本	外商资本	营业收入	营业成本	销售费用
总计	**3196.33**	**1823.72**	**186.97**	**430.49**	**44636.38**	**36217.25**	**1315.07**
采矿业	**30.73**	**48.34**	**0.15**		**876.17**	**702.02**	**26.26**
煤炭开采和洗选业	1.37	1.06			7.08	5.77	0.20
烟煤和无烟煤开采洗选	1.37	1.06			7.08	5.77	0.20
褐煤开采洗选							
其他煤炭采选							
石油和天然气开采业					75.04	66.75	1.03
石油开采					75.04	66.75	1.03
陆地石油开采					75.04	66.75	1.03
海洋石油开采							
天然气开采							
陆地天然气开采							
海洋天然气及可燃冰开采							
黑色金属矿采选业	1.55	9.80			183.12	152.99	5.40
铁矿采选	1.55	8.82			177.68	147.91	5.35
锰矿、铬矿采选		0.58			0.67	0.59	
其他黑色金属矿采选		0.40			4.77	4.49	0.05
有色金属矿采选业	1.41	1.63			40.46	24.00	0.52
常用有色金属矿采选	0.70	1.00			26.66	13.70	0.21
铜矿采选	0.70	1.00			26.66	13.70	0.21
铅锌矿采选							
镍钴矿采选							
锡矿采选							
锑矿采选							
铝矿采选							
镁矿采选							
其他常用有色金属矿采选							
贵金属矿采选	0.43	0.58			7.85	5.85	0.13
金矿采选	0.43	0.58			7.85	5.85	0.13
银矿采选							
其他贵金属矿采选							
稀有稀土金属矿采选	0.29	0.05			5.95	4.46	0.19
钨钼矿采选	0.27				1.36	0.90	0.02
稀土金属矿采选	0.02				4.20	3.23	0.17
非金属矿采选业	26.34	35.68	0.15		470.99	361.91	18.42
土砂石开采	9.28	20.57	0.15		304.21	239.68	13.92
石灰石、石膏开采	3.17	11.17			111.28	91.97	3.89
建筑装饰用石开采	2.43	5.90			54.70	41.87	2.72
耐火土石开采	0.81	0.24			6.49	4.77	0.69
粘土及其他土砂石开采	2.86	3.25	0.15		131.74	101.08	6.62
化学矿开采	15.65	7.75			117.53	80.46	2.85
采盐	0.03	2.34			4.74	3.85	0.59
石棉及其他非金属矿采选	1.39	5.03			44.50	37.92	1.04
石棉、云母矿采选							
石墨、滑石采选							
宝石、玉石采选	0.30				1.58	1.11	0.12
其他未列明非金属矿采选	1.09	5.03			42.92	36.81	0.93

单位：亿元

管理费用	财务费用			投资收益（损失以“–”号记）	营业利润	利润总额	亏损企业亏损额	平均用工人数（万人）
		利息收入	利息支出					
1947.07	**406.35**	**39.22**	**370.66**	**134.43**	**3756.91**	**3752.76**	**185.39**	**315.55**
47.22	**10.91**	**0.52**	**8.16**	**–2.36**	**60.36**	**57.70**	**16.40**	**7.53**
0.35	0.06		0.06		0.53	0.52	0.25	0.17
0.35	0.06		0.06		0.53	0.52	0.25	0.17
11.13	0.52	0.13	0.63	–0.01	–13.96	–14.04	14.04	1.32
11.13	0.52	0.13	0.63	–0.01	–13.96	–14.04	14.04	1.32
11.13	0.52	0.13	0.63	–0.01	–13.96	–14.04	14.04	1.32
8.08	2.61	0.04	1.98	–2.41	10.08	9.71	0.57	1.71
7.86	2.60	0.04	1.98	–2.41	10.09	9.76	0.43	1.61
0.16					–0.09	–0.13	0.13	0.06
0.06	0.01				0.09	0.09	0.01	0.04
3.47	0.24	0.04	0.28		11.02	10.94	0.20	0.58
2.21	0.17	0.04	0.20		9.40	9.33		0.41
2.21	0.17	0.04	0.20		9.40	9.33		0.41
0.83	0.05		0.05		0.90	0.89	0.20	0.14
0.83	0.05		0.05		0.90	0.89	0.20	0.14
0.44	0.03		0.03		0.72	0.72		0.03
0.10	0.03		0.03		0.30	0.30		0.02
0.34					0.37	0.37		0.01
18.79	7.25	0.15	4.86	0.05	50.94	48.76	0.48	3.10
8.89	2.81	0.03	1.36	–0.03	32.70	30.85	0.05	1.59
2.69	1.12	0.01	0.57	0.03	9.11	8.24	0.02	0.63
1.94	0.60	0.01	0.24		6.41	6.11	0.01	0.35
0.10	0.01		0.01		0.80	0.79		0.03
4.16	1.09	0.01	0.54	–0.06	16.38	15.70	0.02	0.57
8.31	3.89	0.09	3.15	0.07	15.36	15.27	0.17	1.12
0.27	0.13		0.14		–0.19	–0.18	0.25	0.09
1.33	0.43	0.04	0.20		3.07	2.81	0.01	0.31
0.13					0.08	0.08		0.01
1.20	0.43	0.04	0.20		2.99	2.74	0.01	0.30

1-A-6 续表19

行业					营业收入	营业成本	销售费用
	法人资本	个人资本	港澳台资本	外商资本			
开采专业及辅助性活动	0.03	0.01			79.64	73.18	0.06
煤炭开采和洗选专业及辅助性活动							
石油和天然气开采专业及辅助性活动					77.69	71.79	0.02
其他开采专业及辅助性活动	0.03	0.01			1.95	1.40	0.04
其他采矿业	0.02	0.16			19.85	17.42	0.63
制造业	**2958.14**	**1674.83**	**177.44**	**410.23**	**41562.40**	**33713.91**	**1273.77**
农副食品加工业	143.20	155.52	7.99	16.48	3598.49	3027.16	96.75
谷物磨制	50.09	59.77		0.49	1420.96	1194.22	37.94
稻谷加工	45.45	50.74			1283.42	1086.60	32.63
小麦加工	2.03	8.59			113.80	90.32	3.30
玉米加工	0.33				4.77	4.40	0.04
杂粮加工		0.18					
其他谷物磨制	2.28	0.26		0.49	18.96	12.90	1.98
饲料加工	25.41	15.33	0.38	4.15	544.90	469.05	15.06
宠物饲料加工	0.89	0.01			20.75	17.13	1.15
其他饲料加工	24.52	15.32	0.38	4.15	524.15	451.92	13.90
植物油加工	17.11	14.96	3.04	3.21	508.47	438.77	7.87
食用植物油加工	13.56	14.03	3.04	3.21	481.26	414.92	7.04
非食用植物油加工	3.55	0.92			27.21	23.85	0.82
制糖业	0.29	0.26			4.16	2.84	0.04
屠宰及肉类加工	11.37	12.51	3.89	8.63	300.69	256.29	9.38
牲畜屠宰	4.61	5.62	0.01	5.63	152.17	131.56	3.69
禽类屠宰	2.54	1.23	3.80	2.80	48.56	43.37	1.31
肉制品及副产品加工	4.22	5.67	0.09	0.20	99.97	81.36	4.39
水产品加工	4.05	10.72			234.06	191.66	8.36
水产品冷冻加工	1.46	6.07			128.43	109.15	3.35
鱼糜制品及水产品干腌制加工	0.59	1.65			55.26	44.16	3.94
鱼油提取及制品制造	0.10	0.89			5.98	4.43	0.44
其他水产品加工	1.90	2.11			44.39	33.91	0.64
蔬菜、菌类、水果和坚果加工	14.90	19.41	0.67		238.79	194.36	6.82
蔬菜加工	4.24	10.45	0.67		112.30	91.79	3.97
食用菌加工	8.26	5.36			97.93	78.45	2.07
水果和坚果加工	2.40	3.60			28.56	24.12	0.78
其他农副食品加工	19.98	22.56		0.01	346.46	279.96	11.28
淀粉及淀粉制品制造	1.42	2.98			61.95	52.28	1.64
豆制品制造	1.68	3.51			26.83	21.97	1.41
蛋品加工	8.76	3.48			106.58	85.11	4.98
其他未列明农副食品加工	8.12	12.59		0.01	151.10	120.61	3.25
食品制造业	44.41	47.83	2.55	13.97	992.68	809.17	47.66
焙烤食品制造	7.52	10.09	0.58	1.11	254.34	206.67	12.46
糕点、面包制造	5.84	5.84	0.36	0.06	95.51	75.04	4.68
饼干及其他焙烤食品制造	1.68	4.25	0.22	1.05	158.83	131.63	7.78
糖果、巧克力及蜜饯制造	0.87	1.46	1.00	0.34	140.15	117.21	6.71
糖果、巧克力制造	0.37	1.46	1.00	0.34	94.14	77.06	4.62
蜜饯制作	0.50				46.01	40.15	2.09
方便食品制造	4.95	6.83	0.10	3.04	134.76	110.33	6.54
米、面制品制造	3.63	4.74		0.70	87.83	72.95	1.99

单位：亿元

管理费用	财务费用			投资收益(损失以"–"号记)	营业利润	利润总额	亏损企业亏损额	平均用工人数(万人)
		利息收入	利息支出					
4.84	0.18	0.15	0.36		0.85	0.92	0.87	0.57
4.50	0.18	0.15	0.36		0.67	0.69	0.87	0.55
0.34					0.17	0.23		0.03
0.56	0.04				0.89	0.89		0.07
1858.13	**317.63**	**36.81**	**287.80**	**106.31**	**3414.28**	**3410.95**	**162.07**	**293.64**
95.31	27.48	1.50	20.33	2.46	302.67	303.09	2.18	19.09
32.44	11.91	1.07	8.20	0.09	126.12	126.47	0.22	5.92
26.54	10.54	1.04	6.91	–0.07	109.84	109.95	0.22	5.44
4.39	1.41		1.27		13.30	13.54		0.42
0.02					0.24	0.24		0.01
1.48	–0.04	0.02	0.02	0.16	2.75	2.74		0.06
16.05	2.91	–0.04	2.28	1.16	36.66	38.81	0.48	2.55
0.84	0.07	–0.03	0.09		1.50	1.60	0.07	0.08
15.21	2.84		2.19	1.16	35.16	37.21	0.41	2.47
12.91	3.55	0.15	2.58	0.26	41.73	40.21	0.16	1.67
12.02	3.18	0.12	2.35	0.26	40.74	39.26	0.16	1.55
0.89	0.38	0.03	0.23		0.99	0.95		0.11
0.09	0.02		0.02		1.15	1.17		0.06
7.74	1.93		1.80	1.20	23.99	23.53	0.96	2.42
2.83	0.87	0.05	0.88	0.06	11.95	11.13	0.56	1.00
1.55	0.51	–0.08	0.58		1.39	1.43	0.37	0.48
3.36	0.55	0.03	0.35	1.14	10.64	10.96	0.02	0.94
7.88	1.60	0.02	1.48	–0.20	16.11	16.08	0.06	2.17
2.27	1.07	0.01	1.06	–0.20	10.86	10.81		1.32
3.85	0.23		0.12		2.18	2.19	0.01	0.47
0.73	0.05		0.05		0.27	0.27	0.02	0.04
1.03	0.26		0.24		2.79	2.81	0.03	0.33
7.71	2.98	0.27	2.02	–0.01	24.50	24.48	0.27	1.93
4.47	1.50	0.05	0.99	0.01	9.46	9.42	0.11	1.03
2.20	1.21	0.21	0.77	–0.02	12.96	12.94		0.59
1.03	0.27	0.01	0.26		2.08	2.12	0.16	0.31
10.49	2.58	0.03	1.95	–0.03	32.41	32.35	0.03	2.39
1.97	0.37	0.01	0.34		5.17	4.98		0.37
1.06	0.22		0.19		1.87	1.88	0.01	0.22
3.75	0.89	0.01	0.68		10.54	10.49		0.69
3.71	1.09	0.01	0.74	–0.03	14.83	15.01	0.01	1.11
38.15	5.83	1.34	5.55	3.26	87.59	89.33	1.04	8.52
9.86	1.78	0.02	1.64	0.03	21.72	21.92	0.13	2.63
5.05	0.47		0.40		9.32	9.32	0.09	1.19
4.81	1.31	0.02	1.24	0.03	12.40	12.60	0.04	1.44
7.60	0.11	0.27	0.10	0.14	7.43	7.53		0.84
5.03	0.32	0.03	0.09		5.91	5.96		0.76
2.58	–0.21	0.24	0.02	0.14	1.51	1.57		0.07
3.77	1.31	–0.04	1.23		12.04	12.17	0.06	0.96
2.11	1.17	0.06	0.96		8.96	9.05		0.44

1-A-6 续表20

行业					营业收入	营业成本	销售费用
	法人资本	个人资本	港澳台资本	外商资本			
速冻食品制造	0.69	1.67			15.55	12.55	0.72
方便面制造	0.22	0.35		2.30	25.25	19.98	3.32
其他方便食品制造	0.40	0.07	0.10	0.04	6.14	4.85	0.51
乳制品制造	13.73	0.80	0.21		82.27	70.11	4.19
液体乳制造	13.25	0.49	0.21		73.58	62.42	3.78
乳粉制造	0.48	0.32			8.69	7.69	0.41
其他乳制品制造							
罐头食品制造	4.19	4.06			95.62	81.78	1.97
肉、禽类罐头制造	0.10	0.65			8.91	7.92	0.21
水产品罐头制造	0.01	0.05			1.64	1.59	0.02
蔬菜、水果罐头制造	3.07	3.30			72.10	61.57	1.45
其他罐头食品制造	1.01	0.05			12.96	10.70	0.29
调味品、发酵制品制造	1.61	6.98		9.00	103.46	77.62	8.83
味精制造				9.00	11.93	6.23	2.02
酱油、食醋及类似制品制造	0.02	1.16			11.73	9.59	0.40
其他调味品、发酵制品制造	1.60	5.82			79.80	61.80	6.41
其他食品制造	11.53	17.62	0.66	0.48	182.09	145.46	6.96
营养食品制造	2.19	2.74			41.42	33.61	0.99
保健食品制造	2.74	1.74	0.40		25.97	21.92	1.00
冷冻饮品及食用冰制造	0.61	0.26	0.03	0.42	18.48	15.19	0.88
盐加工	2.25	2.49			16.78	13.65	1.52
食品及饲料添加剂制造	2.49	7.80	0.23	0.01	40.35	30.95	1.41
其他未列明食品制造	1.25	2.60		0.05	39.09	30.15	1.17
酒、饮料和精制茶制造业	70.38	54.71	24.58	14.67	935.14	652.79	68.01
酒的制造	41.83	22.17	9.54	6.89	430.08	270.79	31.84
酒精制造	0.09	2.22			24.91	21.51	0.45
白酒制造	38.85	6.05	0.05		214.26	138.79	13.86
啤酒制造	0.92	1.48	9.49	6.89	54.57	38.20	4.69
黄酒制造	1.00	5.32			13.32	10.38	0.20
葡萄酒制造	0.12	0.39			8.58	7.16	0.20
其他酒制造	0.86	6.73			114.44	54.75	12.45
饮料制造	18.54	13.70	15.04	7.78	295.41	216.27	26.11
碳酸饮料制造	0.43	0.71	1.89	0.38	35.35	26.92	5.32
瓶（罐）装饮用水制造	6.05	1.69			40.95	28.62	4.95
果菜汁及果菜汁饮料制造	0.29	3.80	0.02	2.59	24.79	19.75	1.50
含乳饮料和植物蛋白饮料制造	4.28	2.69		3.90	49.62	39.76	1.93
固体饮料制造	0.87	0.43			29.43	24.24	1.48
茶饮料及其他饮料制造	6.64	4.37	13.13	0.90	115.27	76.97	10.93
精制茶加工	10.01	18.84			209.65	165.73	10.06
烟草制品业	18.49				756.34	207.30	10.74
烟叶复烤					2.06	1.68	0.06
卷烟制造	18.13				740.34	196.82	10.59
其他烟草制品制造	0.37				13.94	8.81	0.10
纺织业	91.64	76.77	2.83	4.82	2075.48	1751.95	58.04
棉纺织及印染精加工	68.97	57.21	1.86	2.13	1424.86	1202.28	36.50
棉纺纱加工	46.62	44.83	0.73	1.16	1028.79	875.19	22.97
棉织造加工	20.34	8.73	0.79	0.97	343.99	284.54	11.15

单位：亿元

管理费用	财务费用			投资收益(损失以“–”号记)	营业利润	利润总额	亏损企业亏损额	平均用工人数(万人)
		利息收入	利息支出					
0.55	0.17		0.18		1.48	1.46	0.03	0.19
0.75	–0.08	–0.10	0.03		1.27	1.32	0.02	0.19
0.36	0.05		0.05		0.33	0.34	0.01	0.13
2.17	0.08	–0.11	0.14	1.32	6.69	7.63	0.15	0.50
1.75	0.02	–0.11	0.08	1.32	6.72	6.95	0.15	0.45
0.42	0.06		0.06		–0.03	0.68		0.05
2.49	0.92	0.01	0.78		7.81	7.47		1.25
0.18	0.04		0.02		0.52	0.52		0.08
0.01	0.01				0.01	0.01		0.02
2.05	0.64		0.56		5.77	5.43		1.03
0.25	0.22		0.20		1.51	1.51		0.13
4.85	0.11	1.19	0.71	1.68	12.84	12.88		0.73
0.59	–0.18	0.19			3.17	3.17		0.10
0.55	0.06		0.05		1.09	1.09		0.07
3.71	0.23	1.00	0.66	1.68	8.58	8.62		0.56
7.42	1.51	0.01	0.95	0.09	19.06	19.73	0.70	1.62
1.12	0.17		0.14		5.00	5.04	0.43	0.28
1.09	0.27		0.15		1.55	1.57	0.15	0.22
1.00	0.03	–0.01	0.03		1.29	1.34		0.23
0.90	0.19	0.01	0.06	0.04	0.25	0.33	0.08	0.21
2.07	0.34		0.31	0.03	5.22	5.68	0.03	0.31
1.24	0.52		0.27	0.01	5.75	5.77	0.01	0.36
43.40	9.09	1.03	7.37	1.26	133.58	130.36	2.26	8.16
23.23	4.20	0.33	4.28	0.53	74.73	73.22	1.24	3.38
0.70	0.06		0.05		2.51	2.51		0.13
11.18	2.86	–0.05	2.44	0.02	33.95	33.79	0.14	1.73
4.57	–0.08	–0.14	0.07		3.04	3.66	1.08	0.71
0.28	0.14		0.11	0.01	1.97	1.97		0.06
0.36	0.09		0.09		0.58	0.48		0.05
6.14	1.13	0.51	1.52	0.50	32.68	30.80	0.01	0.69
9.60	2.40	0.67	1.36	0.68	39.70	37.47	0.94	2.29
1.20	0.10	0.05	0.01		1.54	1.51	0.55	0.31
1.28	0.24	0.01	0.12	–0.19	5.50	5.54		0.29
1.17	0.26		0.19		2.11	1.11	0.06	0.23
2.27	0.83		0.42	0.04	4.92	3.88		0.61
0.72	0.40	0.02	0.10		2.24	2.24		0.11
2.96	0.57	0.59	0.52	0.83	23.39	23.18	0.32	0.73
10.57	2.49	0.03	1.73	0.05	19.15	19.67	0.08	2.50
21.70	–1.04	0.75	0.36	0.49	87.45	86.26	0.09	0.79
0.25	–0.13	–0.13			0.10	0.09		0.10
19.81	–0.75	1.08	0.32	0.49	83.83	82.74		0.62
1.63	–0.16	–0.20	0.04		3.51	3.44	0.09	0.07
78.68	26.93	0.29	15.63	3.54	143.26	143.41	2.49	23.02
50.65	19.48	0.20	9.84	3.46	103.95	104.27	1.51	15.14
35.30	14.33	0.20	6.94	3.45	74.13	74.57	1.18	11.93
13.19	4.55	–0.01	2.63	0.01	26.40	26.26	0.17	2.70

1-A-6 续表21

行业					营业收入	营业成本	销售费用
	法人资本	个人资本	港澳台资本	外商资本			
棉印染精加工	2.02	3.65	0.33		52.08	42.55	2.38
毛纺织及染整精加工	0.54	0.30	0.43		8.42	7.25	0.22
毛条和毛纱线加工	0.05	0.30			4.57	4.19	0.11
毛织造加工	0.37		0.43		2.46	1.76	0.08
毛染整精加工	0.12				1.39	1.30	0.03
麻纺织及染整精加工	1.99	2.35			47.84	40.60	0.64
麻纤维纺前加工和纺纱	0.73	1.85			37.88	31.64	0.58
麻织造加工	1.26	0.49			9.96	8.96	0.06
麻染整精加工							
丝绢纺织及印染精加工	0.09	0.30			1.20	1.06	0.01
缫丝加工		0.20			0.07	0.06	
绢纺和丝织加工	0.09	0.10			1.13	1.00	0.01
丝印染精加工							
化纤织造及印染精加工	2.17	2.32			34.91	29.28	1.03
化纤织造加工	2.17	1.93			22.75	19.77	0.52
化纤织物染整精加工		0.38			12.16	9.51	0.51
针织或钩针编织物及其制品制造	0.30	0.91	0.26		19.66	17.10	0.50
针织或钩针编织物织造	0.15	0.91	0.26		15.38	13.11	0.46
针织或钩针编织物印染精加工							
针织或钩针编织品制造	0.15				4.28	3.99	0.04
家用纺织制成品制造	2.77	3.35	0.17		104.75	92.72	1.98
床上用品制造	2.59	1.72			32.78	27.17	1.07
毛巾类制品制造	0.08	0.98	0.03		52.06	49.25	0.35
窗帘、布艺类产品制造	0.03	0.08	0.15		1.71	1.55	0.02
其他家用纺织制成品制造	0.07	0.58			18.20	14.76	0.53
产业用纺织制成品制造	14.81	10.04	0.11	2.69	433.84	361.67	17.15
非织造布制造	7.39	8.03	0.01	2.60	226.97	184.78	10.17
绳、索、缆制造	0.14				8.07	6.88	0.23
纺织带和帘子布制造	0.23	0.06			4.83	3.70	0.29
篷、帆布制造	0.70	0.12		0.07	13.44	11.94	0.32
其他产业用纺织制成品制造	6.35	1.83	0.10	0.02	180.54	154.37	6.14
纺织服装、服饰业	31.30	39.79	3.85	0.34	855.58	721.25	26.17
机织服装制造	26.49	32.87	3.31	0.33	692.68	587.00	18.33
运动机织服装制造	5.43	18.13	1.79	0.33	199.48	168.17	5.04
其他机织服装制造	21.06	14.74	1.52	0.01	493.21	418.84	13.30
针织或钩针编织服装制造	1.50	1.96	0.27		59.05	47.26	4.99
运动休闲针织服装制造	0.08	0.14	0.04		2.29	1.98	0.03
其他针织或钩针编织服装制造	1.42	1.82	0.24		56.76	45.28	4.95
服饰制造	3.31	4.95	0.27	0.01	103.85	86.99	2.85
皮革、毛皮、羽毛及其制品和制鞋业	6.02	10.96	8.12	0.18	247.90	215.09	4.11
皮革鞣制加工		1.48			2.40	2.22	
皮革制品制造	1.23	1.80	0.03	0.02	33.03	26.97	0.86
皮革服装制造	0.13	0.11			1.84	1.57	0.04
皮箱、包（袋）制造	0.44	1.32		0.02	23.49	19.75	0.35
皮手套及皮装饰制品制造	0.55	0.23	0.03		6.11	4.35	0.40
其他皮革制品制造	0.12	0.14			1.59	1.30	0.08
毛皮鞣制及制品加工	0.28	3.58	0.10		107.92	99.72	1.34

单位：亿元

管理费用	财务费用			投资收益(损失以“–”号记)	营业利润	利润总额	亏损企业亏损额	平均用工人数(万人)
		利息收入	利息支出					
2.16	0.59	0.01	0.26		3.42	3.44	0.16	0.51
0.45	0.12		0.07		0.32	0.33	0.23	0.15
0.09	0.07		0.02		0.09	0.09		0.06
0.11	0.02		0.02		0.46	0.47		0.06
0.24	0.03		0.03		–0.23	–0.23	0.23	0.03
1.32	0.87	0.06	0.72	0.04	3.94	3.98	0.06	0.57
1.14	0.72	0.05	0.59	0.04	3.35	3.40	0.06	0.40
0.18	0.15		0.13		0.59	0.59		0.16
0.03	0.01		0.01		0.09	0.09		0.02
0.01	0.01		0.01		–0.01			
0.02					0.09	0.09		0.02
1.32	0.84		0.34		1.81	1.76	0.05	0.41
0.72	0.33		0.30		1.33	1.27	0.05	0.38
0.60	0.51		0.04		0.49	0.49		0.04
0.61	0.11		0.06		1.21	1.21	0.02	0.24
0.59	0.10		0.06		1.04	1.04	0.02	0.23
0.02					0.17	0.17		0.01
2.66	1.02	0.01	0.71	0.02	5.97	5.76	0.24	0.86
1.18	0.52		0.24		2.72	2.49	0.23	0.37
0.43	0.37		0.35	0.02	1.61	1.63	0.01	0.38
0.06	0.01				0.07	0.07		0.02
0.99	0.12		0.11		1.57	1.57		0.10
21.65	4.48	0.03	3.88	0.01	25.98	26.00	0.39	5.62
13.33	2.30	0.02	2.01	0.01	14.28	14.31	0.39	2.58
0.19	0.12		0.09		0.93	0.93		0.06
0.27	0.03		0.03		0.51	0.51		0.04
0.45	0.05		0.05		0.63	0.64		0.13
7.41	1.98	0.01	1.71		9.64	9.62		2.80
31.03	7.57	0.11	5.35	0.29	60.51	59.67	1.07	13.59
24.79	6.04	0.05	4.18	0.21	49.03	48.07	0.95	10.93
7.93	1.44	0.03	0.76	0.07	15.21	14.93	0.63	3.15
16.85	4.60	0.02	3.41	0.14	33.82	33.14	0.32	7.78
2.66	0.53	0.05	0.42	0.02	3.24	3.34	0.01	0.86
0.07	0.01				0.15	0.15	0.01	0.08
2.60	0.52	0.05	0.41	0.02	3.09	3.19		0.78
3.58	0.99	0.01	0.76	0.07	8.25	8.27	0.10	1.80
7.87	1.08		0.62	–0.11	17.69	17.95	0.17	3.23
0.04	0.06		0.06		0.07	0.08	0.02	0.02
1.04	0.21		0.11		3.76	3.76	0.01	0.22
0.03	0.03				0.13	0.13		0.02
0.57	0.13		0.08		2.62	2.62	0.01	0.16
0.34	0.03		0.01		0.93	0.93		0.03
0.10	0.02		0.02		0.08	0.08		0.02
2.50	0.17		0.06	–0.07	3.54	3.57	0.01	0.42

1-A-6 续表22

行业					营业收入	营业成本	销售费用
	法人资本	个人资本	港澳台资本	外商资本			
毛皮鞣制加工		0.01			1.33	1.24	0.01
毛皮服装加工	0.07	2.97	0.10		104.56	96.55	1.32
其他毛皮制品加工	0.21	0.60			2.03	1.93	0.01
羽毛(绒)加工及制品制造	0.82	0.08			18.04	14.87	0.03
羽毛（绒）加工	0.58	0.08			1.96	1.83	0.01
羽毛（绒）制品加工	0.24				16.08	13.04	0.02
制鞋业	3.69	4.01	7.99	0.16	86.50	71.32	1.87
纺织面料鞋制造	2.04	1.14	3.69		26.25	21.43	0.45
皮鞋制造	0.90	1.18	4.30		30.76	25.23	0.86
塑料鞋制造	0.01	0.14			8.11	6.42	0.44
橡胶鞋制造	0.72	1.55			18.41	16.16	0.08
其他制鞋业	0.01	0.01		0.16	2.97	2.08	0.03
木材加工和木、竹、藤、棕、草制品业	18.63	31.45	0.01	0.09	394.76	328.36	10.44
木材加工	3.34	3.71			46.81	38.61	1.26
锯材加工	2.38	0.31			9.20	7.68	0.23
木片加工	0.14	0.39			11.40	9.88	0.30
单板加工	0.66	0.72			16.77	13.70	0.38
其他木材加工	0.16	2.28			9.43	7.35	0.34
人造板制造	8.67	16.83			216.93	182.53	5.26
胶合板制造	2.72	3.46			107.65	91.67	2.25
纤维板制造	5.11	10.61			81.60	67.94	2.55
刨花板制造	0.26	0.74			3.27	2.18	0.15
其他人造板制造	0.58	2.02			24.41	20.74	0.31
木质制品制造	5.72	9.48	0.01	0.09	116.29	95.06	3.63
建筑用木料及木材组件加工	3.62	2.20			13.36	10.94	0.38
木门窗制造	0.84	1.84		0.09	25.42	21.69	0.83
木楼梯制造		0.06			0.20	0.14	0.02
木地板制造	0.71	2.43	0.01		45.57	37.14	1.52
木制容器制造	0.46	2.85			23.49	17.22	0.83
软木制品及其他木制品制造	0.10	0.10			8.24	7.93	0.05
竹、藤、棕、草等制品制造	0.90	1.43			14.73	12.15	0.29
竹制品制造	0.73	1.35			10.49	8.93	0.23
藤制品制造							
棕制品制造	0.10				0.80	0.79	
草及其他制品制造	0.07	0.08			3.43	2.43	0.06
家具制造业	70.29	11.13	0.10		197.39	161.16	5.93
木质家具制造	63.16	10.38			172.48	140.36	5.05
竹、藤家具制造							
金属家具制造	4.36	0.16	0.10		10.91	8.42	0.51
塑料家具制造							
其他家具制造	2.77	0.59			14.00	12.38	0.37
造纸和纸制品业	42.97	23.76	14.53	4.66	512.87	432.61	18.86
纸浆制造	0.23	0.01			3.12	2.24	0.01
木竹浆制造	0.23	0.01			3.12	2.24	0.01
非木竹浆制造							
造纸	34.03	13.17	13.27	4.16	310.98	268.51	8.57
机制纸及纸板制造	33.97	11.22	13.27	4.16	296.41	255.44	8.31

单位：亿元

管理费用	财务费用			投资收益（损失以"–"号记）	营业利润	利润总额	亏损企业亏损额	平均用工人数（万人）
		利息收入	利息支出					
0.01					0.06	0.06		0.01
2.43	0.13		0.02	–0.07	3.49	3.50		0.39
0.06	0.03		0.03		–0.01	0.01	0.01	0.02
0.11	0.02		0.02		2.95	2.97		0.07
0.01					0.07	0.09		
0.10	0.02		0.02		2.88	2.88		0.07
4.18	0.62		0.37	–0.04	7.37	7.57	0.13	2.50
1.89	0.23		0.12	–0.04	1.89	2.07	0.09	1.41
1.29	0.26		0.22		2.81	2.81		0.60
0.40	0.09				0.36	0.36		0.05
0.48	0.03		0.03		1.58	1.59	0.03	0.37
0.11	0.01				0.73	0.74		0.08
11.91	5.10	0.05	2.91	0.97	34.68	34.20	0.36	3.50
1.27	0.59		0.40		4.32	4.42	0.01	0.37
0.19	0.03		0.02		0.98	0.98	0.01	0.06
0.29	0.17		0.17		0.63	0.72		0.13
0.43	0.22		0.03		1.53	1.53		0.12
0.36	0.17		0.18		1.18	1.19		0.06
5.99	2.73	0.01	1.87	0.97	17.65	16.90	0.32	1.74
2.58	0.87	0.01	0.53	1.22	9.03	7.99	0.02	0.73
2.89	1.59		1.19	–0.24	5.13	5.34	0.25	0.73
0.17	0.09		0.03		0.63	0.66	0.05	0.04
0.35	0.17		0.13		2.86	2.91		0.24
4.20	1.64	0.03	0.52		11.47	11.61	0.03	1.19
0.60	0.29		0.16		0.90	0.91	0.01	0.23
0.82	0.25		0.09		1.53	1.54		0.24
0.02	0.02	0.02			0.01	0.01		0.01
1.67	0.32	0.01	0.23		4.50	4.50	0.02	0.50
1.04	0.75		0.01		4.40	4.54		0.16
0.06	0.02		0.02		0.11	0.11		0.05
0.45	0.14		0.12		1.25	1.27	0.01	0.20
0.34	0.14		0.12		0.80	0.80	0.01	0.15
0.01					–0.01			0.02
0.10					0.47	0.47		0.03
7.76	1.70	–0.01	1.27	0.06	18.99	19.27	0.44	2.30
6.86	1.54	–0.01	1.19	0.06	17.38	17.41	0.44	2.01
0.45	0.08		0.04		1.13	1.28		0.13
0.45	0.08		0.04		0.49	0.58		0.15
19.24	7.29	0.47	5.71	–1.95	29.13	29.86	2.54	3.47
0.06	0.09		0.08		0.71	0.71		0.03
0.06	0.09		0.08		0.71	0.71		0.03
10.48	5.52	0.22	4.21	–1.93	14.21	14.51	2.33	2.06
10.10	5.46	0.22	4.17	–1.93	13.48	13.78	2.33	1.98

1-A-6 续表23

行业	法人资本	个人资本	港澳台资本	外商资本	营业收入	营业成本	销售费用
手工纸制造	0.01	0.12			6.03	5.26	0.07
加工纸制造	0.05	1.83			8.53	7.81	0.19
纸制品制造	8.71	10.58	1.27	0.50	198.77	161.86	10.28
纸和纸板容器制造	2.68	8.20	0.23	0.23	108.43	93.06	4.15
其他纸制品制造	6.02	2.38	1.04	0.27	90.34	68.80	6.13
印刷和记录媒介复制业	23.91	33.34	1.48	1.40	501.92	409.68	16.32
印刷	20.48	31.62	1.48	1.40	471.27	388.39	14.12
书、报刊印刷	0.40	3.31			51.82	42.73	1.74
本册印制	1.07	0.58	0.25		15.52	13.36	0.47
包装装潢及其他印刷	19.01	27.73	1.23	1.40	403.93	332.31	11.91
装订及印刷相关服务	3.32	0.22			23.85	18.53	0.58
记录媒介复制	0.10	1.50			6.80	2.75	1.61
文教、工美、体育和娱乐用品制造业	20.89	26.27	12.31	1.01	505.46	410.89	13.26
文教办公用品制造	0.60	0.87			9.05	7.67	0.33
文具制造	0.08	0.76			2.70	2.26	0.06
笔的制造	0.52				6.04	5.18	0.23
教学用模型及教具制造		0.11			0.32	0.23	0.04
墨水、墨汁制造							
其他文教办公用品制造							
乐器制造	0.01	0.34	1.09		24.80	20.64	0.27
中乐器制造		0.05			5.47	5.32	0.01
西乐器制造		0.24	1.09		18.68	14.77	0.26
电子乐器制造		0.05			0.27	0.18	
其他乐器及零件制造	0.01				0.39	0.37	
工艺美术及礼仪用品制造	19.56	21.38	9.94	1.00	370.51	301.19	7.75
雕塑工艺品制造	12.77	5.93	0.08		117.45	90.07	3.90
金属工艺品制造	0.04	0.69			9.67	8.14	0.22
漆器工艺品制造	0.55	2.54			7.92	7.15	0.09
花画工艺品制造							
天然植物纤维编织工艺品制造	0.33	0.54	0.65		19.26	14.82	0.42
抽纱刺绣工艺品制造	0.16	0.97	0.21		24.70	20.95	0.67
地毯、挂毯制造	0.42	0.66			7.94	6.21	0.18
珠宝首饰及有关物品制造	1.71	2.98	9.00	0.03	85.92	73.51	0.26
其他工艺美术及礼仪用品制造	3.58	7.08		0.97	97.64	80.33	2.00
体育用品制造	0.04	1.23			17.45	14.26	0.66
球类制造	0.04	0.05			4.40	3.71	0.13
专项运动器材及配件制造		0.82			7.12	5.75	0.23
健身器材制造							
运动防护用具制造					2.48	2.47	
其他体育用品制造		0.37			3.45	2.33	0.30
玩具制造	0.58	1.52	1.27		75.66	60.69	3.89
电玩具制造		0.04			0.57	0.54	
塑胶玩具制造		0.05			1.02	0.89	0.01
金属玩具制造							
弹射玩具制造							
娃娃玩具制造							
儿童乘骑玩耍的童车类产品制造	0.23	1.43	1.27		70.93	56.76	3.86

单位：亿元

管理费用	财务费用	利息收入	利息支出	投资收益（损失以"–"号记）	营业利润	利润总额	亏损企业亏损额	平均用工人数（万人）
0.16	0.03		0.02		0.47	0.47		0.03
0.22	0.03		0.02		0.26	0.26		0.05
8.70	1.68	0.25	1.41	–0.02	14.20	14.63	0.20	1.39
4.75	1.22	0.03	0.83		3.99	3.98	0.17	0.75
3.96	0.46	0.22	0.58	–0.02	10.22	10.65	0.03	0.63
25.87	3.57	–0.12	2.82	0.01	41.91	42.11	0.97	4.60
23.07	3.56	–0.09	2.78	0.16	37.77	37.98	0.97	4.31
2.79	0.35		0.27	0.01	2.99	2.89	0.05	0.62
0.44	0.32		0.30		0.81	0.83	0.18	0.17
19.85	2.89	–0.09	2.21	0.15	33.97	34.26	0.74	3.52
1.88	0.02	–0.01	0.04		2.79	2.79		0.17
0.92	–0.01	–0.02		–0.15	1.34	1.34		0.11
19.45	5.22	0.03	3.20	0.06	51.47	50.10	0.12	4.46
0.33	0.03		0.03		0.61	0.50		0.09
0.07	0.03		0.02		0.27	0.16		0.06
0.23					0.33	0.33		0.02
0.03					0.01	0.01		0.01
1.46	0.28		0.26	0.03	2.01	2.01		0.31
0.06	0.01		0.01		0.07	0.07		0.02
1.38	0.28		0.25		1.85	1.85		0.28
0.02					0.06	0.06		
				0.03	0.03	0.03		
12.80	3.84	0.03	2.73	0.03	41.97	40.91	0.11	3.24
3.45	1.23	0.01	0.83	0.03	17.37	16.95	0.06	0.75
0.32	0.09		0.05		0.79	0.79	0.03	0.11
0.19	0.04		0.01		0.38	0.39		0.14
0.56	0.28		0.08		2.97	2.45		0.28
1.01	0.11		0.10		1.55	1.36	0.01	0.40
0.67	0.06	0.01	0.04		0.72	0.73		0.11
2.76	1.46	0.01	1.17		7.06	7.08		0.36
3.84	0.56		0.45		11.13	11.15		1.09
0.59	0.08		0.01		1.75	1.52		0.11
0.11	0.05		0.01		0.37	0.14		0.03
0.16	0.02				0.93	0.93		0.03
								0.01
0.32	0.01				0.45	0.45		0.05
3.68	0.89		0.08		4.69	4.70		0.60
0.01					0.01	0.01		
0.01					0.10	0.10		0.02
3.64	0.88		0.07		3.99	4.00		0.55

1-A-6 续表24

行业					营业收入	营业成本	销售费用
	法人资本	个人资本	港澳台资本	外商资本			
其他玩具制造	0.35				3.15	2.50	0.02
游艺器材及娱乐用品制造	0.10	0.93		0.01	7.98	6.44	0.36
露天游乐场所游乐设备制造		0.37			0.37	0.26	0.02
游艺用品及室内游艺器材制造							
其他娱乐用品制造	0.10	0.56		0.01	7.61	6.17	0.34
石油、煤炭及其他燃料加工业	8.62	3.38		1.59	1037.64	832.87	3.21
精炼石油产品制造	8.50	2.98		0.40	977.05	775.98	3.01
原油加工及石油制品制造	8.50	2.87		0.40	975.79	775.07	2.99
其他原油制造		0.11			1.27	0.90	0.02
煤炭加工		0.02		1.19	59.80	56.23	0.18
炼焦					47.75	44.85	
煤制合成气生产				1.19	5.07	4.87	
煤制液体燃料生产							
煤制品制造		0.02			6.98	6.52	0.18
其他煤炭加工							
生物质燃料加工	0.12	0.38			0.79	0.66	0.02
生物质液体燃料生产							
生物质致密成型燃料加工	0.12	0.38			0.79	0.66	0.02
化学原料和化学制品制造业	234.43	165.14	6.25	45.65	3232.37	2667.58	94.97
基础化学原料制造	38.72	57.89	0.08	2.12	607.45	502.30	16.05
无机酸制造	6.93	1.36			70.89	61.88	0.88
无机碱制造	0.46	31.69			83.97	67.36	1.65
无机盐制造	11.23	5.45			123.74	99.98	4.16
有机化学原料制造	10.42	10.32	0.08	0.65	231.16	195.92	6.25
其他基础化学原料制造	9.68	9.07		1.48	97.70	77.16	3.10
肥料制造	120.83	33.04	2.51	0.13	1170.28	994.79	27.73
氮肥制造	39.69	9.49			178.79	162.13	2.09
磷肥制造	8.36	6.65			184.10	157.80	3.29
钾肥制造		0.18			2.45	2.28	0.03
复混肥料制造	68.46	9.82	2.51	0.13	724.52	606.10	19.89
有机肥料及微生物肥料制造	4.25	6.12			70.19	58.01	2.23
其他肥料制造	0.06	0.78			10.22	8.47	0.20
农药制造	6.38	3.18	0.05	0.15	89.06	71.70	2.27
化学农药制造	4.58	2.66		0.15	59.10	47.27	1.31
生物化学农药及微生物农药制造	1.80	0.51	0.05		29.95	24.44	0.96
涂料、油墨、颜料及类似产品制造	10.00	17.13	0.93	0.20	266.24	213.70	10.45
涂料制造	7.32	12.17	0.93	0.11	186.26	145.31	7.97
油墨及类似产品制造	0.78	2.28			31.72	27.67	0.92
工业颜料制造	0.03	0.28			5.06	4.67	0.01
工艺美术颜料制造	0.06	0.26			6.41	5.44	0.05
染料制造	1.40	0.46			13.57	11.38	0.44
密封用填料及类似品制造	0.42	1.68		0.08	23.22	19.24	1.05
合成材料制造	19.77	10.52	0.14	24.73	300.57	250.22	3.11
初级形态塑料及合成树脂制造	10.95	4.86	0.14	23.66	218.23	179.63	1.13
合成橡胶制造	0.14	0.49			25.04	21.29	0.64
合成纤维单（聚合）体制造	0.11	0.65			12.72	10.41	0.21
其他合成材料制造	8.58	4.52		1.07	44.57	38.88	1.13

单位：亿元

管理费用	财务费用			投资收益(损失以“-”号记)	营业利润	利润总额	亏损企业亏损额	平均用工人数(万人)
		利息收入	利息支出					
0.02	0.01		0.01		0.60	0.60		0.03
0.58	0.09		0.09		0.44	0.46	0.02	0.11
0.06	0.03		0.03		-0.01		0.02	0.02
0.53	0.05		0.05		0.44	0.46		0.09
15.20	-0.30	2.15	1.79	0.07	30.54	31.36	0.20	1.05
14.11	-0.46	2.13	1.62	0.07	28.65	29.53	0.20	0.90
14.04	-0.49	2.13	1.59	0.07	28.41	29.29	0.20	0.88
0.06	0.04		0.03		0.24	0.24		0.02
1.03	0.15	0.02	0.16		1.86	1.80		0.12
0.85	0.08	0.02	0.10		1.65	1.56		0.09
0.03	0.06		0.06		0.10	0.13		0.01
0.14	0.01				0.11	0.11		0.02
0.07	0.01		0.01		0.02	0.04		0.02
0.07	0.01		0.01		0.02	0.04		0.02
133.35	34.39	-1.17	37.07	9.05	285.60	284.58	6.43	18.51
26.16	10.62	0.14	8.79	4.31	49.99	49.03	1.58	4.15
4.04	0.51		0.30		3.17	3.39		0.75
3.88	3.27	0.32	2.55	3.34	10.40	9.52		0.76
5.53	3.36	-0.37	3.25	0.43	9.27	9.05	0.05	0.91
7.48	1.70	0.18	1.53	0.51	18.15	18.26	1.16	1.13
5.24	1.78	0.01	1.17	0.02	9.01	8.82	0.38	0.61
37.69	13.79	-1.27	15.38	2.29	90.15	90.85	1.43	6.27
7.87	5.99	-2.18	7.45	1.90	2.15	1.25	0.68	1.09
4.22	1.59	0.05	1.52		15.59	15.61	0.39	0.94
0.02					0.11	0.11		0.01
22.38	5.64	0.81	5.92	0.65	65.66	67.19	0.34	3.63
2.73	0.56	0.01	0.46	-0.26	5.61	5.68		0.51
0.47	0.01	0.05	0.04		1.02	1.02	0.02	0.08
3.69	1.20	0.17	1.21	0.34	9.97	9.52	0.15	0.51
2.68	1.05	0.17	1.15	0.34	6.89	6.39	0.15	0.34
1.01	0.14		0.06		3.08	3.13		0.17
11.80	2.17		1.23	0.59	27.30	27.51	0.44	1.62
8.21	1.32	0.01	0.69	0.02	22.61	22.67	0.06	1.13
1.40	0.40		0.20	0.01	1.04	0.98	0.19	0.12
0.02	0.02		0.01		0.35	0.35		0.03
0.07	0.03		0.03		0.80	0.80		0.04
0.85	0.11	-0.03	0.11	0.55	1.28	1.35		0.07
1.26	0.28	0.03	0.20	0.01	1.22	1.37	0.18	0.23
10.32	1.71	0.13	1.47	0.89	34.59	34.57	0.31	0.84
7.31	1.09	0.10	1.05	0.01	27.86	27.86	0.21	0.42
0.87	0.11		0.07		1.91	1.91		0.12
0.33	0.19		0.04	0.07	1.80	1.80		0.07
1.81	0.32	0.03	0.31	0.81	3.03	3.00	0.11	0.23

1-A-6 续表25

行业					营业收入	营业成本	销售费用
	法人资本	个人资本	港澳台资本	外商资本			
专用化学产品制造	33.45	32.31	2.26	2.94	624.59	502.96	23.91
化学试剂和助剂制造	8.31	11.68		0.17	178.52	138.74	6.89
专项化学用品制造	6.12	8.84			126.44	102.09	4.76
林产化学产品制造		0.21			5.34	4.64	0.13
文化用信息化学品制造	9.41	1.79	2.26		63.05	54.07	1.04
医学生产用信息化学品制造	0.26	1.16			7.68	6.36	0.11
环境污染处理专用药剂材料制造	0.34	0.57			21.71	16.10	1.99
动物胶制造		0.02			0.87	0.83	0.02
其他专用化学产品制造	9.02	8.05		2.76	220.97	180.12	8.96
炸药、火工及焰火产品制造	3.47	6.65			70.80	52.69	4.76
炸药及火工产品制造	3.18	3.21			36.74	24.73	3.69
焰火、鞭炮产品制造	0.28	3.43			34.06	27.96	1.07
日用化学产品制造	1.82	4.42	0.27	15.38	103.39	79.21	6.69
肥皂及洗涤剂制造	0.56	1.59		12.34	38.97	33.04	0.97
化妆品制造	0.31	0.26	0.27	2.69	28.47	21.02	4.83
口腔清洁用品制造	0.04				0.73	0.57	0.07
香料、香精制造	0.30	0.28		0.36	11.89	6.16	0.16
其他日用化学产品制造	0.60	2.28			23.34	18.43	0.65
医药制造业	145.93	70.56	27.96	6.55	1277.15	855.28	167.25
化学药品原料药制造	53.93	24.21	1.42	0.42	193.36	146.91	7.65
化学药品制剂制造	32.58	7.92	3.75		405.36	216.65	96.37
中药饮片加工	10.10	3.83	0.26		78.61	62.28	3.92
中成药生产	23.01	15.77	8.75	2.56	269.52	182.43	36.43
兽用药品制造	5.44	4.63			42.34	27.75	2.92
生物药品制品制造	12.78	6.56	12.76	3.06	115.76	76.28	14.43
生物药品制造	12.78	6.56	12.76	3.06	115.76	76.28	14.43
基因工程药物和疫苗制造							
卫生材料及医药用品制造	7.25	4.62	1.02	0.51	163.56	137.02	5.11
药用辅料及包装材料	0.84	3.01			8.63	5.97	0.43
化学纤维制造业	4.18	2.65		8.26	55.12	48.49	1.39
纤维素纤维原料及纤维制造	2.78	0.75		6.55	23.24	19.88	0.59
化纤浆粕制造		0.31			1.47	1.25	0.03
人造纤维（纤维素纤维）制造	2.78	0.44		6.55	21.77	18.64	0.57
合成纤维制造	1.10	1.90		1.71	31.24	28.03	0.78
锦纶纤维制造							
涤纶纤维制造	0.65	1.09		1.71	20.30	18.43	0.52
腈纶纤维制造							
维纶纤维制造							
丙纶纤维制造		0.80			8.00	7.01	0.17
氨纶纤维制造							
其他合成纤维制造	0.45	0.01			2.94	2.59	0.09
生物基材料制造	0.30				0.64	0.57	0.01
生物基化学纤维制造							
生物基、淀粉基新材料制造	0.30				0.64	0.57	0.01
橡胶和塑料制品业	51.06	62.06	2.65	1.99	1010.55	827.47	30.46
橡胶制品业	4.96	9.18		0.37	130.02	104.98	3.58
轮胎制造	0.03	2.65			27.10	21.97	0.63

单位：亿元

管理费用	财务费用			投资收益(损失以"–"号记)	营业利润	利润总额	亏损企业亏损额	平均用工人数(万人)
		利息收入	利息支出					
32.49	3.25	–0.59	7.93	0.48	57.91	57.74	1.28	3.37
8.69	1.02	–0.96	1.69	0.37	22.37	22.47	0.01	1.01
5.91	0.94	0.08	0.74	0.01	11.48	11.42	0.18	0.67
0.10	0.01		0.01		0.36	0.36	0.01	0.04
3.35	0.86	0.11	0.92	0.08	3.32	3.20	0.97	0.42
0.25	0.02		0.02		0.69	0.61		0.04
1.96	0.04		0.04		1.50	1.52		0.15
0.01								
12.23	0.35	0.19	4.50	0.02	18.19	18.16	0.11	1.05
5.30	1.11	0.19	0.52	0.17	6.09	5.86	0.02	1.00
3.94	0.52	0.19	0.14	0.13	3.69	3.72		0.57
1.36	0.58		0.39	0.04	2.40	2.14	0.02	0.43
5.88	0.55	0.05	0.54	–0.01	9.59	9.49	1.21	0.74
2.09	0.26		0.27	–0.02	2.27	2.04		0.26
1.49	0.03	–0.02	0.03		0.68	0.78	1.21	0.27
0.07	0.01		0.01		0.01	0.01		0.02
0.95	–0.07	0.06	0.01		4.53	4.54		0.06
1.28	0.32		0.23		2.10	2.12		0.12
96.76	14.67	1.50	15.11	9.46	142.44	141.97	2.33	12.76
15.17	2.07	0.60	2.03	3.21	24.47	24.70	0.13	2.01
38.77	7.66	0.24	8.08	3.78	46.41	46.00	0.37	4.00
3.93	0.58	0.04	0.51		7.49	6.77	0.14	0.83
17.41	1.92	0.80	2.18	0.91	28.67	28.78	1.00	2.85
2.84	–0.14	–0.21	0.14	0.43	9.04	9.09	0.15	0.46
10.95	1.13	0.03	0.95	1.04	12.91	13.11	0.43	1.01
10.95	1.13	0.03	0.95	1.04	12.91	13.11	0.43	1.01
7.07	1.29	–0.01	1.21	0.08	12.12	12.19	0.11	1.52
0.62	0.16		0.01		1.33	1.34		0.08
2.31	0.51	–0.01	0.43	0.01	1.69	1.70	0.10	0.61
1.37	0.21	–0.01	0.19	0.01	0.66	0.64	0.06	0.44
0.09	0.01				0.07	0.07		0.02
1.27	0.19	–0.01	0.19	0.01	0.59	0.57	0.06	0.42
0.91	0.30		0.24		1.02	1.06	0.04	0.16
0.49	0.23		0.18		0.58	0.58		0.10
0.31	0.05		0.03		0.32	0.35		0.04
0.10	0.02		0.02		0.12	0.13	0.04	0.02
0.04								0.01
0.04								0.01
43.18	10.09	0.45	7.57	0.15	80.51	79.92	0.93	8.33
7.10	0.66	0.15	0.62	0.02	11.92	11.84	0.09	1.28
1.28	0.01	0.01	0.10	0.01	2.64	2.69		0.26

1-A-6 续表26

行　业	法人资本	个人资本	港澳台资本	外商资本	营业收入	营业成本	销售费用
橡胶板、管、带制造	0.09	2.68			21.51	17.96	0.50
橡胶零件制造	0.41	1.75			26.74	21.63	0.86
再生橡胶制造	0.18	0.50			4.24	3.63	0.13
日用及医用橡胶制品制造	2.86	0.58			19.52	14.63	0.73
运动场地用塑胶制造	0.02				0.88	0.77	
其他橡胶制品制造	1.37	1.01		0.37	30.04	24.38	0.73
塑料制品业	46.10	52.88	2.65	1.62	880.53	722.50	26.88
塑料薄膜制造	1.93	3.83	0.42		48.65	41.53	1.60
塑料板、管、型材制造	15.67	27.64	0.55	0.70	303.24	241.04	9.62
塑料丝、绳及编织品制造	8.54	4.43		0.02	177.02	140.95	6.90
泡沫塑料制造	0.86	3.03	0.76		36.00	29.69	0.88
塑料人造革、合成革制造		1.41			11.05	9.74	0.15
塑料包装箱及容器制造	6.97	2.28	0.92	0.30	70.31	59.12	1.85
日用塑料制品制造	1.49	3.96		0.16	96.51	82.36	2.24
人造草坪制造	0.56	0.27			6.76	5.87	0.12
塑料零件及其他塑料制品制造	10.07	6.03		0.44	130.98	112.21	3.52
非金属矿物制品业	227.88	212.58	5.95	20.97	3073.50	2454.23	100.46
水泥、石灰和石膏制造	60.07	21.98	0.55	19.66	559.56	415.28	22.95
水泥制造	57.11	19.79	0.08	19.66	459.11	328.44	20.02
石灰和石膏制造	2.96	2.19	0.46		100.45	86.84	2.93
石膏、水泥制品及类似制品制造	43.56	59.91	0.37	0.14	862.92	710.12	28.12
水泥制品制造	33.18	47.85	0.37	0.14	600.37	494.94	20.81
砼结构构件制造	5.73	6.70			107.11	89.64	3.28
石棉水泥制品制造		0.01			2.24	2.20	
轻质建筑材料制造	3.54	3.50			106.97	84.72	3.11
其他水泥类似制品制造	1.11	1.86			46.23	38.61	0.92
砖瓦、石材等建筑材料制造	35.43	88.48	0.34		965.90	767.94	29.19
粘土砖瓦及建筑砌块制造	9.74	22.20			407.25	336.27	12.90
建筑用石加工	10.01	52.16			319.30	244.71	7.53
防水建筑材料制造	3.57	3.27			64.62	53.16	2.04
隔热和隔音材料制造	4.03	4.98			42.40	33.32	1.70
其他建筑材料制造	8.09	5.88	0.34		132.32	100.48	5.01
玻璃制造	19.98	4.90	2.81		87.30	71.17	1.22
平板玻璃制造	16.98	3.15			60.37	48.74	0.36
特种玻璃制造	0.14	1.48	2.27		10.06	8.79	0.26
其他玻璃制造	2.86	0.27	0.54		16.88	13.64	0.60
玻璃制品制造	7.97	4.83	0.55	0.62	178.96	148.29	4.81
技术玻璃制品制造	3.16	2.43			56.76	45.72	1.76
光学玻璃制造	0.26	0.35	0.55	0.62	55.93	46.51	1.18
玻璃仪器制造		0.01			0.27	0.16	0.04
日用玻璃制品制造	2.38	0.87			28.82	23.65	0.79
玻璃包装容器制造		0.77			19.88	17.44	0.83
玻璃保温容器制造							
制镜及类似品加工	0.02				0.62	0.53	0.02
其他玻璃制品制造	2.14	0.39			16.68	14.28	0.18
玻璃纤维和玻璃纤维增强塑料制品制造	45.43	2.25			41.46	32.08	1.12
玻璃纤维及制品制造	44.91	0.16			22.47	17.12	0.58

单位：亿元

管理费用	财务费用			投资收益（损失以“–”号记）	营业利润	利润总额	亏损企业亏损额	平均用工人数（万人）
		利息收入	利息支出					
0.90	0.18		0.13		1.83	1.87	0.02	0.17
1.26	0.13	0.03	0.06		2.47	2.27		0.28
0.12	0.07		0.03		0.33	0.36		0.06
1.76	0.15	0.10	0.20	0.02	2.41	2.40		0.29
					0.08	0.08		0.01
1.77	0.13		0.11		2.17	2.16	0.07	0.21
36.08	9.43	0.30	6.95	0.13	68.59	68.08	0.84	7.05
2.27	0.94		0.37		1.77	1.93	0.20	0.39
12.17	2.01	0.01	1.61	−0.07	26.79	26.63	0.52	1.79
8.36	3.27	0.01	2.56	0.19	15.65	15.24	0.01	1.53
1.40	0.32		0.23		3.56	3.39		0.40
0.18	0.11		0.07		0.81	0.82		0.12
2.29	0.70	0.05	0.66	0.02	5.66	5.47		0.53
3.39	0.54		0.32		6.78	6.66		0.70
0.25	0.07		0.07		0.39	0.40		0.03
5.77	1.46	0.22	1.06	−0.02	7.18	7.55	0.10	1.56
112.67	32.62	0.44	20.07	6.25	350.35	346.28	2.02	22.92
19.86	6.46	0.14	5.72	3.18	94.09	96.89	0.05	3.19
17.39	6.06	0.14	5.41	3.18	87.46	90.24	0.04	2.64
2.47	0.40		0.31		6.62	6.65	0.01	0.56
28.22	7.41	0.03	4.01	1.10	81.19	80.79	0.37	5.40
19.58	4.16	0.04	2.32	0.17	55.56	55.29	0.25	3.96
3.30	1.08		0.81		9.04	9.06	0.07	0.59
0.01	0.01		0.01		0.01	0.01		0.01
3.77	1.75	−0.01	0.67	0.08	12.25	12.10		0.53
1.55	0.41		0.21	0.86	4.34	4.32	0.05	0.31
33.54	9.39	0.10	4.09	1.12	116.62	111.88	0.30	7.04
12.68	3.66	0.03	2.23	0.02	36.56	35.67	0.10	2.94
10.17	3.47	0.01	0.45	0.01	50.75	50.51	0.01	2.43
2.53	0.50		0.34	0.60	6.05	6.07		0.52
2.58	0.49	0.02	0.31	0.01	3.87	3.82	0.19	0.31
5.58	1.27	0.04	0.77	0.48	19.38	15.82	0.01	0.85
4.05	1.16	0.10	1.18	0.24	9.30	9.13	0.13	0.83
2.91	0.91	0.09	0.97	0.07	7.06	7.02		0.52
0.33	0.12	0.02	0.11	0.17	0.63	0.52	0.11	0.13
0.80	0.13		0.11		1.61	1.60	0.02	0.19
8.83	1.93	0.04	1.44	0.26	13.07	13.35	0.27	1.71
3.25	0.24	0.03	0.20		4.90	4.91	0.01	0.39
3.40	1.02	0.01	0.83		3.05	3.26		0.60
0.04	0.01		0.01		0.02	0.02		0.01
0.89	0.32		0.27	0.26	3.18	3.21	0.08	0.42
0.85	0.19		0.02		0.46	0.49		0.15
0.03					0.04	0.04		0.01
0.36	0.14		0.11		1.43	1.43	0.18	0.13
1.78	1.59	0.01	0.19		4.14	3.92	0.02	0.26
1.19	1.37	0.01	0.07		1.53	1.54	0.02	0.14

1-A-6 续表27

行业					营业收入	营业成本	销售费用
	法人资本	个人资本	港澳台资本	外商资本			
玻璃纤维增强塑料制品制造	0.52	2.10			18.98	14.96	0.54
陶瓷制品制造	4.12	12.59	1.34	0.08	139.80	117.68	4.47
建筑陶瓷制品制造	1.48	6.63	1.34		55.50	47.07	1.83
卫生陶瓷制品制造	0.16	0.94		0.08	13.60	12.38	0.40
特种陶瓷制品制造	0.50	0.42			8.75	6.48	0.59
日用陶瓷制品制造	0.22	0.08			3.57	2.25	0.47
陈设艺术陶瓷制造	1.76	3.77			48.87	41.46	0.90
园艺陶瓷制造		0.64			7.03	6.36	0.09
其他陶瓷制品制造		0.10			2.48	1.66	0.21
耐火材料制品制造	5.76	3.88		0.46	74.80	60.29	2.90
石棉制品制造		0.07			3.11	2.22	0.20
云母制品制造		0.89			9.18	7.15	0.31
耐火陶瓷制品及其他耐火材料制造	5.76	2.93		0.46	62.51	50.92	2.39
石墨及其他非金属矿物制品制造	5.56	13.76			162.81	131.40	5.69
石墨及碳素制品制造	1.13	0.91			27.02	22.56	1.13
其他非金属矿物制品制造	4.43	12.85			135.79	108.83	4.56
黑色金属冶炼和压延加工业	305.42	43.30	1.13	0.90	2378.26	2075.29	19.23
炼铁		0.06			24.98	20.64	0.60
炼钢		3.04			49.74	40.78	0.05
钢压延加工	303.95	31.90	1.13	0.20	2219.73	1940.35	17.38
铁合金冶炼	1.47	8.30		0.70	83.80	73.52	1.21
有色金属冶炼和压延加工业	10.49	14.19		14.22	799.36	671.41	5.61
常用有色金属冶炼	3.04	1.29		14.22	397.99	337.77	1.36
铜冶炼		0.15		14.22	306.60	256.48	0.50
铅锌冶炼	1.30				34.37	29.84	0.12
镍钴冶炼		0.05			0.97	0.90	
锡冶炼					1.99	1.89	0.02
锑冶炼	0.01	0.11			2.46	2.00	0.02
铝冶炼	1.62	0.74			47.64	43.48	0.56
镁冶炼					0.68	0.65	
硅冶炼							
其他常用有色金属冶炼	0.10	0.24			3.28	2.52	0.13
贵金属冶炼	0.51	1.13			19.96	9.55	0.01
金冶炼	0.01				1.24	1.08	
银冶炼		1.00			0.44	0.37	
其他贵金属冶炼	0.50	0.13			18.27	8.10	0.01
稀有稀土金属冶炼	0.05				0.83	0.64	0.02
钨钼冶炼							
稀土金属冶炼							
其他稀有金属冶炼	0.05				0.83	0.64	0.02
有色金属合金制造	1.45	2.81			73.59	65.60	0.47
有色金属压延加工	5.44	8.96			306.98	257.85	3.75
铜压延加工	1.60	1.52			134.49	109.69	0.85
铝压延加工	3.24	5.53			145.00	124.54	2.43
贵金属压延加工	0.06				5.28	4.95	0.10
稀有稀土金属压延加工	0.22				0.42	0.34	0.03
其他有色金属压延加工	0.32	1.91			21.79	18.33	0.34

单位：亿元

管理费用	财务费用			投资收益(损失以"–"号记)	营业利润	利润总额	亏损企业亏损额	平均用工人数(万人)
		利息收入	利息支出					
0.58	0.22		0.12		2.61	2.38		0.12
5.60	1.69	0.01	1.29	0.17	10.51	8.50	0.57	2.37
2.10	1.00		0.82	0.03	4.21	2.26	0.30	1.05
0.44	0.13		0.12		0.17	0.17	0.02	0.30
0.86	0.04		0.04	0.05	0.78	0.78	0.10	0.08
0.47	0.07		0.04		0.30	0.30	0.03	0.08
1.51	0.42		0.26		4.18	4.11	0.11	0.78
0.08	0.03		0.01	0.09	0.53	0.53		0.06
0.14					0.35	0.35		0.02
3.93	1.01	0.01	0.35	0.14	5.65	5.81		0.67
0.14	0.03				0.41	0.47		0.04
0.69	0.04		0.07		0.94	1.00		0.14
3.10	0.94	0.01	0.28	0.14	4.30	4.33		0.49
6.87	1.99	0.01	1.79	0.03	15.77	16.02	0.31	1.45
1.21	0.41	0.01	0.37		1.65	1.82	0.28	0.26
5.66	1.58	–0.01	1.42	0.02	14.13	14.20	0.02	1.19
103.13	26.85	3.02	27.42	35.10	141.14	112.56	2.20	8.25
0.18	0.09	0.03	0.09	–2.04	1.37	1.37		0.10
0.25	0.11		0.11		0.44	0.44		0.14
100.88	26.16	2.96	26.73	37.14	132.04	103.43	1.85	7.53
1.82	0.48	0.04	0.49		7.29	7.31	0.35	0.48
13.57	7.07	0.75	6.34	–18.07	34.46	36.20	2.33	3.80
4.96	4.37	0.66	4.18	–13.03	7.18	9.62		1.59
2.31	3.68	0.64	3.52	–13.04	2.50	2.40		1.12
0.65	0.19	0.01	0.20		3.28	3.89		0.05
					0.01	0.01		0.01
0.03					0.04	0.04		0.01
0.10	0.04		0.06		0.29	0.29		0.02
1.55	0.38	0.01	0.40		0.81	2.68		0.34
0.02	0.01				–0.01	0.01		
0.31	0.06		0.01		0.25	0.29		0.04
0.27					9.82	9.82	0.17	0.05
0.02					0.13	0.13		0.01
0.24					–0.17	–0.17	0.17	0.04
0.01					9.85	9.85		
0.04					0.10	0.10		0.01
0.04					0.10	0.10		0.01
2.11	0.59		0.52	0.01	4.45	4.36	0.01	0.27
6.19	2.11	0.09	1.63	–5.05	12.91	12.31	2.15	1.88
1.64	1.10	0.04	0.85	–5.45	0.76	0.22	2.02	0.20
3.70	0.88	0.05	0.69	0.37	9.90	9.97	0.02	1.53
0.10	0.01		0.01		0.11	0.11		0.01
					0.04	0.04		0.01
0.75	0.12		0.09	0.03	2.09	1.96	0.11	0.13

1-A-6 续表28

行业	法人资本	个人资本	港澳台资本	外商资本	营业收入	营业成本	销售费用
金属制品业	94.26	82.50	6.17	2.57	1589.70	1329.62	48.58
结构性金属制品制造	37.38	43.47	1.20	0.15	704.54	593.87	18.09
金属结构制造	27.96	36.99	0.02		554.82	469.15	13.27
金属门窗制造	9.42	6.48	1.18	0.15	149.72	124.72	4.83
金属工具制造	8.67	3.66	0.03	0.14	112.15	92.42	3.72
切削工具制造	7.43	2.41	0.03	0.14	71.32	60.46	1.62
手工具制造	0.50	0.02			3.15	2.08	0.21
农用及园林用金属工具制造		0.01			1.71	1.49	0.01
刀剪及类似日用金属工具制造		0.33			0.61	0.49	
其他金属工具制造	0.75	0.90			35.36	27.90	1.88
集装箱及金属包装容器制造	10.03	11.82	2.05	0.78	122.37	99.79	3.32
集装箱制造		0.06			0.50	0.43	
金属压力容器制造	3.98	9.75			62.21	52.33	1.43
金属包装容器及材料制造	6.06	2.02	2.05	0.78	59.66	47.03	1.88
金属丝绳及其制品制造	5.21	0.83	2.87	1.35	66.73	55.61	1.19
建筑、安全用金属制品制造	11.74	3.48		0.02	74.47	64.10	1.42
建筑、家具用金属配件制造	1.86	0.50		0.02	14.70	11.55	0.42
建筑装饰及水暖管道零件制造	8.87	1.40			43.42	38.47	0.64
安全、消防用金属制品制造	0.90	0.67			9.91	8.64	0.28
其他建筑、安全用金属制品制造	0.10	0.90			6.45	5.43	0.08
金属表面处理及热处理加工	0.86	0.83	0.03	0.07	27.58	23.70	0.46
搪瓷制品制造	0.06	0.16			7.73	6.90	0.10
生产专用搪瓷制品制造		0.02			4.38	4.01	0.05
建筑装饰搪瓷制品制造							
搪瓷卫生洁具制造							
搪瓷日用品及其他搪瓷制品制造	0.06	0.14			3.35	2.89	0.04
金属制日用品制造	3.60	3.73		0.07	96.10	74.98	10.30
金属制厨房用器具制造	1.72	2.40			55.19	40.29	8.99
金属制餐具和器皿制造	1.61	0.86			23.23	19.82	0.73
金属制卫生器具制造							
其他金属制日用品制造	0.26	0.46		0.07	17.69	14.87	0.58
铸造及其他金属制品制造	16.72	14.53			378.03	318.25	9.97
黑色金属铸造	12.25	8.78			258.24	216.28	6.47
有色金属铸造	0.18	0.77			2.98	2.64	0.03
锻件及粉末冶金制品制造	0.99	1.89			75.84	66.05	2.05
交通及公共管理用金属标牌制造	0.61	0.53			3.42	2.70	0.10
其他未列明金属制品制造	2.69	2.56			37.56	30.58	1.33
通用设备制造业	50.73	72.20	4.22	11.09	1241.61	1015.00	40.74
锅炉及原动设备制造	7.19	1.87		5.38	133.65	111.87	3.45
锅炉及辅助设备制造	3.91	1.27		5.22	83.82	66.68	2.65
内燃机及配件制造	2.27	0.39		0.17	45.14	41.18	0.64
汽轮机及辅机制造	0.25				0.21	0.17	0.01
水轮机及辅机制造		0.10			0.74	0.69	0.01
风能原动设备制造					3.25	2.71	0.04
其他原动设备制造	0.76	0.11			0.50	0.44	0.11
金属加工机械制造	7.25	13.96	1.32	1.13	223.08	181.89	7.65
金属切削机床制造	1.24	4.80	0.03		57.89	44.61	1.46

单位：亿元

管理费用	财务费用			投资收益（损失以“-”号记）	营业利润	利润总额	亏损企业亏损额	平均用工人数（万人）
		利息收入	利息支出					
68.46	15.27	1.58	11.64	−1.06	107.21	107.87	12.10	12.67
31.58	6.03	0.01	4.30	−0.66	45.44	45.30	7.83	5.35
22.43	4.67	0.21	3.15	−0.74	36.50	36.37	7.82	3.83
9.15	1.37	−0.20	1.15	0.07	8.94	8.93	0.01	1.51
5.77	1.64		1.59		7.63	7.69		1.10
3.13	0.37		0.38		5.23	5.16		0.68
0.37	0.28		0.27		0.17	0.17		0.07
0.01					0.20	0.20		0.01
0.05	0.01		0.01		0.05	0.06		0.01
2.21	0.98		0.93		1.98	2.11		0.33
5.76	1.61	0.68	1.80	−0.01	11.32	11.22	1.55	1.10
0.04	0.01		0.01		0.01	0.01		0.03
2.46	0.65	0.01	0.39		5.03	4.89		0.56
3.26	0.95	0.67	1.41	−0.01	6.28	6.32	1.55	0.50
1.17	0.42	0.03	0.42	−0.49	5.85	5.88	0.19	0.52
3.80	0.48	0.12	0.27		4.04	4.06	0.04	0.45
0.93	0.17	−0.01	0.16		1.53	1.42	0.01	0.15
2.34	0.09	0.13	0.04		1.47	1.59	0.03	0.17
0.27	0.11		0.06		0.57	0.58		0.07
0.26	0.11		0.01		0.47	0.47		0.06
1.54	0.19	0.05	0.20		1.46	1.46	0.12	0.29
0.46				0.02	0.28	0.26		0.04
0.21					0.11	0.11		0.01
0.25				0.02	0.17	0.15		0.04
3.19	0.53	0.25	0.19	−0.02	6.24	6.32		0.72
1.82	−0.03	0.14	0.02	−0.02	3.66	3.72		0.40
0.65	0.21	0.01	0.12		1.49	1.52		0.16
0.71	0.34	0.11	0.06		1.09	1.08		0.16
15.19	4.37	0.44	2.87	0.10	24.95	25.67	2.37	3.09
9.60	2.63	0.42	1.99	0.08	19.06	19.68	1.59	2.07
0.18	0.01				0.09	0.09		0.11
2.68	1.18		0.37	0.02	3.10	3.16	0.49	0.53
0.30	0.03		0.03		0.27	0.27		0.07
2.42	0.53	0.02	0.48		2.44	2.46	0.29	0.32
65.30	9.81	1.79	8.78	−0.81	99.83	100.64	2.58	10.69
8.05	−0.17	1.49	1.22	0.10	9.13	9.24	1.07	1.06
5.76	1.09	0.01	0.87	0.10	6.52	6.63	0.76	0.66
1.69	−1.45	1.48	0.17		2.89	2.87	0.02	0.28
0.03					−0.01	−0.01	0.01	0.01
0.02	0.01		0.01		0.01	0.01		0.01
0.32	0.16		0.16		0.03	0.03		0.09
0.23	0.01		0.01		−0.30	−0.28	0.28	0.02
15.57	2.37	0.14	1.81	0.07	14.80	15.72	0.54	1.96
6.17	0.60	0.11	0.59	0.03	4.57	5.39	0.05	0.61

1-A-6 续表29

行 业	法人资本	个人资本	港澳台资本	外商资本	营业收入	营业成本	销售费用
金属成形机床制造	0.44	2.29		0.52	25.97	21.57	0.93
铸造机械制造	1.08	1.36			44.62	37.62	1.44
金属切割及焊接设备制造	2.38	2.41	0.67	0.61	29.15	22.86	1.80
机床功能部件及附件制造	0.55	1.82			32.42	29.25	0.89
其他金属加工机械制造	1.57	1.27	0.63		33.05	25.99	1.12
物料搬运设备制造	4.78	5.56			96.79	81.64	2.52
轻小型起重设备制造	1.00	0.49			5.79	5.23	0.08
生产专用起重机制造	1.30	1.06			33.44	27.71	0.94
生产专用车辆制造	0.09	1.33			16.51	14.23	0.10
连续搬运设备制造	1.13	0.96			19.31	15.66	0.76
电梯、自动扶梯及升降机制造	0.75	1.32			15.24	12.99	0.45
客运索道制造							
机械式停车设备制造		0.19			0.33	0.27	0.01
其他物料搬运设备制造	0.51	0.20			6.17	5.55	0.19
泵、阀门、压缩机及类似机械制造	14.30	16.44		0.24	191.14	153.25	7.74
泵及真空设备制造	7.30	5.22			98.58	77.85	4.61
气体压缩机械制造	0.53	0.39			26.81	23.37	0.64
阀门和旋塞制造	2.30	8.78		0.24	22.07	17.86	1.26
液压动力机械及元件制造	4.17	1.66			42.93	33.73	1.14
液力动力机械元件制造		0.38			0.76	0.44	0.09
气压动力机械及元件制造							
轴承、齿轮和传动部件制造	2.07	8.84	0.08		100.27	84.19	2.62
滚动轴承制造	1.20	7.33	0.08		49.50	40.33	1.96
滑动轴承制造							
齿轮及齿轮减、变速箱制造	0.22	1.16			26.44	23.53	0.30
其他传动部件制造	0.65	0.34			24.32	20.32	0.36
烘炉、风机、包装等设备制造	5.72	11.10	0.13	3.05	168.92	134.99	7.00
烘炉、熔炉及电炉制造	0.06	0.62			4.80	3.88	0.20
风机、风扇制造	2.80	2.58	0.13	0.37	39.43	31.24	2.22
气体、液体分离及纯净设备制造	0.22	1.00		0.12	24.45	20.41	0.96
制冷、空调设备制造	2.34	1.21		2.57	80.52	63.40	2.78
风动和电动工具制造		0.15			1.15	0.97	0.02
喷枪及类似器具制造	0.05	0.01			1.34	1.16	
包装专用设备制造	0.25	5.52			17.24	13.92	0.83
文化、办公用机械制造	0.24	1.13		0.85	24.00	21.11	0.26
电影机械制造							
幻灯及投影设备制造	0.10	0.24		0.85	10.80	9.19	0.07
照相机及器材制造	0.14	0.50			5.45	4.96	0.06
复印和胶印设备制造		0.29			7.11	6.49	0.09
计算器及货币专用设备制造							
其他文化、办公用机械制造		0.11			0.63	0.48	0.04
通用零部件制造	6.76	9.39	2.69		246.17	200.99	7.15
金属密封件制造	0.10	0.45			20.51	16.86	0.34
紧固件制造	0.79	1.88			21.54	16.64	1.41
弹簧制造	0.02	0.16			3.48	2.83	0.17
机械零部件加工	3.03	5.32			135.01	109.42	3.66

单位：亿元

管理费用	财务费用			投资收益（损失以“–”号记）	营业利润	利润总额	亏损企业亏损额	平均用工人数（万人）
		利息收入	利息支出					
1.65	0.44		0.33	0.03	1.22	1.26	0.22	0.42
1.56	0.42	0.01	0.34		3.16	3.12		0.16
2.42	0.30	0.01	0.20		1.54	1.65	0.25	0.26
1.65	0.36	0.01	0.22	0.01	0.98	0.98		0.22
2.12	0.25		0.13		3.32	3.33	0.03	0.30
4.17	0.86	0.03	0.59	–0.13	6.53	6.68	0.17	0.77
0.12	0.05		0.02		0.26	0.26	0.03	0.08
1.93	0.31	0.01	0.21		2.36	2.36	0.02	0.25
0.10	0.07		0.06		1.62	1.62		0.06
1.28	0.18	0.03	0.19	–0.13	1.15	1.23	0.04	0.21
0.52	0.13		0.01		0.99	1.06	0.07	0.11
0.05					0.01	0.01		
0.17	0.11		0.10		0.14	0.14		0.07
10.25	2.60	0.12	2.25	0.47	16.51	16.72	0.07	1.98
5.64	1.43	0.06	1.35	0.06	8.62	8.80	0.02	1.09
1.32	0.22		0.15	–0.01	1.12	1.10		0.28
1.59	0.29	0.02	0.24	0.42	1.28	1.38	0.05	0.32
1.53	0.67	0.04	0.51		5.46	5.43		0.28
0.17	0.01				0.04	0.02		0.02
3.75	1.09	0.02	0.68		8.19	8.33	0.51	0.75
2.29	0.90	0.01	0.56		3.91	4.02	0.50	0.47
0.96	0.11		0.06		1.37	1.39	0.01	0.17
0.50	0.08		0.05		2.90	2.92		0.11
9.40	1.20	–0.11	0.85	–0.43	13.62	13.69	0.10	1.57
0.48	0.02	0.01	0.01		0.16	0.12	0.01	0.07
2.07	0.24		0.20		3.34	3.38	0.09	0.38
0.82	0.20		0.04		1.40	1.40		0.13
4.73	0.39	–0.13	0.60	–0.55	7.69	7.80		0.76
0.03	0.02				0.08	0.08		0.02
0.09					0.07	0.07		0.01
1.17	0.32			0.12	0.88	0.84		0.19
0.47	0.13	0.01	0.12		1.88	1.88	0.01	0.13
0.09	0.03	0.01	0.04		1.40	1.40		0.03
0.16	0.03		0.02		0.20	0.20	0.01	0.05
0.14	0.07		0.06		0.27	0.26		0.03
0.08	0.01				0.02	0.02		0.01
10.45	1.38	0.06	0.97	–0.90	23.12	22.42	0.02	2.06
0.31	0.08		0.04	–0.94	1.71	1.70		0.08
1.45	0.22	0.01	0.21		1.66	1.67		0.23
0.23	0.01		0.01		0.19	0.20		0.06
6.41	0.71	0.05	0.47	0.05	13.78	13.33	0.02	1.24

1-A-6 续表30

行业	法人资本	个人资本	港澳台资本	外商资本	营业收入	营业成本	销售费用
其他通用零部件制造	2.81	1.57	2.68		65.62	55.24	1.57
其他通用设备制造业	2.42	3.92		0.43	57.60	45.07	2.35
工业机器人制造	0.01	0.90		0.04	3.92	3.15	0.07
特殊作业机器人制造							
增材制造装备制造	0.32	0.57		0.39	8.80	7.07	0.45
其他未列明通用设备制造业	2.10	2.45			44.87	34.85	1.83
专用设备制造业	101.33	65.30	4.54	8.95	1215.85	984.39	43.00
采矿、冶金、建筑专用设备制造	38.06	15.17	0.10	0.04	369.92	312.45	11.84
矿山机械制造	13.88	3.28			69.53	58.44	1.40
石油钻采专用设备制造	4.53	4.62		0.04	120.55	98.86	7.15
深海石油钻探设备制造	0.33	0.50			7.96	7.02	0.19
建筑工程用机械制造	7.79	2.36	0.10		56.13	48.33	0.95
建筑材料生产专用机械制造	0.87	1.84			30.56	25.78	0.82
冶金专用设备制造	10.67	2.52			82.30	71.48	1.29
隧道施工专用机械制造		0.05			2.88	2.52	0.03
化工、木材、非金属加工专用设备制造	7.33	11.07	3.98	5.92	227.27	180.36	7.82
炼油、化工生产专用设备制造	1.25	4.28			33.35	26.50	1.52
橡胶加工专用设备制造	0.08	0.12		0.04	2.10	1.80	0.02
塑料加工专用设备制造	0.03	0.69			3.78	3.10	0.13
木竹材加工机械制造	0.12	0.63			6.51	5.33	0.35
模具制造	5.63	5.23	3.98	5.88	175.58	138.92	5.68
其他非金属加工专用设备制造	0.22	0.11			5.95	4.71	0.11
食品、饮料、烟草及饲料生产专用设备制造	2.33	3.66			79.27	65.14	2.61
食品、酒、饮料及茶生产专用设备制造	0.14	0.19			5.91	4.73	0.10
农副食品加工专用设备制造	1.77	3.23			69.19	56.62	2.46
烟草生产专用设备制造	0.30				0.25	0.18	0.02
饲料生产专用设备制造	0.12	0.24			3.91	3.62	0.03
印刷、制药、日化及日用品生产专用设备制造	2.28	6.00			50.94	42.93	1.57
制浆和造纸专用设备制造		0.11			0.93	0.76	0.01
印刷专用设备制造	1.35	4.66			25.78	22.06	0.65
日用化工专用设备制造	0.69	0.03			13.04	11.10	0.35
制药专用设备制造	0.10	0.29			1.76	1.45	0.07
照明器具生产专用设备制造		0.31			0.71	0.60	0.04
玻璃、陶瓷和搪瓷制品生产专用设备制造	0.13	0.41			7.33	5.78	0.39
其他日用品生产专用设备制造	0.01	0.20			1.38	1.18	0.06
纺织、服装和皮革加工专用设备制造	0.49	1.31	0.05		11.54	9.08	0.39
纺织专用设备制造	0.20	1.31	0.05		10.80	8.47	0.37
皮革、毛皮及其制品加工专用设备制造	0.23				0.56	0.47	0.02
缝制机械制造	0.05				0.18	0.15	
洗涤机械制造							
电子和电工机械专用设备制造	6.72	8.10		0.33	71.94	55.81	2.76
电工机械专用设备制造	5.64	1.00		0.03	30.82	25.25	1.32
半导体器件专用设备制造	0.53	5.82			13.69	9.79	0.70
电子元器件与机电组件设备制造	0.49	0.36			7.28	6.01	0.22
其他电子专用设备制造	0.06	0.92		0.30	20.15	14.75	0.52
农、林、牧、渔专用机械制造	3.59	2.27		2.60	71.36	61.14	1.30

单位：亿元

管理费用	财务费用	利息收入	利息支出	投资收益（损失以“–”号记）	营业利润	利润总额	亏损企业亏损额	平均用工人数（万人）
2.04	0.35		0.24		5.77	5.52		0.46
3.19	0.35	0.03	0.30	0.01	6.06	5.96	0.09	0.41
0.24	–0.02	0.02			0.45	0.46	0.02	0.03
0.34	0.04		0.03		0.87	0.85	0.05	0.05
2.60	0.33		0.27	0.01	4.73	4.64	0.02	0.33
68.90	11.01	0.68	9.36	–1.40	94.53	95.57	2.34	10.84
20.14	3.56	0.20	3.09	–0.06	19.47	19.56	0.88	3.27
2.70	0.50	0.03	0.41	–0.03	5.82	5.92	0.19	0.46
10.44	1.65	–0.01	1.46	–0.01	2.63	2.91	0.04	1.49
0.33	0.04		0.03		0.21	0.21		0.08
2.87	0.88	0.08	0.77	0.01	2.64	2.07	0.65	0.37
0.83	0.26		0.23		2.54	2.57		0.20
2.86	0.22	0.11	0.19	–0.03	5.43	5.68		0.63
0.10	0.01		0.01		0.20	0.19		0.03
10.84	2.50		1.51	–2.25	21.43	21.53	0.24	2.30
1.45	0.32		0.11		2.85	2.84		0.19
0.08	0.02	0.01	0.02		0.16	0.17		0.02
0.20	0.01				0.31	0.33		0.04
0.29	0.06		0.06		0.44	0.44		0.13
8.69	2.08		1.30	–2.25	16.71	16.79	0.23	1.88
0.12	0.02		0.02		0.97	0.97		0.05
3.65	0.80	0.18	0.95		6.52	7.22	0.09	0.76
0.29	–0.17	0.16	0.03		0.94	1.63		0.07
3.20	0.94	0.02	0.89		5.48	5.49	0.09	0.67
0.02					0.03	0.03		0.01
0.15	0.03		0.03		0.07	0.07		0.02
3.10	0.50	–0.07	0.45	0.02	2.27	2.48	0.05	0.54
0.07	0.01		0.01		0.08	0.08		0.02
1.44	0.20	–0.01	0.17	0.02	1.02	1.30		0.26
0.56	0.18		0.17		0.81	0.71		0.12
0.14	0.01		0.01		0.04	0.05	0.01	0.02
0.06	0.05	–0.06	0.04		–0.02	–0.02	0.04	0.01
0.76	0.04		0.04		0.30	0.32		0.08
0.08	0.01		0.01		0.04	0.04		0.02
0.78	0.01	0.10	0.09	–0.06	1.09	0.88		0.15
0.75	–0.01	0.10	0.07	–0.06	1.05	0.84		0.14
0.03	0.02		0.02		0.02	0.02		0.01
					0.02	0.02		
3.88	0.73	–0.07	0.69	0.36	9.57	9.63	0.06	0.70
1.88	0.67		0.61	0.02	1.51	1.44	0.05	0.38
1.09	–0.05	–0.07	0.01	0.34	2.81	2.82		0.11
0.41	0.04		0.02		0.54	0.54		0.11
0.49	0.07		0.05		4.70	4.83		0.10
2.13	0.61	–0.01	0.44	0.05	5.39	5.24	0.81	0.42

1-A-6　续表31

行　业					营业收入	营业成本	销售费用
	法人资本	个人资本	港澳台资本	外商资本			
拖拉机制造	0.43				9.73	8.70	0.06
机械化农业及园艺机具制造	1.30	0.72		2.55	20.38	17.61	0.48
营林及木竹采伐机械制造							
畜牧机械制造	0.25	0.20		0.05	4.63	4.09	0.08
渔业机械制造	0.05				0.52	0.34	0.05
农林牧渔机械配件制造	0.10	0.30			11.99	10.13	0.14
棉花加工机械制造	1.27	0.06			4.76	4.26	0.07
其他农、林、牧、渔业机械制造	0.19	0.99			19.36	16.02	0.42
医疗仪器设备及器械制造	3.64	4.00		0.03	47.63	31.73	4.87
医疗诊断、监护及治疗设备制造	0.56	2.47		0.02	18.77	11.80	1.92
口腔科用设备及器具制造		0.05			1.00	0.72	0.06
医疗实验室及医用消毒设备和器具制造		0.29			11.73	8.39	1.16
医疗、外科及兽医用器械制造	0.25	0.63			2.96	1.99	0.35
机械治疗及病房护理设备制造	1.20	0.44			3.60	2.71	0.19
康复辅具制造		0.01			0.33	0.27	0.02
眼镜制造	0.05				0.29	0.24	0.02
其他医疗设备及器械制造	1.57	0.10			8.94	5.61	1.16
环保、邮政、社会公共服务及其他专用设备制造	36.89	13.71	0.41	0.04	285.98	225.74	9.83
环境保护专用设备制造	26.16	7.81			170.51	132.38	7.23
地质勘查专用设备制造							
邮政专用机械及器材制造							
商业、饮食、服务专用设备制造	0.20				0.20	0.15	0.01
社会公共安全设备及器材制造	0.16	1.22			7.70	5.95	0.35
交通安全、管制及类似专用设备制造	0.60	0.57		0.04	11.38	9.92	0.15
水资源专用机械制造	0.32	0.53			9.23	7.55	0.34
其他专用设备制造	9.46	3.58	0.41		86.95	69.79	1.74
汽车制造业	179.90	153.24	10.94	161.07	7175.69	5796.69	196.60
汽车整车制造	23.16	29.21		72.39	3140.02	2459.07	104.86
汽柴油车整车制造	21.02	28.86		72.39	3118.87	2439.32	104.58
新能源车整车制造	2.14	0.35			21.14	19.75	0.29
汽车用发动机制造	0.19	1.63			104.24	101.86	1.49
改装汽车制造	22.11	13.58		0.38	337.99	281.04	9.17
低速汽车制造		0.21			0.23	0.20	0.01
电车制造	0.10	0.49			8.43	7.19	0.10
汽车车身、挂车制造	14.10	14.40		5.64	354.84	294.70	9.68
汽车零部件及配件制造	120.25	93.73	10.94	82.65	3229.95	2652.63	71.30
铁路、船舶、航空航天和其他运输设备制造业	60.00	14.36	0.65	3.61	646.84	568.34	10.21
铁路运输设备制造	31.99	1.94		0.15	152.17	130.41	3.75
高铁车组制造							
铁路机车车辆制造	23.84				54.10	46.95	1.32
窄轨机车车辆制造	0.20	0.06			4.28	3.89	0.08
高铁设备、配件制造	0.40	0.01		0.15	3.22	2.50	0.42
铁路机车车辆配件制造	0.83	0.84			12.66	9.84	0.21
铁路专用设备及器材、配件制造	0.73	0.97			43.45	37.31	0.81
其他铁路运输设备制造	5.99	0.05			34.46	29.93	0.92
城市轨道交通设备制造	0.12	0.01			28.51	24.59	0.17

单位：亿元

管理费用	财务费用	利息收入	利息支出	投资收益（损失以“–”号记）	营业利润	利润总额	亏损企业亏损额	平均用工人数（万人）
0.07	0.04		0.04		0.83	0.83		0.05
0.66	0.42	–0.01	0.31	0.05	0.77	0.80	0.81	0.16
0.14	0.01				0.27	0.28		0.04
0.07					0.06	0.06		
0.13	0.03		0.03		1.54	1.32		0.05
0.07	0.04		0.03		0.30	0.32		0.04
1.00	0.06		0.03		1.63	1.63		0.09
6.18	0.21	–0.01	0.22	0.05	4.37	4.48	0.02	0.61
2.81	0.02	–0.01	0.05	0.05	2.38	2.44		0.24
0.07	0.01		0.01		0.14	0.14		0.01
1.26					0.86	0.86		0.07
0.37	0.05		0.04		0.08	0.14		0.07
0.26	0.05		0.04		0.38	0.39		0.05
0.02					0.02	0.02		
					0.02	0.02		0.01
1.39	0.07		0.08		0.49	0.47	0.02	0.16
18.21	2.08	0.35	1.91	0.48	24.41	24.54	0.19	2.09
11.72	1.68	0.29	1.48	0.47	15.92	16.13	0.08	1.16
0.03					0.01	0.01		
0.45	0.03		0.03		0.91	0.95		0.06
0.35	0.04		0.02		0.82	0.83		0.11
0.35	0.02		0.02		0.77	0.79		0.06
5.32	0.31	0.07	0.35	0.02	5.98	5.83	0.11	0.68
375.66	13.76	16.58	28.76	55.10	730.73	733.53	60.44	42.00
156.64	–13.91	14.18	7.07	48.95	379.87	376.83	41.04	8.64
155.57	–14.01	14.18	7.06	48.95	379.98	376.93	40.48	8.54
1.07	0.10		0.01		–0.11	–0.10	0.56	0.10
1.33	0.28	0.05	0.29		–4.69	–4.66	6.85	0.30
14.01	2.07	0.18	1.69	0.37	29.15	29.54	2.55	2.35
								0.01
0.14	0.02	0.01	0.03		0.95	0.87		0.03
22.23	2.37	0.34	1.70	0.64	25.45	25.74	0.47	2.67
181.31	22.93	1.82	17.99	5.14	299.99	305.21	9.54	28.00
40.38	5.40	0.84	4.65	–0.23	12.96	14.44	20.25	6.29
9.28	1.22	0.17	1.27	–0.03	6.32	7.18	0.05	1.43
4.93	0.46	0.15	0.60	0.01	–0.69	0.09		0.75
0.15	0.03		0.03		0.12	0.13		0.05
0.15	0.01		0.01	–0.02	0.10	0.10	0.01	0.03
0.60	0.34	0.02	0.31	–0.03	1.58	1.64	0.03	0.08
2.22	0.10		0.07		3.16	3.17		0.26
1.23	0.28	0.01	0.26	0.01	2.05	2.05		0.27
0.69	0.07	0.03	0.03		3.03	3.24		0.09

1-A-6　续表32

行　　业					营业收入	营业成本	销售费用
	法人资本	个人资本	港澳台资本	外商资本			
船舶及相关装置制造	24.91	8.70		1.01	323.61	292.21	3.45
金属船舶制造	21.92	7.25		0.12	265.69	245.47	1.88
非金属船舶制造							
娱乐船和运动船制造	0.40				1.14	0.96	0.04
船用配套设备制造	2.39	1.35		0.44	45.25	37.61	0.74
船舶改装	0.20	0.10			4.34	3.12	0.22
船舶拆除							
海洋工程装备制造				0.45	7.18	5.06	0.59
航标器材及其他相关装置制造							
航空、航天器及设备制造	0.56	1.64			84.68	74.18	1.03
飞机制造					15.75	12.40	0.05
航天器及运载火箭制造	0.10				29.30	26.16	0.15
航天相关设备制造	0.41	0.46			9.33	7.91	0.19
航空相关设备制造		0.10			25.37	23.55	0.38
其他航空航天器制造	0.05	1.08			4.93	4.16	0.26
摩托车制造	0.46	1.13	0.65	0.07	23.19	18.49	0.77
摩托车整车制造		0.41			0.20	0.17	
摩托车零部件及配件制造	0.46	0.73	0.65	0.07	22.99	18.32	0.77
自行车和残疾人座车制造	0.01			2.38	2.21	1.55	0.03
自行车制造	0.01			2.38	2.21	1.55	0.03
残疾人座车制造							
助动车制造	1.60	0.63			25.77	20.99	0.88
非公路休闲车及零配件制造							
潜水救捞及其他未列明运输设备制造	0.36	0.30			6.71	5.91	0.14
潜水装备制造							
水下救捞装备制造							
其他未列明运输设备制造	0.36	0.30			6.71	5.91	0.14
电气机械和器材制造业	126.49	101.63	3.18	40.41	2184.54	1819.94	65.00
电机制造	7.27	4.73	0.98	1.57	150.91	128.04	3.74
发电机及发电机组制造	1.71	0.86	0.22	1.57	77.72	67.98	1.97
电动机制造	5.12	2.52			52.48	43.88	1.37
微特电机及组件制造	0.02	0.34			2.23	1.87	0.03
其他电机制造	0.42	1.01	0.76		18.47	14.31	0.37
输配电及控制设备制造	25.95	30.39	0.63	19.27	485.74	402.18	15.19
变压器、整流器和电感器制造	5.18	7.05	0.63	6.18	89.77	75.14	2.17
电容器及其配套设备制造	0.21	1.10			3.38	2.63	0.07
配电开关控制设备制造	10.58	9.64		0.20	123.02	98.35	7.14
电力电子元器件制造	1.48	4.20		12.14	79.09	64.94	2.12
光伏设备及元器件制造	3.26	4.63			52.87	43.33	1.07
其他输配电及控制设备制造	5.24	3.77		0.75	137.60	117.80	2.64
电线、电缆、光缆及电工器材制造	30.14	40.00		13.62	527.74	433.22	14.89
电线、电缆制造	8.93	32.57		7.08	328.30	276.69	10.15
光纤制造	19.04	2.89		6.54	171.12	133.23	3.52
光缆制造	0.14	1.77			5.18	4.66	0.10
绝缘制品制造	1.14	2.03			10.48	8.45	0.35
其他电工器材制造	0.89	0.75			12.65	10.19	0.77

单位：亿元

管理费用	财务费用	利息收入	利息支出	投资收益（损失以“–”号记）	营业利润	利润总额	亏损企业亏损额	平均用工人数（万人）
20.50	3.00	0.29	1.88	–0.47	–7.44	–7.07	20.14	2.98
14.12	2.66	0.02	1.02	–0.81	–9.81	–9.58	19.92	2.35
0.07	0.01				0.03	0.03		0.01
5.08	0.35	0.26	0.84	0.26	1.11	1.24	0.22	0.50
0.31	0.01		0.01		0.54	0.54		0.04
0.93	–0.04		0.02	0.08	0.69	0.69		0.07
7.20	0.89	0.33	1.19	0.25	5.04	5.03	0.04	1.21
2.23	0.12	0.03	0.15		1.03	1.02		0.38
1.50	–0.04	0.12	0.07	–0.07	1.56	1.59		0.22
0.40	0.11		0.07	0.01	0.61	0.62	0.01	0.08
2.64	0.66	0.18	0.88	0.32	1.79	1.77		0.50
0.43	0.04		0.02		0.05	0.03	0.03	0.03
1.47	0.09	0.03	0.15		2.22	2.26		0.31
0.02								0.01
1.44	0.09	0.03	0.15		2.22	2.25		0.30
0.20	–0.01			0.02	0.46	0.46		0.09
0.20	–0.01			0.02	0.46	0.46		0.09
0.73	0.13		0.11		3.00	3.01		0.12
0.31			0.01		0.32	0.34	0.02	0.06
0.31			0.01		0.32	0.34	0.02	0.06
114.57	15.32	–0.21	13.16	1.12	152.45	171.36	4.99	16.43
10.31	1.06	0.16	0.86		9.29	10.03	1.53	1.61
6.26	0.36	0.12	0.48		3.50	3.73	1.21	0.61
2.73	0.46	0.02	0.24	0.01	3.37	3.43	0.32	0.51
0.07	0.01		0.01		0.24	0.23		0.03
1.25	0.23	0.02	0.13		2.18	2.63		0.46
27.65	3.32	0.34	2.03	1.16	35.09	36.77	0.61	4.01
4.26	0.84	0.04	0.55	–0.04	6.69	8.12	0.35	0.85
0.15	0.07		0.07		0.36	0.36		0.03
9.39	0.49	0.04	0.40	0.04	7.07	7.25	0.05	1.11
5.19	0.95		0.33	0.03	5.29	5.03	0.10	0.98
2.57	0.40		0.33	1.02	6.15	6.32	0.09	0.35
6.09	0.58	0.26	0.36	0.11	9.52	9.67	0.01	0.68
26.27	5.24	–0.50	4.70	1.97	45.45	45.54	0.31	2.66
12.71	4.59	0.08	3.90	0.07	20.79	20.71	0.07	1.79
12.32	0.47	–0.60	0.72	1.89	22.47	22.64	0.21	0.57
0.17	0.10		0.01		0.13	0.14		0.05
0.42	0.03	0.03	0.06		1.15	1.13	0.03	0.14
0.66	0.03	–0.01	0.02	0.01	0.91	0.91		0.12

1-A-6 续表33

行业	法人资本	个人资本	港澳台资本	外商资本	营业收入	营业成本	销售费用
电池制造	41.71	11.94	1.27	2.02	294.90	237.80	8.31
锂离子电池制造	19.56	8.49		0.03	101.37	82.68	1.97
镍氢电池制造							
铅蓄电池制造	12.97		0.09	0.94	147.35	116.50	5.32
锌锰电池制造							
其他电池制造	9.18	3.45	1.18	1.05	46.17	38.63	1.02
家用电力器具制造	15.02	3.76		0.23	565.17	492.18	16.78
家用制冷电器具制造	9.34				101.84	86.50	2.50
家用空气调节器制造	3.01			0.18	329.08	283.52	11.66
家用通风电器具制造							
家用厨房电器具制造	0.20	2.39			6.15	5.10	0.30
家用清洁卫生电器具制造							
家用美容、保健护理电器具制造							
家用电力器具专用配件制造	2.44	1.12		0.05	118.12	108.89	1.99
其他家用电力器具制造	0.03	0.26			9.98	8.17	0.33
非电力家用器具制造	0.90	1.59		0.86	32.65	25.14	1.52
燃气及类似能源家用器具制造	0.86	0.28		0.86	19.98	15.13	0.88
太阳能器具制造	0.04	0.93			10.43	8.61	0.29
其他非电力家用器具制造		0.38			2.24	1.40	0.36
照明器具制造	3.10	7.29	0.30	2.83	67.25	56.02	1.50
电光源制造	0.90	0.33		2.83	7.94	6.78	0.11
照明灯具制造	0.91	3.29			29.81	26.19	0.81
舞台及场地用灯制造	1.28	3.57	0.30		28.95	22.60	0.56
智能照明器具制造	0.01				0.24	0.20	
灯用电器附件及其他照明器具制造		0.10			0.31	0.25	
其他电气机械及器材制造	2.41	1.91			60.18	45.35	3.06
电气信号设备装置制造	0.15	1.18			9.21	6.65	0.48
其他未列明电气机械及器材制造	2.26	0.73			50.97	38.70	2.59
计算机、通信和其他电子设备制造业	654.62	76.57	24.58	24.37	2337.20	2022.39	56.38
计算机制造	23.60	3.01	2.12	0.17	363.02	339.61	4.26
计算机整机制造	21.12	0.46			203.17	188.43	2.34
计算机零部件制造	0.17	1.86		0.02	52.34	50.25	0.23
计算机外围设备制造	1.91	0.20	2.12	0.14	98.35	95.37	1.09
工业控制计算机及系统制造	0.07	0.15			0.90	0.46	0.12
信息安全设备制造					1.00	0.55	0.17
其他计算机制造	0.32	0.34			7.25	4.56	0.29
通信设备制造	34.16	13.94	1.34	0.92	725.15	673.66	7.18
通信系统设备制造	17.98	6.98		0.92	104.82	85.75	5.03
通信终端设备制造	16.18	6.96	1.34		620.32	587.91	2.15
广播电视设备制造	5.65	1.61			24.20	19.50	1.01
广播电视节目制作及发射设备制造	5.65	0.05			4.29	3.52	0.15
广播电视接收设备制造		0.91			11.52	8.97	0.60
广播电视专用配件制造		0.60			7.94	6.72	0.24
专业音响设备制造							
应用电视设备及其他广播电视设备制造		0.05			0.45	0.29	0.01
雷达及配套设备制造		0.21			8.56	6.81	0.02

单位：亿元

管理费用	财务费用			投资收益（损失以“–”号记）	营业利润	利润总额	亏损企业亏损额	平均用工人数（万人）
		利息收入	利息支出					
15.22	3.71	-0.11	3.75	0.15	20.08	35.35	1.95	3.98
6.19	1.43	0.11	1.32	0.05	7.75	8.30	1.47	1.20
6.52	1.73	-0.18	1.94	0.10	9.55	9.68	0.13	2.35
2.52	0.55	-0.04	0.49		2.78	17.37	0.35	0.42
23.31	0.51	0.06	0.80	-2.30	29.36	30.21	0.09	2.84
2.86	-0.10	0.03	0.01		9.95	10.06	0.02	0.50
15.64	-0.33				16.85	16.93		1.21
0.51	0.06		0.04		0.10	0.14	0.06	0.18
3.81	0.81	0.03	0.72	-2.30	1.65	2.23		0.84
0.50	0.08		0.05		0.81	0.84	0.01	0.11
2.74	0.31		0.28	0.03	2.97	2.97	0.23	0.24
1.42	0.04		0.03		2.52	2.53		0.14
0.98	0.25		0.23	0.03	0.34	0.34	0.22	0.07
0.34	0.02		0.02		0.11	0.11		0.03
3.66	0.95	-0.04	0.39	0.01	4.65	4.75	0.19	0.78
0.69	0.01	-0.04	0.03		0.29	0.31	0.03	0.14
1.38	0.50		0.18		0.84	0.89	0.12	0.27
1.56	0.44		0.18	0.01	3.47	3.50	0.04	0.36
					0.03	0.03		0.01
0.03					0.02	0.02		0.01
5.40	0.22	-0.11	0.34	0.10	5.55	5.73	0.09	0.32
0.88	-0.04		0.03	0.01	1.18	1.22		0.10
4.52	0.26	-0.11	0.31	0.09	4.37	4.51	0.09	0.22
170.24	12.00	-1.03	19.80	1.31	90.39	94.54	24.54	18.26
12.96	-1.12	5.29	4.93	-9.09	7.35	8.36	0.39	1.91
9.93	-0.47	5.14	4.62	0.34	3.22	3.24		1.41
0.75	0.09		0.07	-2.36	0.98	1.00		0.17
0.99	-0.77	0.02	0.08	-7.07	1.60	2.27	0.01	0.23
0.16	0.01		0.01		0.18	0.21		0.01
0.45	0.01		0.01		-0.37	-0.37	0.37	0.02
0.69	0.01	0.13	0.13		1.74	2.01	0.01	0.06
28.32	2.38	0.22	2.59	3.89	20.30	21.52	1.27	4.03
9.82	0.62	-0.09	0.57	3.82	6.42	6.77	0.44	1.14
18.50	1.76	0.31	2.02	0.08	13.88	14.75	0.83	2.89
1.53	0.55		0.25		1.81	1.89		0.38
0.30	0.06		0.05		0.28	0.28		0.08
0.75	0.33		0.03		0.64	0.64		0.20
0.39	0.16		0.16		0.84	0.92		0.10
0.09					0.05	0.05		
1.61	0.07	0.03	0.09	0.02	-0.05	0.22	0.38	0.13

1-A-6 续表34

行业					营业收入	营业成本	销售费用
	法人资本	个人资本	港澳台资本	外商资本			
非专业视听设备制造	0.78	1.58			55.67	47.81	1.37
电视机制造		0.19			22.56	21.51	0.28
音响设备制造	0.53	0.84			22.22	17.10	0.93
影视录放设备制造	0.25	0.56			10.89	9.20	0.16
智能消费设备制造	62.06	3.69		0.55	91.20	71.93	4.68
可穿戴智能设备制造	2.55	0.44			16.04	12.73	0.95
智能车载设备制造	0.80	0.15		0.55	12.12	10.36	0.33
智能无人飞行器制造	55.61	0.13			27.36	21.83	0.44
服务消费机器人制造	0.80	0.30			2.34	1.68	0.05
其他智能消费设备制造	2.30	2.67			33.34	25.34	2.91
电子器件制造	505.02	21.50	1.51	14.20	838.10	672.83	30.92
电子真空器件制造	6.92	1.73	0.47	13.17	66.14	54.20	1.40
半导体分立器件制造	2.13	0.10			2.97	1.89	0.17
集成电路制造	386.43	0.06			13.97	13.18	0.74
显示器件制造	95.21	1.12	1.00		214.76	189.46	2.27
半导体照明器件制造	0.06				0.26	0.22	
光电子器件制造	8.08	12.07		0.39	242.73	188.58	5.12
其他电子器件制造	6.20	6.43	0.04	0.64	297.27	225.31	21.21
电子元件及电子专用材料制造	6.65	25.18	19.27	5.33	158.91	133.64	4.04
电阻电容电感元件制造	1.92	7.92		0.78	42.79	37.42	1.25
电子电路制造	1.48	3.33	16.79	3.47	35.01	29.94	0.72
敏感元件及传感器制造	1.13	1.87			29.11	24.82	0.40
电声器件及零件制造	0.42				6.44	4.98	0.47
电子专用材料制造	0.85	10.92	2.36		26.42	20.37	0.80
其他电子元件制造	0.87	1.14	0.11	1.07	19.14	16.11	0.41
其他电子设备制造	16.69	5.85	0.34	3.20	72.39	56.60	2.90
仪器仪表制造业	12.52	11.80	0.02	0.41	199.49	154.89	9.21
通用仪器仪表制造	6.02	6.89	0.02	0.12	90.87	70.55	4.15
工业自动控制系统装置制造	3.12	4.13		0.06	53.95	43.13	2.08
电工仪器仪表制造	1.94	2.04			15.24	9.53	1.34
绘图、计算及测量仪器制造	0.02	0.21		0.05	1.43	0.76	0.13
实验分析仪器制造	0.03	0.15			5.69	4.68	0.19
试验机制造	0.02	0.08		0.01	1.83	1.50	0.06
供应用仪器仪表制造	0.66	0.10	0.02		6.09	4.87	0.27
其他通用仪器制造	0.22	0.18			6.65	6.07	0.08
专用仪器仪表制造	4.33	3.89		0.29	64.62	48.26	3.70
环境监测专用仪器仪表制造	0.90	0.75			13.07	9.51	0.91
运输设备及生产用计数仪表制造	0.05	1.05			17.02	14.62	0.58
导航、测绘、气象及海洋专用仪器制造	0.70	0.28			5.30	3.34	0.29
农林牧渔专用仪器仪表制造							
地质勘探和地震专用仪器制造	0.21	0.50			1.77	0.85	0.25
教学专用仪器制造	0.06	0.39			1.06	0.76	0.18
核子及核辐射测量仪器制造		0.05			0.83	0.61	0.05
电子测量仪器制造	0.15	0.49			19.77	15.34	0.91
其他专用仪器制造	2.26	0.39		0.29	5.80	3.25	0.54
钟表与计时仪器制造	0.03	0.05			6.21	4.40	0.14

单位：亿元

管理费用	财务费用			投资收益(损失以“-”号记)	营业利润	利润总额	亏损企业亏损额	平均用工人数(万人)
		利息收入	利息支出					
2.39	0.37		0.15		3.77	3.86		0.39
0.90	0.05		0.02		0.23	0.30		0.14
1.22	0.26		0.10		2.59	2.59		0.17
0.27	0.06		0.03		0.95	0.97		0.08
8.12	1.13	0.21	0.82	0.19	6.77	6.88	0.12	0.98
1.23	0.11	−0.02	0.13	0.09	1.12	1.12		0.19
0.43	0.09	0.01	0.06		0.85	0.86		0.11
3.47	0.67	0.29	0.32		2.30	2.30	0.08	0.14
0.43	0.05	0.01	0.05		0.09	0.09		0.02
2.56	0.21	−0.08	0.25	0.10	2.42	2.50	0.04	0.52
98.37	5.79	−6.61	8.89	1.53	31.10	32.73	19.12	7.31
3.78	0.89	0.27	0.57	0.02	5.48	6.08		1.03
0.35	−0.01	0.01	0.01	0.12	0.63	0.64		0.07
21.15	−4.76	−5.36	0.19	0.28	−17.16	−17.14	17.72	0.48
23.73	2.53	−1.03	1.35	0.23	6.16	6.40	0.84	1.95
					0.04	0.04		
16.98	3.86	0.26	4.25	0.22	21.36	21.83	0.43	1.65
32.39	3.28	−0.75	2.52	0.67	14.59	14.88	0.14	2.14
10.48	1.69	−0.05	0.95	0.41	8.70	8.66	2.82	2.24
2.60	0.24	−0.04	0.18	0.83	2.10	2.14	0.91	0.64
2.77	0.90	0.01	0.36	−0.42	−0.42	−0.18	1.61	0.94
1.89	0.20	−0.02	0.20		1.62	1.39		0.21
0.50	0.07		0.07		0.38	0.38		0.06
1.49	0.16		0.05		3.84	3.72	0.06	0.13
1.23	0.13		0.09		1.16	1.21	0.23	0.26
6.44	1.15	−0.12	1.13	4.36	10.65	10.42	0.43	0.88
17.24	2.26	0.55	1.41	0.48	14.20	14.82	4.09	2.58
7.57	0.89	0.01	0.63	1.73	8.79	9.13	0.32	0.82
4.15	0.72	0.01	0.51	0.04	3.56	3.70	0.28	0.42
2.23	0.03		0.05	1.45	3.40	3.52	0.03	0.20
0.25				0.12	0.37	0.44		0.02
0.22	0.03		0.01		0.52	0.52		0.03
0.11	0.01		0.01		0.13	0.13		0.02
0.51	0.04	−0.01	0.05	0.12	0.48	0.51		0.06
0.10	0.05				0.32	0.32		0.07
6.49	0.80		0.64	−1.26	5.02	5.19	0.71	0.81
1.01	0.12		0.05	−0.56	1.60	1.67	0.04	0.13
1.10	0.16		0.10	−0.71	0.47	0.45		0.13
1.42	0.03	0.01	0.05		0.19	0.25	0.14	0.15
0.44	0.02		0.02		0.21	0.23		0.04
0.18	0.03		0.03		−0.11	−0.09	0.10	0.02
0.06	0.04				0.06	0.06		
1.45	0.40	−0.01	0.37		1.41	1.41	0.43	0.27
0.83	−0.01		0.01		1.18	1.20		0.08
0.20					1.44	1.44	0.01	0.34

1-A-6 续表35

行业	法人资本	个人资本	港澳台资本	外商资本	营业收入	营业成本	销售费用
光学仪器制造	0.86	0.33			21.08	17.95	0.83
衡器制造	0.55	0.21			8.52	7.27	0.19
其他仪器仪表制造业	0.73	0.43			8.19	6.46	0.20
其他制造业	7.48	2.06		0.01	100.94	86.35	1.38
日用杂品制造	1.51	0.73			13.38	11.27	0.40
鬃毛加工、制刷及清扫工具制造		0.17			1.18	0.99	0.03
其他日用杂品制造	1.51	0.57			12.21	10.27	0.37
废弃资源综合利用业	94.92	8.55	0.86		363.37	319.24	2.96
金属废料和碎屑加工处理	80.68	5.41	0.86		323.69	286.16	2.12
非金属废料和碎屑加工处理	14.24	3.13			39.68	33.09	0.84
金属制品、机械和设备修理业	5.73	1.26			69.23	57.02	0.84
金属制品修理		0.32			1.37	1.21	0.08
通用设备修理	0.05				3.15	2.60	
专用设备修理							
铁路、船舶、航空航天等运输设备修理	0.53	0.44			23.59	18.15	0.21
铁路运输设备修理					5.61	5.15	0.01
船舶修理	0.23	0.11			2.99	2.65	0.06
航空航天器修理	0.30	0.33			14.99	10.35	0.13
其他运输设备修理							
电气设备修理	0.71	0.10			4.56	3.61	0.04
仪器仪表修理		0.15			0.28	0.12	0.05
其他机械和设备修理业	4.44	0.25			36.29	31.34	0.46
电力、热力、燃气及水生产和供应业	**207.46**	**100.55**	**9.38**	**20.25**	**2197.80**	**1801.32**	**15.04**
电力、热力生产和供应业	174.89	89.81	5.89	9.99	1921.30	1581.35	1.80
电力生产	170.88	89.37	5.89	9.99	885.23	567.19	1.02
火力发电	79.77	1.37		9.89	383.24	325.42	0.01
热电联产	4.91				67.27	59.85	0.04
水力发电	28.37	81.30		0.10	353.69	141.94	0.23
核力发电					0.39	0.28	
风力发电	16.99	0.22	3.72		31.06	13.87	0.11
太阳能发电	28.10	6.23	2.17		29.82	11.44	0.54
生物质能发电	7.18	0.19			11.96	9.39	0.02
其他电力生产	5.56	0.05		0.01	7.80	4.98	0.07
电力供应	0.09	0.15			999.51	983.30	0.02
热力生产和供应	3.92	0.29			36.56	30.86	0.75
燃气生产和供应业	20.41	4.32	3.49	2.67	176.24	141.52	6.51
燃气生产和供应业	19.11	4.17	3.49	2.67	169.62	135.62	6.37
天然气生产和供应业	17.18	3.73	3.49	2.67	157.43	126.05	5.83
液化石油气生产和供应业	1.56	0.44			11.40	8.91	0.53
煤气生产和供应业	0.37				0.79	0.66	0.01
生物质燃气生产和供应业	1.30	0.15			6.62	5.89	0.14
水的生产和供应业	12.16	6.42		7.59	100.26	78.45	6.73
自来水生产和供应	6.79	5.09		2.31	78.67	60.92	6.34
污水处理及其再生利用	5.37	1.22		5.28	21.16	17.16	0.38
海水淡化处理							
其他水的处理、利用与分配		0.11			0.42	0.38	0.01

单位：亿元

管理费用	财务费用			投资收益(损失以"–"号记)	营业利润	利润总额	亏损企业亏损额	平均用工人数(万人)
		利息收入	利息支出					
2.12	0.41	0.54	0.05		–2.55	–2.48	3.03	0.38
0.37	0.07	0.01	0.07		0.59	0.59		0.08
0.49	0.10		0.02	0.01	0.92	0.95	0.01	0.14
5.13	0.06	0.19	0.21	0.09	7.68	7.81	0.01	1.00
0.53	0.12		0.11		0.97	0.98		0.20
0.08	0.03		0.03		0.04	0.05		0.02
0.45	0.09		0.08		0.93	0.93		0.18
8.55	5.76	3.26	1.94	–0.68	21.92	23.36	0.28	1.27
6.29	5.36	3.25	1.72	–0.68	19.19	20.53	0.21	0.97
2.26	0.41	0.01	0.22		2.73	2.83	0.08	0.30
3.15	1.25		1.21	0.03	6.75	6.85	0.18	0.65
0.07	0.01		0.01		–0.03	0.01		0.01
0.26	0.03		0.03		0.24	0.27		0.14
1.97	0.93		0.91	0.02	2.23	2.25	0.06	0.19
0.19	–0.01	0.01			0.24	0.24		0.02
0.07	0.01		0.01		0.18	0.18		0.07
1.71	0.93		0.90	0.02	1.82	1.84	0.06	0.09
0.13	0.06	–0.01	0.07		0.71	0.72		0.03
0.08	0.01				0.02	0.03		0.01
0.64	0.21		0.20		3.58	3.57	0.12	0.27
41.73	**77.81**	**1.89**	**74.70**	**30.49**	**282.27**	**284.11**	**6.92**	**14.37**
26.39	71.84	1.86	69.14	26.11	256.84	255.83	6.04	11.33
23.29	60.43	1.70	57.83	25.83	253.92	251.96	5.41	3.22
3.46	10.91	0.16	10.35	0.23	41.49	40.75	0.24	0.97
2.95	1.79	0.10	1.88		2.18	2.31	0.49	0.39
13.96	38.70	1.32	38.28	25.60	182.09	180.50	3.96	1.43
0.02	0.01		0.04		0.05	0.05		
0.66	3.19	0.03	2.25		13.17	13.33		0.09
1.15	4.00	0.09	3.33		12.42	12.26	0.01	0.10
0.66	1.30	0.01	1.30		0.61	0.73	0.53	0.17
0.44	0.53		0.39		1.92	2.05	0.18	0.07
0.72	11.08	0.12	11.17	0.28	1.04	1.92		7.92
2.38	0.33	0.04	0.15		1.89	1.95	0.63	0.19
5.94	1.43	–0.07	1.32	0.04	20.83	21.29		0.98
5.82	1.29	–0.07	1.22	0.04	20.55	21.01		0.95
5.49	1.22	–0.07	1.19	0.03	18.93	19.36		0.82
0.30	0.06		0.03		1.55	1.56		0.13
0.02	0.01				0.08	0.08		0.01
0.12	0.14		0.09		0.28	0.28		0.03
9.40	4.54	0.09	4.24	4.34	4.59	6.99	0.88	2.06
8.20	4.22	0.06	3.92	4.23	2.52	4.80	0.85	1.96
1.18	0.32	0.04	0.32	0.11	2.06	2.17	0.03	0.10
0.02					0.01	0.01		0.01

1-A-7 国有控股工业企业

行业	企业单位数(个)	资产总计	固定资产净额	固定资产原价	累计折旧	流动资产合计
总计	**751**	**18742.52**	**5920.19**	**12033.32**	**5756.06**	**7547.07**
采矿业	**18**	**377.71**	**99.08**	**477.18**	**351.50**	**130.01**
煤炭开采和洗选业	1	2.53	0.29	0.89	0.60	2.09
烟煤和无烟煤开采洗选	1	2.53	0.29	0.89	0.60	2.09
褐煤开采洗选						
其他煤炭采选						
石油和天然气开采业	1	217.50	34.84	328.45	272.16	64.70
石油开采	1	217.50	34.84	328.45	272.16	64.70
天然气开采						
黑色金属矿采选业	4	56.86	17.76	48.32	30.56	25.38
铁矿采选	4	56.86	17.76	48.32	30.56	25.38
锰矿、铬矿采选						
其他黑色金属矿采选						
有色金属矿采选业	2	19.37	4.72	14.79	8.88	6.16
常用有色金属矿采选	1	16.12	4.71	10.50	5.79	5.27
贵金属矿采选	1	3.25	0.02	4.29	3.09	0.89
稀有稀土金属矿采选						
非金属矿采选业	7	12.61	6.85	8.73	1.89	3.65
土砂石开采	4	2.73	1.16	1.69	0.53	1.36
化学矿开采	2	8.69	5.16	5.99	0.83	1.69
采盐	1	1.19	0.53	1.05	0.52	0.60
石棉及其他非金属矿采选						
开采专业及辅助性活动	3	68.85	34.61	76.00	37.41	28.03
煤炭开采和洗选专业及辅助性活动						
石油和天然气开采专业及辅助性活动	3	68.85	34.61	76.00	37.41	28.03
其他开采专业及辅助性活动						
其他采矿业						
制造业	**558**	**13489.68**	**2654.41**	**5834.34**	**2861.22**	**6979.60**
农副食品加工业	39	40.76	11.81	36.15	21.94	18.69
谷物磨制	16	19.42	6.02	11.92	5.89	8.17
饲料加工	4	3.55	1.59	2.18	0.59	1.69
植物油加工	5	5.47	0.44	2.53	1.10	3.34
制糖业						
屠宰及肉类加工	8	2.78	0.67	14.58	12.51	0.89
水产品加工	2	5.54	1.69	2.95	1.26	2.71
蔬菜、菌类、水果和坚果加工						
其他农副食品加工	4	3.99	1.41	2.00	0.58	1.89
食品制造业	10	98.17	16.22	29.44	12.46	47.16
焙烤食品制造	2	3.93	2.96	3.58	0.60	0.78
糖果、巧克力及蜜饯制造						
方便食品制造	2	3.71	0.38	0.59	0.21	3.11

主要经济指标(大、中类行业)

单位：亿元

应收账款	存货	产成品	负债合计	流动负债合计	应付账款	所有者权益合计	实收资本	国家资本	集体资本
1582.57	**1504.68**	**449.36**	**9785.19**	**7429.59**	**2156.28**	**8957.33**	**3695.07**	**2139.21**	**56.81**
85.04	**9.65**	**3.71**	**198.33**	**177.63**	**43.04**	**179.37**	**46.48**	**44.87**	
0.01	0.05	0.03	0.62	0.62	0.01	1.91	0.52		
0.01	0.05	0.03	0.62	0.62	0.01	1.91	0.52		
55.46	2.12	1.42	101.93	88.80	13.02	115.57			
55.46	2.12	1.42	101.93	88.80	13.02	115.57			
17.77	4.11	1.48	34.46	29.37	8.50	22.39	23.64	23.14	
17.77	4.11	1.48	34.46	29.37	8.50	22.39	23.64	23.14	
	0.34	0.13	5.12	5.00	0.59	14.24	3.81	3.81	
	0.20	0.04	4.33	4.21	0.50	11.79	2.00	2.00	
	0.14	0.09	0.79	0.79	0.09	2.45	1.81	1.81	
0.58	0.74	0.26	7.34	5.20	3.90	5.27	3.01	2.42	
0.31	0.15	0.06	0.99	0.88	0.20	1.74	0.97	0.92	
0.25	0.20	0.17	5.71	3.73	3.51	2.97	2.01	1.50	
0.02	0.38	0.03	0.64	0.58	0.18	0.55	0.03		
11.21	2.30	0.39	48.86	48.65	17.02	19.99	15.50	15.50	
11.21	2.30	0.39	48.86	48.65	17.02	19.99	15.50	15.50	
1390.01	**1467.01**	**444.93**	**7007.37**	**5801.56**	**1794.07**	**6482.31**	**2714.37**	**1337.12**	**52.45**
2.92	7.58	4.55	24.40	22.96	4.34	16.36	9.79	3.09	0.77
1.01	4.17	2.27	13.72	12.88	3.67	5.70	2.98	1.41	0.72
0.32	0.40	0.07	2.39	2.39	0.21	1.16	0.45	0.20	
0.20	1.66	1.25	3.79	3.51	0.05	1.68	1.89	1.07	0.01
0.06	0.01	0.01	0.78	0.75	0.09	2.00	1.18	0.07	0.03
0.91	0.82	0.68	2.14	2.03	0.16	3.41	1.80	0.10	
0.42	0.51	0.25	1.59	1.39	0.16	2.40	1.50	0.23	
8.21	7.88	1.98	46.85	36.91	4.74	51.32	16.50	6.03	
0.21	0.16		1.23	1.23	0.37	2.70	3.10		
0.29	1.70		2.83	2.74	0.17	0.88	0.58	0.08	

1-A-7 续表1

行业	企业单位数(个)	资产总计	固定资产净额	固定资产原价	累计折旧	流动资产合计
乳制品制造	3	7.81	1.76	3.62	1.81	4.96
罐头食品制造						
调味品、发酵制品制造	1	77.33	7.83	16.26	7.75	36.95
其他食品制造	2	5.39	3.29	5.38	2.09	1.36
酒、饮料和精制茶制造业	12	35.09	7.86	18.67	10.61	18.64
酒的制造	9	32.34	7.42	18.05	10.43	16.73
饮料制造	1	0.57	0.24	0.32	0.08	0.23
精制茶加工	2	2.17	0.21	0.31	0.10	1.68
烟草制品业	5	535.01	54.10	121.97	67.87	416.21
烟叶复烤	1	13.05	4.93	8.88	3.95	6.43
卷烟制造	1	491.42	45.93	106.57	60.65	383.39
其他烟草制品制造	3	30.54	3.24	6.51	3.27	26.38
纺织业	19	59.80	15.64	36.38	17.56	35.21
棉纺织及印染精加工	16	46.57	9.83	28.75	15.85	29.02
毛纺织及染整精加工	1	0.51	0.09	0.30	0.21	0.34
麻纺织及染整精加工						
丝绢纺织及印染精加工						
化纤织造及印染精加工						
针织或钩针编织物及其制品制造						
家用纺织制成品制造						
产业用纺织制成品制造	2	12.72	5.71	7.32	1.50	5.86
纺织服装、服饰业	9	33.80	4.19	11.44	7.18	21.35
机织服装制造	8	33.75	4.19	11.37	7.12	21.31
针织或钩针编织服装制造						
服饰制造	1	0.05	0.01	0.07	0.06	0.04
皮革、毛皮、羽毛及其制品和制鞋业						
皮革鞣制加工						
皮革制品制造						
毛皮鞣制及制品加工						
羽毛(绒)加工及制品制造						
制鞋业						
木材加工和木、竹、藤、棕、草制品业	5	7.56	2.18	3.44	1.26	4.33
木材加工	2	5.35	1.75	2.40	0.65	2.80
人造板制造	1	0.40	0.05	0.18	0.13	0.33
木质制品制造	2	1.81	0.37	0.87	0.49	1.19
竹、藤、棕、草等制品制造						
家具制造业						
木质家具制造						
竹、藤家具制造						
金属家具制造						
塑料家具制造						
其他家具制造						

单位：亿元

应收账款	存货	产成品	负债合计	流动负债合计	应付账款	所有者权益合计	实收资本	国家资本	集体资本
1.91	0.18	0.14	3.69	3.57	2.43	4.12	2.16	2.16	
5.53	5.38	1.79	37.68	28.14	1.34	39.65	8.24	3.29	
0.27	0.46	0.05	1.42	1.23	0.43	3.97	2.42	0.50	
2.71	4.98	1.77	21.43	18.67	2.10	13.65	9.96	4.47	0.03
2.49	4.31	1.10	19.39	17.40	2.00	12.94	9.38	4.34	0.03
0.03	0.03	0.02	0.49	0.28		0.08	0.08	0.08	
0.19	0.65	0.65	1.55	0.99	0.10	0.63	0.50	0.04	
81.87	224.77	24.90	175.42	174.01	62.39	359.59	30.27	11.78	
0.15	0.49	0.44	1.20	1.20		11.85	11.74	11.74	
70.32	219.07	20.29	166.49	165.24	55.30	324.93	18.13		
11.41	5.21	4.17	7.73	7.57	7.09	22.81	0.40	0.03	
5.85	7.56	4.36	29.14	19.96	2.45	30.66	15.46	5.39	
4.77	6.77	3.79	21.84	17.21	2.20	24.73	10.72	2.81	
			0.13	0.13		0.37	0.37		
1.08	0.79	0.57	7.17	2.62	0.25	5.55	4.37	2.58	
2.72	5.34	2.31	21.94	20.64	1.22	11.86	5.18	5.13	
2.70	5.34	2.31	21.92	20.62	1.22	11.83	5.16	5.11	
0.02	0.01		0.01	0.01		0.03	0.02	0.02	
0.41	1.13	0.99	5.16	4.87	0.35	2.39	1.21	1.14	
0.33	0.89	0.85	3.98	3.75	0.32	1.36	0.67	0.67	
0.05	0.03	0.03	0.38	0.38	0.01	0.02	0.27	0.27	
0.03	0.20	0.11	0.80	0.73	0.02	1.01	0.27	0.21	

1-A-7 续表2

行业	企业单位数(个)	资产总计	固定资产净额	固定资产原价	累计折旧	流动资产合计
造纸和纸制品业	2	13.79	8.96	15.19	6.22	3.57
纸浆制造						
造纸	1	13.39	8.94	15.14	6.20	3.20
纸制品制造	1	0.39	0.02	0.04	0.03	0.37
印刷和记录媒介复制业	16	54.71	10.89	27.22	16.19	40.33
印刷	16	54.71	10.89	27.22	16.19	40.33
装订及印刷相关服务						
记录媒介复制						
文教、工美、体育和娱乐用品制造业	2	3.07	1.55	2.13	0.53	1.31
文教办公用品制造						
乐器制造	1	0.77	0.01	0.06	0.01	0.65
工艺美术及礼仪用品制造	1	2.30	1.55	2.07	0.52	0.66
体育用品制造						
玩具制造						
游艺器材及娱乐用品制造						
石油、煤炭及其他燃料加工业	6	204.49	83.55	196.05	111.15	84.05
精炼石油产品制造	5	193.17	74.05	182.14	106.74	83.70
煤炭加工	1	11.32	9.50	13.92	4.42	0.35
核燃料加工						
生物质燃料加工						
化学原料和化学制品制造业	47	1243.25	335.00	636.75	293.24	372.37
基础化学原料制造	13	226.43	71.14	97.35	26.21	34.64
肥料制造	13	524.17	120.36	297.91	170.92	214.94
农药制造	1	29.16	11.37	16.79	5.42	7.81
涂料、油墨、颜料及类似产品制造	1	2.40	0.67	0.80	0.13	1.52
合成材料制造	5	171.99	99.16	158.06	58.91	41.94
专用化学产品制造	9	219.46	15.24	35.97	19.37	36.19
炸药、火工及焰火产品制造	3	51.27	16.04	28.30	11.73	21.56
日用化学产品制造	2	18.37	1.02	1.57	0.55	13.77
医药制造业	19	160.47	39.54	64.48	22.77	74.00
化学药品原料药制造	4	39.79	10.95	17.77	6.25	15.68
化学药品制剂制造	5	17.27	6.45	10.46	2.46	7.99
中药饮片加工						
中成药生产	5	42.65	8.61	13.59	4.92	29.18
兽用药品制造						
生物药品制品制造	5	60.75	13.53	22.67	9.14	21.14
卫生材料及医药用品制造						
药用辅料及包装材料						
化学纤维制造业						
纤维素纤维原料及纤维制造						
合成纤维制造						
生物基材料制造						

单位：亿元

应收账款	存货	产成品	负债合计	流动负债合计	应付账款	所有者权益合计	实收资本	国家资本	集体资本
0.70	1.87	0.72	10.94	10.45	1.68	2.84	2.13	0.02	
0.69	1.72	0.69	10.78	10.28	1.52	2.62	2.11		
0.01	0.15	0.03	0.17	0.17	0.15	0.22	0.02	0.02	
17.04	11.10	4.93	17.60	17.00	7.47	37.11	9.72	9.35	
17.04	11.10	4.93	17.60	17.00	7.47	37.11	9.72	9.35	
0.16	0.32	0.20	1.03	0.84	0.14	2.04	2.00	0.02	
0.08	0.12	0.04	0.75	0.68	0.01	0.02	0.02	0.02	
0.08	0.21	0.17	0.29	0.16	0.13	2.01	1.98		
10.60	24.79	6.35	114.85	114.42	29.01	89.63	61.60	60.63	
10.60	24.75	6.35	105.52	105.08	28.16	87.65	49.60	48.63	
	0.04		9.33	9.33	0.85	1.98	12.00	12.00	
36.56	77.48	37.11	587.45	445.23	70.78	655.79	234.04	90.04	3.52
3.39	7.87	5.96	128.18	89.54	8.21	98.25	28.93	3.05	
6.89	46.48	20.92	363.63	279.22	45.26	160.54	102.92	21.21	1.53
1.36	5.31	4.19	17.01	14.36	4.50	12.14	2.00		
0.19	0.10	0.03	0.74	0.43	0.10	1.66	0.50	0.50	
8.32	10.66	2.28	32.01	31.74	4.42	139.99	66.35	43.43	
8.14	2.69	1.09	17.89	14.17	3.41	201.56	27.68	19.82	1.99
2.91	2.84	1.34	25.42	13.39	3.13	25.85	5.06	1.72	
5.35	1.53	1.30	2.57	2.37	1.76	15.80	0.60	0.30	
9.80	19.24	8.89	71.07	57.58	8.90	89.40	36.49	21.67	0.55
1.25	2.93	1.42	23.62	19.72	3.60	16.17	5.98	1.31	0.54
1.73	1.92	0.92	8.76	7.65	1.36	8.51	4.64	1.51	0.01
2.03	4.44	2.59	13.05	10.10	1.60	29.60	11.70	6.44	
4.80	9.94	3.96	25.64	20.11	2.34	35.11	14.17	12.40	

1-A-7 续表3

行业	企业单位数(个)	资产总计	固定资产净额	固定资产原价	累计折旧	流动资产合计
橡胶和塑料制品业	6	38.47	4.15	18.12	6.87	24.63
橡胶制品业	2	31.48	2.28	14.73	5.45	20.96
塑料制品业	4	6.99	1.87	3.39	1.43	3.67
非金属矿物制品业	52	252.87	101.87	160.77	55.60	110.44
水泥、石灰和石膏制造	15	136.50	62.89	98.74	34.89	54.47
石膏、水泥制品及类似制品制造	17	37.29	15.51	21.76	6.09	13.99
砖瓦、石材等建筑材料制造	8	15.57	2.98	6.78	1.65	7.82
玻璃制造						
玻璃制品制造	2	48.95	16.19	25.94	9.75	26.57
玻璃纤维和玻璃纤维增强塑料制品制造						
陶瓷制品制造	1	1.25	0.32	0.51	0.19	0.44
耐火材料制品制造	4	5.70	0.64	1.95	1.26	3.99
石墨及其他非金属矿物制品制造	5	7.62	3.34	5.10	1.76	3.17
黑色金属冶炼和压延加工业	11	2020.34	659.87	1775.87	1075.45	690.87
炼铁						
炼钢						
钢压延加工	11	2020.34	659.87	1775.87	1075.45	690.87
铁合金冶炼						
有色金属冶炼和压延加工业	6	215.90	72.98	139.11	62.54	107.01
常用有色金属冶炼	2	177.02	59.37	117.91	58.14	88.64
贵金属冶炼						
稀有稀土金属冶炼						
有色金属合金制造	1	8.21	3.21	3.56	0.36	4.97
有色金属压延加工	3	30.66	10.41	17.63	4.04	13.40
金属制品业	31	334.20	47.81	119.91	51.63	224.06
结构性金属制品制造	10	158.50	15.72	54.75	22.93	104.38
金属工具制造	4	8.87	2.50	4.63	2.12	5.79
集装箱及金属包装容器制造	2	14.42	0.29	7.46	3.60	9.31
金属丝绳及其制品制造	1	4.95	0.11	0.37	0.24	4.77
建筑、安全用金属制品制造	2	44.93	4.19	5.13	0.94	38.03
金属表面处理及热处理加工	3	6.69	0.81	1.45	0.64	5.50
搪瓷制品制造						
金属制日用品制造						
铸造及其他金属制品制造	9	95.84	24.20	46.13	21.16	56.28
通用设备制造业	28	266.60	52.33	95.56	40.79	153.78
锅炉及原动设备制造	5	68.65	6.91	17.42	10.48	52.69
金属加工机械制造	9	84.23	20.87	34.62	11.50	38.14
物料搬运设备制造	3	17.90	0.80	1.69	0.87	12.73
泵、阀门、压缩机及类似机械制造	6	42.86	8.26	13.82	5.56	27.26
轴承、齿轮和传动部件制造	1	21.01	9.65	15.59	5.80	7.50
烘炉、风机、包装等设备制造	1	5.01	1.37	2.59	1.22	3.14
文化、办公用机械制造						

单位：亿元

应收账款	存货	产成品	负债合计	流动负债合计	应付账款	所有者权益合计	实收资本	国家资本	集体资本
4.90	5.27	4.16	27.16	21.76	3.17	11.31	5.76	1.57	0.15
4.28	3.12	2.48	22.10	17.05	2.34	9.38	2.92	0.50	
0.62	2.15	1.68	5.06	4.71	0.83	1.93	2.83	1.07	0.15
27.43	17.12	8.00	125.25	108.25	34.99	127.62	57.08	22.82	0.04
3.53	6.22	2.59	61.01	52.43	14.01	75.49	34.93	9.06	
6.88	2.78	0.76	18.94	17.57	4.21	18.35	7.66	1.99	
2.09	1.06	0.08	8.00	7.61	2.18	7.57	3.01	1.82	0.04
11.52	5.38	3.87	29.85	23.31	12.32	19.10	5.12	4.32	
0.04	0.08	0.05	1.03	1.03	0.10	0.21	0.67	0.67	
2.28	0.50	0.17	2.17	2.06	0.98	3.53	2.11	1.46	
1.11	1.10	0.48	4.25	4.24	1.20	3.37	3.59	3.49	
63.64	131.42	33.03	1220.71	963.20	233.10	799.63	352.62	98.81	0.14
63.64	131.42	33.03	1220.71	963.20	233.10	799.63	352.62	98.81	0.14
8.35	57.64	9.12	160.52	108.94	24.46	55.38	41.96	27.74	
4.37	52.23	6.25	133.07	84.03	21.10	43.96	18.68	4.47	
			7.43	7.42		0.79	0.05	0.05	
3.98	5.41	2.87	20.02	17.49	3.35	10.64	23.22	23.22	
65.88	50.87	14.36	231.85	203.13	56.77	102.35	172.58	144.95	0.04
37.84	23.23	6.48	107.08	91.83	30.95	51.42	131.00	123.15	
2.19	1.98	0.63	3.72	3.50	0.87	5.15	1.46	0.56	0.04
5.26	2.77	0.11	9.37	7.05		5.05	2.00		
0.96	0.78	0.47	4.53	3.80	3.14	0.41	1.20		
5.43	0.94		29.65	29.65	6.33	15.28	9.70		
0.52	1.64	1.45	4.05	3.21	2.32	2.64	1.01	0.85	
13.67	19.52	5.22	73.45	64.10	13.16	22.39	26.21	20.39	
48.36	30.20	9.73	159.43	122.70	32.17	107.17	32.52	24.89	0.04
10.41	6.15	0.69	38.42	32.44	5.25	30.24	9.23	8.06	
12.51	9.53	2.30	64.72	42.20	8.07	19.51	4.68	2.06	0.04
7.60	2.20	0.02	12.24	11.18	3.97	5.66	2.41	2.41	
11.36	5.97	1.69	23.87	20.38	7.02	18.99	6.26	4.92	
2.19	3.02	2.42	9.26	6.72	3.61	11.75	4.60	2.69	
2.01	0.71	0.16	2.60	2.60	1.76	2.42	2.00	2.00	

1-A-7 续表4

行　业	企　业 单位数 (个)	资产总计	固定资产 净　额	固定资产 原　价	累计折旧	流动资产 合　计
通用零部件制造	3	26.94	4.47	9.82	5.35	12.32
其他通用设备制造业						
专用设备制造业	28	249.83	41.26	85.34	42.34	189.03
采矿、冶金、建筑专用设备制造	16	180.21	32.73	71.28	37.56	136.10
化工、木材、非金属加工专用设备制造	3	6.66	3.43	3.85	0.43	2.36
食品、饮料、烟草及饲料生产专用设备制造						
印刷、制药、日化及日用品生产专用设备制造						
纺织、服装和皮革加工专用设备制造	1	6.07	0.61	0.90	0.29	5.12
电子和电工机械专用设备制造	2	4.51	0.11	1.11	0.26	2.90
农、林、牧、渔专用机械制造						
医疗仪器设备及器械制造						
环保、邮政、社会公共服务及其他专用设备制造	6	52.39	4.39	8.20	3.81	42.55
汽车制造业	80	4423.32	490.89	1192.07	592.65	2547.82
汽车整车制造	15	3466.87	268.51	746.51	437.79	1991.44
汽车用发动机制造	2	69.37		97.59	31.84	2.56
改装汽车制造	13	96.28	10.61	19.23	7.74	77.52
低速汽车制造						
电车制造						
汽车车身、挂车制造	7	67.87	11.86	28.99	16.43	52.42
汽车零部件及配件制造	43	722.93	199.89	299.76	98.85	423.89
铁路、船舶、航空航天和其他运输设备制造业	36	1050.74	98.76	331.41	122.76	635.25
铁路运输设备制造	8	105.28	23.33	43.11	17.37	53.68
城市轨道交通设备制造	3	27.57	4.85	6.58	1.73	21.18
船舶及相关装置制造	13	751.98	40.85	222.98	74.66	454.19
航空、航天器及设备制造	10	151.31	26.98	54.36	27.37	98.25
摩托车制造	1	13.14	2.68	4.16	1.48	6.55
自行车和残疾人座车制造						
助动车制造						
非公路休闲车及零配件制造						
潜水救捞及其他未列明运输设备制造	1	1.46	0.06	0.22	0.16	1.40
电气机械和器材制造业	33	360.62	80.50	126.38	45.49	240.08
电机制造	5	92.42	33.60	43.12	9.49	41.57
输配电及控制设备制造	8	62.07	4.88	13.16	8.25	52.45
电线、电缆、光缆及电工器材制造	9	96.07	13.41	25.28	11.54	74.93
电池制造	6	23.24	3.52	4.95	1.43	13.32
家用电力器具制造	3	83.40	24.81	39.06	14.24	54.74
非电力家用器具制造	1	0.99				0.93
照明器具制造						
其他电气机械及器材制造	1	2.44	0.28	0.81	0.53	2.14
计算机、通信和其他电子设备制造业	34	1662.83	389.59	547.12	157.21	832.62
计算机制造	2	5.77	0.07	0.31	0.24	5.56
通信设备制造	10	206.44	14.53	23.79	9.18	154.48

单位：亿元

应收账款	存货	产成品	负债合计	流动负债合计	应付账款	所有者权益合计	实收资本	国家资本	集体资本
2.28	2.61	2.44	8.33	7.18	2.48	18.61	3.35	2.74	
65.90	77.25	31.17	177.60	172.89	66.09	72.24	47.92	26.98	0.29
46.33	64.09	30.03	130.34	128.23	51.03	49.87	33.52	22.23	0.29
1.54	0.26	0.07	5.88	3.96	1.74	0.78	0.71	0.15	
0.32	1.10	0.56	4.60	4.33	0.78	1.47	0.20	0.15	
0.91	0.35	0.20	2.99	2.87	0.41	1.52	0.14	0.04	
16.81	11.46	0.31	33.79	33.50	12.12	18.60	13.36	4.41	
439.15	239.72	134.69	2001.74	1757.78	567.64	2421.58	608.47	443.63	38.97
258.42	144.28	90.82	1452.58	1307.52	433.49	2014.30	509.76	364.80	34.14
0.10	2.26	0.38	0.77	0.75	0.06	68.60	0.06	0.06	
18.11	23.25	4.94	75.11	66.76	23.26	21.17	18.30	15.12	
12.86	3.40	1.72	55.90	48.38	18.08	11.96	7.42	3.33	
149.66	66.53	36.83	417.38	334.39	92.76	305.55	72.93	60.32	4.83
103.41	197.41	15.37	718.87	593.68	253.01	331.87	193.67	141.91	
22.48	15.42	1.82	64.66	60.21	34.75	40.62	38.05	8.18	
11.00	5.06		21.11	19.54	13.01	6.46	4.89	4.89	
44.46	150.52	8.60	546.91	436.66	174.11	205.07	125.38	104.03	
22.58	24.37	3.76	80.36	73.37	28.03	70.96	24.17	23.97	
2.72	1.99	1.18	5.35	3.41	2.92	7.79	1.00	0.71	
0.16	0.05	0.02	0.48	0.48	0.20	0.99	0.19	0.14	
102.92	63.71	40.58	259.74	212.47	78.78	100.88	40.18	20.47	6.53
13.73	9.20	2.40	84.94	47.04	15.66	7.48	9.30	8.39	
33.68	5.95	1.74	40.82	39.16	19.54	21.24	10.60	2.17	6.50
34.33	15.75	11.12	66.51	64.70	4.91	29.56	14.44	7.80	
5.22	2.94	1.16	18.60	12.83	3.22	4.64	3.53	1.60	
13.84	29.24	23.73	46.37	46.25	33.80	37.03	1.92	0.17	0.03
0.65	0.19	0.18	0.93	0.93	0.50	0.06	0.09	0.04	
1.47	0.44	0.26	1.56	1.56	1.16	0.87	0.30	0.30	
259.83	178.48	38.88	717.21	525.52	227.06	945.62	702.31	147.34	0.09
3.28	0.38	0.07	2.54	2.47	1.80	3.23	0.60	0.44	0.09
72.95	25.49	6.43	112.09	97.22	54.17	94.35	22.67	9.26	

1-A-7 续表5

行业	企业单位数(个)	资产总计	固定资产净额	固定资产原价	累计折旧	流动资产合计
广播电视设备制造						
雷达及配套设备制造	2	14.28	2.80	5.09	2.29	9.94
非专业视听设备制造						
智能消费设备制造	3	113.83	37.17	105.90	68.73	45.03
电子器件制造	15	1295.20	334.87	411.69	76.58	596.68
电子元件及电子专用材料制造						
其他电子设备制造	2	27.31	0.15	0.33	0.19	20.92
仪器仪表制造业	13	60.89	10.44	17.79	7.35	43.14
通用仪器仪表制造	3	5.22	0.15	0.37	0.22	5.04
专用仪器仪表制造	6	15.45	2.27	5.14	2.86	10.89
钟表与计时仪器制造						
光学仪器制造	4	40.23	8.01	12.28	4.27	27.20
衡器制造						
其他仪器仪表制造业						
其他制造业	4	53.31	10.38	20.86	10.48	39.12
日用杂品制造						
核辐射加工						
其他未列明制造业	4	53.31	10.38	20.86	10.48	39.12
废弃资源综合利用业	3	8.04	1.82	4.23	0.82	3.03
金属废料和碎屑加工处理	2	5.01	0.27	1.86	0.19	2.95
非金属废料和碎屑加工处理	1	3.03	1.55	2.37	0.63	0.08
金属制品、机械和设备修理业	2	1.79	0.28	0.51	0.24	1.49
金属制品修理						
通用设备修理						
专用设备修理						
铁路、船舶、航空航天等运输设备修理	1	1.67	0.26	0.42	0.16	1.40
电气设备修理						
仪器仪表修理						
其他机械和设备修理业	1	0.12	0.02	0.10	0.08	0.09
电力、热力、燃气及水生产和供应业	**175**	**4875.13**	**3166.70**	**5721.79**	**2543.34**	**437.45**
电力、热力生产和供应业	110	4348.72	2997.75	5463.19	2454.38	247.38
电力生产	99	3047.63	1870.35	3189.04	1307.65	226.09
电力供应	6	1287.54	1118.80	2257.54	1138.73	17.59
热力生产和供应	5	13.55	8.59	16.61	7.99	3.70
燃气生产和供应业	11	105.86	66.02	85.05	19.03	25.99
燃气生产和供应业	11	105.86	66.02	85.05	19.03	25.99
生物质燃气生产和供应业						
水的生产和供应业	54	420.55	102.93	173.56	69.93	164.08
自来水生产和供应	51	418.31	101.81	171.38	68.88	163.73
污水处理及其再生利用	3	2.24	1.12	2.17	1.05	0.35
海水淡化处理						
其他水的处理、利用与分配						

单位：亿元

应收账款	存货	产成品	负债合计	流动负债合计	应付账款	所有者权益合计	实收资本	国家资本	集体资本
0.78	3.03	0.60	8.48	7.84	2.02	5.81	3.29	3.07	
10.32	10.01	1.57	32.15	29.66	14.94	81.68	66.13	10.00	
161.64	134.85	25.72	539.67	371.59	147.16	755.54	606.63	121.60	
10.86	4.72	4.49	22.29	16.75	6.98	5.02	2.99	2.97	
12.04	14.99	5.74	40.00	30.55	8.33	20.89	11.94	10.49	
1.74	1.82	0.33	3.63	3.63	1.08	1.59	1.00	1.00	
5.44	1.66	0.41	6.67	6.25	2.74	8.78	3.25	2.30	
4.85	11.51	5.00	29.70	20.66	4.51	10.53	7.69	7.19	
8.23	8.50	0.83	35.41	34.06	11.46	17.90	8.77	4.27	
8.23	8.50	0.83	35.41	34.06	11.46	17.90	8.77	4.27	
0.11	0.25	0.21	3.70	2.22	0.66	4.35	3.73	2.01	1.28
0.11	0.25	0.21	3.13	1.70	0.66	1.88	1.80	1.25	0.30
			0.56	0.52		2.47	1.93	0.76	0.98
0.31	0.13	0.01	0.89	0.89	0.83	0.89	0.52	0.50	0.02
0.29	0.10		0.79	0.79	0.75	0.88	0.50	0.50	
0.02	0.04	0.01	0.10	0.10	0.08	0.02	0.02		0.02
107.51	**28.02**	**0.72**	**2579.49**	**1450.40**	**319.17**	**2295.64**	**934.21**	**757.22**	**4.37**
69.40	19.95	0.07	2272.25	1273.20	279.24	2076.47	871.52	711.24	2.61
68.46	19.05	0.06	1468.68	672.14	40.24	1578.96	538.76	379.66	2.61
0.55	0.79	0.01	795.79	594.60	237.90	491.75	326.80	326.71	
0.40	0.11		7.78	6.46	1.09	5.76	5.96	4.86	
4.67	3.04	0.02	76.24	74.76	24.81	29.62	17.04	6.05	1.50
4.67	3.04	0.02	76.24	74.76	24.81	29.62	17.04	6.05	1.50
33.44	5.03	0.63	231.00	102.44	15.12	189.55	45.65	39.93	0.26
33.26	4.93	0.59	229.88	101.49	15.01	188.43	44.80	39.93	
0.18	0.10	0.05	1.12	0.95	0.11	1.12	0.85		0.26

1-A-7 续表6

行 业					营业收入	营业成本
	法人资本	个人资本	港澳台资本	外商资本		
总 计	**1199.20**	**163.14**	**4.46**	**132.24**	**12079.07**	**9431.17**
采矿业	**1.55**	**0.06**			**232.10**	**199.19**
煤炭开采和洗选业	0.52				0.70	0.33
烟煤和无烟煤开采洗选	0.52				0.70	0.33
褐煤开采洗选						
其他煤炭采选						
石油和天然气开采业					75.04	66.75
石油开采					75.04	66.75
天然气开采						
黑色金属矿采选业	0.50				60.27	51.27
铁矿采选	0.50				60.27	51.27
锰矿、铬矿采选						
其他黑色金属矿采选						
有色金属矿采选业					10.94	4.34
常用有色金属矿采选					9.70	3.54
贵金属矿采选					1.23	0.80
稀有稀土金属矿采选						
非金属矿采选业	0.53	0.06			7.46	4.73
土砂石开采		0.06			3.83	1.95
化学矿开采	0.51				2.57	2.06
采盐	0.03				1.06	0.72
石棉及其他非金属矿采选						
开采专业及辅助性活动					77.69	71.79
煤炭开采和洗选专业及辅助性活动						
石油和天然气开采专业及辅助性活动					77.69	71.79
其他开采专业及辅助性活动						
其他采矿业						
制造业	**1123.09**	**80.12**	**0.80**	**120.79**	**9985.52**	**7668.49**
农副食品加工业	5.01	0.92			149.00	127.51
谷物磨制	0.49	0.35			84.65	75.57
饲料加工	0.20	0.05			16.59	13.96
植物油加工	0.69	0.11			7.11	6.20
制糖业						
屠宰及肉类加工	1.02	0.05			14.43	13.03
水产品加工	1.67	0.03			23.87	17.03
蔬菜、菌类、水果和坚果加工						
其他农副食品加工	0.93	0.34			2.34	1.73
食品制造业	3.60	6.86			85.71	64.96
焙烤食品制造	3.10				9.73	7.38
糖果、巧克力及蜜饯制造						
方便食品制造	0.50				3.73	3.42
乳制品制造					9.67	7.75

单位：亿元

销售费用	管理费用	财务费用			投资收益(损失以“–”号记)	营业利润	利润总额	亏损企业亏损额	平均用工人数(万人)
			利息收入	利息支出					
265.60	**639.16**	**113.75**	**19.57**	**145.45**	**120.81**	**946.50**	**919.86**	**128.26**	**67.27**
3.05	**21.23**	**2.21**	**0.34**	**2.31**	**–0.07**	**–5.30**	**–5.28**	**15.04**	**2.67**
	0.12					0.22	0.22		0.04
	0.12					0.22	0.22		0.04
1.03	11.13	0.52	0.13	0.63	–0.01	–13.96	–14.04	14.04	1.32
1.03	11.13	0.52	0.13	0.63	–0.01	–13.96	–14.04	14.04	1.32
1.31	3.44	1.25	0.02	1.06	–0.06	2.52	2.35	0.12	0.47
1.31	3.44	1.25	0.02	1.06	–0.06	2.52	2.35	0.12	0.47
0.02	1.40	–0.01	0.04	0.02		4.66	4.71		0.21
0.02	1.03	–0.02	0.03	0.01		4.64	4.63		0.15
	0.37	0.01		0.01		0.02	0.09		0.05
0.67	0.64	0.26		0.23		0.59	0.79	0.01	0.08
0.48	0.33	0.03		0.01		0.64	0.62	0.01	0.05
	0.24	0.23		0.23		–0.11	0.10		0.02
0.19	0.06					0.06	0.07		0.01
0.02	4.50	0.18	0.15	0.36		0.67	0.69	0.87	0.55
0.02	4.50	0.18	0.15	0.36		0.67	0.69	0.87	0.55
254.13	**587.94**	**46.16**	**17.53**	**78.44**	**91.16**	**735.97**	**708.27**	**107.86**	**52.12**
2.56	2.48	0.67	0.10	0.58	–0.05	7.71	8.12	0.22	0.43
1.41	1.16	0.43	0.08	0.34		4.32	4.70	0.07	0.18
0.47	0.41	0.01	0.01	0.02		1.71	1.69	0.01	0.03
0.11	0.11	0.07		0.06	–0.05	0.64	0.67	0.12	0.03
0.27	0.32	0.04		0.04		0.25	0.25	0.01	0.09
0.15	0.29	0.12		0.10		0.60	0.60		0.07
0.15	0.20	0.01	0.01	0.01		0.19	0.21		0.03
7.31	6.17	0.12	1.03	0.71	1.70	8.26	8.53		0.69
0.58	1.64					0.09	0.09		0.14
0.07	0.18	0.06	0.04	0.10		–0.02	0.16		0.04
0.33	0.43	–0.02	–0.02			1.10	1.12		0.08

1-A-7 续表7

行业	法人资本	个人资本	港澳台资本	外商资本	营业收入	营业成本
罐头食品制造						
调味品、发酵制品制造		4.95			52.05	39.09
其他食品制造		1.92			10.53	7.32
酒、饮料和精制茶制造业	4.21	1.26			29.26	18.79
酒的制造	4.21	0.81			26.05	16.54
饮料制造					2.32	1.67
精制茶加工		0.46			0.89	0.58
烟草制品业	18.49				755.52	206.79
烟叶复烤					2.06	1.68
卷烟制造	18.13				740.34	196.82
其他烟草制品制造	0.37				13.12	8.29
纺织业	8.09	1.98			56.32	47.71
棉纺织及印染精加工	7.71	0.19			50.95	43.42
毛纺织及染整精加工	0.37				0.83	0.40
麻纺织及染整精加工						
丝绢纺织及印染精加工						
化纤织造及印染精加工						
针织或钩针编织物及其制品制造						
家用纺织制成品制造						
产业用纺织制成品制造		1.79			4.53	3.89
纺织服装、服饰业	0.05			0.01	19.33	15.31
机织服装制造	0.05				19.01	15.02
针织或钩针编织服装制造						
服饰制造				0.01	0.32	0.30
皮革、毛皮、羽毛及其制品和制鞋业						
皮革鞣制加工						
皮革制品制造						
毛皮鞣制及制品加工						
羽毛(绒)加工及制品制造						
制鞋业						
木材加工和木、竹、藤、棕、草制品业	0.06				14.28	13.26
木材加工					3.77	3.32
人造板制造					9.42	9.20
木质制品制造	0.06				1.09	0.74
竹、藤、棕、草等制品制造						
家具制造业						
木质家具制造						
竹、藤家具制造						
金属家具制造						
塑料家具制造						
其他家具制造						
造纸和纸制品业	1.38			0.73	14.19	12.31

单位：亿元

销售费用	管理费用	财务费用			投资收益(损失以"–"号记)	营业利润	利润总额	亏损企业亏损额	平均用工人数(万人)
			利息收入	利息支出					
5.35	3.07	–0.08	1.00	0.47	1.68	5.94	5.97		0.35
0.98	0.85	0.15	0.01	0.14	0.02	1.14	1.20		0.08
2.05	2.52	–0.02	0.07	0.08	0.02	3.24	3.32	0.31	0.44
1.69	2.38	–0.07	0.06	0.02	0.02	2.88	2.85	0.31	0.37
0.28	0.03	0.02				0.29	0.33		0.01
0.08	0.11	0.04		0.06		0.07	0.13		0.05
10.72	21.49	–1.07	0.76	0.32	0.49	87.34	86.25		0.78
0.06	0.25	–0.13	–0.13			0.10	0.09		0.10
10.59	19.81	–0.75	1.08	0.32	0.49	83.83	82.74		0.62
0.08	1.43	–0.19	–0.20			3.41	3.42		0.06
1.93	2.77	0.25	–0.01	0.32	0.01	2.60	2.53	0.46	0.81
1.66	2.51	0.05	–0.02	0.12	0.01	2.31	2.37	0.07	0.73
0.01	0.01					0.40	0.40		0.02
0.26	0.25	0.20	0.01	0.20		–0.11	–0.24	0.39	0.06
1.25	1.82	0.16	0.02	0.14	0.09	0.83	0.76		0.76
1.25	1.81	0.16	0.02	0.14	0.09	0.82	0.75		0.73
	0.01					0.01	0.01		0.03
0.28	0.34	0.02		0.02		0.28	0.35	0.01	0.12
0.12	0.06	0.01		0.01		0.22	0.29	0.01	0.04
0.09	0.03					0.05	0.06		0.01
0.08	0.25	0.01		0.01		0.01	0.01		0.07
0.41	0.51	0.85		0.87		0.85	0.89		0.06

1-A-7 续表8

行　业	法人资本	个人资本	港澳台资本	外商资本	营业收入	营业成本
纸浆制造						
造纸	1.38			0.73	13.60	11.84
纸制品制造					0.59	0.47
印刷和记录媒介复制业	0.24	0.14			54.68	41.74
印刷	0.24	0.14			54.68	41.74
装订及印刷相关服务						
记录媒介复制						
文教、工美、体育和娱乐用品制造业	1.01			0.97	1.95	1.64
文教办公用品制造						
乐器制造					0.51	0.43
工艺美术及礼仪用品制造	1.01			0.97	1.45	1.21
体育用品制造						
玩具制造						
游艺器材及娱乐用品制造						
石油、煤炭及其他燃料加工业	0.58			0.40	722.75	540.58
精炼石油产品制造	0.58			0.40	718.17	536.98
煤炭加工					4.57	3.59
核燃料加工						
生物质燃料加工						
化学原料和化学制品制造业	94.13	22.73		23.62	728.50	600.62
基础化学原料制造	11.09	14.79			92.43	74.86
肥料制造	78.68	1.50			322.98	279.67
农药制造	2.00				30.20	25.15
涂料、油墨、颜料及类似产品制造					1.54	0.84
合成材料制造	0.97			21.95	192.60	158.71
专用化学产品制造	0.54	3.66		1.67	47.99	34.63
炸药、火工及焰火产品制造	0.56	2.78			33.20	24.15
日用化学产品制造	0.30				7.55	2.60
医药制造业	11.93	1.50	0.42	0.42	92.06	49.91
化学药品原料药制造	2.87	0.42	0.42	0.42	19.24	10.84
化学药品制剂制造	2.58	0.53			11.21	4.91
中药饮片加工						
中成药生产	5.26				31.04	17.62
兽用药品制造						
生物药品制品制造	1.21	0.55			30.56	16.55
卫生材料及医药用品制造						
药用辅料及包装材料						
化学纤维制造业						
纤维素纤维原料及纤维制造						
合成纤维制造						
生物基材料制造						
橡胶和塑料制品业	4.04				47.99	38.33

单位：亿元

销售费用	管理费用	财务费用			投资收益（损失以“–”号记）	营业利润	利润总额	亏损企业亏损额	平均用工人数（万人）
			利息收入	利息支出					
0.40	0.47	0.85	0.01	0.87		0.79	0.83		0.05
0.01	0.04					0.06	0.06		0.01
1.30	3.90	–0.10	–0.11	0.06	0.01	7.45	7.51	0.20	0.37
1.30	3.90	–0.10	–0.11	0.06	0.01	7.45	7.51	0.20	0.37
0.01	0.11					0.16	0.16		0.02
	0.05					0.02	0.02		0.01
0.01	0.06					0.14	0.14		0.01
1.24	12.76	–1.48	1.79	0.33	0.08	26.84	26.78		0.61
1.24	11.93	–1.58	1.79	0.23	0.08	26.80	26.74		0.57
	0.83	0.10		0.10		0.04	0.04		0.04
16.76	32.44	11.09	–1.01	13.88	6.37	70.29	70.52	0.29	3.63
3.49	4.62	5.07	–0.27	4.84	3.65	6.48	6.43	0.02	0.86
7.10	12.37	4.86	–1.62	7.36	2.43	20.14	20.85	0.25	1.69
0.68	1.03	0.50	0.16	0.67	0.02	2.78	2.40		0.11
0.02	0.17					1.12	1.14		0.01
0.53	6.46	0.71	0.15	0.70	0.07	25.89	25.94	0.02	0.22
2.71	4.29	–0.47	0.27	0.03	0.06	6.52	6.51		0.23
2.17	2.71	0.50	0.23	0.28	0.14	3.29	3.18		0.50
0.06	0.78	–0.09	0.06			4.08	4.08		0.02
19.32	9.69	0.97	0.31	0.91	1.35	11.00	10.71	0.43	0.94
1.41	3.67	0.26	0.11	0.01		2.91	3.01		0.19
3.79	0.81	0.08	0.07	0.15		1.42	1.08		0.17
7.92	2.14	0.09	0.09	0.17	0.27	1.71	1.73	0.42	0.33
6.20	3.08	0.54	0.05	0.58	1.08	4.95	4.90	0.01	0.25
0.84	2.10	–0.04	0.10	0.14	0.01	2.41	2.41	0.60	0.32

1-A-7 续表9

行业					营业收入	营业成本
	法人资本	个人资本	港澳台资本	外商资本		
橡胶制品业	2.42				20.05	15.54
塑料制品业	1.62				27.94	22.78
非金属矿物制品业	29.48	3.34	0.24	1.18	222.56	163.97
水泥、石灰和石膏制造	22.11	3.16		0.59	109.38	68.77
石膏、水泥制品及类似制品制造	5.44	0.11		0.12	42.80	36.46
砖瓦、石材等建筑材料制造	0.89	0.03	0.24		13.22	9.48
玻璃制造						
玻璃制品制造	0.80				45.21	38.75
玻璃纤维和玻璃纤维增强塑料制品制造						
陶瓷制品制造					0.35	0.21
耐火材料制品制造	0.18			0.46	5.15	4.49
石墨及其他非金属矿物制品制造	0.06	0.04			6.46	5.80
黑色金属冶炼和压延加工业	253.47			0.20	1376.13	1195.96
炼铁						
炼钢						
钢压延加工	253.47			0.20	1376.13	1195.96
铁合金冶炼						
有色金属冶炼和压延加工业				14.22	427.21	352.58
常用有色金属冶炼				14.22	314.82	263.87
贵金属冶炼						
稀有稀土金属冶炼						
有色金属合金制造					20.00	18.13
有色金属压延加工					92.38	70.58
金属制品业	27.05	0.54			238.33	205.49
结构性金属制品制造	7.85				106.40	92.24
金属工具制造	0.85				14.49	11.18
集装箱及金属包装容器制造	2.00				8.54	7.22
金属丝绳及其制品制造	1.20				8.84	7.05
建筑、安全用金属制品制造	9.18	0.52			36.43	32.68
金属表面处理及热处理加工	0.16				4.98	3.90
搪瓷制品制造						
金属制日用品制造						
铸造及其他金属制品制造	5.81	0.02			58.64	51.22
通用设备制造业	3.14	3.84		0.61	101.06	82.52
锅炉及原动设备制造	1.12	0.04			15.65	13.59
金属加工机械制造	0.07	1.90		0.61	27.27	20.65
物料搬运设备制造					13.31	10.89
泵、阀门、压缩机及类似机械制造	1.34				26.45	21.44
轴承、齿轮和传动部件制造		1.90			9.52	8.95
烘炉、风机、包装等设备制造					2.23	1.70
文化、办公用机械制造						
通用零部件制造	0.61				6.60	5.30

单位：亿元

销售费用	管理费用	财务费用			投资收益(损失以“-”号记)	营业利润	利润总额	亏损企业亏损额	平均用工人数(万人)
			利息收入	利息支出					
0.53	1.48	-0.09	0.10	0.09	0.01	2.88	2.87		0.23
0.31	0.62	0.06		0.05		-0.48	-0.46	0.60	0.09
8.86	11.91	2.97	-0.05	2.82	0.24	35.36	35.82	0.55	1.41
6.47	6.45	1.54	-0.08	1.63	0.13	27.45	27.60		0.52
0.70	1.02	0.26		0.22	0.02	4.05	4.11	0.09	0.25
0.67	0.71	0.10	0.01	0.06		2.06	2.08	0.13	0.12
0.66	2.84	0.93	0.01	0.73		1.50	1.74		0.36
0.02	0.24	0.03		0.03	0.05	-0.10	-0.10	0.10	0.02
0.08	0.21	-0.02		0.01	0.03	0.47	0.46		0.06
0.27	0.44	0.13		0.13		-0.07	-0.06	0.23	0.09
8.49	80.16	23.83	1.81	23.64	38.52	72.97	40.46	0.01	5.05
8.49	80.16	23.83	1.81	23.64	38.52	72.97	40.46	0.01	5.05
1.23	4.75	4.94	0.66	4.59	-18.49	1.25	2.20	1.98	1.42
0.71	3.08	3.91	0.64	3.75	-13.04	1.37	2.84		1.29
	0.73	0.08		0.08		0.97	0.97		0.04
0.53	0.93	0.95	0.02	0.76	-5.45	-1.09	-1.61	1.98	0.09
4.24	17.57	1.39	0.41	1.34	0.17	-0.80	0.39	9.05	1.90
1.21	8.74	0.54	-0.17	0.67	0.08	-3.04	-2.92	7.47	0.91
1.35	1.32	0.28		0.28		0.29	0.30		0.11
0.08	0.66	0.12				0.51	0.52		0.13
0.04	0.17	-0.02	0.01			0.05	0.05		0.03
0.07	2.01	-0.11	0.12	0.03		1.39	1.51		0.13
0.13	0.50	-0.02	0.02	0.01		0.43	0.44		0.06
1.35	4.18	0.59	0.41	0.36	0.09	-0.45	0.49	1.58	0.54
4.67	11.33	-0.38	1.67	1.40	0.10	2.76	3.74	0.89	1.82
0.31	2.12	-1.34	1.51	0.27		0.91	0.96	0.04	0.28
1.95	4.23	0.57	0.04	0.57	0.06	0.28	1.05	0.32	0.51
0.40	1.23	0.13	0.01	0.13		0.63	0.63	0.02	0.12
1.32	2.25	0.16	0.06	0.27	0.04	1.06	1.23		0.38
0.50	0.46	0.11	0.01	0.12		-0.50	-0.50	0.50	0.24
0.03	0.36	0.03		0.03		0.03	0.04		0.05
0.16	0.69	-0.04	0.05			0.35	0.34		0.23

1-A-7 续表10

行业					营业收入	营业成本
	法人资本	个人资本	港澳台资本	外商资本		
其他通用设备制造业						
专用设备制造业	17.97	2.55	0.05	0.08	157.87	128.95
采矿、冶金、建筑专用设备制造	8.46	2.51		0.04	107.96	88.27
化工、木材、非金属加工专用设备制造	0.52			0.04	3.31	2.92
食品、饮料、烟草及饲料生产专用设备制造						
印刷、制药、日化及日用品生产专用设备制造						
纺织、服装和皮革加工专用设备制造			0.05		3.32	2.52
电子和电工机械专用设备制造	0.10				1.73	1.01
农、林、牧、渔专用机械制造						
医疗仪器设备及器械制造						
环保、邮政、社会公共服务及其他专用设备制造	8.90	0.04			41.56	34.23
汽车制造业	19.01	29.75		77.11	3054.32	2380.25
汽车整车制造	9.86	28.56		72.39	2388.51	1814.12
汽车用发动机制造					82.43	84.26
改装汽车制造	2.16	1.03			80.10	68.38
低速汽车制造						
电车制造						
汽车车身、挂车制造	1.32			2.77	67.64	59.78
汽车零部件及配件制造	5.66	0.16		1.95	435.65	353.72
铁路、船舶、航空航天和其他运输设备制造业	50.94	0.26		0.57	483.69	435.85
铁路运输设备制造	29.86	0.02			109.18	96.40
城市轨道交通设备制造					27.78	24.01
船舶及相关装置制造	20.79			0.57	262.73	242.15
航空、航天器及设备制造	0.10	0.10			71.75	63.21
摩托车制造	0.19	0.10			8.50	6.74
自行车和残疾人座车制造						
助动车制造						
非公路休闲车及零配件制造						
潜水救捞及其他未列明运输设备制造		0.04			3.76	3.35
电气机械和器材制造业	11.77	0.63	0.09	0.69	366.03	314.70
电机制造	0.54	0.37			29.83	28.03
输配电及控制设备制造	1.87	0.06			33.47	28.78
电线、电缆、光缆及电工器材制造	5.92	0.18		0.55	100.09	85.79
电池制造	1.70		0.09	0.14	11.97	8.41
家用电力器具制造	1.72				186.89	160.58
非电力家用器具制造	0.03	0.02			0.28	0.23
照明器具制造						
其他电气机械及器材制造					3.50	2.89
计算机、通信和其他电子设备制造业	551.20	3.67			698.56	552.19
计算机制造	0.04	0.03			3.10	2.07
通信设备制造	13.33	0.08			114.36	88.72
广播电视设备制造						

单位：亿元

销售费用	管理费用	财务费用			投资收益(损失以“–”号记)	营业利润	利润总额	亏损企业亏损额	平均用工人数(万人)
			利息收入	利息支出					
6.82	13.45	1.57	0.28	2.09	0.31	4.21	4.59	0.66	1.61
6.32	11.06	1.40	0.11	1.74	–0.03	1.02	1.42	0.65	1.31
0.03	0.22	0.04	0.01	0.04		0.07	0.07		0.02
0.10	0.35	–0.11	0.10			0.37	0.35		0.04
0.15	0.30	0.05		0.04		0.31	0.32		0.03
0.23	1.53	0.20	0.07	0.26	0.34	2.43	2.44		0.21
106.85	187.06	–8.88	14.39	12.04	53.73	355.07	352.01	48.60	15.21
93.63	142.03	–12.89	12.85	7.24	48.42	314.06	310.88	40.11	7.11
1.02	0.08					–6.82	–6.82	6.85	0.19
1.34	3.59	0.79	–0.01	0.75	0.34	6.08	6.28	0.61	0.51
1.75	3.68	–0.01	0.12	0.07	0.08	2.42	2.41	0.04	0.57
9.12	37.69	3.23	1.42	3.99	4.88	39.34	39.25	0.99	6.84
5.24	31.19	4.10	0.82	3.54	0.10	–1.46	–0.24	19.86	4.58
2.27	6.43	0.76	0.15	0.86	0.02	1.81	2.59		1.06
0.16	0.64	0.07	0.03	0.03		2.97	3.18		0.08
1.78	16.78	2.50	0.29	1.45	–0.17	–11.47	–11.27	19.86	2.10
0.62	6.47	0.74	0.33	1.10	0.24	4.47	4.46		1.12
0.35	0.73	0.04	0.03	0.11		0.56	0.58		0.18
0.06	0.15	–0.01				0.20	0.21		0.03
7.29	22.36	2.56	0.63	2.58	1.06	19.20	20.85	1.64	2.24
1.27	3.68	0.37	0.12	0.42	–0.01	–0.98	–0.72	1.21	0.50
0.87	2.29	0.30	0.26	0.09	1.07	1.53	2.76		0.19
2.32	4.54	1.67		1.59		4.33	4.36		0.41
0.73	1.16	0.46	0.07	0.44		0.94	1.03	0.34	0.24
1.99	10.36	–0.28	0.17			13.29	13.33		0.85
0.02	0.03	0.01		0.01		–0.09	–0.08	0.08	0.01
0.10	0.29	0.02		0.03		0.17	0.18		0.05
33.14	101.23	2.04	–6.87	5.62	5.36	18.59	19.84	18.51	5.76
0.27	0.74	0.01		0.01		–0.10	–0.10	0.37	0.05
4.09	15.09	0.42	0.04	0.47	3.81	9.03	9.60	0.07	1.07

1-A-7 续表11

行　业					营业收入	营业成本
	法人资本	个人资本	港澳台资本	外商资本		
雷达及配套设备制造		0.21			8.56	6.81
非专业视听设备制造						
智能消费设备制造	55.93	0.19			40.12	30.20
电子器件制造	481.90	3.13			518.50	413.71
电子元件及电子专用材料制造						
其他电子设备制造		0.03			13.91	10.68
仪器仪表制造业	1.31	0.14			27.48	22.21
通用仪器仪表制造					3.66	3.02
专用仪器仪表制造	0.81	0.14			10.19	7.04
钟表与计时仪器制造						
光学仪器制造	0.50				13.63	12.14
衡器制造						
其他仪器仪表制造业						
其他制造业	4.50			0.01	46.29	41.47
日用杂品制造						
核辐射加工						
其他未列明制造业	4.50			0.01	46.29	41.47
废弃资源综合利用业	0.44				8.62	7.52
金属废料和碎屑加工处理	0.25				3.52	3.28
非金属废料和碎屑加工处理	0.19				5.10	4.24
金属制品、机械和设备修理业					5.86	5.34
金属制品修理						
通用设备修理						
专用设备修理						
铁路、船舶、航空航天等运输设备修理					5.61	5.15
电气设备修理						
仪器仪表修理						
其他机械和设备修理业					0.25	0.19
电力、热力、燃气及水生产和供应业	**74.56**	**82.95**	**3.67**	**11.45**	**1861.45**	**1563.49**
电力、热力生产和供应业	68.28	79.14	0.86	9.39	1720.17	1447.92
电力生产	67.10	79.14	0.86	9.39	711.73	457.22
电力供应	0.09				999.07	982.93
热力生产和供应	1.10				9.37	7.76
燃气生产和供应业	4.53	0.10	2.81	2.06	81.08	67.93
燃气生产和供应业	4.53	0.10	2.81	2.06	81.08	67.93
生物质燃气生产和供应业						
水的生产和供应业	1.75	3.72			60.20	47.65
自来水生产和供应	1.17	3.71			58.50	46.33
污水处理及其再生利用	0.58	0.01			1.70	1.31
海水淡化处理						
其他水的处理、利用与分配						

单位：亿元

销售费用	管理费用	财务费用			投资收益(损失以"–"号记)	营业利润	利润总额	亏损企业亏损额	平均用工人数(万人)
			利息收入	利息支出					
0.02	1.61	0.07	0.03	0.09	0.02	–0.05	0.22	0.38	0.13
3.03	4.68	0.68	0.19	0.46	0.18	3.24	3.24		0.29
24.70	77.93	0.47	–6.96	4.05	1.36	5.51	5.93	17.70	4.13
1.04	1.17	0.39	–0.17	0.54	–0.02	0.96	0.96		0.09
0.97	4.32	0.54	0.54	0.21	0.01	–2.93	–2.82	3.60	0.57
0.12	0.37	0.08	0.01	0.09		0.06	0.08		0.04
0.59	2.31	0.08	0.01	0.09		0.08	0.12	0.57	0.23
0.26	1.64	0.38	0.52	0.02		–3.07	–3.01	3.03	0.30
0.14	2.95	–0.15	0.18	0.03	–0.03	1.77	1.83		0.48
0.14	2.95	–0.15	0.18	0.03	–0.03	1.77	1.83		0.48
0.18	0.32	0.20		0.17		0.47	0.49		0.07
0.02	0.13	0.13		0.11		0.06	0.08		0.04
0.16	0.19	0.07		0.07		0.41	0.41		0.03
0.01	0.23		0.01			0.26	0.26		0.03
0.01	0.19	–0.01	0.01			0.24	0.24		0.02
	0.03					0.02	0.02		0.01
8.42	**29.99**	**65.39**	**1.71**	**64.70**	**29.72**	**215.83**	**216.86**	**5.36**	**12.48**
0.62	20.76	61.54	1.72	60.76	26.11	207.54	206.64	4.75	10.55
0.60	18.87	50.38	1.57	49.47	25.83	206.32	204.40	4.52	2.57
	0.72	11.08	0.12	11.17	0.28	1.00	1.88		7.92
0.01	1.17	0.08	0.04	0.12		0.22	0.36	0.22	0.06
2.48	2.85	0.33	–0.07	0.39		7.85	8.11		0.38
2.48	2.85	0.33	–0.07	0.39		7.85	8.11		0.38
5.32	6.38	3.51	0.05	3.55	3.61	0.44	2.11	0.61	1.55
5.20	6.25	3.45	0.05	3.49	3.61	0.36	2.03	0.61	1.53
0.13	0.14	0.06		0.06		0.08	0.08		0.02

1-A-8 私营工业企业主要

行业	企业单位数(个)	资产总计	固定资产净额	固定资产原价	累计折旧	流动资产合计
总计	**9645**	**9548.26**	**3186.39**	**6931.29**	**3360.65**	**4450.35**
采矿业	**274**	**243.29**	**82.83**	**160.61**	**72.70**	**96.99**
煤炭开采和洗选业	8	5.09	1.40	2.89	1.04	1.47
烟煤和无烟煤开采洗选	8	5.09	1.40	2.89	1.04	1.47
褐煤开采洗选						
其他煤炭采选						
石油和天然气开采业						
石油开采						
天然气开采						
黑色金属矿采选业	24	42.41	16.08	25.36	8.44	16.76
铁矿采选	23	37.12	16.08	25.32	8.40	11.51
锰矿、铬矿采选						
其他黑色金属矿采选	1	5.29		0.04	0.04	5.25
有色金属矿采选业	13	16.45	6.63	11.09	4.13	7.69
常用有色金属矿采选	11	10.89	3.12	6.24	3.09	5.93
贵金属矿采选	1	3.04	1.53	1.68	0.15	1.24
稀有稀土金属矿采选	1	2.51	1.98	3.17	0.89	0.53
非金属矿采选业	226	178.63	58.56	120.94	58.94	70.64
土砂石开采	155	101.34	41.98	92.95	48.59	35.97
化学矿开采	43	61.28	8.28	16.20	7.30	30.79
采盐						
石棉及其他非金属矿采选	28	16.00	8.30	11.79	3.05	3.88
开采专业及辅助性活动	3	0.71	0.17	0.32	0.14	0.43
煤炭开采和洗选专业及辅助性活动						
石油和天然气开采专业及辅助性活动						
其他开采专业及辅助性活动	3	0.71	0.17	0.32	0.14	0.43
其他采矿业						
制造业	**9275**	**9079.24**	**2982.22**	**6589.09**	**3238.00**	**4293.07**
农副食品加工业	1100	1030.45	373.88	817.60	391.30	452.17
谷物磨制	475	390.30	141.01	365.05	194.89	154.15
饲料加工	127	138.46	50.27	119.95	63.17	60.94
植物油加工	92	160.01	57.41	123.13	59.95	78.76
制糖业	1	0.65	0.05	0.18	0.13	0.52
屠宰及肉类加工	74	58.76	25.12	40.03	12.82	23.72
水产品加工	46	49.14	20.91	28.95	7.06	19.10
蔬菜、菌类、水果和坚果加工	125	101.53	35.15	63.87	25.18	49.14
其他农副食品加工	160	131.60	43.96	76.42	28.10	65.83
食品制造业	214	277.60	113.26	213.08	89.69	116.69
焙烤食品制造	49	78.94	26.60	58.41	31.43	34.83
糖果、巧克力及蜜饯制造	16	11.46	4.45	20.01	15.42	4.73
方便食品制造	47	37.41	20.44	29.00	6.34	10.56

经济指标（大、中类行业）

单位：亿元

应收账款	存货	产成品	负债合计	流动负债合计	应付账款	所有者权益合计	实收资本	国家资本	集体资本
1207.63	**1207.31**	**565.65**	**4311.59**	**3494.01**	**937.67**	**5236.70**	**2146.69**	**22.32**	**45.55**
24.68	**17.60**	**12.09**	**116.54**	**83.87**	**15.44**	**126.75**	**55.25**	**0.17**	**1.14**
0.48	0.14	0.06	4.52	4.51	2.73	0.58	1.91		
0.48	0.14	0.06	4.52	4.51	2.73	0.58	1.91		
1.37	4.91	4.16	30.26	19.58	3.34	12.14	4.99		
0.95	2.70	1.95	25.98	15.30	0.98	11.13	4.59		
0.42	2.21	2.21	4.28	4.28	2.36	1.01	0.40		
2.21	1.04	0.57	8.08	5.84	0.94	8.37	1.62		
1.98	0.73	0.33	6.95	5.06	0.86	3.94	1.10		
0.12	0.23	0.20	0.84	0.48		2.21	0.50		
0.11	0.07	0.04	0.30	0.30	0.08	2.22	0.02		
20.57	11.43	7.21	73.50	53.75	8.34	105.14	46.69	0.17	1.14
9.93	5.46	3.24	33.41	26.00	4.05	67.93	27.57	0.17	0.74
9.96	5.01	3.37	35.29	23.81	3.23	26.00	13.97		0.39
0.68	0.96	0.60	4.80	3.94	1.06	11.21	5.15		
0.05	0.08	0.08	0.18	0.18	0.08	0.53	0.04		
0.05	0.08	0.08	0.18	0.18	0.08	0.53	0.04		
1165.95	**1186.52**	**552.39**	**4063.76**	**3342.79**	**906.10**	**5015.51**	**2036.86**	**15.73**	**40.77**
89.92	153.83	63.81	393.46	317.86	66.64	636.99	216.22	0.86	1.74
27.89	60.12	16.88	113.43	88.37	12.49	276.87	89.12	0.10	0.48
9.81	20.07	4.29	69.20	61.19	9.14	69.26	26.85		0.24
8.37	22.49	12.79	73.70	52.69	24.65	86.31	20.69	0.22	0.26
0.04	0.32	0.09	0.31	0.29	0.03	0.35	0.20		
5.21	7.14	4.22	24.74	22.34	2.14	34.02	10.88	0.27	0.06
5.07	7.25	5.70	21.53	18.65	2.68	27.61	7.17		
15.05	17.79	9.80	37.06	32.19	7.76	64.48	29.79	0.02	0.62
18.48	18.65	10.03	53.51	42.14	7.76	78.09	31.53	0.25	0.07
26.88	38.63	11.64	103.07	86.31	18.15	174.52	48.17	0.56	0.14
4.78	18.47	2.73	32.05	23.42	3.55	46.89	8.69		
1.49	0.84	0.37	6.19	4.16	1.79	5.27	1.85		
2.43	3.32	1.38	9.85	8.13	1.22	27.56	7.31		

1-A-8 续表1

行业	企业单位数(个)	资产总计	固定资产净额	固定资产原价	累计折旧	流动资产合计
乳制品制造	3	22.67	11.69	18.00	6.31	8.90
罐头食品制造	26	41.86	25.15	38.01	11.57	12.18
调味品、发酵制品制造	18	15.85	7.18	10.94	2.99	5.70
其他食品制造	55	69.41	17.75	38.70	15.63	39.79
酒、饮料和精制茶制造业	274	277.92	104.42	154.86	45.31	116.37
酒的制造	77	149.10	56.68	86.45	26.77	64.04
饮料制造	40	44.27	21.68	31.05	8.50	13.97
精制茶加工	157	84.54	26.06	37.37	10.05	38.36
烟草制品业	1	2.13	0.37	1.63	1.26	1.70
烟叶复烤						
卷烟制造						
其他烟草制品制造	1	2.13	0.37	1.63	1.26	1.70
纺织业	649	596.89	239.41	643.30	390.08	238.71
棉纺织及印染精加工	441	432.94	174.51	465.81	282.27	172.31
毛纺织及染整精加工						
麻纺织及染整精加工	13	22.93	12.34	16.35	3.46	7.70
丝绢纺织及印染精加工	3	1.02	0.26	0.32	0.07	0.46
化纤织造及印染精加工	20	19.44	9.84	27.21	17.07	7.13
针织或钩针编织物及其制品制造	5	2.92	0.69	8.46	7.77	1.86
家用纺织制成品制造	36	29.55	10.68	32.16	20.59	10.48
产业用纺织制成品制造	131	88.09	31.10	92.99	58.86	38.76
纺织服装、服饰业	343	228.28	95.73	215.76	109.36	93.17
机织服装制造	259	168.32	77.78	183.14	97.01	62.39
针织或钩针编织服装制造	20	29.35	6.81	11.57	4.58	17.53
服饰制造	64	30.61	11.14	21.05	7.77	13.25
皮革、毛皮、羽毛及其制品和制鞋业	118	67.42	21.74	100.21	72.37	38.74
皮革鞣制加工	1	2.68	0.25	0.40	0.14	1.91
皮革制品制造	18	8.73	3.26	6.43	2.30	3.22
毛皮鞣制及制品加工	63	25.40	9.51	68.32	56.90	15.39
羽毛(绒)加工及制品制造	6	2.87	1.04	1.64	0.59	1.53
制鞋业	30	27.74	7.68	23.42	12.44	16.70
木材加工和木、竹、藤、棕、草制品业	187	124.71	43.44	111.60	63.30	47.10
木材加工	38	19.86	5.31	11.16	4.99	6.05
人造板制造	73	65.95	21.95	59.54	35.39	25.21
木质制品制造	66	36.76	15.48	39.51	22.36	14.71
竹、藤、棕、草等制品制造	10	2.14	0.70	1.38	0.57	1.13
家具制造业	119	135.18	52.19	83.96	26.17	50.74
木质家具制造	102	119.81	46.20	72.12	21.39	46.33
竹、藤家具制造						
金属家具制造	6	8.62	3.29	4.76	0.72	2.52
塑料家具制造						
其他家具制造	11	6.75	2.71	7.08	4.06	1.89

单位：亿元

应收账款	存货	产成品	负债合计	流动负债合计	应付账款	所有者权益合计	实收资本	国家资本	集体资本
3.22	1.51	0.08	8.76	8.76	1.05	13.91	9.10		
2.09	3.60	2.63	12.16	9.96	2.94	29.70	6.49	0.56	0.14
0.74	1.41	1.06	5.27	4.71	1.54	10.57	1.77		
12.14	9.49	3.40	28.78	27.16	6.06	40.63	12.96		
20.49	34.19	16.68	133.03	105.52	28.20	144.89	73.88	0.12	0.68
6.82	19.20	7.61	76.92	60.27	14.09	72.18	46.21		0.26
5.09	3.37	1.59	21.97	19.74	7.24	22.31	8.28		0.25
8.58	11.63	7.48	34.14	25.52	6.86	50.40	19.40	0.12	0.17
1.55	0.06	0.01	0.41	0.41	0.01	1.72	0.30	0.30	
1.55	0.06	0.01	0.41	0.41	0.01	1.72	0.30	0.30	
53.28	73.39	36.09	262.63	211.29	57.10	334.27	115.86	1.14	0.68
35.58	55.99	27.95	187.57	149.17	38.55	245.37	86.61	1.14	0.42
1.14	1.90	0.82	8.73	7.44	1.25	14.20	3.04		
0.29	0.04	0.03	0.54	0.54	0.03	0.48	0.33		
1.29	2.41	1.27	11.79	10.53	3.29	7.65	4.23		
1.13	0.41	0.23	1.18	1.18	0.28	1.75	0.46		
2.42	3.82	1.71	13.99	10.54	4.28	15.56	5.57		0.26
11.42	8.82	4.09	38.84	31.89	9.42	49.25	15.62		
21.68	32.36	16.63	81.10	67.68	14.23	147.18	51.63	0.29	0.63
14.87	17.50	8.01	61.24	50.45	11.40	107.08	41.45	0.18	0.54
3.68	10.88	6.83	8.64	8.47	1.02	20.71	3.17		
3.13	3.98	1.78	11.22	8.76	1.81	19.39	7.01	0.11	0.09
9.60	11.69	6.24	31.77	27.62	6.31	35.65	14.68	1.98	
1.58	0.25	0.19	2.03	2.03	1.21	0.65	0.50		
0.97	0.88	0.61	3.55	3.19	1.16	5.18	2.09		
3.31	3.88	1.94	12.48	10.34	0.64	12.92	3.60		
0.41	0.38	0.15	1.35	1.35	0.43	1.52	0.90		
3.33	6.30	3.35	12.37	10.71	2.88	15.37	7.60	1.98	
9.33	14.62	7.50	56.14	44.66	9.99	68.58	29.16	0.01	0.44
1.88	1.59	1.12	10.75	8.00	2.36	9.12	5.10		
4.01	7.78	4.02	28.24	22.62	3.68	37.70	14.23		0.21
3.16	4.65	2.04	16.41	13.40	3.65	20.36	9.03	0.01	0.23
0.28	0.60	0.32	0.74	0.64	0.29	1.40	0.80		
7.77	9.19	5.22	48.36	29.77	13.22	86.82	64.29		
6.90	8.42	4.82	43.70	26.21	11.57	76.11	58.66		
0.49	0.44	0.22	2.56	2.37	1.02	6.06	4.27		
0.38	0.33	0.19	2.10	1.19	0.63	4.65	1.36		

1-A-8 续表2

行业	企业单位数(个)	资产总计	固定资产净额	固定资产原价	累计折旧	流动资产合计
造纸和纸制品业	141	153.40	58.20	126.09	65.14	65.13
纸浆制造	3	2.54	0.58	0.96	0.23	1.61
造纸	77	102.37	37.06	59.50	21.20	42.93
纸制品制造	61	48.50	20.55	65.63	43.71	20.59
印刷和记录媒介复制业	186	171.80	58.44	118.58	55.62	79.73
印刷	183	170.22	58.38	117.59	55.18	79.31
装订及印刷相关服务	2	1.24	0.05	0.97	0.43	0.07
记录媒介复制	1	0.35	0.01	0.02	0.01	0.34
文教、工美、体育和娱乐用品制造业	193	173.49	77.63	207.10	121.75	60.26
文教办公用品制造	7	2.54	0.26	0.62	0.24	1.39
乐器制造	3	7.84	6.72	7.95	1.22	0.53
工艺美术及礼仪用品制造	149	144.06	61.89	141.64	72.67	49.52
体育用品制造	8	4.02	2.01	2.66	0.60	1.89
玩具制造	20	11.46	5.54	52.35	46.62	5.10
游艺器材及娱乐用品制造	6	3.58	1.21	1.87	0.38	1.83
石油、煤炭及其他燃料加工业	21	11.99	4.23	6.75	2.45	6.09
精炼石油产品制造	15	9.01	2.65	4.60	1.89	5.30
煤炭加工	2	1.15	0.91	1.34	0.43	0.24
核燃料加工						
生物质燃料加工	4	1.83	0.67	0.81	0.14	0.55
化学原料和化学制品制造业	582	742.27	239.06	793.59	487.24	308.61
基础化学原料制造	125	171.44	47.08	184.45	127.24	85.70
肥料制造	133	220.33	73.99	210.17	102.53	78.71
农药制造	16	16.56	6.01	13.40	7.19	7.66
涂料、油墨、颜料及类似产品制造	96	94.74	28.16	102.50	59.28	28.78
合成材料制造	33	28.61	15.08	39.96	22.95	9.05
专用化学产品制造	141	172.01	54.86	223.11	162.93	84.15
炸药、火工及焰火产品制造	12	17.37	7.79	10.59	2.76	4.71
日用化学产品制造	26	21.22	6.09	9.41	2.35	9.85
医药制造业	208	286.38	85.87	178.80	90.25	144.71
化学药品原料药制造	34	71.42	28.33	64.07	35.54	35.85
化学药品制剂制造	16	31.21	7.52	22.70	14.87	18.51
中药饮片加工	37	43.10	9.75	13.98	4.13	26.72
中成药生产	47	51.22	14.35	22.61	7.82	26.93
兽用药品制造	11	25.50	4.19	7.50	3.14	7.54
生物药品制品制造	18	29.00	8.87	17.67	8.80	15.51
卫生材料及医药用品制造	38	29.90	10.16	26.80	15.18	12.84
药用辅料及包装材料	7	5.03	2.69	3.47	0.77	0.80
化学纤维制造业	12	12.78	4.60	15.86	10.76	5.69
纤维素纤维原料及纤维制造	3	2.33	0.32	0.53	0.19	1.08
合成纤维制造	9	10.45	4.28	15.33	10.57	4.61
生物基材料制造						

单位：亿元

应收账款	存货	产成品	负债合计	流动负债合计	应付账款	所有者权益合计	实收资本	国家资本	集体资本
14.49	15.53	6.80	71.79	57.35	16.06	81.62	38.34	0.04	0.63
0.06	0.21	0.01	2.06	2.01	0.22	0.47	0.24		
9.56	9.65	4.71	43.75	35.05	9.99	58.62	27.31	0.04	0.57
4.87	5.67	2.08	25.97	20.29	5.86	22.53	10.79		0.06
29.57	20.45	7.71	87.37	73.32	15.28	84.43	34.92	0.05	0.27
29.33	20.36	7.63	87.15	73.12	15.18	83.06	33.68	0.05	0.27
0.02	0.02	0.01	0.02	0.02	0.01	1.21	1.14		
0.21	0.06	0.06	0.19	0.19	0.09	0.16	0.10		
14.35	23.09	11.57	67.36	45.37	7.60	106.13	39.64	0.24	4.75
0.14	0.64	0.29	1.26	0.84	0.36	1.28	0.95		
0.26	0.18	0.11	0.40	0.40	0.16	7.44	0.09		
11.39	19.66	9.82	58.99	39.23	6.14	85.07	35.39	0.24	4.75
0.42	0.48	0.17	1.11	1.06	0.14	2.91	0.38		
1.19	1.65	0.87	3.63	2.27	0.33	7.83	1.91		
0.95	0.48	0.31	1.98	1.57	0.46	1.60	0.93		
1.81	2.39	0.81	4.50	4.10	0.28	7.49	2.32		0.05
1.47	2.26	0.72	2.87	2.70	0.11	6.13	1.85		0.05
0.06	0.08	0.08	0.13	0.13		1.01	0.02		
0.28	0.05	0.01	1.50	1.27	0.16	0.34	0.45		
59.99	85.53	49.30	316.26	280.72	65.68	426.01	134.90	1.36	1.15
13.54	18.13	8.37	62.78	54.70	14.71	108.67	31.99		
11.59	28.77	16.05	123.96	114.68	23.59	96.36	38.13		0.12
1.32	2.39	1.06	5.38	5.15	1.60	11.18	3.13	0.05	0.10
9.14	7.11	4.39	19.98	17.95	4.23	74.75	17.38		0.53
2.04	1.78	0.96	10.50	8.56	1.07	18.11	9.03		0.07
17.67	23.76	16.76	82.12	70.27	18.92	89.90	27.42	0.99	0.33
2.40	1.12	0.89	5.52	5.15	0.20	11.84	3.81		
2.29	2.47	0.82	6.02	4.26	1.36	15.20	4.01	0.32	
41.49	31.87	17.09	118.67	94.55	22.21	167.71	62.43		4.50
5.76	5.94	2.64	29.52	21.19	5.70	41.90	12.90		3.72
4.79	5.17	4.09	9.60	9.47	1.84	21.61	5.33		
12.01	5.39	3.32	17.20	14.17	3.65	25.90	8.72		0.11
7.41	7.50	3.53	28.68	23.97	5.09	22.55	13.51		0.10
1.06	1.43	0.47	10.07	5.44	2.11	15.43	5.35		
6.82	2.38	1.17	11.57	9.50	1.40	17.43	7.45		
3.37	3.86	1.75	10.45	9.80	2.04	19.45	7.28		0.57
0.28	0.19	0.12	1.58	1.01	0.37	3.44	1.89		
2.65	1.26	0.73	4.65	2.22	0.19	8.13	3.06		
0.19	0.41	0.20	1.00	0.65	0.01	1.33	0.77		
2.46	0.85	0.53	3.66	1.57	0.18	6.79	2.29		

1-A-8 续表3

行业	企业单位数(个)	资产总计	固定资产净额	固定资产原价	累计折旧	流动资产合计
橡胶和塑料制品业	403	340.74	104.92	261.74	143.19	164.45
橡胶制品业	56	39.85	14.07	42.48	27.13	17.38
塑料制品业	347	300.90	90.85	219.25	116.06	147.07
非金属矿物制品业	1374	1074.51	400.71	764.48	316.03	469.51
水泥、石灰和石膏制造	112	129.87	42.34	98.92	53.20	58.19
石膏、水泥制品及类似制品制造	441	315.91	89.58	183.28	77.66	173.86
砖瓦、石材等建筑材料制造	546	347.62	147.53	263.84	98.53	129.50
玻璃制造	24	23.09	11.16	14.29	2.72	7.18
玻璃制品制造	54	34.99	12.46	41.68	28.06	14.88
玻璃纤维和玻璃纤维增强塑料制品制造	20	53.78	29.24	34.60	5.03	21.98
陶瓷制品制造	56	82.95	31.81	57.44	19.67	28.62
耐火材料制品制造	35	24.93	10.93	31.04	19.79	10.41
石墨及其他非金属矿物制品制造	86	61.37	25.65	39.39	11.37	24.90
黑色金属冶炼和压延加工业	57	158.15	64.32	100.55	29.31	76.51
炼铁	1	1.63	0.01	0.35	0.34	0.86
炼钢	1	6.69	4.18	7.20	3.03	2.36
钢压延加工	41	116.66	48.64	71.02	15.74	54.23
铁合金冶炼	14	33.18	11.50	21.98	10.20	19.05
有色金属冶炼和压延加工业	91	108.70	31.47	66.46	30.95	62.74
常用有色金属冶炼	10	13.35	8.08	15.58	6.85	4.62
贵金属冶炼	1	11.25	0.08	0.22	0.13	10.79
稀有稀土金属冶炼	1	0.99	0.49	0.75	0.09	0.32
有色金属合金制造	21	19.95	4.34	5.31	0.97	13.50
有色金属压延加工	58	63.16	18.47	44.61	22.91	33.52
金属制品业	570	449.48	123.75	258.81	113.87	243.76
结构性金属制品制造	265	224.14	58.54	110.25	47.53	131.12
金属工具制造	48	30.62	9.15	20.36	8.54	14.04
集装箱及金属包装容器制造	40	41.83	9.86	20.86	10.93	27.70
金属丝绳及其制品制造	10	8.41	2.53	13.04	10.45	4.98
建筑、安全用金属制品制造	28	16.77	2.61	8.76	2.82	8.32
金属表面处理及热处理加工	10	4.18	1.62	6.53	4.78	1.64
搪瓷制品制造	2	1.69	0.48	0.92	0.44	1.12
金属制日用品制造	31	23.28	8.75	14.29	5.03	10.77
铸造及其他金属制品制造	136	98.56	30.21	63.80	23.35	44.06
通用设备制造业	427	403.32	130.10	293.98	153.65	211.02
锅炉及原动设备制造	27	28.28	11.50	19.95	7.51	13.47
金属加工机械制造	90	64.93	19.38	56.67	35.46	35.92
物料搬运设备制造	41	52.84	14.51	31.71	16.09	28.72
泵、阀门、压缩机及类似机械制造	64	98.96	31.76	64.65	31.34	54.62
轴承、齿轮和传动部件制造	25	28.74	8.36	21.13	12.33	10.69
烘炉、风机、包装等设备制造	48	41.61	11.15	36.67	24.84	23.74
文化、办公用机械制造	6	8.54	2.50	3.15	0.65	3.63

单位：亿元

应收账款	存货	产成品	负债合计	流动负债合计	应付账款	所有者权益合计	实收资本	国家资本	集体资本
39.63	32.54	16.71	137.52	105.66	30.09	203.22	62.96		0.07
5.87	4.89	1.80	16.95	12.92	4.35	22.90	8.38		0.07
33.75	27.65	14.91	120.57	92.74	25.74	180.32	54.57		
164.86	107.77	57.45	427.74	364.08	115.30	646.77	306.59	1.02	13.54
14.55	13.47	5.70	63.53	55.47	18.62	66.33	29.20	0.65	0.25
87.97	24.69	10.82	156.36	138.57	56.58	159.54	72.22	0.31	2.34
41.84	37.08	22.53	101.25	81.48	21.92	246.37	114.09	0.06	10.31
2.13	2.34	0.92	15.20	13.82	1.17	7.90	3.91		
3.28	4.36	2.15	15.63	13.16	3.56	19.37	6.33		
1.56	0.95	0.82	3.92	3.67	0.88	49.86	46.81		0.14
3.81	14.43	9.29	39.12	30.30	5.33	43.83	13.96		
3.41	3.49	1.74	9.05	8.47	1.23	15.88	4.24		0.30
6.33	6.95	3.48	23.68	19.14	6.00	37.69	15.83		0.20
6.15	30.80	9.59	69.78	64.33	16.80	88.37	45.52		0.29
0.08	0.37	0.37	1.06	1.06	0.63	0.56	0.06		
	1.10		3.34	3.25	0.36	3.35	3.00		
4.11	23.10	7.17	47.64	42.67	11.29	69.01	34.47		0.29
1.96	6.24	2.05	17.73	17.34	4.53	15.44	8.00		
22.50	15.87	5.83	65.00	58.75	25.23	43.70	16.46	0.10	0.24
1.81	1.59	0.32	5.25	4.51	1.09	8.09	0.86		
9.76	0.81	0.43	10.62	10.52	10.52	0.63	0.63		
0.06	0.05	0.02	0.15	0.15		0.84	0.05		
3.36	2.44	0.99	13.04	11.34	6.23	6.90	3.79		0.24
7.50	10.97	4.07	35.93	32.23	7.40	27.23	11.13	0.10	
74.40	75.77	31.93	203.30	167.38	39.53	246.17	95.92	0.20	0.65
38.25	43.79	14.35	108.44	92.07	20.24	115.70	51.69	0.15	0.15
3.91	3.87	2.29	14.31	11.91	2.43	16.30	7.56		0.27
8.77	6.93	2.89	21.29	18.53	3.08	20.54	10.50	0.05	0.02
1.62	1.79	1.35	3.16	2.65	0.62	5.25	0.89		
2.83	2.37	0.92	6.69	5.40	1.77	10.08	4.04		
0.55	0.62	0.45	1.29	1.12	0.24	2.89	0.78		
0.46	0.30	0.06	1.07	1.07	0.43	0.61	0.22		
3.62	3.86	1.92	9.75	8.97	2.77	13.53	5.16		
14.40	12.23	7.69	37.29	25.66	7.95	61.28	15.07		0.22
59.49	55.61	29.97	179.71	160.23	42.52	223.61	76.07		0.54
3.38	3.08	1.21	10.62	10.18	2.15	17.66	2.73		
10.80	10.51	4.37	29.67	26.23	6.71	35.26	11.26		0.24
9.49	9.64	7.03	27.68	24.24	3.02	25.16	7.81		0.15
11.93	9.01	5.67	37.83	32.41	11.53	61.13	24.30		
2.91	3.60	1.86	17.42	16.58	3.96	11.32	6.80		0.10
7.96	6.63	2.82	20.15	17.50	5.85	21.46	7.95		
0.64	0.84	0.34	4.22	3.82	0.90	4.32	0.80		0.05

1-A-8 续表4

行　业	企　业 单位数 (个)	资产总计	固定资产 净　额	固定资产 原　价	累计折旧	流动资产 合　计
通用零部件制造	102	59.57	24.26	47.74	20.82	28.82
其他通用设备制造业	24	19.85	6.68	12.33	4.63	11.41
专用设备制造业	412	374.11	95.22	241.07	122.87	209.65
采矿、冶金、建筑专用设备制造	94	102.11	17.48	70.62	38.77	60.88
化工、木材、非金属加工专用设备制造	76	57.53	20.08	35.34	12.77	28.48
食品、饮料、烟草及饲料生产专用设备制造	32	30.41	8.71	26.72	17.62	18.36
印刷、制药、日化及日用品生产专用设备制造	20	29.67	3.68	6.42	2.03	21.63
纺织、服装和皮革加工专用设备制造	8	8.16	1.23	2.63	1.23	5.96
电子和电工机械专用设备制造	23	16.51	4.41	17.72	12.00	8.69
农、林、牧、渔专用机械制造	42	23.91	10.33	17.64	6.89	8.35
医疗仪器设备及器械制造	23	17.07	4.80	8.07	3.26	9.11
环保、邮政、社会公共服务及其他专用设备制造	94	88.73	24.50	55.91	28.32	48.20
汽车制造业	810	918.17	230.30	402.68	147.50	479.46
汽车整车制造	5	41.23	3.13	4.27	1.14	17.55
汽车用发动机制造	2	29.69	12.42	22.13	9.71	10.38
改装汽车制造	44	92.49	20.31	32.27	8.67	50.78
低速汽车制造	1	0.24	0.17	0.21	0.04	0.03
电车制造	2	1.97	0.68	0.97	0.30	0.76
汽车车身、挂车制造	61	65.95	18.55	34.48	10.34	33.59
汽车零部件及配件制造	695	686.59	175.04	308.34	117.31	366.37
铁路、船舶、航空航天和其他运输设备制造业	72	62.03	17.87	34.80	14.07	30.27
铁路运输设备制造	19	13.15	3.01	4.69	1.60	8.76
城市轨道交通设备制造						
船舶及相关装置制造	36	21.24	6.75	15.61	7.99	11.41
航空、航天器及设备制造	3	1.79	0.63	1.98	1.28	1.01
摩托车制造	5	11.05	2.65	4.57	1.17	1.67
自行车和残疾人座车制造	1	0.12	0.04	0.05	0.01	0.07
助动车制造	7	14.54	4.79	7.88	2.00	7.25
非公路休闲车及零配件制造						
潜水救捞及其他未列明运输设备制造	1	0.15		0.01	0.01	0.10
电气机械和器材制造业	349	408.91	86.27	158.47	61.89	251.10
电机制造	25	22.86	4.46	6.93	2.24	13.43
输配电及控制设备制造	139	111.57	20.91	39.02	14.79	69.83
电线、电缆、光缆及电工器材制造	85	81.17	20.94	47.99	24.71	48.30
电池制造	37	120.69	25.03	38.00	11.57	71.93
家用电力器具制造	15	34.67	4.25	7.11	2.21	28.85
非电力家用器具制造	12	7.36	1.59	3.28	1.35	4.52
照明器具制造	28	22.26	6.48	10.96	3.03	9.98
其他电气机械及器材制造	8	8.33	2.62	5.17	1.97	4.25
计算机、通信和其他电子设备制造业	199	202.05	57.08	101.27	40.78	117.80
计算机制造	15	20.29	3.57	5.15	1.56	14.42
通信设备制造	29	23.86	8.52	20.63	11.79	13.83

应收账款	存货	产成品	负债合计	流动负债合计	应付账款	所有者权益合计	实收资本	国家资本	集体资本
9.82	8.67	4.21	23.65	21.66	7.14	35.92	10.93		0.01
2.57	3.62	2.47	8.47	7.60	1.26	11.37	3.48		
53.95	52.06	23.74	191.64	153.71	36.53	182.46	93.87	0.05	0.56
12.88	12.92	5.63	59.80	49.68	6.22	42.31	31.97		
7.35	10.85	6.00	29.08	26.67	5.53	28.45	11.38		0.45
3.42	4.17	2.30	13.23	10.29	2.19	17.18	4.63		
6.47	5.24	2.20	16.01	14.47	3.84	13.66	6.86		
1.41	0.87	0.32	2.96	2.56	0.59	5.21	1.81		0.05
2.47	1.25	0.40	7.50	6.42	2.96	9.01	7.82		
2.90	2.07	1.02	9.25	7.28	1.70	14.67	5.28		
2.85	3.48	1.99	7.93	6.99	2.36	9.14	4.11		
14.20	11.21	3.88	45.88	29.34	11.13	42.85	20.02	0.05	0.06
151.15	114.10	60.22	522.88	412.39	126.86	395.29	157.82	3.78	5.75
5.04	1.71	0.69	35.37	24.12	1.98	5.86	5.28	0.16	
1.18	0.79	0.22	23.64	12.58	1.85	6.04	1.76		
12.63	14.64	6.71	47.73	45.09	13.37	44.76	22.98		
0.01			0.03	0.03	0.03	0.21	0.21		
0.26	0.14	0.05	0.96	0.96	0.33	1.02	0.40		
11.67	10.33	6.36	30.32	27.34	7.64	35.64	12.19		
120.36	86.48	46.18	384.83	302.28	101.67	301.76	115.00	3.62	5.75
9.72	9.86	5.29	26.49	23.83	7.77	35.54	12.88		0.72
4.23	2.01	0.61	7.68	7.47	3.02	5.46	2.07		0.24
3.45	3.04	2.05	11.87	10.26	2.79	9.37	6.45		0.48
0.30	0.37	0.03	0.55	0.42	0.05	1.24	0.82		
0.63	0.47	0.16	2.89	2.85	0.74	8.15	1.21		
	0.06	0.01	0.13	0.13	0.08	−0.01	0.01		
1.11	3.91	2.42	3.32	2.65	1.08	11.22	2.23		
			0.05	0.05		0.09	0.09		
95.92	60.69	27.67	214.53	178.72	69.70	194.38	94.80	1.83	1.11
3.73	3.57	1.25	11.75	10.99	2.13	11.11	4.29		
25.67	15.59	7.70	52.27	43.21	15.26	59.29	28.36	0.04	0.62
17.91	9.90	4.53	40.31	24.66	9.22	40.86	28.50		0.25
33.33	15.79	4.73	63.51	54.97	23.33	57.17	23.03	1.55	
6.32	12.03	8.34	28.42	28.19	16.49	6.25	2.13		
1.86	0.69	0.16	3.84	3.64	1.64	3.52	1.17		
4.37	2.58	0.64	8.33	7.23	1.00	13.93	5.32	0.24	0.24
2.73	0.53	0.31	6.09	5.82	0.62	2.23	1.99		
48.58	25.39	9.52	111.54	91.63	34.77	90.52	43.20	1.08	0.83
7.51	1.64	1.30	14.17	14.17	1.44	6.13	4.31		
6.88	3.40	1.09	10.23	7.74	2.85	13.63	8.72		

1-A-8 续表5

行业	企业单位数(个)	资产总计	固定资产净额	固定资产原价	累计折旧	流动资产合计
广播电视设备制造	7	5.83	1.39	7.62	5.96	3.76
雷达及配套设备制造						
非专业视听设备制造	15	24.09	7.35	11.01	3.35	13.60
智能消费设备制造	17	16.72	6.79	8.93	2.11	8.94
电子器件制造	51	56.90	13.23	20.34	6.37	32.58
电子元件及电子专用材料制造	46	40.97	11.92	20.30	6.87	22.93
其他电子设备制造	19	13.40	4.31	7.30	2.78	7.74
仪器仪表制造业	70	47.28	8.71	20.63	8.98	30.39
通用仪器仪表制造	37	26.90	3.73	7.70	3.53	18.94
专用仪器仪表制造	16	12.17	3.31	6.40	2.95	7.52
钟表与计时仪器制造	3	0.49	0.07	0.14	0.08	0.42
光学仪器制造	6	1.57	0.54	0.86	0.30	0.70
衡器制造	5	5.16	1.01	5.38	2.04	2.07
其他仪器仪表制造业	3	1.00	0.06	0.15	0.08	0.75
其他制造业	34	16.68	4.90	11.72	6.08	8.47
日用杂品制造	13	3.94	1.30	4.17	2.50	1.33
核辐射加工	3	1.64	0.54	0.99	0.43	0.60
其他未列明制造业	18	11.10	3.07	6.55	3.15	6.54
废弃资源综合利用业	50	207.30	49.84	72.14	20.97	105.18
金属废料和碎屑加工处理	24	192.76	42.66	60.63	17.29	99.54
非金属废料和碎屑加工处理	26	14.54	7.18	11.51	3.68	5.64
金属制品、机械和设备修理业	9	15.12	4.28	11.54	5.81	7.17
金属制品修理	2	0.43	0.01	0.07	0.02	0.31
通用设备修理	1	0.22	0.12	0.17	0.05	0.10
专用设备修理						
铁路、船舶、航空航天等运输设备修理	3	8.01	0.70	1.35	0.65	4.18
电气设备修理						
仪器仪表修理	1	1.05	0.04	0.20	0.16	0.80
其他机械和设备修理业	2	5.41	3.42	9.75	4.92	1.79
电力、热力、燃气及水生产和供应业	**96**	**225.74**	**121.33**	**181.59**	**49.96**	**60.29**
电力、热力生产和供应业	60	183.11	107.63	142.22	27.49	43.83
电力生产	53	171.41	106.52	136.85	25.08	38.10
电力供应						
热力生产和供应	7	11.70	1.11	5.37	2.42	5.73
燃气生产和供应业	19	23.63	7.25	14.11	3.75	9.77
燃气生产和供应业	16	20.39	6.55	10.45	2.83	9.26
生物质燃气生产和供应业	3	3.24	0.70	3.65	0.91	0.51
水的生产和供应业	17	19.00	6.45	25.27	18.72	6.69
自来水生产和供应	9	8.15	3.57	4.99	1.33	2.18
污水处理及其再生利用	7	10.47	2.80	20.18	17.39	4.30
海水淡化处理						
其他水的处理、利用与分配	1	0.39	0.08	0.09	0.01	0.21

单位：亿元

应收账款	存货	产成品	负债合计	流动负债合计	应付账款	所有者权益合计	实收资本	国家资本	集体资本
1.23	0.29	0.19	2.84	2.66	0.77	2.98	1.06		
7.28	3.48	0.96	16.59	11.58	7.94	7.50	3.02	1.00	
3.23	2.39	0.63	8.47	8.17	1.92	8.25	2.62		
9.33	7.14	2.14	28.98	22.66	8.79	27.92	11.97		0.13
10.42	4.81	2.03	23.51	19.05	8.88	17.46	7.18	0.08	0.10
2.71	2.26	1.18	6.76	5.59	2.20	6.64	4.32		0.60
12.65	6.86	3.45	24.29	21.99	7.98	23.03	11.47		0.09
8.57	4.83	2.57	14.49	13.32	4.56	12.44	6.27		0.09
2.63	1.23	0.62	4.75	4.50	1.83	7.42	3.82		
0.35	0.05		0.38	0.38	0.02	0.11	0.08		
0.21	0.32	0.13	0.75	0.61	0.11	0.82	0.35		
0.53	0.39	0.13	3.45	2.71	1.27	1.71	0.66		
0.35	0.04		0.46	0.46	0.19	0.53	0.30		
2.20	2.64	1.41	7.66	6.74	3.12	9.02	3.86	0.11	0.02
0.28	0.67	0.23	1.56	1.43	0.20	2.38	1.50		
0.04	0.04		0.74	0.43		0.90	0.66	0.10	
1.89	1.92	1.18	5.37	4.87	2.92	5.74	1.69	0.01	0.02
17.55	47.31	11.40	93.56	78.64	5.83	113.74	80.37	0.60	0.68
15.70	45.81	10.76	85.41	72.25	4.46	107.34	76.33	0.60	0.68
1.84	1.50	0.64	8.15	6.39	1.37	6.40	4.04		
2.35	1.17	0.41	7.55	5.99	2.91	7.57	5.29		
0.07	0.12	0.01	0.20	0.20		0.23	0.22		
0.03	0.03	0.02	0.08	0.08	0.04	0.14	0.05		
1.77	0.87	0.25	6.33	4.99	2.42	1.68	0.34		
0.27	0.06	0.04	0.41	0.33	0.19	0.63	0.15		
0.20	0.09	0.09	0.52	0.39	0.26	4.89	4.53		
17.00	**3.19**	**1.17**	**131.30**	**67.35**	**16.14**	**94.44**	**54.58**	**6.42**	**3.65**
13.51	1.50	0.13	109.65	53.04	14.32	73.46	44.56	5.75	3.63
12.44	1.40	0.13	100.32	45.37	10.75	71.09	42.51	5.70	3.18
1.06	0.11	0.01	9.33	7.67	3.57	2.37	2.05	0.05	0.45
2.23	1.28	0.90	9.14	6.28	0.84	14.49	6.11		
2.11	0.91	0.59	8.79	6.07	0.81	11.60	5.91		
0.12	0.37	0.30	0.35	0.21	0.03	2.88	0.20		
1.27	0.41	0.15	12.50	8.03	0.97	6.50	3.91	0.67	0.02
0.60	0.25	0.09	5.28	2.98	0.50	2.86	1.40	0.67	0.02
0.62	0.10	0.03	7.03	4.86	0.46	3.44	2.40		
0.05	0.06	0.03	0.19	0.19	0.01	0.19	0.11		

1-A-8 续表6

行　业	法人资本	个人资本	港澳台资本	外商资本	营业收入	营业成本
总　计	**1018.54**	**1054.34**	**4.46**	**0.74**	**17441.22**	**14412.87**
采矿业	**20.63**	**33.16**	**0.15**		**420.29**	**327.91**
煤炭开采和洗选业	0.85	1.06			5.79	4.93
烟煤和无烟煤开采洗选	0.85	1.06			5.79	4.93
褐煤开采洗选						
其他煤炭采选						
石油和天然气开采业						
石油开采						
天然气开采						
黑色金属矿采选业	0.87	4.13			65.30	55.67
铁矿采选	0.87	3.73			65.07	55.44
锰矿、铬矿采选						
其他黑色金属矿采选		0.40			0.23	0.22
有色金属矿采选业	0.60	1.02			17.20	12.63
常用有色金属矿采选	0.58	0.52			9.71	7.09
贵金属矿采选		0.50			3.28	2.32
稀有稀土金属矿采选	0.02				4.20	3.23
非金属矿采选业	18.29	26.94	0.15		330.05	253.29
土砂石开采	8.08	18.42	0.15		258.01	202.73
化学矿开采	9.12	4.45			48.59	32.18
采盐						
石棉及其他非金属矿采选	1.09	4.06			23.45	18.38
开采专业及辅助性活动	0.03	0.01			1.95	1.40
煤炭开采和洗选专业及辅助性活动						
石油和天然气开采专业及辅助性活动						
其他开采专业及辅助性活动	0.03	0.01			1.95	1.40
其他采矿业						
制造业	**963.59**	**1010.99**	**4.31**	**0.74**	**16941.75**	**14029.12**
农副食品加工业	96.26	117.36			2356.01	1971.17
谷物磨制	39.18	49.35			1070.34	897.85
饲料加工	15.65	10.96			315.05	273.71
植物油加工	10.46	9.75			283.14	240.81
制糖业		0.20			0.80	0.13
屠宰及肉类加工	3.53	7.03			117.91	97.06
水产品加工	1.26	5.90			114.78	94.11
蔬菜、菌类、水果和坚果加工	13.08	16.06			196.45	159.58
其他农副食品加工	13.10	18.10			257.55	207.92
食品制造业	25.54	21.52	0.40		477.69	399.45
焙烤食品制造	3.02	5.67			151.10	126.37
糖果、巧克力及蜜饯制造	0.39	1.46			41.49	34.48
方便食品制造	2.11	5.20			70.74	58.29
乳制品制造	9.10				39.20	34.20

单位：亿元

销售费用	管理费用	财务费用			投资收益（损失以"–"号记）	营业利润	利润总额	亏损企业亏损额	平均用工人数（万人）
			利息收入	利息支出					
501.02	**636.90**	**173.92**	**6.78**	**113.76**	**–10.25**	**1530.58**	**1528.58**	**16.04**	**135.31**
15.59	**14.80**	**4.72**	**0.12**	**2.91**	**–0.86**	**47.41**	**45.58**	**0.54**	**2.62**
0.19	0.20	0.06		0.05		0.30	0.29	0.25	0.08
0.19	0.20	0.06		0.05		0.30	0.29	0.25	0.08
1.06	1.52	0.60	0.01	0.38	–0.87	5.07	5.05	0.17	0.39
1.06	1.51	0.59	0.01	0.38	–0.87	5.07	5.06	0.16	0.38
	0.01	0.01				–0.01	–0.01	0.01	0.02
0.41	0.97	0.16		0.16		2.69	2.65		0.16
0.13	0.49	0.14		0.14		1.64	1.60		0.14
0.11	0.15	0.01		0.02		0.68	0.68		0.01
0.17	0.34					0.37	0.37		0.01
13.89	11.77	3.91	0.10	2.32		39.18	37.37	0.13	1.95
11.79	7.38	2.26	0.03	0.99	–0.05	28.69	27.10	0.02	1.25
1.26	3.58	1.31	0.04	1.19	0.05	7.78	7.81	0.10	0.48
0.84	0.81	0.33	0.04	0.14		2.71	2.46	0.01	0.23
0.04	0.34					0.17	0.23		0.03
0.04	0.34					0.17	0.23		0.03
483.76	**618.67**	**164.41**	**6.63**	**107.39**	**–9.40**	**1470.34**	**1469.99**	**14.86**	**132.07**
59.58	64.77	19.59	1.22	13.93	0.07	212.60	212.21	0.56	12.50
25.03	23.75	9.43	0.95	6.32	–0.07	100.36	99.95	0.15	4.45
7.19	8.38	2.30	–0.09	1.71	0.38	20.83	22.89	0.10	1.50
4.09	8.75	1.72	0.04	1.17		25.27	23.94	0.01	1.01
0.01	0.01	0.01		0.01		0.64	0.64		
3.13	3.95	0.95	0.04	0.77		12.07	11.36		0.94
5.21	5.24	0.80	0.02	0.73	–0.20	7.71	7.68	0.03	1.36
5.59	6.33	2.39	0.24	1.75	0.01	20.88	20.99	0.23	1.46
9.34	8.36	1.98	0.01	1.47	–0.05	24.84	24.75	0.02	1.77
16.51	14.27	4.59	0.05	3.62	0.08	39.16	39.69	0.21	3.80
7.06	5.06	1.50	0.02	1.43	0.03	10.17	10.41	0.12	1.35
1.17	1.54	0.30		0.09		3.04	3.02		0.25
1.68	1.63	0.85	0.02	0.71		7.92	7.89	0.06	0.50
2.16	1.08	0.08		0.03		1.43	2.11		0.24

1-A-8 续表7

行业	法人资本	个人资本	港澳台资本	外商资本	营业收入	营业成本
罐头食品制造	2.78	3.01			63.68	55.18
调味品、发酵制品制造	1.09	0.68			27.57	23.08
其他食品制造	7.06	5.50	0.40		83.91	67.84
酒、饮料和精制茶制造业	45.36	27.67	0.05		397.41	302.30
酒的制造	34.47	11.43	0.05		171.78	127.58
饮料制造	5.34	2.69			74.74	57.32
精制茶加工	5.56	13.55			150.89	117.40
烟草制品业					0.41	0.23
烟叶复烤						
卷烟制造						
其他烟草制品制造					0.41	0.23
纺织业	62.65	51.39			1433.22	1198.41
棉纺织及印染精加工	47.44	37.61			997.31	827.60
毛纺织及染整精加工						
麻纺织及染整精加工	1.43	1.61			25.38	21.01
丝绢纺织及印染精加工	0.09	0.24			1.02	0.88
化纤织造及印染精加工	1.91	2.32			34.08	28.69
针织或钩针编织物及其制品制造	0.16	0.30			9.80	8.88
家用纺织制成品制造	2.41	2.90			92.50	82.04
产业用纺织制成品制造	9.20	6.41			273.13	229.30
纺织服装、服饰业	18.17	32.53			594.59	496.60
机织服装制造	14.14	26.58			470.25	396.34
针织或钩针编织服装制造	1.48	1.69			51.59	40.78
服饰制造	2.55	4.26			72.74	59.48
皮革、毛皮、羽毛及其制品和制鞋业	4.47	8.14	0.10		205.38	179.80
皮革鞣制加工		0.50			2.30	2.13
皮革制品制造	1.17	0.92			30.11	24.25
毛皮鞣制及制品加工	0.08	3.42	0.10		104.31	96.46
羽毛(绒)加工及制品制造	0.82	0.08			18.04	14.87
制鞋业	2.40	3.22			50.62	42.10
木材加工和木、竹、藤、棕、草制品业	13.65	15.04	0.01		256.06	212.71
木材加工	3.34	1.75			41.99	34.35
人造板制造	5.20	8.82			130.13	108.66
木质制品制造	4.59	4.20	0.01		76.50	63.96
竹、藤、棕、草等制品制造	0.52	0.27			7.44	5.74
家具制造业	57.33	6.96			151.06	126.95
木质家具制造	52.20	6.45			131.74	110.18
竹、藤家具制造						
金属家具制造	4.26	0.01			7.99	6.65
塑料家具制造						
其他家具制造	0.87	0.49			11.33	10.12
造纸和纸制品业	17.36	20.30			310.68	264.14

单位：亿元

销售费用	管理费用	财务费用	利息收入	利息支出	投资收益(损失以“-”号记)	营业利润	利润总额	亏损企业亏损额	平均用工人数(万人)
1.09	1.24	0.68		0.59		5.24	4.80		0.56
0.97	0.79	0.30		0.20		2.09	2.09		0.18
2.39	2.93	0.89	0.01	0.57	0.05	9.28	9.36	0.03	0.72
21.20	18.78	5.81	0.09	3.62	0.03	43.06	42.69	0.23	3.46
8.14	7.39	2.90	0.05	2.20	0.01	21.35	21.40	0.15	1.17
5.16	2.99	1.16	0.02	0.35		7.39	6.59		0.68
7.90	8.39	1.76	0.01	1.07	0.02	14.32	14.71	0.08	1.61
	0.07					0.11	0.11		
	0.07					0.11	0.11		
40.74	53.78	21.75	0.15	11.45	0.16	102.95	103.25	0.70	15.06
27.41	37.17	16.10	0.12	7.11	0.09	76.42	76.83	0.43	9.56
0.39	0.73	0.56	0.01	0.45	0.04	2.36	2.37		0.35
0.01	0.03	0.01		0.01		0.08	0.09		0.02
0.98	1.26	0.83		0.34		1.72	1.66	0.05	0.41
0.16	0.23	0.07		0.03		0.36	0.36		0.08
1.78	2.32	0.85		0.69	0.02	5.23	5.02	0.23	0.72
10.01	12.05	3.32	0.01	2.83	0.01	16.79	16.92		3.93
20.05	21.51	5.37	0.08	3.45	0.15	44.13	43.44	0.24	8.73
13.02	16.46	4.19	0.02	2.57	0.06	34.35	33.57	0.12	6.85
4.76	2.35	0.50	0.05	0.38	0.02	2.90	2.98	0.01	0.65
2.27	2.70	0.69	0.01	0.49	0.07	6.88	6.90	0.10	1.23
3.08	5.51	0.74	0.01	0.40	−0.07	14.58	14.84	0.01	1.62
	0.02	0.06		0.06		0.09	0.10		0.01
0.84	0.98	0.20		0.10		3.65	3.66		0.18
1.22	2.44	0.15		0.03	−0.07	3.41	3.44	0.01	0.40
0.03	0.11	0.02		0.02		2.95	2.97		0.07
0.99	1.96	0.32	0.01	0.19		4.48	4.68		0.96
6.37	7.02	2.53	0.05	1.55	0.61	23.75	23.06	0.33	2.04
1.13	1.16	0.53	0.01	0.33		4.10	4.11		0.31
2.82	3.22	1.24	0.01	0.85	0.61	12.48	11.79	0.30	0.99
2.24	2.34	0.73	0.03	0.37		6.40	6.40	0.02	0.62
0.18	0.30	0.03		0.01		0.77	0.77	0.01	0.12
4.03	4.70	1.34	0.01	1.02	0.02	12.60	12.77	0.26	1.61
3.56	4.24	1.25	0.01	0.96	0.02	11.39	11.41	0.26	1.42
0.29	0.22	0.04		0.03		0.68	0.83		0.09
0.18	0.23	0.05		0.03		0.53	0.53		0.09
9.20	11.82	3.59	0.04	2.40	−2.07	19.06	18.96	0.20	2.11

1-A-8 续表8

行业					营业收入	营业成本
	法人资本	个人资本	港澳台资本	外商资本		
纸浆制造	0.23	0.01			3.12	2.24
造纸	15.50	11.19			187.60	158.46
纸制品制造	1.63	9.10			119.96	103.44
印刷和记录媒介复制业	12.28	22.32			290.68	242.81
印刷	11.06	22.30			287.73	240.39
装订及印刷相关服务	1.12	0.02			2.31	1.89
记录媒介复制	0.10				0.64	0.53
文教、工美、体育和娱乐用品制造业	15.50	19.14			322.26	257.37
文教办公用品制造	0.09	0.86			3.57	3.05
乐器制造	0.01	0.08			5.44	4.72
工艺美术及礼仪用品制造	14.74	15.66			228.10	181.07
体育用品制造	0.04	0.34			16.01	13.26
玩具制造	0.58	1.33			65.73	52.77
游艺器材及娱乐用品制造	0.05	0.88			3.41	2.51
石油、煤炭及其他燃料加工业	0.73	1.49			27.15	23.74
精炼石油产品制造	0.66	1.09			19.63	16.75
煤炭加工		0.02			6.98	6.52
核燃料加工						
生物质燃料加工	0.07	0.38			0.53	0.47
化学原料和化学制品制造业	54.14	76.35	1.90		1335.45	1108.17
基础化学原料制造	13.60	18.39			248.61	207.07
肥料制造	14.10	22.11	1.80		439.66	370.05
农药制造	2.29	0.64	0.05		42.45	33.62
涂料、油墨、颜料及类似产品制造	5.21	11.63			146.48	120.57
合成材料制造	5.41	3.49	0.05		57.52	48.12
专用化学产品制造	12.40	13.70			337.88	278.57
炸药、火工及焰火产品制造	0.27	3.54			21.10	17.00
日用化学产品制造	0.84	2.85			41.76	33.16
医药制造业	28.73	28.71	0.49		369.20	289.62
化学药品原料药制造	6.29	2.89			87.03	70.82
化学药品制剂制造	2.06	3.27			28.88	16.38
中药饮片加工	5.60	3.01			48.62	38.79
中成药生产	1.99	10.92	0.49		81.78	64.02
兽用药品制造	3.94	1.41			20.16	16.84
生物药品制品制造	4.71	2.73			37.11	30.47
卫生材料及医药用品制造	3.30	3.41			57.62	46.65
药用辅料及包装材料	0.84	1.05			8.00	5.65
化学纤维制造业	1.46	1.59			27.89	24.97
纤维素纤维原料及纤维制造	0.36	0.41			1.58	1.39
合成纤维制造	1.10	1.18			26.30	23.58
生物基材料制造						
橡胶和塑料制品业	22.07	40.09	0.42	0.30	665.48	550.94

单位：亿元

销售费用	管理费用	财务费用			投资收益（损失以“–”号记）	营业利润	利润总额	亏损企业亏损额	平均用工人数（万人）
			利息收入	利息支出					
0.01	0.06	0.09		0.08		0.71	0.71		0.03
5.22	7.01	2.21	0.01	1.43	–2.07	13.34	13.24	0.15	1.33
3.97	4.75	1.29	0.03	0.89		5.01	5.01	0.05	0.74
8.32	12.85	2.84	0.01	2.07	0.02	21.69	21.67	0.32	2.70
8.24	12.73	2.79	0.01	2.03	0.02	21.41	21.39	0.32	2.69
0.07	0.05	0.04		0.04		0.26	0.26		0.01
	0.08	0.01				0.02	0.02		0.01
9.76	12.38	3.03	0.01	1.72	0.06	36.05	34.82	0.12	2.88
0.10	0.09	0.03		0.02		0.29	0.18		0.06
0.17	0.17	0.10		0.10	0.03	0.15	0.15		0.04
5.46	8.10	1.98	0.01	1.44	0.03	29.85	28.93	0.10	2.17
0.46	0.49	0.07		0.01		1.67	1.44		0.09
3.33	3.16	0.78		0.08		3.91	3.92		0.45
0.24	0.37	0.07		0.07		0.18	0.20	0.02	0.08
0.84	0.62	0.18	0.01	0.14		1.47	1.62		0.13
0.65	0.44	0.16	0.01	0.14		1.36	1.50		0.09
0.18	0.14	0.01				0.11	0.11		0.02
0.02	0.04	0.01		0.01			0.01		0.01
35.42	44.54	10.30		10.75	0.44	124.21	123.72	0.32	7.32
6.94	9.46	2.17	0.03	1.21	0.42	20.84	21.04	0.07	1.34
9.02	10.85	3.47	–0.04	2.75	–0.11	41.28	41.24	0.09	2.20
0.94	1.46	0.23		0.10		5.80	5.69		0.22
3.54	3.90	1.03	0.03	0.67	0.02	16.14	16.18	0.01	0.83
1.20	1.66	0.39		0.29	0.01	5.42	5.43	0.03	0.34
11.45	13.85	2.18	–0.03	5.21	0.10	29.62	29.31	0.12	1.89
0.80	0.78	0.36		0.16		1.83	1.70		0.22
1.53	2.59	0.47		0.35		3.29	3.14		0.28
19.31	19.82	3.08	0.09	2.78	0.95	37.53	36.85	0.53	3.58
2.47	4.77	1.00	0.03	1.01	0.24	8.60	8.47	0.09	0.83
6.27	3.20	0.17	–0.01	0.18	0.15	2.73	2.89		0.34
1.26	1.63	0.43	0.03	0.36		6.51	5.76	0.02	0.58
4.74	4.53	0.46	0.01	0.34	0.06	7.99	8.01	0.22	0.70
0.72	0.89	0.12	0.05	0.13	0.43	1.72	1.72	0.15	0.32
1.37	1.99	0.29		0.21		2.69	2.71	0.04	0.22
2.10	2.32	0.59	–0.02	0.54	0.07	5.97	5.98	0.01	0.53
0.38	0.50	0.02		0.01		1.32	1.32		0.06
0.60	0.84	0.33		0.25		0.92	0.95	0.10	0.18
0.03	0.11	0.04		0.04				0.06	0.04
0.57	0.73	0.28		0.22		0.91	0.95	0.04	0.14
20.07	27.01	6.98	0.28	5.06	0.01	53.44	52.46	0.16	5.54

1-A-8 续表9

行业	法人资本	个人资本	港澳台资本	外商资本	营业收入	营业成本
橡胶制品业	1.76	6.55			86.90	72.05
塑料制品业	20.32	33.54	0.42	0.30	578.58	478.89
非金属矿物制品业	123.95	167.41	0.05	0.02	2030.18	1642.50
水泥、石灰和石膏制造	17.00	11.30			205.70	164.43
石膏、水泥制品及类似制品制造	25.36	43.55	0.05	0.02	607.41	501.50
砖瓦、石材等建筑材料制造	25.38	78.34			795.15	631.42
玻璃制造	0.76	3.15			24.93	20.34
玻璃制品制造	2.22	4.11			85.12	71.29
玻璃纤维和玻璃纤维增强塑料制品制造	44.72	1.95			30.98	24.37
陶瓷制品制造	2.63	11.32			113.40	96.03
耐火材料制品制造	2.01	1.93			48.22	38.87
石墨及其他非金属矿物制品制造	3.86	11.77			119.27	94.26
黑色金属冶炼和压延加工业	9.61	35.61			383.59	320.49
炼铁		0.06			5.22	4.28
炼钢		3.00			49.40	40.46
钢压延加工	8.15	26.03			247.97	204.85
铁合金冶炼	1.47	6.53			80.99	70.90
有色金属冶炼和压延加工业	5.65	10.47			222.39	188.33
常用有色金属冶炼	0.01	0.85			17.36	16.27
贵金属冶炼	0.50	0.13			18.27	8.10
稀有稀土金属冶炼	0.05				0.83	0.64
有色金属合金制造	0.86	2.69			38.15	33.68
有色金属压延加工	4.23	6.80			147.76	129.64
金属制品业	41.17	53.89			857.88	719.51
结构性金属制品制造	23.67	27.71			399.17	336.09
金属工具制造	5.13	2.17			57.40	47.21
集装箱及金属包装容器制造	1.65	8.78			52.89	43.08
金属丝绳及其制品制造	0.14	0.75			24.81	21.01
建筑、安全用金属制品制造	2.26	1.78			33.38	27.74
金属表面处理及热处理加工	0.32	0.46			11.61	10.33
搪瓷制品制造	0.06	0.16			7.73	6.90
金属制日用品制造	1.96	3.20			46.03	39.48
铸造及其他金属制品制造	5.98	8.87			224.86	187.68
通用设备制造业	32.26	43.25			759.86	621.83
锅炉及原动设备制造	1.36	1.37			61.38	47.69
金属加工机械制造	4.16	6.87			137.59	115.33
物料搬运设备制造	3.86	3.80			65.20	56.16
泵、阀门、压缩机及类似机械制造	11.33	12.97			143.14	115.17
轴承、齿轮和传动部件制造	0.80	5.90			56.52	46.00
烘炉、风机、包装等设备制造	3.96	3.99			90.57	74.40
文化、办公用机械制造	0.20	0.55			13.89	11.98
通用零部件制造	5.06	5.86			155.60	127.39

单位：亿元

销售费用	管理费用	财务费用			投资收益（损失以“–”号记）	营业利润	利润总额	亏损企业亏损额	平均用工人数（万人）
			利息收入	利息支出					
2.32	3.84	0.58	0.04	0.43	0.01	6.89	6.80	0.06	0.79
17.75	23.17	6.41	0.24	4.63		46.54	45.66	0.10	4.76
63.65	70.64	23.23	0.29	11.94	3.67	212.81	210.22	0.60	15.22
6.84	7.72	3.69	0.18	2.60	1.25	21.54	22.58	0.01	1.42
19.16	19.05	5.51	0.01	2.79	1.07	57.34	56.96	0.19	3.85
24.13	27.75	7.75	0.05	3.17	0.77	96.68	95.26	0.12	5.81
0.44	0.77	0.36	0.01	0.33	0.17	3.01	2.93	0.01	0.24
2.64	2.78	0.67		0.33	0.25	6.52	6.52	0.09	0.63
0.70	1.40	1.48		0.12		2.30	2.07	0.02	0.21
3.34	3.92	1.36	0.01	1.12	0.12	8.96	7.31	0.15	1.77
2.06	2.29	0.92		0.24	0.01	3.06	3.13		0.34
4.34	4.94	1.48	0.03	1.24	0.04	13.41	13.46	0.01	0.96
4.02	4.49	1.28	0.14	1.22		44.87	49.19	0.04	1.45
0.59	0.08	0.07		0.07		0.14	0.14		0.05
0.04	0.25	0.11		0.11		0.44	0.44		0.14
2.30	2.51	0.82	0.10	0.75		36.68	40.95	0.04	0.82
1.09	1.64	0.27	0.04	0.28		7.62	7.66		0.44
2.80	5.22	1.21	0.05	0.92	0.06	21.77	21.67	0.06	1.39
0.13	0.33	0.10		0.09		0.47	0.57		0.15
0.01	0.01					9.85	9.85		
0.02	0.04					0.10	0.10		0.01
0.35	0.94	0.33		0.28	0.01	2.61	2.48		0.17
2.29	3.90	0.78	0.05	0.55	0.05	8.74	8.66	0.06	1.06
22.41	31.80	8.78	0.12	5.67	–0.45	67.42	66.70	0.37	6.70
10.36	14.22	3.96	0.05	2.60	0.03	32.22	31.88	0.27	3.02
1.53	2.88	0.98		0.95		4.25	4.35		0.66
2.16	3.51	0.61		0.51		3.14	2.98	0.02	0.56
0.36	0.49	0.08		0.06	–0.49	2.12	2.15		0.12
1.20	1.45	0.53		0.19		2.25	2.15	0.04	0.25
0.16	0.29	0.07	0.02	0.07		0.63	0.63	0.01	0.10
0.10	0.46				0.02	0.28	0.26		0.04
1.44	1.60	0.27	0.01	0.16	–0.02	2.71	2.76		0.46
5.11	6.91	2.30	0.03	1.13		19.81	19.55	0.02	1.48
23.78	32.53	7.02	0.17	4.87	–0.49	67.55	66.93	0.39	5.46
2.07	3.65	0.43		0.18		6.57	6.55	0.02	0.30
4.26	6.43	1.44	0.10	0.99	0.01	9.24	9.34	0.10	1.03
1.47	1.80	0.54		0.37		4.52	4.60	0.08	0.47
5.36	6.61	2.27	0.05	1.87	0.42	13.33	13.37	0.07	1.32
1.46	1.98	0.81		0.45		5.95	6.03		0.27
3.18	3.67	0.58	0.01	0.37	0.01	7.54	7.46	0.09	0.70
0.09	0.22	0.03		0.02		1.52	1.52	0.01	0.07
4.51	6.34	0.80	0.01	0.54	–0.94	14.32	13.63	0.01	1.08

1-A-8 续表10

行　业	法人资本	个人资本	港澳台资本	外商资本	营业收入	营业成本
其他通用设备制造业	1.54	1.94			35.97	27.71
专用设备制造业	57.10	36.16			625.34	514.64
采矿、冶金、建筑专用设备制造	25.46	6.51			163.96	139.52
化工、木材、非金属加工专用设备制造	3.98	6.94			108.61	88.10
食品、饮料、烟草及饲料生产专用设备制造	1.75	2.88			60.93	51.49
印刷、制药、日化及日用品生产专用设备制造	1.71	5.15			38.13	32.45
纺织、服装和皮革加工专用设备制造	0.48	1.28			7.30	5.74
电子和电工机械专用设备制造	5.62	2.20			32.90	28.36
农、林、牧、渔专用机械制造	3.54	1.74			63.20	53.29
医疗仪器设备及器械制造	3.23	0.88			20.35	15.01
环保、邮政、社会公共服务及其他专用设备制造	11.32	8.58			129.97	100.69
汽车制造业	73.35	74.60	0.10	0.14	1384.86	1140.57
汽车整车制造	4.72	0.40			20.04	18.87
汽车用发动机制造	0.19	1.57			19.06	15.19
改装汽车制造	12.28	10.69			164.88	135.86
低速汽车制造		0.21			0.23	0.20
电车制造	0.10	0.30			1.36	1.18
汽车车身、挂车制造	2.83	9.36			135.55	109.73
汽车零部件及配件制造	53.23	52.07	0.10	0.14	1043.72	859.53
铁路、船舶、航空航天和其他运输设备制造业	4.01	8.08		0.07	114.40	95.06
铁路运输设备制造	0.68	1.15			26.06	21.78
城市轨道交通设备制造						
船舶及相关装置制造	1.43	4.54			45.60	37.77
航空、航天器及设备制造	0.19	0.63			6.94	6.10
摩托车制造	0.11	1.03		0.07	8.51	7.02
自行车和残疾人座车制造	0.01				1.00	0.90
助动车制造	1.60	0.63			25.77	20.99
非公路休闲车及零配件制造						
潜水救捞及其他未列明运输设备制造		0.09			0.52	0.49
电气机械和器材制造业	39.26	52.40		0.20	589.62	495.45
电机制造	2.48	1.81			31.06	25.92
输配电及控制设备制造	11.81	15.89			174.83	144.90
电线、电缆、光缆及电工器材制造	5.17	23.09			127.88	109.34
电池制造	15.20	6.08		0.20	109.88	92.39
家用电力器具制造	1.37	0.76			99.88	86.82
非电力家用器具制造	0.64	0.53			15.71	12.04
照明器具制造	1.19	3.65			24.04	18.97
其他电气机械及器材制造	1.39	0.60			6.35	5.08
计算机、通信和其他电子设备制造业	16.43	24.86			387.34	333.17
计算机制造	2.20	2.11			98.04	92.93
通信设备制造	2.52	6.21			35.63	29.61
广播电视设备制造		1.06			12.95	10.17

单位：亿元

销售费用	管理费用	财务费用	利息收入	利息支出	投资收益(损失以"–"号记)	营业利润	利润总额	亏损企业亏损额	平均用工人数(万人)
1.38	1.83	0.13		0.08	0.01	4.57	4.44	0.01	0.22
19.12	29.54	5.47	0.12	4.25	–2.17	48.41	47.86	0.42	5.02
3.65	5.27	1.25	0.01	0.75	–0.02	12.50	12.16	0.05	1.21
2.96	4.64	0.81	0.02	0.57	–2.25	8.64	8.65	0.07	0.84
1.73	2.60	0.76	0.02	0.73		3.98	3.98	0.09	0.54
1.13	2.25	0.28	–0.07	0.25	0.02	1.56	1.76	0.04	0.34
0.27	0.39	0.10		0.07	–0.06	0.69	0.51		0.09
1.21	1.44	0.57		0.49		1.60	1.51	0.02	0.38
1.17	1.78	0.37		0.30		5.97	5.82		0.35
1.62	2.13	0.12		0.11		1.15	1.08	0.02	0.26
5.37	9.03	1.21	0.14	0.98	0.13	12.31	12.39	0.13	1.00
34.17	62.90	12.17	0.38	7.59	–1.12	127.02	128.20	5.67	10.91
0.29	1.26	0.24		0.01		0.33	0.36	0.93	0.16
0.45	1.15	0.26	0.05	0.27		1.93	1.95		0.10
5.17	6.50	1.21	0.13	0.62		13.75	14.01	0.17	1.30
0.01									0.01
0.04	0.03	0.01	0.01	0.02		0.11	0.02		0.01
3.85	8.80	0.88	0.01	0.75	0.01	11.81	11.79	0.29	1.00
24.36	45.15	9.56	0.18	5.93	–1.13	99.08	100.07	4.27	8.34
3.07	5.08	0.68	0.02	0.56	–0.35	10.08	10.20	0.13	1.08
0.55	1.59	0.12	0.02	0.07	–0.05	2.47	2.49	0.02	0.21
1.29	2.16	0.31		0.27	–0.30	3.32	3.38	0.10	0.59
0.10	0.27	0.08		0.07		0.33	0.35	0.01	0.03
0.22	0.30	0.05		0.04		0.90	0.90		0.09
0.03	0.02					0.05	0.05		0.03
0.88	0.73	0.13		0.11		3.00	3.01		0.12
0.01	0.01					0.01	0.01		
21.34	25.92	4.58	0.05	3.07	–1.12	35.57	36.41	1.49	6.01
0.51	1.40	0.28	0.05	0.14		2.70	2.73		0.33
5.30	8.77	1.25	0.01	0.90	0.02	13.44	13.54	0.16	1.39
3.65	5.10	1.18	0.03	0.56	0.01	7.89	7.92	0.08	1.02
1.11	6.48	1.15	0.03	1.07	0.05	5.83	6.43	1.11	2.27
9.05	1.03	0.13	–0.06	0.13	–1.20	1.53	1.57	0.04	0.47
0.93	1.13	0.12		0.09		1.43	1.43		0.11
0.49	1.55	0.41		0.15		2.34	2.38	0.01	0.36
0.28	0.47	0.05	–0.01	0.03		0.39	0.40	0.09	0.07
8.35	17.55	2.41	0.07	1.44	–6.12	23.06	23.83	1.21	3.58
0.91	1.59	0.14		0.13	–6.19	2.32	2.61	0.02	0.24
1.03	2.03	0.45		0.42		2.19	2.42	0.26	0.50
0.62	0.86	0.34		0.04		0.73	0.74		0.21

1-A-8 续表11

行业	法人资本	个人资本	港澳台资本	外商资本	营业收入	营业成本
雷达及配套设备制造						
非专业视听设备制造	0.68	1.33			48.71	42.40
智能消费设备制造	0.94	1.68			21.22	18.03
电子器件制造	6.53	5.31			69.92	57.19
电子元件及电子专用材料制造	2.75	4.25			75.09	62.61
其他电子设备制造	0.81	2.91			25.78	20.23
仪器仪表制造业	5.70	5.69			74.04	59.61
通用仪器仪表制造	2.85	3.33			39.63	31.18
专用仪器仪表制造	2.17	1.65			22.00	17.70
钟表与计时仪器制造	0.03	0.05			1.60	1.30
光学仪器制造	0.10	0.25			3.37	2.76
衡器制造	0.55	0.11			5.97	5.31
其他仪器仪表制造业		0.30			1.47	1.35
其他制造业	2.06	1.67			35.13	28.02
日用杂品制造	0.99	0.52			8.12	6.66
核辐射加工	0.41	0.16			4.35	4.11
其他未列明制造业	0.67	1.00			22.66	17.25
废弃资源综合利用业	72.60	5.70	0.78		232.99	200.17
金属废料和碎屑加工处理	70.90	3.37	0.78		206.93	178.22
非金属废料和碎屑加工处理	1.71	2.33			26.06	21.95
金属制品、机械和设备修理业	4.71	0.58			23.53	20.37
金属制品修理		0.22			1.26	1.12
通用设备修理	0.05				1.40	1.19
专用设备修理						
铁路、船舶、航空航天等运输设备修理	0.23	0.11			4.88	3.43
电气设备修理						
仪器仪表修理		0.15			0.28	0.12
其他机械和设备修理业	4.43	0.10			15.71	14.52
电力、热力、燃气及水生产和供应业	**34.32**	**10.19**			**79.18**	**55.84**
电力、热力生产和供应业	29.02	6.15			47.16	30.42
电力生产	27.73	5.90			33.70	19.81
电力供应						
热力生产和供应	1.30	0.25			13.45	10.62
燃气生产和供应业	3.40	2.71			13.76	10.95
燃气生产和供应业	3.35	2.56			10.65	8.18
生物质燃气生产和供应业	0.05	0.15			3.12	2.77
水的生产和供应业	1.90	1.33			18.26	14.47
自来水生产和供应	0.01	0.70			8.30	5.72
污水处理及其再生利用	1.88	0.52			9.55	8.37
海水淡化处理						
其他水的处理、利用与分配		0.11			0.42	0.38

单位：亿元

销售费用	管理费用	财务费用			投资收益(损失以"-"号记)	营业利润	利润总额	亏损企业亏损额	平均用工人数(万人)
			利息收入	利息支出					
1.25	2.03	0.35		0.14		2.83	2.92		0.32
0.51	1.30	0.14		0.11		1.14	1.19	0.08	0.24
1.29	4.57	0.28	0.05	0.20	0.01	5.13	5.46	0.54	0.87
1.66	3.92	0.60	0.01	0.32		5.84	5.58	0.18	0.89
1.08	1.27	0.11	0.02	0.09	0.06	2.87	2.91	0.11	0.30
3.06	4.94	0.86	0.02	0.54	-1.18	5.18	5.31	0.10	0.80
1.81	2.98	0.62	0.01	0.40	0.12	2.88	2.98	0.08	0.34
1.07	1.45	0.18	-0.01	0.08	-1.31	1.44	1.46		0.14
0.04	0.13					0.12	0.12	0.01	0.08
0.05	0.17	0.02	0.02	0.02		0.34	0.34		0.05
0.09	0.14	0.02	0.01	0.03		0.39	0.39		0.07
0.01	0.07	0.02		0.02	0.01	0.01	0.01	0.01	0.11
0.97	1.37	0.18		0.15	0.12	4.51	4.56		0.31
0.26	0.29	0.11		0.10		0.73	0.75		0.11
0.02	0.03	0.01			0.09	0.41	0.41		0.02
0.69	1.05	0.06		0.05	0.03	3.37	3.41		0.19
1.47	5.22	3.95	3.09	0.43	-0.70	13.89	14.79	0.10	0.66
1.04	3.95	3.75	3.09	0.33	-0.70	11.91	12.73	0.09	0.49
0.43	1.27	0.20		0.10		1.98	2.06	0.01	0.17
0.45	1.18	0.54		0.52	0.01	0.92	0.99		0.22
0.08	0.06	0.01		0.01		-0.03	0.01		0.01
						0.20	0.20		0.02
0.02	0.69	0.31		0.31		0.41	0.42		0.05
0.05	0.08	0.01				0.02	0.03		0.01
0.30	0.34	0.21		0.19	0.01	0.32	0.32		0.12
1.67	**3.43**	**4.78**	**0.04**	**3.46**	**0.02**	**12.83**	**13.02**	**0.64**	**0.63**
0.63	1.94	4.30	0.02	3.04		9.53	9.70	0.64	0.36
0.25	1.25	4.07	0.02	3.03		8.08	8.34	0.23	0.28
0.38	0.70	0.23		0.01		1.45	1.36	0.41	0.08
0.40	0.64	0.22		0.18		1.45	1.44		0.10
0.32	0.58	0.15		0.14		1.34	1.34		0.08
0.08	0.06	0.08		0.04		0.10	0.10		0.02
0.64	0.84	0.25	0.01	0.25	0.01	1.85	1.87		0.17
0.51	0.55	0.22	0.01	0.22		1.16	1.18		0.13
0.11	0.28	0.04	0.01	0.03	0.01	0.69	0.67		0.04
0.01	0.02					0.01	0.01		0.01

1-A-9 外商投资和港澳台商投资工业

行业	企业单位数(个)	资产总计	固定资产净额	固定资产原价	累计折旧	流动资产合计
总计	**743**	**6041.70**	**1664.89**	**3304.18**	**1497.80**	**3270.34**
采矿业	**2**	**13.30**	**2.73**	**3.20**	**0.21**	**5.28**
煤炭开采和洗选业						
烟煤和无烟煤开采洗选						
褐煤开采洗选						
其他煤炭采选						
石油和天然气开采业						
石油开采						
天然气开采						
黑色金属矿采选业	1	12.27	2.58	2.76	0.18	4.62
铁矿采选	1	12.27	2.58	2.76	0.18	4.62
锰矿、铬矿采选						
其他黑色金属矿采选						
有色金属矿采选业	1	1.03	0.15	0.44	0.03	0.65
常用有色金属矿采选						
贵金属矿采选	1	1.03	0.15	0.44	0.03	0.65
稀有稀土金属矿采选						
非金属矿采选业						
土砂石开采						
化学矿开采						
采盐						
石棉及其他非金属矿采选						
开采专业及辅助性活动						
煤炭开采和洗选专业及辅助性活动						
石油和天然气开采专业及辅助性活动						
其他开采专业及辅助性活动						
其他采矿业						
制造业	**687**	**5586.91**	**1396.47**	**2882.85**	**1345.80**	**3155.99**
农副食品加工业	38	147.49	41.96	71.13	28.78	87.59
谷物磨制	2	8.02	2.77	3.82	1.04	4.58
饲料加工	14	26.76	6.62	11.71	4.77	15.43
植物油加工	7	76.42	16.22	27.23	10.97	55.95
制糖业						
屠宰及肉类加工	6	25.00	10.37	15.85	5.48	7.61
水产品加工	2	3.74	3.29	6.09	2.80	0.38
蔬菜、菌类、水果和坚果加工	2	1.57	0.53	1.47	0.94	1.03
其他农副食品加工	5	5.97	2.16	4.95	2.80	2.61
食品制造业	26	83.89	30.44	70.96	39.90	37.98
焙烤食品制造	8	15.15	3.58	10.51	6.40	7.56
糖果、巧克力及蜜饯制造	2	13.56	8.43	28.72	20.20	4.69

企业主要经济指标(大、中类行业)

单位：亿元

应收账款	存货	产成品	负债合计	流动负债合计	应付账款	所有者权益合计	实收资本	国家资本	集体资本
873.47	**575.48**	**236.87**	**3414.08**	**3033.74**	**1094.00**	**2627.62**	**1266.60**	**320.20**	**44.58**
1.13	**0.72**	**0.72**	**8.13**	**8.13**	**0.14**	**5.17**	**5.05**		
1.13	0.60	0.60	7.65	7.65		4.62	4.62		
1.13	0.60	0.60	7.65	7.65		4.62	4.62		
	0.12	0.12	0.48	0.48	0.14	0.55	0.43		
	0.12	0.12	0.48	0.48	0.14	0.55	0.43		
838.64	**564.05**	**235.68**	**3170.41**	**2864.70**	**1065.53**	**2416.50**	**1127.28**	**278.02**	**42.76**
13.24	43.62	15.74	73.90	62.06	12.98	73.58	34.07	4.23	1.95
0.13	1.83	0.50	3.98	3.98	0.34	4.05	2.94		
3.47	3.44	0.97	13.38	11.72	2.90	13.38	6.49	0.02	0.05
6.03	35.34	12.55	36.36	35.44	6.68	40.06	11.07	2.15	1.90
2.71	1.68	1.03	16.55	7.78	2.21	8.44	7.93		
0.13	0.07	0.04	0.22	0.22		3.52	2.60		
0.12	0.68	0.42	0.96	0.96	0.13	0.61	0.67		
0.64	0.57	0.23	2.44	1.95	0.71	3.53	2.37	2.06	
10.47	6.41	3.34	26.53	24.73	8.72	57.36	21.74		
1.36	2.39	0.96	3.08	2.29	0.98	12.07	4.73		
1.22	1.38	0.46	1.14	1.14	0.73	12.42	1.34		

1-A-9 续表1

行　业	企　业 单位数 (个)	资产总计	固定资产 净　额	固定资产 原　价	累计折旧	流动资产 合　计
方便食品制造	5	12.23	4.54	9.50	4.96	6.83
乳制品制造	4	10.29	4.57	7.26	2.69	3.14
罐头食品制造	1	1.06	0.31	0.47	0.17	0.75
调味品、发酵制品制造	1	19.11	3.23	4.00	0.77	9.85
其他食品制造	5	12.48	5.79	10.51	4.71	5.16
酒、饮料和精制茶制造业	26	176.18	59.88	138.16	76.71	84.58
酒的制造	6	45.36	21.02	48.05	27.02	16.60
饮料制造	18	130.33	38.75	89.89	49.58	67.74
精制茶加工	2	0.49	0.11	0.22	0.11	0.23
烟草制品业						
烟叶复烤						
卷烟制造						
其他烟草制品制造						
纺织业	40	60.57	22.39	48.58	25.58	29.85
棉纺织及印染精加工	22	30.16	9.63	23.48	13.40	13.61
毛纺织及染整精加工	1	1.65	0.62	0.95	0.33	0.97
麻纺织及染整精加工						
丝绢纺织及印染精加工						
化纤织造及印染精加工						
针织或钩针编织物及其制品制造	1	4.43	0.05	0.28	0.23	4.17
家用纺织制成品制造	2	2.35	1.42	1.59	0.18	0.81
产业用纺织制成品制造	14	21.99	10.67	22.27	11.44	10.29
纺织服装、服饰业	24	40.34	9.98	18.29	7.62	25.87
机织服装制造	20	36.99	8.48	15.78	7.16	25.06
针织或钩针编织服装制造	2	1.81	0.37	0.85	0.13	0.41
服饰制造	2	1.54	1.12	1.66	0.32	0.39
皮革、毛皮、羽毛及其制品和制鞋业	13	18.54	6.15	15.22	5.33	7.47
皮革鞣制加工						
皮革制品制造	3	0.37	0.10	0.25	0.15	0.17
毛皮鞣制及制品加工						
羽毛(绒)加工及制品制造						
制鞋业	10	18.17	6.05	14.96	5.18	7.30
木材加工和木、竹、藤、棕、草制品业	3	1.74	0.47	0.72	0.22	0.62
木材加工						
人造板制造	2	1.64	0.46	0.69	0.20	0.54
木质制品制造	1	0.10	0.01	0.04	0.02	0.08
竹、藤、棕、草等制品制造						
家具制造业	4	4.54	0.87	1.20	0.33	2.28
木质家具制造	1	0.43	0.14	0.17	0.03	0.29
竹、藤家具制造						
金属家具制造	1	1.45	0.57	0.85	0.29	0.68
塑料家具制造						

单位：亿元

应收账款	存货		负债合计	流动负债合计		所有者权益合计	实收资本		
		产成品			应付账款			国家资本	集体资本
1.37	0.65	0.36	7.20	7.19	3.64	5.03	3.24		
0.80	0.44	0.30	7.87	6.91	1.26	2.43	1.59		
0.17	0.06	0.04	0.72	0.72	0.18	0.33	0.32		
4.33	0.56	0.47	3.95	3.95	1.63	15.17	9.00		
1.21	0.93	0.75	2.58	2.52	0.29	9.91	1.52		
10.09	10.88	3.68	103.68	94.25	30.00	72.50	48.43	0.42	
3.58	3.62	0.37	26.82	20.30	8.51	18.54	16.75	0.36	
6.42	7.26	3.30	76.71	73.80	21.49	53.62	31.65	0.06	
0.10	0.01	0.01	0.15	0.15	0.01	0.34	0.03		
8.20	7.32	3.31	19.96	15.96	2.24	40.62	12.13		0.06
4.40	4.82	2.37	13.08	10.16	0.52	17.08	7.29		
0.40	0.40	0.08	0.70	0.55	0.03	0.95	0.43		
0.08	0.10		0.26	0.26	0.09	4.17	0.26		
0.32	0.18	0.05	0.66	0.56	0.30	1.69	0.21		0.06
2.99	1.83	0.82	5.25	4.43	1.29	16.73	3.94		
4.15	8.88	6.37	29.81	26.85	4.72	10.53	6.47	0.02	
3.93	8.85	6.36	28.34	25.93	4.64	8.65	5.91		
0.17			1.44	0.89	0.06	0.37	0.27		
0.05	0.02	0.02	0.03	0.03	0.02	1.51	0.28	0.02	
3.05	1.98	1.31	6.71	4.52	1.96	11.83	9.48		
0.04	0.06	0.02	0.20	0.18	0.08	0.17	0.16		
3.00	1.93	1.29	6.51	4.34	1.89	11.66	9.32		
0.14	0.27	0.26	0.75	0.67	0.41	0.98	0.72		
0.11	0.26	0.26	0.71	0.64	0.40	0.93	0.63		
0.02	0.02		0.05	0.03	0.01	0.05	0.09		
0.06	0.30	0.05	1.63	1.37	0.62	2.91	2.04		
0.03	0.09	0.04	0.03	0.03	0.02	0.40	0.08		
0.03	0.01	0.01	0.93	0.93	0.31	0.52	0.10		

1-A-9 续表2

行业	企业单位数(个)	资产总计	固定资产净额	固定资产原价	累计折旧	流动资产合计
其他家具制造	2	2.66	0.16	0.17	0.01	1.31
造纸和纸制品业	15	171.12	63.29	92.21	25.65	75.93
纸浆制造						
造纸	7	114.55	49.42	68.97	16.74	46.84
纸制品制造	8	56.57	13.87	23.24	8.90	29.09
印刷和记录媒介复制业	9	25.42	6.23	15.20	8.62	12.80
印刷	9	25.42	6.23	15.20	8.62	12.80
装订及印刷相关服务						
记录媒介复制						
文教、工美、体育和娱乐用品制造业	17	40.97	14.66	34.59	19.91	22.44
文教办公用品制造	1	2.04		14.74	14.73	1.98
乐器制造	2	10.13	2.87	4.70	1.82	6.10
工艺美术及礼仪用品制造	12	26.87	11.15	14.16	3.01	13.26
体育用品制造						
玩具制造	1	1.79	0.61	0.92	0.31	0.98
游艺器材及娱乐用品制造	1	0.14	0.03	0.07	0.04	0.12
石油、煤炭及其他燃料加工业	3	28.62	13.68	24.10	10.42	13.67
精炼石油产品制造	1	2.95	0.07	0.20	0.14	2.73
煤炭加工	2	25.67	13.62	23.90	10.28	10.94
核燃料加工						
生物质燃料加工						
化学原料和化学制品制造业	40	302.64	140.69	251.19	106.09	81.82
基础化学原料制造	7	25.17	8.05	10.50	2.45	11.21
肥料制造	3	6.69	0.85	4.78	0.76	5.37
农药制造	3	31.94	12.00	18.12	6.12	9.44
涂料、油墨、颜料及类似产品制造	10	12.50	4.57	8.90	3.43	5.76
合成材料制造	2	154.75	98.06	155.73	57.67	28.18
专用化学产品制造	9	51.14	11.23	40.38	29.12	8.66
炸药、火工及焰火产品制造						
日用化学产品制造	6	20.46	5.93	12.77	6.55	13.19
医药制造业	30	293.83	77.92	144.29	59.20	134.62
化学药品原料药制造	2	3.88	2.26	3.38	1.12	1.43
化学药品制剂制造	5	76.22	19.68	33.78	12.48	36.31
中药饮片加工	2	3.41	1.00	1.11	0.11	2.24
中成药生产	7	156.53	37.95	62.59	19.95	68.99
兽用药品制造	1	11.78	0.53	0.65	0.12	7.18
生物药品制品制造	6	20.75	7.40	11.61	3.42	8.23
卫生材料及医药用品制造	7	21.26	9.09	31.17	22.00	10.25
药用辅料及包装材料						
化学纤维制造业	2	9.64	4.60	10.80	6.21	4.52
纤维素纤维原料及纤维制造	1	6.67	2.62	7.50	4.89	3.55
合成纤维制造	1	2.98	1.98	3.30	1.32	0.98

单位：亿元

应收账款	存货	产成品	负债合计	流动负债合计	应付账款	所有者权益合计	实收资本	国家资本	集体资本
0.01	0.19	0.01	0.67	0.41	0.30	1.99	1.86		
18.93	14.69	6.67	101.73	68.24	18.17	69.40	38.57		
10.90	9.20	3.81	77.56	51.01	12.53	37.00	31.68		
8.03	5.48	2.86	24.17	17.23	5.64	32.40	6.89		
4.38	3.33	1.21	11.17	10.95	2.87	14.25	7.75	0.14	
4.38	3.33	1.21	11.17	10.95	2.87	14.25	7.75	0.14	
6.66	9.32	2.98	17.89	12.62	5.89	23.09	16.01		0.48
0.20	0.11	0.10	0.58	0.58		1.46	0.50		
1.19	3.28	0.59	4.60	4.60	1.13	5.53	1.09		
4.66	5.71	2.20	11.73	6.48	4.43	15.14	13.14		0.48
0.59	0.17	0.05	0.86	0.84	0.33	0.93	1.27		
0.02	0.06	0.03	0.12	0.12		0.03	0.01		
5.81	1.86	0.36	12.83	11.47	6.95	15.80	11.90	10.31	
1.14	0.43	0.29	1.26	1.23	0.80	1.69	0.80	0.40	
4.67	1.44	0.08	11.57	10.24	6.15	14.11	11.10	9.91	
18.64	24.70	11.24	116.53	104.94	26.47	186.11	100.93	40.76	2.21
1.64	1.23	0.73	12.51	9.54	2.55	12.66	2.63		
1.60	1.60	0.58	2.95	2.95	0.88	3.74	1.39		
1.44	6.09	4.32	17.78	15.13	4.54	14.16	3.29		
2.50	2.28	1.63	7.15	7.08	2.82	5.35	1.67		
3.04	8.80	1.81	23.43	23.43	2.17	131.31	63.77	40.76	
1.57	1.95	0.81	33.35	27.75	4.22	17.79	11.69		1.38
6.85	2.75	1.36	19.36	19.06	9.29	1.10	16.48		0.83
23.58	22.47	10.65	132.35	102.05	10.76	161.48	47.18	0.02	
0.26	0.27	0.05	2.19	1.64	0.29	1.70	0.01		
8.22	6.91	3.57	42.03	29.60	2.37	34.19	8.06		
0.90	0.97	0.93	1.01	0.88	0.54	2.40	2.23		
9.03	7.99	3.75	65.64	52.57	3.69	90.89	19.19		
2.42	1.63	1.45	3.26	1.41		8.52	0.08		
1.25	3.17	0.39	7.86	7.58	1.74	12.89	16.14	0.01	
1.51	1.53	0.51	10.36	8.37	2.14	10.90	1.47		
0.38	3.69	0.62	4.10	4.09	2.77	5.54	8.26		
	3.36	0.39	3.23	3.21	1.99	3.44	6.55		
0.38	0.34	0.23	0.88	0.88	0.78	2.10	1.71		

1-A-9 续表3

行　业	企业单位数(个)	资产总计	固定资产净额	固定资产原价	累计折旧	流动资产合计
生物基材料制造						
橡胶和塑料制品业	13	23.09	5.65	10.65	5.00	16.23
橡胶制品业	2	1.65	0.40	1.12	0.72	1.13
塑料制品业	11	21.44	5.24	9.53	4.28	15.10
非金属矿物制品业	33	138.00	58.01	124.58	62.47	58.56
水泥、石灰和石膏制造	11	86.17	35.30	84.36	47.10	38.35
石膏、水泥制品及类似制品制造	4	4.00	0.39	1.04	0.65	2.93
砖瓦、石材等建筑材料制造	5	7.89	1.15	4.44	1.18	3.78
玻璃制造	5	23.70	14.24	22.95	8.71	6.69
玻璃制品制造	3	4.46	2.42	3.25	0.83	1.85
玻璃纤维和玻璃纤维增强塑料制品制造						
陶瓷制品制造	2	6.50	3.40	5.64	2.24	1.74
耐火材料制品制造	3	5.28	1.12	2.90	1.76	3.22
石墨及其他非金属矿物制品制造						
黑色金属冶炼和压延加工业	8	254.38	99.65	161.82	58.48	137.53
炼铁						
炼钢						
钢压延加工	7	246.51	98.44	159.02	56.90	131.44
铁合金冶炼	1	7.87	1.21	2.79	1.58	6.10
有色金属冶炼和压延加工业	2	3.31	0.35	0.63	0.21	1.92
常用有色金属冶炼	1	3.16	0.34	0.55	0.21	1.87
贵金属冶炼						
稀有稀土金属冶炼						
有色金属合金制造	1	0.15		0.09	0.01	0.05
有色金属压延加工						
金属制品业	22	67.31	18.02	33.19	12.41	42.64
结构性金属制品制造	7	7.88	2.55	4.38	1.83	4.28
金属工具制造	1	1.51	0.18	0.42	0.24	0.58
集装箱及金属包装容器制造	4	13.91	3.17	5.21	2.05	8.63
金属丝绳及其制品制造	2	14.28	10.49	19.41	6.21	2.31
建筑、安全用金属制品制造	1	0.34	0.01	0.23	0.22	0.27
金属表面处理及热处理加工	2	0.97	0.18	0.39	0.22	0.73
搪瓷制品制造						
金属制日用品制造	2	27.39	1.33	2.68	1.36	25.10
铸造及其他金属制品制造	3	1.04	0.12	0.45	0.30	0.74
通用设备制造业	29	75.87	17.08	31.68	12.77	49.62
锅炉及原动设备制造	4	20.89	7.35	12.42	5.06	12.06
金属加工机械制造	8	17.79	4.25	6.06	1.78	11.82
物料搬运设备制造						
泵、阀门、压缩机及类似机械制造	1	1.14	0.17	0.48	0.31	0.95
轴承、齿轮和传动部件制造	1	0.51	0.25	0.32	0.07	0.21
烘炉、风机、包装等设备制造	9	18.18	2.27	5.18	2.85	15.27

单位：亿元

应收账款	存货	产成品	负债合计	流动负债合计	应付账款	所有者权益合计	实收资本	国家资本	集体资本
2.58	2.29	1.30	13.66	13.64	1.93	9.43	4.59		
0.23	0.48	0.32	0.25	0.24	0.08	1.40	0.40		
2.35	1.81	0.98	13.41	13.41	1.85	8.03	4.19		
13.64	8.35	3.52	46.08	37.32	11.49	91.92	51.12	5.19	1.11
4.87	3.56	1.13	18.63	16.98	6.80	67.54	32.76	4.48	1.11
1.90	0.15		2.66	2.66	1.65	1.34	1.23		
1.57	0.31	0.11	2.53	2.23	0.40	5.36	1.66	0.24	
3.05	1.73	0.77	13.41	7.34	0.99	10.29	9.61		
0.56	0.75	0.36	1.98	1.89	1.06	2.48	1.18		
0.13	0.95	0.85	6.00	5.37	0.22	0.50	1.56		
1.57	0.90	0.29	0.87	0.85	0.38	4.41	3.11	0.46	
9.62	24.55	6.97	129.58	116.62	37.71	124.80	78.72	48.34	
9.59	23.24	5.79	122.69	109.83	37.05	123.82	76.29	48.34	
0.03	1.32	1.18	6.89	6.80	0.66	0.98	2.42		
0.13	0.18	0.05	1.03	1.01	0.04	2.27	0.38		
0.12	0.14	0.01	0.98	0.98	0.04	2.18	0.36		
0.01	0.04	0.04	0.06	0.03		0.09	0.02		
7.40	9.13	6.36	38.21	30.03	8.76	29.11	14.82		0.84
1.64	1.30	0.61	4.12	4.05	1.09	3.76	2.57		0.37
0.17	0.10		0.37	0.34	0.08	1.14	0.44		
1.72	0.97	0.11	7.57	6.49	1.83	6.34	4.30		0.47
0.96	0.86	0.29	16.32	9.45	0.73	−2.04	6.07		
0.06	0.06	0.06	0.26	0.26	0.03	0.08	0.06		
0.30	0.11	0.11	0.40	0.40	0.27	0.57	0.22		
2.12	5.59	5.13	8.60	8.56	4.47	18.79	0.98		
0.42	0.12	0.05	0.57	0.48	0.27	0.48	0.19		
15.12	12.90	4.52	58.82	54.34	15.73	17.05	19.72	1.84	0.01
3.31	4.06	0.23	29.42	28.45	7.05	−8.53	6.84	0.18	
3.59	3.08	1.25	11.75	10.31	2.42	6.04	4.58	1.51	
0.28	0.23		0.18	0.18	0.15	0.96	0.24		
0.06	0.09	0.05	0.38	0.02	0.02	0.13	0.08		
5.90	2.03	1.26	6.92	6.86	3.37	11.26	3.67	0.15	0.01

1-A-9 续表4

行业	企业单位数(个)	资产总计	固定资产净额	固定资产原价	累计折旧	流动资产合计
文化、办公用机械制造	1	2.84	0.38	0.59	0.21	0.38
通用零部件制造	3	9.71	2.19	6.09	2.14	4.43
其他通用设备制造业	2	4.80	0.22	0.55	0.33	4.48
专用设备制造业	22	96.64	21.51	33.81	11.83	60.67
采矿、冶金、建筑专用设备制造	2	3.12	0.69	1.30	0.19	1.51
化工、木材、非金属加工专用设备制造	8	31.92	12.58	17.91	5.33	14.15
食品、饮料、烟草及饲料生产专用设备制造	1	4.56	0.54	0.78	0.24	2.77
印刷、制药、日化及日用品生产专用设备制造	1	4.01	1.02	1.60	0.59	2.90
纺织、服装和皮革加工专用设备制造	1	6.07	0.61	0.90	0.29	5.12
电子和电工机械专用设备制造	1	10.84	0.19	0.43	0.24	9.54
农、林、牧、渔专用机械制造	2	11.04	3.22	3.58	0.36	3.14
医疗仪器设备及器械制造	3	5.92	0.34	0.65	0.27	5.15
环保、邮政、社会公共服务及其他专用设备制造	3	19.16	2.33	6.69	4.34	16.39
汽车制造业	175	2604.97	534.83	1275.38	639.11	1565.66
汽车整车制造	6	1543.35	313.37	729.38	386.65	920.40
汽车用发动机制造	1	68.57		97.56	31.82	1.77
改装汽车制造	3	9.20	0.73	1.95	1.02	6.64
低速汽车制造						
电车制造						
汽车车身、挂车制造	12	116.68	20.57	47.18	25.93	80.45
汽车零部件及配件制造	153	867.16	200.16	399.31	193.69	556.40
铁路、船舶、航空航天和其他运输设备制造业	8	21.86	2.52	5.46	2.86	18.75
铁路运输设备制造	1	2.33	0.09	0.17	0.08	2.24
城市轨道交通设备制造						
船舶及相关装置制造	4	14.04	1.82	4.13	2.23	11.79
航空、航天器及设备制造						
摩托车制造	1	1.45	0.23	0.59	0.36	1.12
自行车和残疾人座车制造	1	3.29	0.14	0.17	0.03	3.15
助动车制造						
非公路休闲车及零配件制造						
潜水救捞及其他未列明运输设备制造	1	0.75	0.24	0.41	0.16	0.45
电气机械和器材制造业	41	326.52	59.63	133.91	71.83	213.42
电机制造	9	29.62	4.60	8.22	3.60	22.21
输配电及控制设备制造	11	51.40	16.32	42.68	24.15	31.29
电线、电缆、光缆及电工器材制造	6	163.70	22.47	50.80	28.26	98.18
电池制造	5	21.45	4.96	10.73	5.77	15.29
家用电力器具制造	3	30.18	3.13	9.06	5.94	26.92
非电力家用器具制造	2	12.55	0.94	1.75	0.80	10.83
照明器具制造	4	16.88	7.20	10.63	3.28	8.00
其他电气机械及器材制造	1	0.74	0.01	0.04	0.03	0.70
计算机、通信和其他电子设备制造业	39	562.48	85.31	133.93	47.85	362.90
计算机制造	4	312.30	18.42	43.54	24.74	287.90

单位：亿元

应收账款	存货	产成品	负债合计	流动负债合计	应付账款	所有者权益合计	实收资本	国家资本	集体资本
0.19	0.16	0.11	0.93	0.78	0.51	1.92	0.85		
1.23	1.78	1.24	6.64	5.14	1.28	3.07	3.04		
0.55	1.47	0.37	2.60	2.59	0.92	2.20	0.43		
13.94	19.60	3.49	53.52	49.37	15.85	43.11	24.43	7.70	0.30
0.24	0.71	0.16	1.24	1.24	0.33	1.88	1.21		
4.31	7.04	0.57	12.89	12.53	1.70	19.03	10.86		
0.09	0.47	0.09	2.41	2.41	1.14	2.15	0.11		
0.52	0.24	0.06	2.23	1.54	0.57	1.78	0.30		
0.32	1.10	0.56	4.60	4.33	0.78	1.47	0.20	0.15	
0.39	1.11	0.25	6.75	6.04	4.53	4.09	0.60		0.30
1.00	1.36	0.53	6.98	4.98	0.96	4.06	5.15	2.55	
2.75	0.80	0.24	4.43	4.43	1.25	1.49	0.29		
4.33	6.77	1.04	11.98	11.87	4.59	7.18	5.70	5.00	
319.53	204.21	105.38	1641.37	1523.34	637.20	963.59	401.90	157.04	34.80
72.47	115.23	70.38	1064.29	997.12	405.00	479.06	225.52	111.23	33.40
	1.77	0.33	0.03	0.01		68.54			
0.81	2.23	1.19	7.24	7.04	0.60	1.95	0.83		
23.78	7.72	3.05	72.42	62.76	27.10	44.27	13.84	3.00	
222.47	77.27	30.44	497.39	456.40	204.50	369.77	161.72	42.81	1.40
6.05	3.37	1.27	10.75	9.93	6.60	11.11	5.99	1.20	
1.50	0.32		1.23	1.23	1.07	1.10	0.15		
3.71	2.76	1.12	8.48	7.65	4.76	5.56	2.53	1.20	
0.29	0.17	0.13	0.30	0.30	0.20	1.16	0.65		
0.37	0.06		0.58	0.58	0.45	2.71	2.38		
0.18	0.06	0.02	0.17	0.17	0.12	0.57	0.28		
105.32	32.74	9.51	170.69	153.99	78.11	155.84	60.83	0.80	1.01
9.46	6.43	2.74	18.33	17.70	10.86	11.30	5.64		1.01
17.06	6.25	1.24	44.77	44.37	20.54	6.63	18.17		
44.27	9.83	3.07	66.95	52.85	26.80	96.75	27.59	0.80	
7.75	3.85	1.39	11.82	11.39	4.13	9.64	3.78		
14.52	2.14	0.36	16.06	16.06	14.41	14.12	1.21		
9.86	0.79	0.39	2.49	2.39	0.92	10.05	0.86		
2.36	3.35	0.31	10.08	9.06	0.41	6.80	3.13		
0.04	0.09	0.03	0.19	0.17	0.04	0.54	0.45		
216.90	86.09	25.29	343.56	326.79	115.45	218.92	98.52		
189.30	67.24	13.85	255.13	255.09	86.43	57.16	22.40		

1-A-9 续表5

行业	企业单位数(个)	资产总计	固定资产净额	固定资产原价	累计折旧	流动资产合计
通信设备制造	3	15.46	4.77	5.98	1.20	8.39
广播电视设备制造						
雷达及配套设备制造						
非专业视听设备制造						
智能消费设备制造	1	4.39	1.26	1.94	0.68	2.61
电子器件制造	12	77.00	36.34	48.03	11.67	32.69
电子元件及电子专用材料制造	13	86.49	21.53	28.76	6.86	19.93
其他电子设备制造	6	66.84	2.98	5.68	2.70	11.36
仪器仪表制造业	4	4.03	0.62	1.04	0.38	3.23
通用仪器仪表制造	3	2.67	0.42	0.58	0.12	2.11
专用仪器仪表制造	1	1.36	0.20	0.46	0.26	1.12
钟表与计时仪器制造						
光学仪器制造						
衡器制造						
其他仪器仪表制造业						
其他制造业						
日用杂品制造						
核辐射加工						
其他未列明制造业						
废弃资源综合利用业	1	2.94	0.09	0.10	0.01	2.83
金属废料和碎屑加工处理	1	2.94	0.09	0.10	0.01	2.83
非金属废料和碎屑加工处理						
金属制品、机械和设备修理业						
金属制品修理						
通用设备修理						
专用设备修理						
铁路、船舶、航空航天等运输设备修理						
电气设备修理						
仪器仪表修理						
其他机械和设备修理业						
电力、热力、燃气及水生产和供应业	**54**	**441.49**	**265.69**	**418.13**	**151.79**	**109.08**
电力、热力生产和供应业	22	284.92	195.41	323.45	127.43	58.95
电力生产	22	284.92	195.41	323.45	127.43	58.95
电力供应						
热力生产和供应						
燃气生产和供应业	26	116.04	60.39	81.15	20.71	40.33
燃气生产和供应业	25	112.89	58.09	78.19	20.06	40.10
生物质燃气生产和供应业	1	3.16	2.30	2.95	0.65	0.23
水的生产和供应业	6	40.52	9.89	13.54	3.64	9.80
自来水生产和供应	2	16.87	9.62	12.98	3.36	3.89
污水处理及其再生利用	4	23.65	0.27	0.56	0.28	5.91
海水淡化处理						
其他水的处理、利用与分配						

单位：亿元

应收账款	存货	产成品	负债合计	流动负债合计	应付账款	所有者权益合计	实收资本	国家资本	集体资本
4.13	1.31	0.25	10.62	7.94	3.62	4.84	2.26		
1.83	0.28	0.11	3.24	3.17	1.89	1.15	0.55		
10.56	12.86	8.25	39.98	37.23	14.30	37.02	28.06		
7.25	3.58	2.41	23.16	18.43	7.58	63.33	32.69		
3.82	0.82	0.42	11.42	4.94	1.63	55.42	12.55		
0.62	0.62	0.07	1.24	1.21	0.75	2.80	0.50	0.03	
0.31	0.42	0.07	0.96	0.93	0.51	1.71	0.21	0.03	
0.32	0.20		0.28	0.28	0.24	1.08	0.29		
	0.28	0.16	2.34	2.34	0.35	0.60	0.08		
	0.28	0.16	2.34	2.34	0.35	0.60	0.08		
33.71	**10.71**	**0.46**	**235.54**	**160.92**	**28.33**	**205.95**	**134.27**	**42.18**	**1.81**
25.69	4.87	0.03	147.16	82.72	13.87	137.76	101.21	33.48	0.20
25.69	4.87	0.03	147.16	82.72	13.87	137.76	101.21	33.48	0.20
5.55	3.87	0.19	69.33	66.22	10.84	46.71	18.98	4.49	1.61
5.43	3.86	0.17	67.78	64.67	10.84	45.10	17.78	4.49	1.61
0.11	0.01	0.01	1.55	1.55		1.61	1.20		
2.47	1.97	0.24	19.05	11.98	3.61	21.47	14.08	4.22	
0.79	0.02		6.26	5.53	0.56	10.61	6.53	4.22	
1.68	1.95	0.24	12.79	6.45	3.06	10.86	7.55		

1-A-9 续表6

行业	法人资本	个人资本	港澳台资本	外商资本	营业收入	营业成本
总计	**275.27**	**47.58**	**178.61**	**393.97**	**7221.96**	**5947.96**
采矿业	**0.43**	**4.62**			**1.35**	**0.91**
煤炭开采和洗选业						
烟煤和无烟煤开采洗选						
褐煤开采洗选						
其他煤炭采选						
石油和天然气开采业						
石油开采						
天然气开采						
黑色金属矿采选业		4.62			0.91	0.68
铁矿采选		4.62			0.91	0.68
锰矿、铬矿采选						
其他黑色金属矿采选						
有色金属矿采选业	0.43				0.44	0.22
常用有色金属矿采选						
贵金属矿采选	0.43				0.44	0.22
稀有稀土金属矿采选						
非金属矿采选业						
土砂石开采						
化学矿开采						
采盐						
石棉及其他非金属矿采选						
开采专业及辅助性活动						
煤炭开采和洗选专业及辅助性活动						
石油和天然气开采专业及辅助性活动						
其他开采专业及辅助性活动						
其他采矿业						
制造业	**217.04**	**40.12**	**169.23**	**373.72**	**6963.25**	**5751.27**
农副食品加工业	5.80	2.81	7.98	11.30	266.86	231.54
谷物磨制	2.45			0.49	8.65	7.20
饲料加工	1.90		0.38	4.15	68.32	56.93
植物油加工	0.67	0.10	3.04	3.21	124.31	111.02
制糖业						
屠宰及肉类加工	0.59		3.89	3.45	34.45	31.66
水产品加工		2.60			18.59	13.79
蔬菜、菌类、水果和坚果加工			0.67		2.09	1.82
其他农副食品加工	0.20	0.11		0.01	10.44	9.13
食品制造业	2.77	3.53	2.04	13.41	164.91	127.88
焙烤食品制造	0.22	3.01	0.47	1.02	43.52	33.09
糖果、巧克力及蜜饯制造			1.00	0.34	53.13	43.00
方便食品制造	0.10		0.10	3.04	25.89	20.50
乳制品制造	0.89	0.49	0.21		12.51	10.86

单位：亿元

销售费用	管理费用	财务费用			投资收益(损失以“–”号记)	营业利润	利润总额	亏损企业亏损额	平均用工人数(万人)
			利息收入	利息支出					
241.25	**310.98**	**20.97**	**10.47**	**36.10**	**17.00**	**594.37**	**596.08**	**44.30**	**38.44**
0.05	**0.32**	**0.07**		**0.07**		**–0.03**	**–0.10**	**0.20**	**0.07**
0.05	0.03	0.05		0.05		0.09	0.09		0.02
0.05	0.03	0.05		0.05		0.09	0.09		0.02
	0.29	0.01		0.01		–0.12	–0.20	0.20	0.05
	0.29	0.01		0.01		–0.12	–0.20	0.20	0.05
236.57	**305.04**	**15.69**	**10.49**	**31.15**	**16.16**	**548.25**	**550.27**	**44.01**	**37.43**
9.38	6.53	1.70	0.05	1.63	1.07	15.16	15.28	0.52	1.10
0.54	0.50	–0.02	0.01	0.04	0.16	0.62	0.63		0.04
3.25	2.49	–0.03	0.02	0.08	0.69	3.69	3.83	0.17	0.26
1.99	1.60	1.06	0.11	0.77	0.15	8.26	8.23		0.27
0.94	0.91	0.32	–0.08	0.38	0.06	0.54	0.58	0.33	0.36
2.34	0.66	0.30		0.30		1.26	1.26		0.07
0.08	0.14					0.05	–0.01	0.02	0.04
0.24	0.21	0.06		0.06	0.01	0.75	0.75		0.07
11.59	7.79	0.05	0.10	0.37		16.65	17.30	0.13	1.48
1.33	1.56	0.08		0.08		7.09	7.14	0.01	0.38
3.46	3.51	0.03	0.03			2.90	2.97		0.52
3.44	0.83	0.03	–0.10	0.17		1.07	1.11		0.18
1.00	0.25	0.07	–0.01	0.08		0.28	0.46	0.12	0.10

1-A-9 续表7

行业	法人资本	个人资本	港澳台资本	外商资本	营业收入	营业成本
罐头食品制造	0.32				1.11	0.89
调味品、发酵制品制造				9.00	11.93	6.23
其他食品制造	1.23	0.03	0.25	0.01	16.83	13.31
酒、饮料和精制茶制造业	8.16	2.98	23.36	13.50	174.57	124.63
酒的制造		0.27	9.49	6.63	36.35	25.67
饮料制造	8.16	2.69	13.87	6.88	137.95	98.76
精制茶加工		0.03			0.26	0.20
烟草制品业						
烟叶复烤						
卷烟制造						
其他烟草制品制造						
纺织业	2.07	2.38	2.81	4.82	116.56	96.26
棉纺织及印染精加工	1.41	1.90	1.86	2.13	51.42	42.71
毛纺织及染整精加工			0.43		1.63	1.37
麻纺织及染整精加工						
丝绢纺织及印染精加工						
化纤织造及印染精加工						
针织或钩针编织物及其制品制造			0.26		5.44	4.53
家用纺织制成品制造			0.15		4.06	3.82
产业用纺织制成品制造	0.66	0.48	0.11	2.69	54.02	43.84
纺织服装、服饰业	1.71	0.56	3.84	0.33	46.66	40.52
机织服装制造	1.71	0.56	3.31	0.33	40.42	35.68
针织或钩针编织服装制造			0.27		0.92	0.76
服饰制造			0.26	0.01	5.32	4.08
皮革、毛皮、羽毛及其制品和制鞋业	1.22	0.06	8.02	0.18	25.60	20.61
皮革鞣制加工						
皮革制品制造	0.07	0.05	0.03	0.02	0.62	0.54
毛皮鞣制及制品加工						
羽毛(绒)加工及制品制造						
制鞋业	1.16	0.01	7.99	0.16	24.98	20.07
木材加工和木、竹、藤、棕、草制品业		0.63		0.09	5.82	5.19
木材加工						
人造板制造		0.63			5.23	4.73
木质制品制造				0.09	0.59	0.47
竹、藤、棕、草等制品制造						
家具制造业	1.86	0.08	0.10		3.65	2.97
木质家具制造		0.08			0.75	0.59
竹、藤家具制造						
金属家具制造			0.10		1.19	0.92
塑料家具制造						
其他家具制造	1.86				1.72	1.47
造纸和纸制品业	19.06	0.32	14.53	4.66	127.67	105.74

单位：亿元

销售费用	管理费用	财务费用			投资收益（损失以“–”号记）	营业利润	利润总额	亏损企业亏损额	平均用工人数（万人）
			利息收入	利息支出					
0.03	0.03	0.04		0.04		0.11	0.11		0.02
2.02	0.59	–0.18	0.19			3.17	3.17		0.10
0.31	1.01	–0.01		0.01		2.03	2.34		0.20
16.47	6.25	0.33	0.44	0.57	0.79	23.87	23.75	0.71	1.42
2.99	3.07	–0.21	–0.21			2.00	2.59	0.48	0.34
13.46	3.15	0.54	0.65	0.56	0.79	21.86	21.16	0.23	1.08
0.02	0.03					0.01	0.01		
5.36	6.05	0.76		0.72	–0.10	7.40	7.43	0.37	1.48
2.60	2.28	0.40	–0.01	0.34	–0.10	3.09	3.10	0.37	0.88
0.07	0.10	0.02		0.02		0.06	0.07		0.05
0.09	0.11	0.01		0.01		0.69	0.69		0.03
0.03	0.05	0.01				0.13	0.13		0.04
2.58	3.50	0.32		0.35		3.44	3.45		0.49
1.74	2.00	0.61	0.01	0.50	0.04	1.35	0.88	0.59	1.10
1.33	1.58	0.46	0.01	0.36	0.04	1.02	0.54	0.59	0.94
0.01	0.06					0.05	0.06		0.03
0.40	0.36	0.15		0.14		0.28	0.28		0.13
0.75	1.78	0.27	–0.01	0.17		1.94	1.93	0.13	1.21
0.01	0.05			0.01		0.01	0.01	0.01	0.02
0.73	1.73	0.27	–0.01	0.16		1.93	1.92	0.12	1.19
0.06	0.09	0.03		0.03		0.33	0.33		0.09
0.03	0.07	0.03		0.02		0.27	0.27		0.08
0.03	0.02	0.01		0.01		0.06	0.06		0.01
0.34	0.30	0.01				0.01	0.11		0.07
0.06	0.04					0.06	0.06		0.01
0.15	0.10					0.02	0.02		0.01
0.13	0.16	0.01				–0.07	0.02		0.04
7.06	4.10	2.85	0.32	2.77	0.12	5.25	6.06	1.97	0.68

1-A-9 续表8

行 业	法人资本	个人资本	港澳台资本	外商资本	营业收入	营业成本
纸浆制造						
造纸	13.94	0.32	13.27	4.16	83.98	75.44
纸制品制造	5.12		1.27	0.50	43.69	30.30
印刷和记录媒介复制业	1.37	4.08	0.96	1.20	33.73	29.15
印刷	1.37	4.08	0.96	1.20	33.73	29.15
装订及印刷相关服务						
记录媒介复制						
文教、工美、体育和娱乐用品制造业	1.63	0.59	12.30	1.01	67.68	59.33
文教办公用品制造	0.50				5.27	4.43
乐器制造			1.09		8.12	5.63
工艺美术及礼仪用品制造	1.13	0.59	9.94	1.00	52.14	47.35
体育用品制造						
玩具制造			1.27		1.90	1.70
游艺器材及娱乐用品制造				0.01	0.25	0.21
石油、煤炭及其他燃料加工业				1.59	53.57	50.50
精炼石油产品制造				0.40	5.32	4.38
煤炭加工				1.19	48.25	46.12
核燃料加工						
生物质燃料加工						
化学原料和化学制品制造业	10.29	1.40	4.18	42.11	352.80	286.19
基础化学原料制造	0.36	0.21		2.07	24.56	19.73
肥料制造	0.56		0.71	0.13	10.37	9.38
农药制造	3.14			0.15	32.57	26.71
涂料、油墨、颜料及类似产品制造	0.12	0.52	0.93	0.09	40.31	30.51
合成材料制造				23.02	172.27	139.95
专用化学产品制造	6.12	0.66	2.26	1.27	31.99	27.26
炸药、火工及焰火产品制造						
日用化学产品制造			0.27	15.38	40.72	32.65
医药制造业	13.94	1.42	25.96	5.84	249.25	167.39
化学药品原料药制造	0.01				3.86	3.03
化学药品制剂制造	3.09	1.22	3.75		76.08	39.95
中药饮片加工	1.97		0.26		3.04	2.30
中成药生产	8.28	0.18	8.17	2.56	83.03	55.86
兽用药品制造	0.08				10.09	6.22
生物药品制品制造	0.30		12.76	3.06	7.29	2.66
卫生材料及医药用品制造	0.21	0.02	1.02	0.22	65.86	57.37
药用辅料及包装材料						
化学纤维制造业				8.26	14.23	12.65
纤维素纤维原料及纤维制造				6.55	10.86	9.52
合成纤维制造				1.71	3.37	3.13
生物基材料制造						
橡胶和塑料制品业	0.67		2.23	1.69	27.13	20.50

单位：亿元

销售费用	管理费用	财务费用			投资收益（损失以“–”号记）	营业利润	利润总额	亏损企业亏损额	平均用工人数（万人）
			利息收入	利息支出					
2.46	2.03	2.79	0.10	2.55	0.14	–1.07	–0.67	1.97	0.32
4.60	2.06	0.07	0.22	0.22	–0.02	6.32	6.74		0.37
1.18	0.94	0.08	–0.01	0.08		2.25	2.28	0.03	0.24
1.18	0.94	0.08	–0.01	0.08		2.25	2.28	0.03	0.24
0.58	3.28	0.59	0.01	0.33		3.48	3.28		0.68
0.23	0.23					0.32	0.32		0.02
0.01	1.17	0.15		0.16		1.16	1.16		0.23
0.28	1.78	0.44	0.01	0.17		1.94	1.74		0.34
0.05	0.08	–0.01				0.06	0.06		0.08
0.01	0.02					0.01	0.01		0.01
0.45	0.19	0.04	0.01	0.06		2.02	1.96		0.08
0.45	0.14	–0.01	–0.01			0.31	0.31		0.01
	0.06	0.04	0.02	0.06		1.71	1.65		0.06
11.09	15.66	2.20	0.40	2.41	0.14	35.65	35.45	2.44	1.15
0.62	1.25	0.12	0.14	0.21	0.07	2.48	2.59		0.09
0.41	0.41	0.18		0.08	0.02	–0.01	–0.01	0.08	0.03
0.93	1.32	0.49	0.17	0.67	0.02	3.02	2.67		0.15
3.21	2.77	0.09		0.02		3.64	3.63	0.18	0.18
0.27	5.80	0.58	0.11	0.68		25.05	25.07		0.12
1.27	2.20	0.68		0.63	0.05	0.33	0.31	0.97	0.26
4.38	1.92	0.05	–0.02	0.11	–0.02	1.15	1.19	1.21	0.32
34.71	16.67	2.36	0.89	3.13	–0.01	25.82	26.29	0.63	2.66
0.15	0.33	0.08		0.08		0.27	0.26		0.06
19.39	5.88	1.10	0.22	1.37		8.94	9.16	0.14	0.90
0.59	0.18	0.01	0.01	0.02		–0.06	–0.06	0.06	0.03
9.84	4.63	0.65	0.65	1.34	0.04	11.21	11.24	0.16	1.19
0.85	0.64	–0.01	0.01			2.25	2.31		0.03
2.29	1.98	0.28		0.07	–0.05	0.02	0.17	0.28	0.10
1.60	3.03	0.25		0.25		3.20	3.21		0.36
0.55	0.27	0.16		0.12	0.01	0.49	0.46		0.08
0.39	0.18	0.16		0.12	0.01	0.47	0.44		0.06
0.16	0.09					0.02	0.02		0.02
1.06	1.59	0.12	0.02	0.13		3.76	3.70	0.06	0.23

1-A-9 续表9

行　　业					营业收入	营业成本
	法人资本	个人资本	港澳台资本	外商资本		
橡胶制品业	0.03			0.37	3.11	2.58
塑料制品业	0.64		2.23	1.32	24.02	17.91
非金属矿物制品业	16.92	1.19	5.77	20.95	118.88	87.71
水泥、石灰和石膏制造	6.05	0.92	0.55	19.66	71.88	50.05
石膏、水泥制品及类似制品制造	0.84	0.09	0.19	0.12	4.10	3.62
砖瓦、石材等建筑材料制造	0.92	0.17	0.34		9.90	7.31
玻璃制造	6.80		2.81		17.94	14.44
玻璃制品制造		0.01	0.55	0.62	9.18	7.51
玻璃纤维和玻璃纤维增强塑料制品制造						
陶瓷制品制造	0.14		1.34	0.08	1.24	1.15
耐火材料制品制造	2.18			0.46	4.63	3.62
石墨及其他非金属矿物制品制造						
黑色金属冶炼和压延加工业	26.63	1.72	1.13	0.90	407.30	375.98
炼铁						
炼钢						
钢压延加工	26.63		1.13	0.20	406.27	374.85
铁合金冶炼		1.72		0.70	1.03	1.13
有色金属冶炼和压延加工业	0.36	0.02			14.98	13.12
常用有色金属冶炼	0.36				13.78	11.96
贵金属冶炼						
稀有稀土金属冶炼						
有色金属合金制造		0.02			1.20	1.16
有色金属压延加工						
金属制品业	4.13	1.11	6.17	2.57	89.69	67.31
结构性金属制品制造		0.86	1.20	0.15	11.66	9.64
金属工具制造	0.12	0.15	0.03	0.14	0.51	0.34
集装箱及金属包装容器制造	1.00		2.05	0.78	21.73	18.67
金属丝绳及其制品制造	1.84		2.87	1.35	15.34	11.13
建筑、安全用金属制品制造		0.04		0.02	0.57	0.40
金属表面处理及热处理加工	0.13		0.03	0.07	0.78	0.53
搪瓷制品制造						
金属制日用品制造	0.91			0.07	37.04	24.90
铸造及其他金属制品制造	0.13	0.06			2.06	1.69
通用设备制造业	1.92	0.80	4.06	11.09	65.62	53.49
锅炉及原动设备制造	1.28			5.38	15.05	12.32
金属加工机械制造	0.40	0.23	1.30	1.13	11.00	9.19
物料搬运设备制造						
泵、阀门、压缩机及类似机械制造				0.24	1.22	1.02
轴承、齿轮和传动部件制造			0.08		0.30	0.26
烘炉、风机、包装等设备制造	0.24	0.22		3.05	19.77	15.11
文化、办公用机械制造				0.85	0.68	0.49
通用零部件制造		0.36	2.68		9.90	8.85

单位：亿元

销售费用	管理费用	财务费用			投资收益(损失以"–"号记)	营业利润	利润总额	亏损企业亏损额	平均用工人数(万人)
			利息收入	利息支出					
0.12	0.17	0.01				0.27	0.27		0.05
0.94	1.42	0.11	0.02	0.13		3.49	3.43	0.06	0.18
3.82	4.69	0.54	0.06	0.82	0.04	20.59	21.44	0.28	0.85
2.66	1.77	0.04	0.03	0.29	0.04	16.16	16.91		0.26
0.13	0.10	0.01		0.01		0.29	0.30		0.02
0.10	0.36	0.05	0.02	0.05		1.98	1.98		0.07
0.53	1.26	0.39	0.01	0.39		1.21	1.28	0.12	0.18
0.28	0.73	0.05		0.04		0.51	0.52		0.20
0.05	0.17	0.01		0.01		–0.16	–0.16	0.16	0.06
0.09	0.30	–0.02		0.02		0.60	0.60		0.07
3.63	11.64	0.37	0.97	1.47	0.33	13.76	13.50	1.80	0.82
3.60	11.59	0.28	0.97	1.37	0.33	14.09	13.85	1.45	0.80
0.02	0.05	0.10		0.10		–0.33	–0.35	0.35	0.02
0.13	0.13					1.57	1.59		0.03
0.13	0.13					1.54	1.56		0.01
						0.03	0.03		0.01
9.30	2.38		0.15	0.08		10.31	10.35	0.11	0.49
0.38	0.61	0.03		0.01		1.01	0.99	0.08	0.14
0.01	0.09	–0.01		0.01		0.08	0.08		0.01
0.20	0.39	0.06	0.04	0.04		2.36	2.38		0.06
0.27	0.15	0.01		0.01		3.72	3.73		0.08
0.02	0.12	0.01		0.01		0.01	0.01		0.01
0.08	0.11					0.04	0.04	0.03	0.01
8.33	0.76	–0.11	0.11			2.89	2.92		0.17
0.01	0.15					0.20	0.20		0.02
2.48	3.97	0.69	–0.10	0.89	0.13	4.58	4.75	0.81	0.70
0.35	1.13	0.55	–0.02	0.61	0.10	0.62	0.66	0.49	0.24
0.51	0.81	0.20		0.16	0.03	0.17	0.20	0.32	0.15
0.01	0.10	–0.02				0.10	0.10		0.01
0.01	0.05					–0.04			0.01
0.96	1.33	–0.10	–0.11	0.03		2.37	2.43		0.19
0.04	0.06	0.01	0.01	0.01		0.07	0.07		0.01
0.25	0.26	0.07		0.08		0.41	0.43		0.07

1-A-9 续表10

行业					营业收入	营业成本
	法人资本	个人资本	港澳台资本	外商资本		
其他通用设备制造业				0.43	7.71	6.24
专用设备制造业	2.37	0.65	4.54	8.86	74.07	57.30
采矿、冶金、建筑专用设备制造	1.11		0.10		3.66	3.05
化工、木材、非金属加工专用设备制造	0.55	0.41	3.98	5.92	20.87	15.91
食品、饮料、烟草及饲料生产专用设备制造	0.11				1.48	1.13
印刷、制药、日化及日用品生产专用设备制造	0.30				6.62	5.31
纺织、服装和皮革加工专用设备制造			0.05		3.32	2.52
电子和电工机械专用设备制造				0.30	13.94	9.57
农、林、牧、渔专用机械制造				2.60	4.61	4.66
医疗仪器设备及器械制造	0.11	0.18			4.03	1.90
环保、邮政、社会公共服务及其他专用设备制造	0.19	0.06	0.41	0.04	15.56	13.25
汽车制造业	41.53	4.07	10.83	153.62	3583.91	2950.71
汽车整车制造	9.86			71.03	2356.36	1910.79
汽车用发动机制造					77.17	79.17
改装汽车制造	0.20	0.25		0.38	16.59	13.94
低速汽车制造						
电车制造						
汽车车身、挂车制造	5.19			5.64	113.67	96.27
汽车零部件及配件制造	26.27	3.82	10.83	76.58	1020.12	850.53
铁路、船舶、航空航天和其他运输设备制造业	0.40	0.20	0.65	3.54	14.87	10.67
铁路运输设备制造				0.15	2.26	1.64
城市轨道交通设备制造						
船舶及相关装置制造	0.12	0.20		1.01	8.64	6.61
航空、航天器及设备制造						
摩托车制造			0.65		2.10	1.32
自行车和残疾人座车制造				2.38	1.21	0.65
助动车制造						
非公路休闲车及零配件制造						
潜水救捞及其他未列明运输设备制造	0.28				0.67	0.45
电气机械和器材制造业	17.57	0.85	3.18	37.42	484.10	406.94
电机制造	1.99	0.08	0.98	1.57	56.47	47.90
输配电及控制设备制造	1.02		0.63	16.52	92.46	80.84
电线、电缆、光缆及电工器材制造	12.39	0.77		13.62	161.64	128.75
电池制造	0.73		1.27	1.79	30.02	24.84
家用电力器具制造	0.98			0.23	113.99	100.08
非电力家用器具制造				0.86	10.51	8.20
照明器具制造			0.30	2.83	18.45	15.99
其他电气机械及器材制造	0.45				0.58	0.35
计算机、通信和其他电子设备制造业	34.61	8.68	24.47	24.37	362.85	331.53
计算机制造	20.12		2.12	0.17	250.14	235.30
通信设备制造			1.34	0.92	13.58	11.66
广播电视设备制造						

单位：亿元

销售费用	管理费用	财务费用			投资收益（损失以“–”号记）	营业利润	利润总额	亏损企业亏损额	平均用工人数（万人）
			利息收入	利息支出					
0.34	0.23	–0.02	0.02			0.88	0.86		0.02
2.55	5.21	0.92	0.35	0.78	0.05	7.19	7.64	0.97	1.17
0.14	0.25	0.07	0.07			0.12	0.12	0.09	0.05
0.85	1.25	0.78		0.48		1.69	1.61	0.05	0.71
0.03	0.16	–0.16	0.16			0.31	0.99		0.02
0.27	0.47	0.18		0.17		0.38	0.38		0.10
0.10	0.35	–0.11	0.10			0.37	0.35		0.04
0.36	0.12	0.01				3.82	3.92		0.03
0.05	0.25	0.23	–0.01	0.14	0.05	–0.76	–0.76	0.81	0.04
0.49	1.11					0.50	0.50		0.03
0.26	1.25	–0.07	0.02			0.76	0.52	0.02	0.15
97.59	154.77	–1.69	2.23	6.72	10.06	293.72	291.63	29.89	13.32
73.83	87.80	–6.31	1.52	2.27	4.36	200.09	199.14	20.38	5.12
0.96	0.02					–6.85	–6.85	6.85	0.17
0.42	0.59	0.04	0.03	0.06	0.02	1.45	1.45		0.09
2.89	7.45	0.16	0.32	0.02	0.54	7.26	7.33		0.67
19.48	58.90	4.42	0.36	4.37	5.14	91.77	90.56	2.67	7.26
1.09	1.43	–0.04		0.04	0.02	1.64	1.65	0.16	0.22
0.40	0.11					0.10	0.10		0.01
0.61	0.93	–0.02		0.04		0.45	0.45	0.16	0.13
0.06	0.14					0.57	0.58		0.02
	0.17	–0.01			0.02	0.40	0.41		0.06
0.01	0.08					0.11	0.11		0.01
8.67	28.87	2.13	–0.64	1.49	1.75	36.23	36.90	0.26	2.54
0.90	3.24	–0.01	–0.01	0.07	0.01	4.17	4.55	0.11	0.30
0.67	4.47	0.97	0.02	0.30	0.06	4.98	4.80	0.11	0.99
3.81	10.73	0.77	–0.56	0.97	1.68	18.39	18.59		0.38
1.14	1.27	0.23		0.13		1.62	1.77		0.27
1.62	7.26	–0.08	–0.06	0.01		4.78	4.85		0.38
0.07	0.76					1.51	1.52		0.07
0.44	0.98	0.25	–0.04	0.01		0.72	0.76	0.04	0.15
0.02	0.15					0.06	0.06		
4.80	18.12	0.62	5.27	5.84	1.71	11.89	12.90	2.15	3.47
2.64	9.75	–1.32	5.16	4.62	–2.90	4.08	4.76		1.55
0.21	1.15	–0.04	–0.03	0.01		0.54	0.59		0.26

1-A-9 续表11

行　业					营业收入	营业成本
	法人资本	个人资本	港澳台资本	外商资本		
雷达及配套设备制造						
非专业视听设备制造						
智能消费设备制造				0.55	8.32	7.32
电子器件制造	4.13	1.83	1.51	14.20	53.29	44.90
电子元件及电子专用材料制造	1.25	6.85	19.27	5.33	26.73	22.93
其他电子设备制造	9.12		0.23	3.20	10.78	9.42
仪器仪表制造业	0.05		0.02	0.40	3.91	2.73
通用仪器仪表制造	0.05		0.02	0.11	2.64	1.67
专用仪器仪表制造				0.29	1.27	1.06
钟表与计时仪器制造						
光学仪器制造						
衡器制造						
其他仪器仪表制造业						
其他制造业						
日用杂品制造						
核辐射加工						
其他未列明制造业						
废弃资源综合利用业			0.08		12.38	12.71
金属废料和碎屑加工处理			0.08		12.38	12.71
非金属废料和碎屑加工处理						
金属制品、机械和设备修理业						
金属制品修理						
通用设备修理						
专用设备修理						
铁路、船舶、航空航天等运输设备修理						
电气设备修理						
仪器仪表修理						
其他机械和设备修理业						
电力、热力、燃气及水生产和供应业	**57.80**	**2.84**	**9.38**	**20.25**	**257.36**	**195.78**
电力、热力生产和供应业	49.15	2.51	5.89	9.99	149.45	108.26
电力生产	49.15	2.51	5.89	9.99	149.45	108.26
电力供应						
热力生产和供应						
燃气生产和供应业	6.45	0.26	3.49	2.67	99.49	82.11
燃气生产和供应业	5.25	0.26	3.49	2.67	96.84	79.75
生物质燃气生产和供应业	1.20				2.65	2.36
水的生产和供应业	2.20	0.08		7.59	8.42	5.41
自来水生产和供应				2.31	3.39	2.15
污水处理及其再生利用	2.20	0.08		5.28	5.03	3.27
海水淡化处理						
其他水的处理、利用与分配						

单位：亿元

销售费用	管理费用	财务费用			投资收益(损失以"–"号记)	营业利润	利润总额	亏损企业亏损额	平均用工人数(万人)
			利息收入	利息支出					
0.22	0.22	0.04	0.01	0.03		0.48	0.47		0.08
0.88	3.81	0.98	0.16	0.58	0.01	2.57	3.16	0.72	0.81
0.69	2.02	0.59	–0.03	0.17	0.41	0.45	0.41	1.11	0.66
0.15	1.17	0.38		0.43	4.19	3.76	3.51	0.32	0.10
0.10	0.30	–0.03	–0.01		0.01	0.79	0.85		0.06
0.10	0.24	–0.01	–0.01		0.01	0.62	0.67		0.06
	0.06	–0.02				0.17	0.17		0.01
0.05	0.04					0.56	0.56		0.01
0.05	0.04					0.56	0.56		0.01
4.63	**5.62**	**5.21**	**–0.02**	**4.88**	**0.84**	**46.14**	**45.92**	**0.10**	**0.94**
0.06	1.79	4.39	0.02	3.97		33.98	33.54	0.10	0.18
0.06	1.79	4.39	0.02	3.97		33.98	33.54	0.10	0.18
4.11	2.85	0.64	–0.08	0.67	0.01	10.06	10.14		0.59
4.09	2.81	0.59	–0.08	0.62	0.01	9.88	9.97		0.59
0.02	0.04	0.05		0.05		0.18	0.18		
0.46	0.98	0.18	0.04	0.24	0.82	2.10	2.23		0.17
0.32	0.50	0.01	0.01	0.02	0.72	1.10	1.13		0.15
0.14	0.49	0.16	0.03	0.22	0.10	1.01	1.10		0.03

1-A-10 大中型工业企业主要

行业	企业单位数(个)	资产总计	固定资产净额	固定资产原价	累计折旧	流动资产合计
总 计	**1935**	**28273.67**	**8092.05**	**16912.34**	**8329.78**	**12970.47**
采矿业	**37**	**448.09**	**108.28**	**514.25**	**378.38**	**176.32**
煤炭开采和洗选业	2	2.68	0.33	1.03	0.70	2.21
烟煤和无烟煤开采洗选	2	2.68	0.33	1.03	0.70	2.21
褐煤开采洗选						
其他煤炭采选						
石油和天然气开采业	1	217.50	34.84	328.45	272.16	64.70
石油开采	1	217.50	34.84	328.45	272.16	64.70
天然气开采						
黑色金属矿采选业	12	79.71	25.31	69.46	43.81	34.18
铁矿采选	11	78.48	24.54	67.65	42.78	34.05
锰矿、铬矿采选	1	1.23	0.77	1.80	1.04	0.13
其他黑色金属矿采选						
有色金属矿采选业	6	25.01	6.04	18.51	10.91	10.23
常用有色金属矿采选	4	20.74	5.88	13.77	7.79	8.68
贵金属矿采选	2	4.27	0.16	4.73	3.12	1.55
稀有稀土金属矿采选						
非金属矿采选业	12	50.39	7.05	20.64	13.32	33.11
土砂石开采	3	0.86	0.34	5.45	4.85	0.52
化学矿开采	6	22.78	3.75	7.11	3.36	9.29
采盐	2	7.76	2.69	7.70	5.01	4.80
石棉及其他非金属矿采选	1	19.00	0.28	0.38	0.10	18.50
开采专业及辅助性活动	3	68.85	34.61	76.00	37.41	28.03
煤炭开采和洗选专业及辅助性活动						
石油和天然气开采专业及辅助性活动	3	68.85	34.61	76.00	37.41	28.03
其他开采专业及辅助性活动						
其他采矿业	1	3.95	0.10	0.16	0.07	3.86
制造业	**1844**	**23496.72**	**5246.47**	**11271.97**	**5569.24**	**12421.73**
农副食品加工业	115	565.01	198.16	517.73	311.71	216.76
谷物磨制	31	102.87	40.67	161.62	116.82	41.85
饲料加工	11	53.63	16.62	37.38	20.76	29.06
植物油加工	11	94.91	33.21	70.77	34.80	53.85
制糖业						
屠宰及肉类加工	20	86.79	33.29	51.55	17.77	33.45
水产品加工	23	164.35	52.45	162.46	109.59	25.25
蔬菜、菌类、水果和坚果加工	10	29.95	11.21	16.07	4.84	16.58
其他农副食品加工	9	32.51	10.72	17.88	7.13	16.72
食品制造业	70	363.35	113.97	239.95	121.74	171.37
焙烤食品制造	23	83.07	29.07	66.14	36.29	34.09
糖果、巧克力及蜜饯制造	4	15.36	9.31	35.17	25.77	5.27
方便食品制造	7	30.02	14.33	20.78	6.45	13.03

经济指标(大、中类行业)

单位：亿元

应收账款	存货	产成品	负债合计	流动负债合计	应付账款	所有者权益合计	实收资本	国家资本	集体资本
3114.38	**2763.81**	**940.82**	**14928.61**	**11977.26**	**3659.95**	**13345.06**	**4658.66**	**1928.54**	**89.88**
107.78	**15.32**	**5.25**	**239.37**	**213.09**	**46.98**	**208.72**	**58.53**	**50.97**	**0.99**
0.04	0.05	0.04	0.68	0.67	0.01	1.99	0.54		0.02
0.04	0.05	0.04	0.68	0.67	0.01	1.99	0.54		0.02
55.46	2.12	1.42	101.93	88.80	13.02	115.57			
55.46	2.12	1.42	101.93	88.80	13.02	115.57			
21.60	5.37	2.23	43.95	35.54	8.89	35.76	33.27	31.58	0.22
21.70	5.34	2.20	43.59	35.18	8.60	34.89	32.69	31.58	0.22
−0.09	0.03	0.03	0.36	0.36	0.29	0.87	0.58		
2.49	0.71	0.33	6.95	6.31	0.82	18.06	4.32	3.81	
2.49	0.44	0.12	5.68	5.05	0.59	15.05	2.07	2.00	
	0.27	0.21	1.27	1.26	0.23	3.01	2.25	1.81	
14.32	4.33	0.85	33.72	33.05	7.23	16.68	4.88	0.08	0.74
0.38	0.02	0.01	0.12	0.05		0.74	0.21		0.05
1.53	0.60	0.56	9.61	9.01	1.56	13.17	1.83		0.52
0.89	0.45	0.26	5.34	5.34		2.42	2.34		
11.52	3.27	0.02	18.65	18.65	5.66	0.35	0.50	0.08	0.17
11.21	2.30	0.39	48.86	48.65	17.02	19.99	15.50	15.50	
11.21	2.30	0.39	48.86	48.65	17.02	19.99	15.50	15.50	
2.65	0.44		3.28	0.07		0.67	0.02		
2920.90	**2718.78**	**935.35**	**12494.77**	**10546.21**	**3327.89**	**11001.95**	**3787.41**	**1239.16**	**86.01**
42.67	90.87	35.52	195.74	156.84	31.76	369.27	75.61	0.53	3.81
4.98	19.68	8.18	38.17	29.63	6.83	64.70	15.25	0.17	1.87
2.91	9.26	1.77	33.64	28.05	3.19	19.99	6.02		
6.63	33.04	8.81	27.97	26.94	4.40	66.93	10.37		1.90
11.24	12.82	6.33	38.83	24.96	6.36	47.96	20.48		0.03
11.10	6.88	5.33	27.61	23.24	7.82	136.74	9.89	0.36	
2.55	5.61	3.06	14.81	12.78	1.82	15.14	5.16		
3.25	3.57	2.06	14.69	11.24	1.34	17.82	8.43		
40.97	42.18	12.97	149.02	127.56	24.24	214.33	64.97	5.82	0.60
3.82	17.42	2.32	31.62	23.67	3.75	51.45	11.62		0.10
1.29	1.67	0.59	2.49	2.29	1.19	12.88	1.56		
2.34	3.17	1.09	12.16	11.24	4.48	17.87	3.23	0.08	

1-A-10 续表1

行　业	企　业单位数(个)	资产总计	固定资产净　额	固定资产原　价	累计折旧	流动资产合　计
乳制品制造	4	33.92	14.97	25.84	10.82	15.67
罐头食品制造	11	25.87	13.71	25.87	11.97	8.98
调味品、发酵制品制造	4	101.61	12.06	21.71	8.69	50.20
其他食品制造	17	73.50	20.53	44.45	21.76	44.14
酒、饮料和精制茶制造业	54	757.99	154.48	285.80	124.30	489.91
酒的制造	24	587.37	98.31	174.35	69.98	406.73
饮料制造	15	137.11	43.94	93.73	48.85	69.93
精制茶加工	15	33.51	12.23	17.72	5.47	13.25
烟草制品业	2	504.47	50.86	115.46	64.60	389.82
烟叶复烤	1	13.05	4.93	8.88	3.95	6.43
卷烟制造	1	491.42	45.93	106.57	60.65	383.39
其他烟草制品制造						
纺织业	216	537.54	193.06	502.32	298.20	230.36
棉纺织及印染精加工	140	392.52	133.89	391.27	249.34	166.18
毛纺织及染整精加工	2	1.95	0.70	1.05	0.36	1.17
麻纺织及染整精加工	10	31.71	16.64	23.10	5.48	10.42
丝绢纺织及印染精加工						
化纤织造及印染精加工	4	9.84	4.98	9.75	4.76	3.80
针织或钩针编织物及其制品制造	4	10.63	1.38	2.79	1.10	6.97
家用纺织制成品制造	9	20.96	5.92	23.96	17.63	7.98
产业用纺织制成品制造	47	69.92	29.55	50.39	19.52	33.85
纺织服装、服饰业	124	242.21	81.66	167.09	83.28	120.06
机织服装制造	103	194.89	70.87	148.02	75.64	97.94
针织或钩针编织服装制造	4	23.58	4.64	7.24	2.60	15.25
服饰制造	17	23.74	6.15	11.83	5.04	6.88
皮革、毛皮、羽毛及其制品和制鞋业	15	31.87	9.67	29.11	14.67	16.08
皮革鞣制加工						
皮革制品制造						
毛皮鞣制及制品加工						
羽毛(绒)加工及制品制造						
制鞋业	15	31.87	9.67	29.11	14.67	16.08
木材加工和木、竹、藤、棕、草制品业	16	94.76	32.04	81.63	49.59	48.07
木材加工	1	4.28	1.69	2.28	0.59	1.92
人造板制造	9	36.53	17.12	57.43	40.32	13.11
木质制品制造	6	53.95	13.24	21.92	8.68	33.04
竹、藤、棕、草等制品制造						
家具制造业	12	43.41	13.09	17.53	3.58	17.91
木质家具制造	10	38.79	12.69	17.09	3.53	16.24
竹、藤家具制造						
金属家具制造	1	2.32	0.24	0.27	0.03	0.49
塑料家具制造						
其他家具制造	1	2.31	0.16	0.17	0.01	1.18

单位：亿元

应收账款	存货	产成品	负债合计	流动负债合计	应付账款	所有者权益合计	实收资本	国家资本	集体资本
6.68	2.25	0.90	15.30	14.66	3.59	18.62	11.30	1.95	0.50
1.61	4.29	2.94	11.21	9.33	3.04	14.66	3.84		
13.00	6.09	2.41	45.50	35.96	3.10	56.11	17.97	3.29	
12.24	7.28	2.71	30.74	30.41	5.10	42.76	15.45	0.50	
21.36	91.45	25.54	412.15	389.23	57.36	345.84	92.68	2.98	0.10
11.68	77.93	18.18	318.91	299.20	30.10	268.46	60.46	2.91	0.08
7.30	8.77	4.31	83.42	81.65	25.06	53.69	27.66	0.06	
2.39	4.75	3.04	9.82	8.39	2.20	23.69	4.56		0.01
70.47	219.56	20.74	167.69	166.44	55.30	336.78	29.87	11.74	
0.15	0.49	0.44	1.20	1.20		11.85	11.74	11.74	
70.32	219.07	20.29	166.49	165.24	55.30	324.93	18.13		
40.26	65.74	29.41	233.80	186.05	43.73	303.74	95.26	6.28	4.24
27.32	50.44	23.31	165.24	131.89	27.55	227.28	72.07	3.73	1.68
0.46	0.48	0.14	0.95	0.80	0.05	1.00	0.48		
1.52	2.64	0.89	11.98	10.84	1.56	19.73	6.03		2.50
0.43	1.20	0.69	7.73	7.11	2.54	2.11	2.04		
1.34	0.91	0.53	4.00	4.00	2.21	6.63	0.96		
1.56	3.29	1.15	11.90	8.52	3.58	9.06	3.06		0.06
7.63	6.77	2.70	32.00	22.88	6.24	37.92	10.62	2.56	0.01
21.86	42.16	22.51	113.26	98.96	19.91	128.94	44.87	4.13	0.06
16.84	29.72	15.19	100.55	86.74	17.27	94.34	41.23	4.13	0.06
3.12	10.39	6.84	7.23	7.23	0.74	16.35	1.16		
1.90	2.05	0.48	5.48	4.99	1.89	18.26	2.48		
4.63	4.41	2.02	14.42	11.29	3.80	17.45	11.27		
4.63	4.41	2.02	14.42	11.29	3.80	17.45	11.27		
6.78	7.41	3.57	55.63	46.69	4.37	39.13	8.96	0.03	2.63
0.07	0.68	0.68	3.71	3.56	0.15	0.57			
3.21	5.01	1.91	16.40	10.61	1.59	20.13	5.28	0.02	1.92
3.51	1.72	0.99	35.52	32.51	2.63	18.43	3.68	0.01	0.71
2.27	3.87	1.39	15.58	12.67	3.35	27.83	16.05	0.01	0.02
2.26	3.50	1.39	13.68	10.87	2.93	25.11	14.14	0.01	0.02
0.01	0.18		1.49	1.38	0.12	0.83	0.05		
	0.19		0.41	0.41	0.30	1.89	1.86		

1-A-10 续表2

行 业	企 业 单位数 (个)	资产总计	固定资产 净 额	固定资产 原 价	累计折旧	流动资产 合 计
造纸和纸制品业	30	237.35	86.20	145.15	55.98	110.46
纸浆制造						
造纸	20	157.67	59.38	92.82	30.49	73.69
纸制品制造	10	79.69	26.81	52.33	25.49	36.78
印刷和记录媒介复制业	33	143.05	31.62	74.90	41.81	89.60
印刷	31	127.59	30.68	71.99	40.69	80.72
装订及印刷相关服务	1	7.69		1.62	0.77	4.00
记录媒介复制	1	7.77	0.94	1.28	0.34	4.88
文教、工美、体育和娱乐用品制造业	33	95.86	39.81	90.61	49.46	43.06
文教办公用品制造						
乐器制造	1	9.97	2.84	4.58	1.74	5.96
工艺美术及礼仪用品制造	25	78.66	33.53	47.37	12.50	33.76
体育用品制造						
玩具制造	7	7.23	3.43	38.65	35.22	3.34
游艺器材及娱乐用品制造						
石油、煤炭及其他燃料加工业	5	263.58	105.65	235.73	128.77	115.68
精炼石油产品制造	3	230.59	85.39	202.67	115.97	105.43
煤炭加工	2	32.99	20.26	33.06	12.80	10.25
核燃料加工						
生物质燃料加工						
化学原料和化学制品制造业	115	2066.04	585.75	1249.58	619.36	748.05
基础化学原料制造	22	376.78	120.79	269.72	143.32	96.91
肥料制造	39	932.89	245.95	593.38	314.47	403.82
农药制造	5	46.76	12.97	25.78	11.04	17.62
涂料、油墨、颜料及类似产品制造	6	20.15	6.17	8.84	2.67	12.50
合成材料制造	8	184.93	106.57	168.06	61.49	46.37
专用化学产品制造	23	410.96	62.57	129.71	63.84	128.85
炸药、火工及焰火产品制造	8	74.27	22.90	40.18	16.74	31.61
日用化学产品制造	4	19.29	7.83	13.91	5.79	10.38
医药制造业	74	1262.93	233.43	419.54	177.35	503.97
化学药品原料药制造	15	318.44	57.18	101.36	41.63	68.33
化学药品制剂制造	13	540.46	69.61	119.59	49.97	242.66
中药饮片加工	5	28.79	9.80	13.20	3.40	14.00
中成药生产	16	234.03	55.01	90.19	30.32	118.21
兽用药品制造	4	27.88	5.73	10.04	4.32	16.21
生物药品制品制造	7	69.72	17.92	36.76	18.83	25.19
卫生材料及医药用品制造	14	43.60	18.18	48.40	28.89	19.37
药用辅料及包装材料						
化学纤维制造业	3	19.13	6.25	27.85	21.59	9.85
纤维素纤维原料及纤维制造	2	15.71	5.04	17.48	12.44	7.65
合成纤维制造	1	3.42	1.21	10.36	9.15	2.20
生物基材料制造						

单位：亿元

应收账款	存货	产成品	负债合计	流动负债合计	应付账款	所有者权益合计	实收资本	国家资本	集体资本
26.60	23.44	10.54	140.98	97.85	25.82	96.37	50.63		0.57
17.07	16.13	7.13	101.64	69.51	16.33	56.03	38.85		0.57
9.53	7.31	3.41	39.35	28.34	9.49	40.34	11.78		
35.74	21.80	8.13	56.03	50.53	17.93	87.02	21.75	4.67	
33.47	20.41	7.27	53.99	48.50	16.93	73.60	18.05	4.67	
1.85	0.41		1.00	1.00	0.66	6.69	2.20		
0.41	0.98	0.86	1.04	1.02	0.34	6.73	1.50		
11.08	19.38	7.61	45.24	31.01	9.88	50.62	22.52	0.23	1.14
1.18	3.17	0.56	4.41	4.41	0.95	5.56	0.62		
8.87	14.86	6.39	38.54	25.21	8.56	40.13	19.72	0.23	1.14
1.02	1.34	0.67	2.29	1.39	0.37	4.94	2.18		
13.40	35.67	17.15	150.59	141.13	35.19	112.99	75.55	69.65	
8.73	34.30	17.07	131.69	122.39	28.19	98.89	53.65	47.75	
4.67	1.37	0.08	18.90	18.75	7.00	14.10	21.91	21.91	
96.50	189.27	87.13	1071.82	866.58	185.02	994.22	367.51	89.75	5.27
13.16	21.84	12.09	198.31	145.34	19.68	178.47	67.42	6.84	2.56
32.18	113.49	46.03	630.93	518.62	104.97	301.96	146.45	17.87	1.50
1.82	7.12	4.68	29.10	25.57	12.41	17.67	4.47		
3.84	3.62	1.08	7.76	6.40	1.52	12.39	2.59		
8.93	10.50	2.49	41.52	39.90	8.82	143.41	68.75	43.18	
25.67	25.76	17.29	107.21	89.42	24.15	303.75	52.61	19.65	1.22
6.01	4.36	2.14	38.36	23.27	5.02	35.91	8.99	2.22	
4.89	2.58	1.33	18.62	18.05	8.44	0.67	16.22		
126.63	97.68	52.08	506.14	392.62	61.15	756.79	167.55	20.69	5.48
10.14	13.09	4.82	75.16	56.38	12.30	243.28	69.35	0.42	3.82
83.05	48.25	31.08	261.67	199.77	29.29	278.79	29.14	0.61	1.14
3.25	3.01	1.79	13.71	11.90	2.05	15.08	4.68		
17.36	15.93	8.25	90.92	73.63	8.16	143.11	32.52	6.52	
1.45	2.37	0.69	12.85	8.34	2.22	15.03	8.73	0.78	
7.63	9.35	3.74	30.66	24.20	2.83	39.07	17.40	12.35	0.51
3.74	5.69	1.71	21.17	18.41	4.31	22.43	5.74		
2.97	5.35	1.07	10.67	7.89	4.70	8.46	7.88		
1.66	5.05	0.87	8.44	7.67	4.70	7.27	7.55		
1.31	0.30	0.20	2.22	0.22		1.20	0.32		

1-A-10 续表3

行　业	企业单位数(个)	资产总计	固定资产净额	固定资产原价	累计折旧	流动资产合计
橡胶和塑料制品业	56	233.63	52.74	131.90	69.99	140.02
橡胶制品业	9	48.00	7.13	30.86	16.61	30.09
塑料制品业	47	185.63	45.61	101.04	53.38	109.92
非金属矿物制品业	124	661.98	270.37	509.57	232.27	270.61
水泥、石灰和石膏制造	28	248.53	98.76	212.37	113.14	108.51
石膏、水泥制品及类似制品制造	17	39.65	17.39	30.84	12.81	19.34
砖瓦、石材等建筑材料制造	21	36.47	11.15	23.26	11.33	16.57
玻璃制造	8	98.84	41.71	60.30	18.60	22.80
玻璃制品制造	13	84.97	28.22	69.60	39.48	44.74
玻璃纤维和玻璃纤维增强塑料制品制造	2	45.85	26.31	29.88	3.33	18.39
陶瓷制品制造	24	70.20	30.24	50.24	17.11	24.51
耐火材料制品制造	4	11.79	4.44	15.42	10.98	5.55
石墨及其他非金属矿物制品制造	7	25.68	12.16	17.65	5.49	10.20
黑色金属冶炼和压延加工业	27	2427.59	835.31	2056.67	1172.57	887.63
炼铁	1	12.47	8.05	8.68	0.63	4.42
炼钢	1	6.69	4.18	7.20	3.03	2.36
钢压延加工	20	2386.41	814.15	2023.33	1160.39	869.09
铁合金冶炼	5	22.03	8.94	17.46	8.52	11.76
有色金属冶炼和压延加工业	26	247.16	84.07	172.96	83.51	118.52
常用有色金属冶炼	3	185.99	66.23	130.93	64.30	90.47
贵金属冶炼	1	1.66	0.32	0.65	0.33	0.38
稀有稀土金属冶炼						
有色金属合金制造	1	1.63	0.96	1.14	0.18	0.56
有色金属压延加工	21	57.87	16.55	40.23	18.70	27.10
金属制品业	67	568.81	123.90	262.58	108.99	354.42
结构性金属制品制造	21	226.57	31.17	78.78	31.52	162.23
金属工具制造	7	50.09	18.06	26.76	8.64	16.05
集装箱及金属包装容器制造	8	34.43	6.20	20.12	10.35	23.04
金属丝绳及其制品制造	2	29.31	19.05	35.44	13.67	8.96
建筑、安全用金属制品制造	2	44.66	3.36	7.04	0.71	34.98
金属表面处理及热处理加工	3	6.89	1.75	6.80	5.05	3.83
搪瓷制品制造	1	1.41	0.44	0.83	0.39	0.91
金属制日用品制造	3	34.17	4.23	7.40	3.17	28.36
铸造及其他金属制品制造	20	141.30	39.64	79.41	35.50	76.06
通用设备制造业	66	552.91	114.87	234.37	115.00	303.47
锅炉及原动设备制造	9	85.95	14.29	31.61	16.89	61.66
金属加工机械制造	9	90.42	23.99	46.76	20.15	39.40
物料搬运设备制造	7	66.50	8.32	19.78	10.89	25.15
泵、阀门、压缩机及类似机械制造	15	95.42	30.62	50.47	19.32	54.44
轴承、齿轮和传动部件制造	3	60.44	16.19	26.47	10.14	31.17
烘炉、风机、包装等设备制造	11	105.77	12.30	32.06	19.75	66.15
文化、办公用机械制造						

单位：亿元

应收账款	存货	产成品	负债合计	流动负债合计	应付账款	所有者权益合计	实收资本	国家资本	集体资本
27.60	22.03	12.37	107.10	90.94	20.74	126.53	40.82	0.50	
7.25	5.84	3.76	29.61	23.28	4.46	18.39	6.31	0.50	
20.35	16.19	8.61	77.48	67.66	16.28	108.14	34.51		
56.22	54.48	29.82	271.22	226.74	62.69	390.76	171.11	16.75	4.34
13.61	12.40	6.30	103.60	87.69	27.76	144.93	63.12	10.73	1.26
9.22	4.26	1.94	16.63	14.89	7.30	23.03	5.00		
7.25	3.98	2.60	15.57	12.79	1.86	20.90	8.01		
5.75	4.61	1.51	37.81	30.04	1.77	61.02	21.62		
15.62	9.64	5.68	43.44	35.41	16.31	41.53	11.26	4.32	3.00
0.05	0.10	0.10	0.09	0.08	0.02	45.76	44.35		
2.53	13.17	8.99	38.68	31.60	5.35	31.52	9.62		0.04
0.71	2.60	1.12	6.35	5.93	0.66	5.43	0.49		0.05
1.48	3.72	1.59	9.05	8.31	1.68	16.63	7.62	1.70	
77.30	181.07	45.95	1413.81	1139.46	281.22	1013.78	472.61	146.13	0.12
1.96	2.04	0.92	7.36	7.36		5.11	0.20	0.20	
	1.10		3.34	3.25	0.36	3.35	3.00		
74.72	174.11	44.13	1391.20	1116.94	279.34	995.21	464.53	145.93	0.12
0.62	3.82	0.90	11.91	11.91	1.52	10.11	4.89		
10.20	64.09	10.21	174.29	120.33	28.84	72.87	42.23	22.50	
5.04	53.08	6.36	135.39	86.35	21.32	50.60	19.18	4.47	
	0.34	0.08	0.69	0.42	0.17	0.98	1.00		
0.01	0.48	0.13	1.25	1.25	0.01	0.39	0.12		
5.14	10.20	3.63	36.96	32.31	7.33	20.91	21.92	18.03	
90.02	93.19	27.06	348.06	299.68	73.85	220.76	97.89	43.18	0.05
45.56	47.50	8.13	161.55	142.55	40.54	65.02	40.97	22.54	0.05
3.07	5.31	3.95	17.49	13.89	1.47	32.59	2.71		
10.10	6.35	2.06	17.97	16.27	1.95	16.46	4.95		
4.52	2.30	1.02	13.61	8.58	0.48	15.70	3.35		
4.45	0.36	0.25	26.36	26.14	5.46	18.30	9.24		
0.86	0.83	0.39	3.92	3.03	0.02	2.97	0.80	0.50	
0.42	0.20		0.85	0.85	0.35	0.56	0.20		
3.99	6.64	5.28	11.51	11.18	6.26	22.66	2.71		
17.07	23.70	5.97	94.80	77.19	17.32	46.49	32.95	20.14	
97.66	71.39	30.08	305.05	254.43	81.03	247.86	64.69	21.65	8.00
11.52	9.20	0.93	64.30	57.63	10.44	21.65	10.17	6.18	
11.19	10.21	2.57	66.18	42.79	7.61	24.24	3.87	0.95	
11.71	7.53	2.25	23.81	22.30	4.70	42.69	8.70	2.26	5.48
16.38	9.83	4.51	44.96	38.23	13.77	50.45	15.62	4.92	
12.66	13.56	9.26	29.65	26.92	13.13	30.79	5.30	2.69	
26.85	13.76	6.16	55.16	48.53	25.10	50.61	15.22	2.15	2.35

1-A-10 续表4

行　业	企业单位数(个)	资产总计	固定资产净额	固定资产原价	累计折旧	流动资产合计
通用零部件制造	10	41.50	8.35	25.06	16.51	19.72
其他通用设备制造业	2	6.91	0.83	2.16	1.34	5.78
专用设备制造业	62	494.53	95.44	227.38	119.24	340.66
采矿、冶金、建筑专用设备制造	14	217.80	36.85	105.87	57.60	161.59
化工、木材、非金属加工专用设备制造	14	55.22	21.95	33.21	11.13	23.43
食品、饮料、烟草及饲料生产专用设备制造	3	11.99	3.35	6.77	3.42	7.67
印刷、制药、日化及日用品生产专用设备制造	3	21.62	3.59	5.17	1.59	16.69
纺织、服装和皮革加工专用设备制造	2	10.82	0.91	1.89	0.98	9.08
电子和电工机械专用设备制造	5	23.66	4.80	17.30	11.71	14.65
农、林、牧、渔专用机械制造						
医疗仪器设备及器械制造	6	15.36	3.23	6.71	3.48	10.27
环保、邮政、社会公共服务及其他专用设备制造	15	138.07	20.76	50.45	29.34	97.27
汽车制造业	243	6055.34	917.48	1945.51	905.54	3440.00
汽车整车制造	19	3831.97	408.74	958.17	508.57	2133.91
汽车用发动机制造	2	98.16	12.40	119.64	41.50	12.10
改装汽车制造	16	164.60	26.56	43.30	14.61	113.96
低速汽车制造						
电车制造						
汽车车身、挂车制造	15	175.47	25.53	60.71	32.40	108.93
汽车零部件及配件制造	191	1785.15	444.25	763.69	308.46	1071.10
铁路、船舶、航空航天和其他运输设备制造业	32	1020.57	95.40	322.65	120.49	610.79
铁路运输设备制造	5	101.92	22.18	41.72	17.12	52.20
城市轨道交通设备制造	1	14.44	2.15	3.23	1.08	11.56
船舶及相关装置制造	12	745.90	39.23	214.21	72.12	449.96
航空、航天器及设备制造	8	128.43	26.87	54.11	27.25	83.89
摩托车制造	2	22.70	4.73	7.71	2.23	7.45
自行车和残疾人座车制造	2	3.41	0.18	0.22	0.04	3.22
助动车制造	1	2.31		1.22	0.48	1.12
非公路休闲车及零配件制造						
潜水救捞及其他未列明运输设备制造	1	1.46	0.06	0.22	0.16	1.40
电气机械和器材制造业	92	1162.17	229.29	402.06	166.18	749.99
电机制造	7	111.26	37.27	50.18	12.83	55.05
输配电及控制设备制造	21	153.35	26.98	59.74	30.59	101.55
电线、电缆、光缆及电工器材制造	20	351.04	40.92	86.76	45.55	246.16
电池制造	21	269.03	63.05	97.87	32.21	147.59
家用电力器具制造	12	230.38	49.84	88.69	38.67	172.12
非电力家用器具制造	1	11.88	0.82	1.40	0.58	10.37
照明器具制造	7	25.83	9.54	15.78	4.99	10.07
其他电气机械及器材制造	3	9.39	0.87	1.63	0.75	7.09
计算机、通信和其他电子设备制造业	97	2468.39	419.34	675.38	253.91	1649.02
计算机制造	4	316.28	19.09	44.36	24.99	290.37
通信设备制造	17	564.49	38.21	69.91	31.55	499.75

单位：亿元

应收账款	存货	产成品	负债合计	流动负债合计	应付账款	所有者权益合计	实收资本	国家资本	集体资本
4.28	4.80	3.83	16.77	14.88	4.97	24.72	5.70	2.49	0.17
3.08	2.50	0.55	4.20	3.15	1.32	2.71	0.11		
99.90	114.35	43.83	311.03	260.56	91.96	183.50	82.47	22.05	2.19
52.26	70.25	32.44	150.08	122.68	45.89	67.72	32.52	15.70	
6.01	9.56	2.32	28.33	25.79	5.69	26.88	12.17		
1.55	1.40	0.47	6.28	4.41	1.30	5.71	0.78		
4.36	4.02	1.38	12.27	10.53	2.06	9.35	4.74		
1.20	1.48	0.65	6.32	5.72	1.03	4.50	0.70	0.15	
1.69	2.23	0.89	11.02	9.19	6.80	12.63	7.05		1.86
1.80	2.03	0.94	3.46	2.53	0.79	11.90	2.07		0.33
31.03	23.38	4.75	93.27	79.70	28.39	44.80	22.44	6.20	
724.64	401.60	208.72	3025.70	2642.07	996.73	3029.64	790.44	449.40	44.55
276.68	167.29	96.42	1726.12	1558.59	585.62	2105.84	522.72	364.80	38.14
1.16	2.54	0.54	23.64	12.55	1.83	74.52	1.74		
25.14	35.57	13.95	122.20	113.69	43.63	42.40	29.11	13.72	
36.02	12.53	6.34	105.27	93.50	38.40	70.20	15.25	2.89	0.50
385.63	183.68	91.47	1048.47	863.74	327.25	736.67	221.63	67.99	5.91
98.66	196.26	15.94	697.93	574.54	247.90	322.65	183.02	124.53	0.30
21.88	14.73	1.60	62.12	58.30	33.60	39.80	37.10	6.98	0.30
7.92	2.91		12.35	11.83	11.47	2.09	1.80	1.80	
42.96	151.91	9.60	538.89	428.41	172.99	207.01	122.07	97.86	
22.28	24.04	3.48	74.86	68.30	25.12	53.56	17.15	17.05	
3.09	2.16	1.18	7.70	5.77	3.37	15.00	1.52	0.71	
0.37	0.12	0.01	0.70	0.70	0.53	2.71	2.39		
	0.34	0.04	0.82	0.75	0.62	1.49	0.80		
0.16	0.05	0.02	0.48	0.48	0.20	0.99	0.19	0.14	
300.55	162.46	74.23	717.31	603.88	214.56	444.86	136.42	16.89	1.29
17.79	11.07	4.43	96.17	58.26	20.60	15.09	12.24	8.39	1.01
60.82	14.62	4.66	107.61	103.54	41.67	45.74	26.20	0.40	0.10
91.10	38.72	16.79	218.35	187.29	33.09	132.69	42.77	7.48	0.15
52.05	39.00	8.63	133.17	99.34	32.28	135.86	29.37		
63.19	52.43	38.37	140.11	134.98	82.25	90.27	17.74	0.17	0.03
9.81	0.41	0.35	2.16	2.06	0.82	9.72	0.50		
2.70	4.13	0.60	15.26	14.10	1.14	10.58	6.47		
3.08	2.09	0.40	4.48	4.30	2.71	4.91	1.15	0.45	
725.78	322.03	77.67	1589.83	1390.71	611.96	878.56	449.79	141.36	0.15
190.71	67.69	14.30	257.23	257.18	86.68	59.05	24.08		
299.48	47.37	9.66	458.26	440.75	299.63	106.23	39.80	7.44	

1-A-10 续表5

行业	企业单位数(个)	资产总计	固定资产净额	固定资产原价	累计折旧	流动资产合计
广播电视设备制造	3	14.59	5.06	7.85	2.42	4.94
雷达及配套设备制造	2	14.28	2.80	5.09	2.29	9.94
非专业视听设备制造	3	14.95	3.90	4.48	0.57	10.19
智能消费设备制造	10	129.78	41.04	112.67	71.62	54.42
电子器件制造	33	1199.26	272.03	382.67	110.08	669.17
电子元件及电子专用材料制造	20	135.85	30.05	38.62	7.82	62.95
其他电子设备制造	5	78.92	7.16	9.72	2.57	47.30
仪器仪表制造业	17	92.48	17.42	36.75	19.28	65.75
通用仪器仪表制造	6	22.46	2.11	11.86	9.71	19.21
专用仪器仪表制造	5	27.35	5.75	10.71	4.95	18.48
钟表与计时仪器制造	2	2.32	1.50	1.79	0.29	0.82
光学仪器制造	3	39.75	8.01	12.27	4.25	26.74
衡器制造						
其他仪器仪表制造业	1	0.60	0.05	0.12	0.07	0.50
其他制造业	5	59.15	11.31	22.40	11.08	43.82
日用杂品制造	1	0.65	0.34	0.39	0.05	0.27
核辐射加工						
其他未列明制造业	4	58.51	10.97	22.01	11.03	43.55
废弃资源综合利用业	7	191.48	38.51	57.96	18.06	104.64
金属废料和碎屑加工处理	7	191.48	38.51	57.96	18.06	104.64
非金属废料和碎屑加工处理						
金属制品、机械和设备修理业	6	31.96	5.30	13.87	7.16	21.39
金属制品修理						
通用设备修理	1	1.18	0.02	0.04	0.02	1.16
专用设备修理						
铁路、船舶、航空航天等运输设备修理	3	24.36	1.52	3.57	2.05	18.05
电气设备修理						
仪器仪表修理						
其他机械和设备修理业	2	6.41	3.77	10.26	5.09	2.17
电力、热力、燃气及水生产和供应业	**54**	**4328.86**	**2737.30**	**5126.12**	**2382.16**	**372.42**
电力、热力生产和供应业	29	3864.37	2605.75	4923.36	2311.18	195.14
电力生产	24	2577.85	1489.59	2668.00	1172.04	176.00
电力供应	3	1281.17	1112.99	2247.24	1134.25	17.24
热力生产和供应	2	5.35	3.17	8.11	4.88	1.90
燃气生产和供应业	6	76.39	41.92	57.27	15.35	23.93
燃气生产和供应业	6	76.39	41.92	57.27	15.35	23.93
生物质燃气生产和供应业						
水的生产和供应业	19	388.09	89.62	145.49	55.63	153.35
自来水生产和供应	19	388.09	89.62	145.49	55.63	153.35
污水处理及其再生利用						
海水淡化处理						
其他水的处理、利用与分配						

单位：亿元

应收账款	存货	产成品	负债合计	流动负债合计	应付账款	所有者权益合计	实收资本	国家资本	集体资本
1.54	0.60	0.28	7.36	5.86	1.35	7.23	5.80		
0.78	3.03	0.60	8.48	7.84	2.02	5.81	3.29	3.07	
6.26	2.57	0.56	13.31	9.06	6.95	1.64	1.44	1.00	
14.57	11.59	2.17	40.79	37.31	18.39	88.99	69.33	10.00	
171.90	161.91	35.49	700.65	545.20	159.13	498.61	258.95	117.05	0.10
21.64	14.47	7.82	64.88	54.71	27.39	70.97	35.85		0.05
18.89	12.79	6.79	38.89	32.80	10.41	40.03	11.27	2.79	
18.86	18.19	8.90	54.13	42.82	11.69	38.35	12.03	8.87	
6.48	4.26	3.15	11.19	11.12	3.28	11.27	2.27		
7.04	2.27	0.64	12.60	10.40	3.72	14.75	2.21	1.68	
0.40	0.16	0.12	0.41	0.41	0.14	1.90	0.03		
4.65	11.50	4.99	29.56	20.52	4.38	10.19	7.41	7.19	
0.29			0.37	0.37	0.16	0.22	0.11		
10.75	9.46	1.01	36.31	34.98	12.01	22.84	9.16	4.25	
0.09	0.14	0.07	0.03	0.03	0.01	0.62	0.11		
10.66	9.32	0.94	36.28	34.95	12.00	22.23	9.05	4.25	
12.14	43.97	11.84	85.07	71.48	4.93	106.40	76.52	4.50	0.88
12.14	43.97	11.84	85.07	71.48	4.93	106.40	76.52	4.50	0.88
6.46	3.98	0.32	19.17	10.24	4.29	12.79	5.29	0.08	0.21
0.58	0.24		1.02	1.02	0.30	0.17	0.21		0.21
5.36	3.56	0.23	16.44	7.64	3.34	7.92	0.43		
0.52	0.17	0.09	1.71	1.58	0.65	4.70	4.66	0.08	
85.70	**29.71**	**0.22**	**2194.46**	**1217.96**	**285.07**	**2134.40**	**812.71**	**638.41**	**2.88**
50.82	22.37	0.03	1927.28	1073.93	264.81	1937.09	756.62	601.54	
50.22	21.55	0.03	1136.07	483.88	27.52	1441.78	426.41	271.37	
0.54	0.78		789.63	588.50	237.07	491.54	326.70	326.70	
0.06	0.05		1.57	1.55	0.21	3.77	3.52	3.47	
4.08	3.53	0.16	46.48	45.85	8.08	29.91	13.04	4.20	
4.08	3.53	0.16	46.48	45.85	8.08	29.91	13.04	4.20	
30.80	3.80	0.02	220.70	98.18	12.19	167.40	43.05	32.67	2.88
30.80	3.80	0.02	220.70	98.18	12.19	167.40	43.05	32.67	2.88

1-A-10 续表6

行　业					营业收入	营业成本
	法人资本	个人资本	港澳台资本	外商资本		
总　计	**1585.35**	**610.30**	**127.64**	**309.96**	**24775.38**	**19888.00**
采矿业	**1.80**	**4.77**			**324.55**	**274.85**
煤炭开采和洗选业	0.52				1.09	0.68
烟煤和无烟煤开采洗选	0.52				1.09	0.68
褐煤开采洗选						
其他煤炭采选						
石油和天然气开采业					75.04	66.75
石油开采					75.04	66.75
天然气开采						
黑色金属矿采选业		1.46			86.16	69.94
铁矿采选		0.88			85.49	69.35
锰矿、铬矿采选		0.58			0.67	0.59
其他黑色金属矿采选						
有色金属矿采选业	0.45	0.05			19.15	9.68
常用有色金属矿采选	0.02	0.05			17.48	8.66
贵金属矿采选	0.43				1.67	1.02
稀有稀土金属矿采选						
非金属矿采选业	0.80	3.26			45.99	38.96
土砂石开采		0.16			12.04	10.39
化学矿开采	0.80	0.51			13.98	9.49
采盐		2.34			3.67	3.13
石棉及其他非金属矿采选		0.25			16.30	15.94
开采专业及辅助性活动					77.69	71.79
煤炭开采和洗选专业及辅助性活动						
石油和天然气开采专业及辅助性活动					77.69	71.79
其他开采专业及辅助性活动						
其他采矿业	0.02				19.42	17.05
制造业	**1497.69**	**525.63**	**126.33**	**305.59**	**22691.24**	**18133.78**
农副食品加工业	31.45	22.76	6.63	10.42	1014.21	858.78
谷物磨制	10.49	2.71			285.17	244.98
饲料加工	0.71	3.20		2.11	125.49	111.43
植物油加工	4.23	1.08	2.83	0.33	166.95	147.56
制糖业						
屠宰及肉类加工	4.20	4.46	3.80	7.98	160.22	133.71
水产品加工	2.85	6.68			181.37	147.89
蔬菜、菌类、水果和坚果加工	2.59	2.57			38.19	30.85
其他农副食品加工	6.38	2.05			56.84	42.36
食品制造业	21.60	23.50	1.25	12.20	515.94	411.11
焙烤食品制造	5.10	5.47		0.96	168.08	137.49
糖果、巧克力及蜜饯制造	0.10	0.12	1.00	0.34	60.80	49.37
方便食品制造	0.20	1.47		1.48	45.18	35.58
乳制品制造	8.85				65.47	56.68

单位：亿元

销售费用	管理费用	财务费用			投资收益（损失以"–"号记）	营业利润	利润总额	亏损企业亏损额	平均用工人数（万人）
			利息收入	利息支出					
742.84	**1164.99**	**219.56**	**40.76**	**238.77**	**130.15**	**1977.35**	**1975.02**	**126.34**	**180.31**
6.63	**26.62**	**3.34**	**0.39**	**3.12**		**–0.01**	**–0.28**	**15.49**	**4.14**
0.01	0.14					0.22	0.22		0.08
0.01	0.14					0.22	0.22		0.08
1.03	11.13	0.52	0.13	0.63	–0.01	–13.96	–14.04	14.04	1.32
1.03	11.13	0.52	0.13	0.63	–0.01	–13.96	–14.04	14.04	1.32
3.72	6.20	1.68	0.03	1.36		3.99	3.80	0.14	1.22
3.72	6.05	1.68	0.03	1.36		4.08	3.94		1.16
	0.16					–0.09	–0.13	0.13	0.06
0.09	2.21	0.07	0.04	0.11		6.36	6.33	0.20	0.35
0.08	1.56	0.05	0.03	0.08		6.46	6.44		0.24
	0.65	0.02		0.03		–0.09	–0.11	0.20	0.11
1.14	1.92	0.84	0.04	0.66		1.81	1.82	0.25	0.56
0.25	0.36	0.27		0.04		0.47	0.47		0.13
0.48	1.16	0.44	0.03	0.48		1.55	1.56		0.30
0.40	0.20	0.13		0.14		–0.25	–0.25	0.25	0.08
	0.20	0.01		0.01		0.03	0.03		0.05
0.02	4.50	0.18	0.15	0.36		0.67	0.69	0.87	0.55
0.02	4.50	0.18	0.15	0.36		0.67	0.69	0.87	0.55
0.63	0.51	0.04				0.89	0.89		0.06
728.97	**1113.82**	**162.31**	**38.78**	**180.23**	**100.01**	**1759.92**	**1757.97**	**107.19**	**164.45**
30.96	26.07	6.94	0.85	5.64	2.06	79.60	82.32	0.78	6.59
8.21	6.34	2.09	0.83	1.18		20.05	20.66		1.42
2.38	2.62	0.81	–0.02	0.87	0.82	8.88	10.90		0.57
2.51	2.49	1.04	0.10	0.95	0.15	12.89	12.54	0.01	0.54
5.65	3.95	0.79	–0.05	0.78	1.08	15.84	16.20	0.76	1.44
6.73	5.95	1.03		1.00	0.02	12.50	12.45		1.63
1.56	1.88	0.77		0.47	–0.01	2.75	2.87		0.49
3.90	2.84	0.41		0.40		6.69	6.70		0.48
32.39	21.98	2.56	1.09	2.94	1.76	46.42	47.30	0.15	5.17
9.21	6.51	1.31	0.01	1.24	0.03	12.50	12.83	0.09	1.87
3.79	3.86	0.10	0.03	0.01		3.13	3.19		0.58
4.35	1.19	0.17	–0.11	0.29		3.70	3.79		0.39
3.30	1.35	0.08	–0.03	0.07		3.78	4.00		0.35

1-A-10 续表7

行 业					营业收入	营业成本
	法人资本	个人资本	港澳台资本	外商资本		
罐头食品制造	2.95	0.90			33.95	28.49
调味品、发酵制品制造	0.53	5.15		9.00	69.43	48.92
其他食品制造	3.88	10.40	0.25	0.42	73.03	54.56
酒、饮料和精制茶制造业	45.00	11.30	22.89	10.42	532.35	341.31
酒的制造	33.81	7.22	9.54	6.89	302.73	173.45
饮料制造	9.18	1.54	13.34	3.53	180.42	130.11
精制茶加工	2.01	2.54			49.21	37.75
烟草制品业	18.13				742.40	198.49
烟叶复烤					2.06	1.68
卷烟制造	18.13				740.34	196.82
其他烟草制品制造						
纺织业	45.56	36.28	1.43	1.46	978.17	830.41
棉纺织及印染精加工	36.61	27.86	0.73	1.46	658.98	562.34
毛纺织及染整精加工	0.05		0.43		4.11	3.80
麻纺织及染整精加工	1.49	2.04			29.33	25.26
丝绢纺织及印染精加工						
化纤织造及印染精加工	1.54	0.50			8.99	7.89
针织或钩针编织物及其制品制造		0.70	0.26		9.23	7.62
家用纺织制成品制造	1.52	1.49			63.93	58.29
产业用纺织制成品制造	4.36	3.69			203.60	165.22
纺织服装、服饰业	16.14	20.87	3.36	0.32	449.67	377.60
机织服装制造	15.69	17.93	3.10	0.32	362.29	307.70
针织或钩针编织服装制造		1.16			34.79	25.97
服饰制造	0.44	1.77	0.26		52.59	43.93
皮革、毛皮、羽毛及其制品和制鞋业	0.57	3.06	7.49	0.16	41.13	33.20
皮革鞣制加工						
皮革制品制造						
毛皮鞣制及制品加工						
羽毛(绒)加工及制品制造						
制鞋业	0.57	3.06	7.49	0.16	41.13	33.20
木材加工和木、竹、藤、棕、草制品业	1.15	5.16			73.36	61.08
木材加工					3.22	2.87
人造板制造	1.02	2.32			44.37	38.60
木质制品制造	0.13	2.84			25.77	19.61
竹、藤、棕、草等制品制造						
家具制造业	15.18	0.84			32.74	24.06
木质家具制造	13.26	0.84			31.73	23.11
竹、藤家具制造						
金属家具制造	0.05				0.55	0.47
塑料家具制造						
其他家具制造	1.86				0.46	0.49
造纸和纸制品业	22.65	9.98	13.46	3.97	277.31	233.79

单位：亿元

销售费用	管理费用	财务费用			投资收益（损失以"–"号记）	营业利润	利润总额	亏损企业亏损额	平均用工人数（万人）
			利息收入	利息支出					
1.05	1.53	0.49		0.50		2.40	1.99		0.74
7.67	3.79	–0.24	1.19	0.47	1.68	10.44	10.48		0.51
3.01	3.76	0.66		0.37	0.05	10.48	11.02	0.06	0.73
47.87	24.58	4.19	0.98	4.44	1.29	93.05	89.75	0.49	4.52
25.72	17.69	2.79	0.31	3.25	0.52	61.59	60.07	0.48	2.24
18.76	4.17	0.89	0.66	0.72	0.76	26.84	25.00	0.01	1.45
3.39	2.71	0.51	0.01	0.47	0.02	4.62	4.69		0.83
10.65	20.06	–0.88	0.95	0.32	0.49	83.93	82.83		0.73
0.06	0.25	–0.13	–0.13			0.10	0.09		0.10
10.59	19.81	–0.75	1.08	0.32	0.49	83.83	82.74		0.62
29.59	42.13	14.49	0.23	8.24	3.48	55.62	55.22	1.45	13.77
17.83	26.24	10.91	0.16	5.28	3.41	37.62	37.42	0.74	8.82
0.09	0.10	0.03		0.03		0.08	0.09		0.08
0.47	1.06	0.66	0.05	0.53	0.04	1.55	1.59	0.06	0.47
0.17	0.33	0.13		0.13		0.46	0.39	0.05	0.22
0.29	0.37	0.04		0.04		0.87	0.87		0.15
1.08	1.12	0.73		0.44	0.02	2.63	2.52	0.23	0.52
9.66	12.90	1.98	0.01	1.78		12.41	12.35	0.39	3.52
16.58	17.44	4.46	0.05	3.62	0.17	29.25	29.12	0.67	8.23
10.69	13.36	3.54	0.02	2.92	0.14	23.50	23.29	0.62	6.84
4.51	1.97	0.42	0.02	0.32	0.02	1.76	1.85		0.52
1.39	2.11	0.49	0.01	0.38		3.98	3.98	0.06	0.87
1.11	3.00	0.47		0.28		2.66	2.84	0.02	1.96
1.11	3.00	0.47		0.28		2.66	2.84	0.02	1.96
2.21	2.76	1.76		0.86		5.97	6.36		1.04
0.05	0.04	0.01		0.01		0.23	0.29		0.03
1.15	1.41	0.84		0.83		2.08	2.27		0.53
1.01	1.32	0.90		0.02		3.66	3.79		0.47
1.19	2.41	0.37	–0.02	0.33	0.06	4.61	4.86	0.22	0.73
1.17	2.29	0.37	–0.02	0.33	0.06	4.69	4.70	0.22	0.67
0.01	0.06					0.01	0.16		0.03
0.01	0.06					–0.10			0.03
11.62	10.33	4.72	0.35	3.89	–2.00	12.47	13.59	1.97	1.77

1-A-10 续表8

行业					营业收入	营业成本
	法人资本	个人资本	港澳台资本	外商资本		
纸浆制造						
造纸	16.87	4.76	12.73	3.92	179.67	157.55
纸制品制造	5.77	5.22	0.73	0.05	97.63	76.23
印刷和记录媒介复制业	7.09	9.07	0.92		169.54	131.37
印刷	4.89	7.57	0.92		159.94	127.52
装订及印刷相关服务	2.20				3.43	1.63
记录媒介复制		1.50			6.16	2.22
文教、工美、体育和娱乐用品制造业	2.98	7.29	10.89		176.78	146.89
文教办公用品制造						
乐器制造			0.62		7.89	5.40
工艺美术及礼仪用品制造	2.55	6.81	9.00		120.32	102.86
体育用品制造						
玩具制造	0.43	0.48	1.27		48.57	38.62
游艺器材及娱乐用品制造						
石油、煤炭及其他燃料加工业	5.90				960.65	764.08
精炼石油产品制造	5.90				912.90	719.23
煤炭加工					47.75	44.85
核燃料加工						
生物质燃料加工						
化学原料和化学制品制造业	155.15	74.25	3.89	39.20	1693.70	1403.40
基础化学原料制造	19.42	38.05		0.56	274.08	222.52
肥料制造	108.93	16.34	1.80		790.61	677.83
农药制造	4.27	0.20			49.12	40.57
涂料、油墨、颜料及类似产品制造	2.06	0.53			24.88	20.91
合成材料制造	1.10	2.48	0.05	21.95	217.49	179.69
专用化学产品制造	16.36	11.69	2.04	1.67	249.05	194.51
炸药、火工及焰火产品制造	3.01	3.76			50.97	37.32
日用化学产品制造		1.20		15.02	37.50	30.06
医药制造业	97.95	28.83	11.43	3.17	790.82	507.25
化学药品原料药制造	44.96	18.30	1.42	0.42	126.55	94.51
化学药品制剂制造	21.25	2.56	3.57		313.67	164.39
中药饮片加工	4.68				13.69	9.03
中成药生产	14.44	3.86	5.44	2.26	171.59	112.06
兽用药品制造	5.13	2.82			13.30	5.84
生物药品制品制造	3.61	0.92			49.41	33.34
卫生材料及医药用品制造	3.88	0.36	1.00	0.50	102.61	88.07
药用辅料及包装材料						
化学纤维制造业	1.00	0.32		6.55	25.73	22.71
纤维素纤维原料及纤维制造	1.00			6.55	18.33	15.72
合成纤维制造		0.32			7.40	6.99
生物基材料制造						
橡胶和塑料制品业	22.16	17.27	0.52	0.37	322.21	257.01

单位：亿元

销售费用	管理费用	财务费用			投资收益(损失以“−”号记)	营业利润	利润总额	亏损企业亏损额	平均用工人数(万人)
			利息收入	利息支出					
4.91	6.07	3.74	0.10	3.06	−1.98	4.41	5.12	1.97	1.09
6.71	4.27	0.98	0.25	0.83	−0.02	8.06	8.48		0.68
7.18	10.46	0.76	−0.16	0.73	−0.01	17.65	17.86	0.19	1.86
5.30	9.27	0.79	−0.12	0.73	0.14	15.07	15.29	0.19	1.71
0.26	0.36	−0.01	−0.01			1.25	1.25		0.05
1.61	0.84	−0.02	−0.02		−0.15	1.33	1.32		0.11
4.84	8.71	1.65	0.01	0.75		13.35	13.50		1.85
0.01	1.13	0.16		0.16		1.08	1.16		0.21
2.17	5.28	0.93	0.01	0.58		9.44	9.51		1.28
2.66	2.30	0.57		0.01		2.82	2.83		0.36
1.39	13.73	−0.64	2.16	1.49	0.07	26.62	27.25	0.19	0.77
1.39	12.88	−0.71	2.14	1.39	0.07	24.97	25.69	0.19	0.67
	0.85	0.08	0.02	0.10		1.65	1.56		0.09
46.74	74.51	22.86	−0.49	28.38	7.45	143.45	142.95	3.50	10.52
7.51	15.28	7.85	0.11	7.04	3.43	21.38	20.22		2.50
18.54	27.50	10.89	−1.34	13.11	2.53	54.49	55.26	1.25	4.48
1.15	2.10	0.86	0.16	1.05	0.34	4.66	4.30	0.07	0.26
0.67	1.55	0.23	−0.03	0.20	0.56	1.98	2.08		0.31
1.16	6.83	0.94	0.10	0.88	0.07	28.32	28.30		0.38
9.55	15.51	1.13	0.28	5.57	0.36	27.36	27.50	0.97	1.50
3.68	4.24	0.84	0.22	0.35	0.16	4.37	4.29		0.77
4.48	1.50	0.12	0.01	0.18		0.89	1.00	1.21	0.33
121.45	64.24	10.31	1.38	11.77	9.20	89.32	89.67	0.58	8.38
4.67	11.31	1.30	0.60	1.37	3.09	17.36	17.58		1.39
76.87	29.86	6.97	0.22	7.27	3.72	36.81	36.76	0.01	3.16
1.56	1.43	0.24	0.01	0.24		1.25	1.30		0.24
28.01	10.59	0.96	0.75	1.67	0.85	17.78	17.80	0.40	1.91
1.60	1.73	−0.21	−0.21	0.11	0.43	4.83	4.82	0.15	0.21
6.51	4.56	0.47	0.03	0.55	1.08	5.19	5.28		0.50
2.23	4.76	0.58	−0.01	0.55	0.02	6.09	6.12	0.03	0.98
0.63	1.16	0.21		0.14	0.01	0.53	0.50		0.40
0.50	1.01	0.17		0.14	0.01	0.49	0.46		0.37
0.13	0.15	0.05				0.03	0.03		0.03
10.19	15.22	2.69	0.14	2.79	0.01	26.89	26.87	0.49	3.00

1-A-10 续表9

行业	法人资本	个人资本	港澳台资本	外商资本	营业收入	营业成本
橡胶制品业	2.84	2.60		0.37	42.37	33.56
塑料制品业	19.32	14.68	0.52		279.85	223.44
非金属矿物制品业	105.27	28.67	4.70	10.78	698.52	537.32
水泥、石灰和石膏制造	33.23	7.75		10.16	245.55	166.16
石膏、水泥制品及类似制品制造	3.97	0.43			71.29	60.36
砖瓦、石材等建筑材料制造	2.32	5.69			83.04	64.50
玻璃制造	16.16	2.65	2.81		62.21	50.15
玻璃制品制造	2.47	0.31	0.55	0.62	105.12	86.43
玻璃纤维和玻璃纤维增强塑料制品制造	44.35				16.76	12.70
陶瓷制品制造	2.33	5.91	1.34		67.39	58.08
耐火材料制品制造	0.10	0.34			20.09	16.57
石墨及其他非金属矿物制品制造	0.33	5.59			27.05	22.38
黑色金属冶炼和压延加工业	295.60	29.46	1.13	0.17	2167.23	1888.20
炼铁					19.22	15.89
炼钢		3.00			49.40	40.46
钢压延加工	294.19	22.98	1.13	0.17	2042.39	1782.02
铁合金冶炼	1.41	3.48			56.21	49.83
有色金属冶炼和压延加工业	1.30	4.21		14.22	434.61	361.76
常用有色金属冶炼		0.50		14.22	320.26	269.25
贵金属冶炼		1.00			0.44	0.37
稀有稀土金属冶炼						
有色金属合金制造	0.12				1.84	1.56
有色金属压延加工	1.18	2.71			112.07	90.59
金属制品业	41.23	10.89	1.18	1.35	501.94	420.81
结构性金属制品制造	14.93	2.27	1.18		184.06	159.35
金属工具制造	2.53	0.18			40.33	32.40
集装箱及金属包装容器制造	2.96	1.99			29.26	24.70
金属丝绳及其制品制造	2.00			1.35	30.32	25.17
建筑、安全用金属制品制造	8.68	0.56			35.53	31.77
金属表面处理及热处理加工		0.30			8.71	6.96
搪瓷制品制造	0.06	0.14			3.35	2.89
金属制日用品制造	0.96	1.75			49.16	35.12
铸造及其他金属制品制造	9.12	3.69			121.23	102.45
通用设备制造业	12.39	15.51	2.63	4.51	342.70	277.99
锅炉及原动设备制造	2.27	0.02		1.71	46.22	38.33
金属加工机械制造	0.29	2.26		0.37	44.14	35.57
物料搬运设备制造	0.68	0.29			41.44	35.84
泵、阀门、压缩机及类似机械制造	6.84	3.86			83.87	66.80
轴承、齿轮和传动部件制造	0.70	1.90			23.75	20.15
烘炉、风机、包装等设备制造	1.51	6.78		2.43	68.79	52.37
文化、办公用机械制造						
通用零部件制造	0.01	0.39	2.63		31.06	26.52

单位：亿元

销售费用	管理费用	财务费用			投资收益(损失以“-”号记)	营业利润	利润总额	亏损企业亏损额	平均用工人数(万人)
			利息收入	利息支出					
1.32	2.76	0.15	0.12	0.26	0.02	4.81	4.65		0.56
8.86	12.46	2.54	0.02	2.53	–0.01	22.07	22.22	0.49	2.44
26.17	34.59	8.59	0.28	6.56	2.93	89.34	86.72	0.77	6.93
12.47	11.14	2.39	0.20	2.27	2.26	53.58	55.76		1.50
1.85	3.20	0.23	–0.02	0.22	0.09	4.96	4.97		0.75
3.56	4.40	0.79	0.01	0.65	0.45	9.84	6.40		0.78
0.67	3.15	0.93	0.09	1.01	0.07	6.91	6.93	0.11	0.56
3.25	6.35	1.32	0.04	0.95	0.02	6.46	6.72		1.09
0.37	0.85	1.30				0.88	0.88		0.06
2.11	2.79	1.05		0.83	0.03	3.71	1.76	0.44	1.55
0.64	0.94	0.07		0.08		1.65	1.75		0.21
1.23	1.78	0.51	–0.03	0.55		1.36	1.54	0.22	0.42
15.95	99.60	25.97	3.16	26.56	35.53	127.19	98.62	1.48	7.41
	0.05	0.02	0.02	0.02	–2.04	1.22	1.22		0.04
0.04	0.25	0.11		0.11		0.44	0.44		0.14
15.27	98.09	25.60	3.14	26.22	37.57	121.40	92.82	1.48	6.93
0.64	1.21	0.24		0.21		4.13	4.14		0.31
2.87	7.44	5.05	0.71	4.82	–14.79	6.29	7.31	2.16	2.74
0.71	3.19	3.94	0.64	3.78	–13.04	1.35	2.93		1.38
	0.24					–0.17	–0.17	0.17	0.04
0.01	0.19	0.03		0.03		0.04	0.05		0.05
2.15	3.82	1.08	0.07	1.01	–1.76	5.06	4.50	2.00	1.27
19.46	28.72	5.95	0.63	4.82	0.15	16.46	17.75	9.74	5.18
3.05	12.94	1.77	–0.06	1.65	0.06	–0.17	–0.04	7.46	1.89
1.42	2.07	1.11		1.09		2.83	2.82		0.45
0.76	1.61	0.48	0.01	0.25		1.67	1.70	0.05	0.45
0.71	0.44	0.34	0.02	0.36		3.52	3.53	0.19	0.34
0.21	1.88	–0.07	0.13	0.07		1.37	1.48		0.14
0.15	0.79	0.09	0.02	0.10		0.67	0.68		0.09
0.04	0.25				0.02	0.17	0.15		0.04
8.91	1.53	–0.10	0.11	0.02	–0.02	3.29	3.33		0.36
4.19	7.22	2.33	0.41	1.28	0.09	3.11	4.10	2.05	1.43
13.79	23.30	3.22	1.62	4.44	0.20	21.56	22.77	0.77	4.51
1.10	3.32	–0.67	1.50	0.94	0.10	3.64	3.71		0.60
2.27	4.87	0.80	0.04	0.68	0.07	1.05	1.92	0.18	0.73
0.86	1.84	0.33	0.03	0.29		2.29	2.37		0.33
3.63	4.96	1.75	0.11	1.71	0.45	6.53	6.76		1.04
0.79	0.73	0.17	0.01	0.16		1.86	1.87	0.50	0.32
3.80	5.13	0.51	–0.12	0.30	–0.42	5.00	5.09	0.09	0.82
1.17	2.05	0.22	0.06	0.24		1.00	0.83		0.62

1-A-10 续表10

行业					营业收入	营业成本
	法人资本	个人资本	港澳台资本	外商资本		
其他通用设备制造业	0.10	0.01			3.42	2.40
专用设备制造业	34.74	14.12	4.03	5.34	439.22	348.36
采矿、冶金、建筑专用设备制造	11.96	4.83		0.04	162.57	136.05
化工、木材、非金属加工专用设备制造	1.51	1.68	3.98	5.00	54.32	40.28
食品、饮料、烟草及饲料生产专用设备制造	0.45	0.33			12.39	9.47
印刷、制药、日化及日用品生产专用设备制造	0.30	4.44			27.91	24.05
纺织、服装和皮革加工专用设备制造	0.20	0.30	0.05		5.66	4.18
电子和电工机械专用设备制造	4.60	0.29		0.30	34.89	26.96
农、林、牧、渔专用机械制造						
医疗仪器设备及器械制造	0.20	1.54			24.91	17.02
环保、邮政、社会公共服务及其他专用设备制造	15.52	0.73			116.57	90.36
汽车制造业	85.67	75.54	7.27	128.00	5361.58	4300.03
汽车整车制造	18.92	28.56		72.30	3123.01	2443.65
汽车用发动机制造	0.19	1.55			95.88	94.03
改装汽车制造	13.78	1.23		0.38	213.61	178.82
低速汽车制造						
电车制造						
汽车车身、挂车制造	3.50	3.81		4.56	179.93	151.68
汽车零部件及配件制造	49.29	40.40	7.27	50.76	1749.16	1431.86
铁路、船舶、航空航天和其他运输设备制造业	53.48	1.76		2.95	492.37	441.76
铁路运输设备制造	29.82				104.69	93.01
城市轨道交通设备制造					19.30	16.39
船舶及相关装置制造	22.66	0.99		0.57	271.76	248.58
航空、航天器及设备制造		0.10			70.12	61.81
摩托车制造	0.19	0.62			14.99	11.99
自行车和残疾人座车制造	0.01			2.38	2.21	1.55
助动车制造	0.80				5.56	5.09
非公路休闲车及零配件制造						
潜水救捞及其他未列明运输设备制造		0.04			3.76	3.35
电气机械和器材制造业	54.62	31.53	0.42	31.67	1386.44	1162.83
电机制造	1.54	0.26		1.05	60.33	54.60
输配电及控制设备制造	5.65	5.77	0.13	14.15	176.85	148.88
电线、电缆、光缆及电工器材制造	11.10	12.90		11.14	340.63	281.34
电池制造	21.18	6.07	0.30	1.82	237.69	188.61
家用电力器具制造	14.75	2.61		0.18	518.82	450.62
非电力家用器具制造				0.50	10.01	7.81
照明器具制造	0.35	3.28		2.83	22.57	19.64
其他电气机械及器材制造	0.06	0.63			19.54	11.34
计算机、通信和其他电子设备制造业	221.81	40.97	20.83	18.28	1751.34	1519.08
计算机制造	21.94		2.12	0.02	290.25	274.33
通信设备制造	20.17	10.15	1.34	0.70	550.90	511.03
广播电视设备制造	5.60	0.20			10.50	8.71

单位：亿元

销售费用	管理费用	财务费用			投资收益(损失以"–"号记)	营业利润	利润总额	亏损企业亏损额	平均用工人数(万人)
			利息收入	利息支出					
0.18	0.41	0.12		0.12		0.18	0.22		0.07
19.10	30.11	5.14	0.35	5.29	0.02	30.47	30.98	0.18	5.12
7.32	11.42	1.65	0.07	1.79	–0.06	5.45	5.74	0.04	1.79
2.77	3.65	1.19	–0.01	0.93		5.96	6.03	0.05	1.18
0.62	1.07	0.34		0.35		0.86	0.86	0.09	0.28
0.76	1.48	0.36		0.33	0.01	0.88	1.15		0.28
0.26	0.59	–0.08	0.10	0.04		0.62	0.58		0.08
1.12	1.28	0.48	–0.01	0.45		4.89	5.01		0.30
2.92	2.81	0.05	–0.02	0.08	0.03	1.97	2.01		0.29
3.32	7.82	1.13	0.23	1.33	0.04	9.84	9.60		0.91
159.21	288.73	–1.51	16.00	18.69	54.80	562.54	563.98	54.08	28.81
104.51	155.74	–14.15	14.18	7.06	48.95	379.81	376.70	40.45	8.54
1.41	1.17	0.26	0.05	0.27		–4.92	–4.90	6.85	0.27
6.77	9.98	1.47	0.06	0.96	0.34	16.08	16.20	2.11	1.52
5.01	11.17	0.72	0.10	0.65	0.46	11.45	11.67	0.11	1.36
41.51	110.67	10.19	1.61	9.75	5.05	160.12	164.31	4.57	17.12
5.95	30.91	4.07	0.68	3.49	0.10	1.39	2.59	18.42	4.93
2.16	6.24	0.75	0.15	0.86	0.02	1.05	1.82		1.08
0.08	0.26	–0.01		–0.01		2.70	2.91		0.04
2.35	16.98	2.42	0.28	1.40	–0.25	–8.91	–8.73	18.42	2.31
0.55	6.03	0.85	0.23	1.10	0.30	4.38	4.36		1.10
0.51	0.91	0.08	0.03	0.15		1.39	1.42		0.22
0.03	0.20	–0.01			0.02	0.46	0.46		0.09
0.21	0.15					0.13	0.13		0.06
0.06	0.15	–0.01				0.20	0.21		0.03
41.55	71.05	8.86	–0.21	8.86	0.86	90.26	107.82	1.53	10.43
2.03	4.97	0.41	0.14	0.48		0.64	0.87	1.21	0.76
5.40	10.28	1.46	0.29	0.77	0.13	9.47	10.73		1.79
8.00	17.75	3.60	–0.47	3.77	1.68	28.58	28.71	0.14	1.51
7.48	11.62	2.75	–0.19	3.08	0.15	18.47	33.47	0.12	3.32
16.00	22.12	0.28	0.05	0.62	–1.10	27.65	28.48	0.06	2.52
0.06	0.70					1.50	1.50		0.05
0.56	1.14	0.38	–0.04	0.11		0.77	0.82		0.35
2.03	2.48	–0.03		0.03	0.01	3.18	3.22		0.13
43.08	123.26	13.34	4.17	16.91	–4.59	67.50	70.32	4.18	14.11
3.01	10.25	–1.26	5.16	4.69	–6.73	4.17	4.85		1.61
4.61	23.95	1.84	0.22	2.10	1.03	12.59	12.90	0.79	3.39
0.42	0.67	0.05		0.05		0.65	0.65		0.23

1-A-10 续表11

行　业	法人资本	个人资本	港澳台资本	外商资本	营业收入	营业成本
雷达及配套设备制造		0.21			8.56	6.81
非专业视听设备制造		0.44			25.37	23.77
智能消费设备制造	57.90	0.87		0.55	60.80	47.79
电子器件制造	108.67	13.10	0.47	13.17	703.76	563.11
电子元件及电子专用材料制造	1.19	14.10	16.90	3.60	73.80	62.73
其他电子设备制造	6.34	1.90		0.23	27.41	20.80
仪器仪表制造业	1.77	1.32		0.06	66.58	49.85
通用仪器仪表制造	1.32	0.88		0.06	18.80	12.65
专用仪器仪表制造	0.23	0.30			28.42	20.89
钟表与计时仪器制造		0.03			4.81	3.24
光学仪器制造	0.22				13.35	11.93
衡器制造						
其他仪器仪表制造业		0.11			1.21	1.14
其他制造业	4.80	0.11			51.84	45.61
日用杂品制造		0.11			1.41	1.37
核辐射加工						
其他未列明制造业	4.80				50.43	44.25
废弃资源综合利用业	70.95	0.19			164.58	148.41
金属废料和碎屑加工处理	70.95	0.19			164.58	148.41
非金属废料和碎屑加工处理						
金属制品、机械和设备修理业	4.43	0.58			35.55	29.23
金属制品修理						
通用设备修理					1.27	1.04
专用设备修理						
铁路、船舶、航空航天等运输设备修理		0.43			16.14	11.31
电气设备修理						
仪器仪表修理						
其他机械和设备修理业	4.43	0.15			18.15	16.89
电力、热力、燃气及水生产和供应业	**85.86**	**79.89**	**1.31**	**4.37**	**1759.59**	**1479.37**
电力、热力生产和供应业	78.38	76.71			1653.00	1391.12
电力生产	78.33	76.71			640.21	398.07
电力供应					996.28	980.35
热力生产和供应	0.05				16.51	12.70
燃气生产和供应业	5.47		1.31	2.06	65.54	55.57
燃气生产和供应业	5.47		1.31	2.06	65.54	55.57
生物质燃气生产和供应业						
水的生产和供应业	2.01	3.18		2.31	41.05	32.68
自来水生产和供应	2.01	3.18		2.31	41.05	32.68
污水处理及其再生利用						
海水淡化处理						
其他水的处理、利用与分配						

单位：亿元

销售费用	管理费用	财务费用	利息收入	利息支出	投资收益（损失以“–”号记）	营业利润	利润总额	亏损企业亏损额	平均用工人数（万人）
0.02	1.61	0.07	0.03	0.09	0.02	–0.05	0.22	0.38	0.13
0.33	1.09	0.06		0.02		0.52	0.59		0.17
3.46	5.62	0.88	0.20	0.63	0.18	4.67	4.73		0.64
28.05	70.66	10.21	–1.23	8.29	1.21	40.77	42.09	0.63	6.04
1.36	5.90	0.90	–0.06	0.49	–0.41	2.08	2.20	2.38	1.45
1.82	3.50	0.59	–0.14	0.55	0.11	2.11	2.10		0.45
3.23	7.26	1.10	0.53	0.72	1.47	4.04	4.28	3.04	1.38
1.47	2.26	0.16		0.19	1.46	3.55	3.65		0.22
1.40	3.24	0.54	0.01	0.49		2.26	2.34		0.46
0.10	0.13					1.31	1.31	0.01	0.30
0.25	1.59	0.38	0.52	0.02		–3.07	–3.01	3.03	0.30
	0.04	0.02		0.02	0.01				0.10
0.15	3.39	–0.16	0.19	0.03	–0.03	2.70	2.79		0.59
0.01	0.01					0.02	0.02		0.05
0.14	3.38	–0.16	0.19	0.03	–0.03	2.68	2.77		0.54
1.30	4.39	4.62	3.12	1.33	–0.68	6.61	7.01		0.62
1.30	4.39	4.62	3.12	1.33	–0.68	6.61	7.01		0.62
0.58	2.28	1.14		1.11	0.01	2.19	2.23	0.12	0.43
	0.18	0.01		0.01		0.03	0.06		0.11
0.17	1.71	0.93		0.91	0.02	1.97	1.98		0.13
0.42	0.39	0.21	0.01	0.20	–0.01	0.20	0.19	0.12	0.19
7.23	**24.56**	**53.91**	**1.60**	**55.41**	**30.15**	**217.45**	**217.34**	**3.66**	**11.72**
0.51	18.35	50.19	1.62	51.67	26.05	211.76	209.99	3.21	10.09
0.16	16.24	39.13	1.48	40.50	25.76	208.99	206.60	3.21	2.16
	0.65	11.09	0.11	11.17	0.28	0.87	1.38		7.86
0.35	1.46	–0.03	0.04			1.89	2.01		0.08
2.71	1.74	0.26	–0.06	0.27		5.64	5.66		0.44
2.71	1.74	0.26	–0.06	0.27		5.64	5.66		0.44
4.01	4.47	3.46	0.03	3.48	4.10	0.05	1.69	0.45	1.18
4.01	4.47	3.46	0.03	3.48	4.10	0.05	1.69	0.45	1.18

B. 地区部分

1-B-1 按地区分组的规模以上

地区	企业单位数(个)	资产总计	固定资产净额	固定资产原价	累计折旧	流动资产合计	应收账款
全省	**15222**	**41396.15**	**12368.05**	**25238.85**	**11938.35**	**19133.59**	**4963.61**
武汉市	2702	16372.02	4082.55	8333.25	3997.88	8344.23	2361.53
黄石市	734	2063.20	567.64	990.87	398.79	1125.73	175.18
十堰市	902	2360.17	435.19	814.58	341.05	1389.26	312.96
宜昌市	1209	4782.76	1921.33	3501.66	1512.30	1283.42	263.39
襄阳市	1577	3771.43	1151.00	2039.26	741.20	1906.11	607.40
鄂州市	488	777.72	256.17	569.65	288.80	310.47	81.85
荆门市	1065	1986.66	691.34	1261.93	519.16	748.00	145.37
孝感市	1136	1615.65	588.57	2470.38	1803.54	706.74	198.12
荆州市	1150	2110.06	530.19	1310.14	757.03	1012.60	249.77
黄冈市	1331	1293.37	505.66	832.11	264.59	554.00	139.01
咸宁市	911	1028.48	363.63	629.83	216.97	439.64	98.41
随州市	646	811.07	280.03	430.25	117.03	363.76	94.95
恩施州	404	400.22	219.54	355.45	132.16	129.23	28.54
仙桃市	399	564.08	231.02	404.07	154.73	234.50	66.07
潜江市	270	948.33	345.94	772.93	390.98	342.85	99.99
天门市	286	463.65	177.48	488.50	289.24	223.89	40.49
神农架	12	47.27	20.76	33.98	12.89	19.16	0.57

工业企业主要经济指标

单位：亿元

存货	产成品	负债合计	流动负债合计	应付账款	所有者权益合计	实收资本	国家资本	集体资本
4214.76	**1614.85**	**21116.69**	**16931.95**	**5083.08**	**20277.25**	**8161.28**	**2324.51**	**191.50**
1723.39	528.06	8643.18	7170.00	2772.22	7726.63	3170.16	1102.65	68.58
247.21	84.74	1182.57	954.01	200.95	880.63	345.52	130.23	13.42
213.80	119.06	1471.25	1268.39	364.14	888.92	535.74	321.30	8.32
277.73	126.73	2402.68	1496.09	289.83	2380.08	720.96	237.15	9.06
476.32	203.39	1876.69	1555.69	448.61	1894.74	556.90	129.57	19.19
76.15	32.84	425.67	376.44	65.41	352.05	252.02	116.14	8.26
258.24	96.34	810.03	649.17	131.29	1176.63	437.37	88.12	4.77
168.15	68.76	812.77	657.80	111.95	802.88	360.19	27.41	3.03
251.51	105.82	980.82	836.58	182.21	1129.23	358.81	47.14	12.33
170.45	85.84	647.83	513.76	125.45	645.54	339.94	34.79	19.88
107.33	46.74	433.17	361.45	100.09	595.31	244.33	3.98	5.85
82.09	38.36	345.63	246.65	65.57	465.45	205.18	26.12	9.41
26.88	12.24	228.82	169.89	25.14	171.40	112.68	45.10	1.68
57.71	28.28	265.37	225.51	70.71	298.71	97.39	7.65	3.08
38.77	23.20	352.69	284.88	80.78	595.64	298.96	5.98	3.12
36.69	13.37	199.46	142.06	46.39	264.19	119.42	1.12	1.11
2.34	1.09	38.06	23.58	2.34	9.21	5.71	0.08	0.42

1-B-1 续表

地　区	法人资本	个人资本	港澳台资本	外商资本	营业收入	营业成本	销售费用
全　省	**3196.33**	**1823.72**	**186.97**	**430.49**	**44636.38**	**36217.25**	**1315.07**
武汉市	1370.03	318.78	76.54	225.86	14559.31	11704.81	430.12
黄石市	81.53	65.01	27.10	28.24	2107.14	1723.53	49.99
十堰市	90.67	69.44	0.19	45.79	2096.06	1713.56	78.21
宜昌市	245.90	200.56	12.51	15.78	3311.44	2537.99	117.27
襄阳市	195.13	165.74	15.09	32.18	5531.47	4492.71	134.79
鄂州市	65.23	60.05	1.02	1.31	1355.29	1111.05	46.89
荆门市	224.28	113.95	1.46	4.79	3232.11	2638.62	91.55
孝感市	125.30	183.83	9.17	11.46	2651.07	2264.69	83.10
荆州市	94.54	160.19	18.48	26.14	2152.87	1801.13	59.02
黄冈市	106.95	160.01	9.67	8.65	1525.67	1252.19	36.52
咸宁市	117.45	106.32	7.99	2.74	1753.28	1418.06	41.75
随州市	65.14	100.44	0.82	3.24	1305.36	1015.15	43.41
恩施州	26.64	38.18	0.94	0.14	165.17	122.76	6.87
仙桃市	37.58	25.04	3.59	20.45	982.80	801.14	49.88
潜江市	260.78	24.83	1.25	3.01	1020.90	872.44	15.66
天门市	85.35	29.98	1.16	0.71	876.92	740.85	29.91
神农架	3.85	1.37			9.52	6.56	0.17

单位：亿元

管理费用	财务费用			投资收益(损失以“–”号记)	营业利润	利润总额	亏损企业亏损额	平均用工人数(万人)
		利息收入	利息支出					
1947.07	**406.35**	**39.22**	**370.66**	**134.43**	**3756.91**	**3752.76**	**185.39**	**315.55**
733.13	72.76	12.85	97.00	55.24	957.02	949.89	114.13	80.27
74.86	18.34	2.73	16.36	–31.72	136.49	135.41	9.46	16.20
111.37	10.72	8.72	12.54	47.30	219.37	217.03	4.38	16.71
144.17	67.62	2.73	70.46	35.99	453.34	443.89	7.03	25.47
235.91	43.09	2.65	35.02	8.81	594.72	616.41	10.69	36.22
67.01	10.82	0.15	7.49	1.12	111.55	103.59	0.91	9.10
108.79	24.55	4.51	17.57	4.64	253.01	249.56	2.62	17.36
99.01	39.17	1.52	19.28	4.16	139.08	141.20	2.49	20.60
81.44	23.34	0.45	18.22	2.53	171.45	173.39	4.39	19.09
51.45	16.97	0.04	15.62	0.32	159.86	153.98	1.83	18.00
52.03	17.29	1.50	11.88	2.90	218.00	222.41	4.13	13.46
46.05	16.36	0.54	10.68	2.17	176.19	176.07	0.48	9.30
9.21	8.29	–0.05	7.98	0.34	16.31	17.28	1.76	2.59
56.85	11.35	0.24	9.04	0.41	57.60	58.84	3.47	11.90
34.51	7.69	0.59	5.19	0.12	47.24	48.28	15.88	8.58
40.75	16.98	0.02	15.83		45.25	45.64	0.84	10.55
0.53	1.02	0.01	0.51	0.07	0.43	–0.10	0.90	0.15

1-B-2 按地区分组的国有控股

地 区	资产总计	固定资产净 额	固定资产原 价	累计折旧	流动资产合 计		
						应收账款	存货
全 省	**18742.52**	**5920.19**	**12033.32**	**5756.06**	**7547.07**	**1582.57**	**1504.68**
武汉市	10405.02	2956.94	6360.13	3193.24	4624.18	863.87	1001.96
黄石市	523.39	176.97	332.45	149.00	239.28	29.95	73.02
十堰市	1347.23	224.11	421.83	184.69	749.18	123.68	74.09
宜昌市	2930.23	1330.28	2296.80	953.69	469.83	67.13	80.04
襄阳市	1347.70	362.44	739.34	306.20	757.11	278.72	124.85
鄂州市	359.95	136.42	316.52	179.32	106.12	25.17	19.21
荆门市	307.74	136.29	273.08	133.41	110.17	17.19	37.65
孝感市	391.81	174.32	316.56	135.88	163.50	51.44	39.93
荆州市	359.07	75.08	121.75	45.04	94.78	23.35	24.38
黄冈市	127.98	69.00	110.35	38.23	38.37	8.10	5.60
咸宁市	40.09	14.07	23.33	8.35	13.80	2.42	3.43
随州市	109.53	36.05	51.62	15.19	59.93	17.75	11.82
恩施州	190.46	151.28	250.85	97.63	22.00	4.93	2.55
仙桃市	12.03	5.63	7.05	1.31	5.30	1.07	0.79
潜江市	276.24	61.38	394.65	307.80	90.61	67.20	4.85
天门市	3.35	0.94	1.06	0.13	2.14	0.60	0.52
神农架	10.67	9.01	15.98	6.97	0.78		0.01

工业企业主要经济指标

单位：亿元

产成品	负债合计	流动负债合计	应付账款	所有者权益合计	实收资本	国家资本	集体资本	法人资本
449.36	**9785.19**	**7429.59**	**2156.28**	**8957.33**	**3695.07**	**2139.21**	**56.81**	**1199.20**
243.03	5214.29	4162.96	1477.05	5190.73	2162.11	1080.13	39.45	941.57
14.51	345.87	229.50	42.40	177.52	90.89	57.24	0.04	9.28
51.26	859.75	730.93	170.33	487.48	384.65	313.36	1.63	25.31
35.24	1407.23	714.21	85.44	1523.01	389.42	216.54	2.92	85.41
53.73	732.38	597.28	183.60	615.32	148.31	117.49	2.08	18.18
2.23	229.29	205.72	27.50	130.66	148.17	115.61	0.89	31.14
11.58	171.21	142.53	31.04	136.53	104.79	84.68	0.72	15.15
9.86	247.35	212.02	30.20	144.46	71.98	25.42	0.05	33.50
14.10	114.06	76.41	26.56	245.02	55.08	41.82	0.04	5.37
1.47	89.73	73.18	18.87	38.25	23.75	14.46	0.61	6.23
2.81	26.14	17.10	5.66	13.95	8.43	2.05	0.98	4.92
5.78	76.95	54.89	19.61	32.58	30.17	17.65	6.50	2.47
0.84	113.85	74.51	6.53	76.61	56.54	44.67	0.92	10.52
0.57	7.15	2.60	0.25	4.87	4.35	2.56		
2.08	139.40	125.64	30.06	136.85	13.49	5.50		7.26
0.26	0.54	0.51	0.29	2.81	2.90			2.90
	9.99	9.60	0.88	0.68	0.03	0.03		

1-B-2 续表

地 区				营业收入	营业成本	销售费用	管理费用
	个人资本	港澳台资本	外商资本				
全 省	**163.14**	**4.46**	**132.24**	**12079.07**	**9431.17**	**265.60**	**639.16**
武汉市	42.13	2.90	55.94	7326.04	5650.58	153.90	401.74
黄石市	0.29		24.04	574.79	471.27	4.75	10.82
十堰市	0.06		44.30	785.12	668.51	32.90	55.51
宜昌市	84.38	0.05	0.12	829.72	548.91	17.29	34.56
襄阳市	4.50	0.86	5.20	985.61	822.17	25.84	59.47
鄂州市	0.30	0.24		313.64	259.95	2.94	15.51
荆门市	4.23			492.43	378.79	7.86	13.67
孝感市	12.91		0.10	250.47	216.64	4.45	9.84
荆州市	5.73		2.12	130.86	102.26	5.85	8.75
黄冈市	1.62	0.42	0.42	88.82	66.72	2.22	5.15
咸宁市	0.48			24.59	18.27	0.74	1.95
随州市	3.56			85.96	70.18	3.24	3.44
恩施州	0.43			37.77	22.97	0.83	2.01
仙桃市	1.79			3.99	3.61	0.26	0.18
潜江市	0.74			146.81	127.26	2.43	16.44
天门市				1.15	0.98	0.08	0.10
神农架				1.31	2.10		0.02

单位：亿元

财务费用			投资收益(损失以"–"号记)	营业利润	利润总额	亏损企业亏损额	平均用工人数(万人)
	利息收入	利息支出					
113.75	**19.57**	**145.45**	**120.81**	**946.50**	**919.86**	**128.26**	**67.27**
33.84	7.32	56.95	51.52	474.32	456.12	93.37	34.71
7.32	0.91	7.01	–18.41	14.13	13.49	2.36	2.77
2.01	6.40	5.58	45.24	75.63	71.42	2.98	5.91
37.84	1.35	43.54	29.10	215.37	214.62	3.58	4.26
7.40	1.71	8.15	7.37	71.03	72.61	8.09	9.16
4.39	0.22	4.11	0.51	30.11	23.28	0.01	1.08
2.63	0.44	2.65	0.12	22.29	22.99	0.71	2.04
8.65	0.75	7.66	3.56	12.67	13.48	0.51	2.33
1.28	0.29	1.97	0.01	12.49	12.60	0.01	0.83
1.47	0.01	1.01	0.14	12.61	12.96	0.03	0.68
0.37	0.03	0.40		3.11	3.22		0.33
1.72	0.09	1.52	1.34	7.79	8.18	0.27	0.52
3.93	–0.10	3.84	0.31	7.63	7.77	0.15	0.41
0.20	0.01	0.20		–0.30	–0.39	0.39	0.04
0.71	0.14	0.84		–11.53	–11.63	14.92	2.13
–0.01	0.01						0.01
0.01		0.01		–0.85	–0.87	0.87	0.06

1-B-3 按地区分组的有限责任公司工业

地　区	资产总计	固定资产净　额	固定资产原　价	累计折旧	流动资产合　计	应收账款	存货
全　省	**14396.39**	**3964.89**	**7759.09**	**3584.52**	**7197.89**	**1952.71**	**1601.12**
武汉市	6787.78	1676.73	3437.98	1686.88	3535.97	1161.10	782.21
黄石市	1154.23	258.10	449.84	182.85	693.93	80.41	154.42
十堰市	990.87	201.83	370.00	150.86	483.10	87.12	58.67
宜昌市	1088.63	289.94	539.80	234.25	498.05	83.54	97.64
襄阳市	1161.97	309.82	609.10	272.51	617.43	186.03	171.29
鄂州市	419.39	148.01	343.77	192.53	138.05	33.03	29.75
荆门市	387.45	170.26	303.43	123.79	160.90	33.36	53.13
孝感市	516.64	146.23	423.19	259.80	264.21	73.31	57.71
荆州市	472.63	149.51	288.26	133.80	242.07	83.87	66.09
黄冈市	315.50	132.81	202.27	59.06	140.18	33.00	35.05
咸宁市	302.05	102.97	167.90	55.27	131.23	32.03	25.55
随州市	189.88	77.26	108.99	25.52	82.05	21.41	19.36
恩施州	240.28	162.88	270.56	105.57	51.77	10.77	9.80
仙桃市	74.37	29.10	55.71	26.43	38.01	11.60	10.97
潜江市	173.30	61.35	95.52	31.94	69.05	12.00	18.72
天门市	95.28	30.50	64.03	32.64	47.28	9.80	9.18
神农架	26.15	17.61	28.75	10.82	4.62	0.33	1.58

企业主要经济指标

单位：亿元

产成品	负债合计	流动负债合计	应付账款	所有者权益合计	实收资本	国家资本	集体资本	法人资本
554.73	**8264.18**	**6706.34**	**2054.23**	**6129.97**	**3089.94**	**1022.19**	**62.79**	**1588.63**
220.57	3839.19	3167.80	1229.01	2946.34	1520.10	355.94	18.07	1050.01
46.27	685.43	562.67	88.12	468.81	139.47	50.35	2.57	49.27
29.75	584.93	456.57	108.94	405.94	279.72	227.30	6.26	36.82
43.37	701.30	523.18	123.22	387.33	180.54	50.29	4.92	97.25
74.67	646.58	558.48	179.62	515.39	202.13	83.44	10.18	57.57
7.65	253.16	224.11	34.46	166.23	153.75	103.44	2.14	41.14
16.41	200.44	153.82	38.00	187.01	83.29	32.41	2.42	34.46
17.99	301.58	251.50	44.59	215.05	118.79	23.79	1.10	45.06
34.39	250.63	201.33	71.54	222.00	91.81	15.11	4.54	33.86
16.46	189.56	155.66	45.73	125.94	78.32	17.15	2.30	31.06
13.68	156.22	126.40	29.76	145.83	49.50	3.55	4.75	26.16
8.66	113.21	72.40	24.80	76.67	41.20	9.23	0.93	14.88
3.26	143.65	100.80	12.01	96.62	65.96	41.03	1.07	13.56
3.79	38.37	30.37	6.74	36.01	18.48	5.48	0.11	6.04
14.92	101.73	80.80	8.79	71.57	49.06	3.47	0.07	40.85
2.50	35.32	25.91	7.65	59.96	15.21	0.12	0.95	9.38
0.40	22.87	14.53	1.26	3.28	2.63	0.08	0.42	1.28

1-B-3 续表

地　区				营业收入	营业成本	销售费用	管理费用
	个人资本	港澳台资本	外商资本				
全　省	**381.37**	**2.35**	**31.99**	**13734.02**	**10963.87**	**359.67**	**658.44**
武汉市	81.01	0.13	14.33	5847.13	4549.67	110.88	318.08
黄石市	22.81	0.01	14.48	1038.47	802.21	32.27	36.42
十堰市	9.34			583.46	467.65	24.13	40.99
宜昌市	26.38	1.28	0.42	885.32	700.35	39.45	41.91
襄阳市	48.18	0.27	2.49	1664.21	1351.25	45.09	79.04
鄂州市	7.02	0.01		486.63	395.65	13.07	28.22
荆门市	13.94		0.05	534.40	450.27	16.10	15.96
孝感市	48.56	0.27	0.01	490.94	415.57	16.01	19.58
荆州市	38.27	0.03		506.44	422.06	16.33	18.42
黄冈市	27.66	0.16		347.13	290.29	8.07	13.26
咸宁市	15.01		0.03	355.42	286.54	9.88	12.39
随州市	16.16			250.22	197.94	9.52	9.27
恩施州	10.30			75.41	52.87	2.61	3.66
仙桃市	6.76		0.10	134.76	114.43	5.80	7.60
潜江市	4.58	0.09		370.53	329.88	3.91	5.78
天门市	4.55	0.11	0.09	158.97	133.46	6.49	7.50
神农架	0.85			4.56	3.80	0.08	0.35

单位：亿元

财务费用			投资收益(损失以"–"号记)	营业利润	利润总额	亏损企业亏损额	平均用工人数(万人)
	利息收入	利息支出					
128.77	**10.05**	**131.14**	**72.63**	**1010.41**	**1004.15**	**57.31**	**92.52**
38.03	0.54	45.10	48.06	310.99	293.62	33.37	30.94
11.47	1.67	10.42	–23.25	73.41	71.97	4.08	7.70
3.61	4.71	6.04	39.68	82.28	81.24	3.19	5.62
13.32	–0.01	16.01	3.83	84.02	83.09	4.41	7.64
13.58	0.84	11.25	1.17	171.12	187.61	0.86	10.55
4.80	0.20	4.27	0.54	42.82	36.04	0.33	2.45
5.99	0.08	5.63	0.05	40.60	41.28	0.59	3.55
9.25	0.88	6.67	0.63	27.63	28.39	0.71	4.89
4.48	–0.10	3.58	0.08	42.67	43.46	1.17	4.34
4.65	0.02	3.81	0.07	31.13	31.49	0.84	3.99
4.24	0.75	4.02	0.64	40.35	41.55	3.12	2.82
3.12	0.14	2.68	0.79	29.25	29.23	0.32	1.77
4.99	–0.08	4.88	0.33	10.42	10.56	0.68	0.86
1.46	0.02	1.09		4.61	4.68	0.96	1.65
2.32	0.39	2.41		11.71	12.52	1.67	1.47
3.05		2.86		7.88	7.95	0.12	2.15
0.41	0.01	0.42	0.02	–0.46	–0.52	0.90	0.12

1-B-4 按地区分组的股份有限公司

地　区	资产总计	固定资产净额	固定资产原价	累计折旧	流动资产合计	应收账款	存货
全　省	**9167.13**	**2336.29**	**4633.16**	**2208.45**	**3623.40**	**850.70**	**654.37**
武汉市	3122.42	194.69	353.99	143.08	1742.67	334.90	302.50
黄石市	186.14	43.99	94.55	47.59	87.83	28.15	16.70
十堰市	43.43	8.26	18.03	8.39	24.08	10.34	4.66
宜昌市	2580.10	1273.45	2217.84	929.37	310.11	56.75	58.65
襄阳市	964.91	256.66	396.85	136.79	567.49	222.68	93.17
鄂州市	57.03	14.90	29.52	13.67	23.20	6.82	4.15
荆门市	475.91	93.82	209.89	109.09	136.69	19.62	49.11
孝感市	251.07	137.38	310.14	171.88	78.79	21.22	17.31
荆州市	804.98	122.69	371.51	246.15	378.86	48.88	57.35
黄冈市	115.87	42.93	77.37	31.34	48.17	10.86	12.92
咸宁市	70.98	22.53	37.13	12.82	26.70	4.01	10.94
随州市	122.07	23.45	49.45	23.10	64.32	12.12	14.16
恩施州	11.75	6.68	9.40	2.52	3.43	0.26	0.78
仙桃市	42.54	18.39	28.69	7.75	15.57	4.45	4.22
潜江市	267.23	57.85	385.20	302.82	88.18	67.11	4.60
天门市	34.97	17.63	41.80	21.29	14.58	2.53	2.58
神农架	15.72	1.00	1.79	0.79	12.72		0.57

工业企业主要经济指标

单位：亿元

产成品	负债合计	流动负债合计	应付账款	所有者权益合计	实收资本	国家资本	集体资本	法人资本
239.94	**3664.79**	**2590.19**	**556.84**	**5502.34**	**1079.93**	**401.56**	**32.65**	**302.34**
95.81	995.35	766.62	235.01	2127.07	276.50	102.74	3.17	80.02
6.80	92.39	76.46	26.69	93.74	29.80	7.20	9.87	6.44
2.38	18.15	15.74	6.39	25.28	9.65	0.34	0.06	5.45
26.83	1094.94	494.41	46.58	1485.16	343.28	174.89	1.70	66.21
41.15	499.96	395.11	102.28	464.95	79.60	29.94	2.53	25.88
3.00	22.47	19.43	3.57	34.56	11.88		0.59	3.80
16.17	140.02	115.26	33.94	335.89	128.83	49.29	0.44	54.38
9.03	131.50	117.31	5.80	119.57	40.92	2.32	0.16	13.52
14.26	333.28	305.50	26.82	471.70	72.95	27.68	4.47	11.42
5.82	56.96	49.61	8.51	58.91	26.66	1.43	1.23	7.14
7.15	26.08	20.48	3.53	44.90	10.43	0.08		4.14
4.59	55.19	48.25	12.24	66.88	21.31	0.08	8.22	6.45
0.51	4.67	2.97	0.53	7.08	4.93	3.07	0.21	0.72
2.99	30.30	23.66	11.58	12.25	2.82			1.00
1.96	138.50	124.29	30.44	128.73	5.31	2.50		2.71
0.91	12.77	7.21	2.22	22.20	13.00			10.99
0.57	12.25	7.89	0.68	3.47	2.07			2.07

1-B-4 续表

地　区	个人资本	港澳台资本	外商资本	营业收入	营业成本	销售费用	管理费用
全　省	**338.05**	**1.55**	**3.78**	**4801.47**	**3525.04**	**206.00**	**309.81**
武汉市	90.55		0.02	1205.86	796.78	102.70	128.53
黄石市	5.29	1.00		107.57	78.56	3.54	8.11
十堰市	3.80			45.07	34.83	2.00	2.74
宜昌市	100.48			795.44	510.61	18.61	31.59
襄阳市	19.88		1.37	774.47	618.07	23.59	45.27
鄂州市	7.48			106.97	82.28	8.72	7.77
荆门市	24.72			490.72	366.28	12.50	16.20
孝感市	24.90		0.01	256.57	222.63	6.57	7.28
荆州市	27.71		1.67	446.96	347.53	11.12	25.31
黄冈市	15.89	0.55	0.42	112.75	89.65	3.43	5.41
咸宁市	5.92		0.29	77.18	63.56	2.50	3.63
随州市	6.56			143.77	115.97	3.53	5.36
恩施州	0.94			2.91	1.90	0.13	0.22
仙桃市	1.81			43.18	30.74	3.48	4.39
潜江市	0.10			129.42	114.17	1.32	15.10
天门市	2.02			58.45	49.25	2.22	2.82
神农架				4.17	2.23	0.03	0.10

单位：亿元

财务费用			投资收益（损失以“–”号记）	营业利润	利润总额	亏损企业亏损额	平均用工人数（万人）
	利息收入	利息支出					
67.83	**11.44**	**76.59**	**54.74**	**623.06**	**623.32**	**46.34**	**36.51**
4.15	8.22	13.28	8.54	168.50	169.28	29.27	8.24
0.94	0.05	0.94	–1.36	12.79	13.16	0.34	1.46
0.46		0.40	1.02	5.85	5.94	0.01	0.50
36.40	1.46	38.05	31.23	225.20	222.69	0.12	4.27
5.47	0.98	5.30	6.32	76.66	78.24	0.88	6.72
0.93	–0.10	0.64	0.18	6.74	6.55		0.85
0.84	1.11	1.16	3.31	28.95	28.39	0.09	2.16
4.90	–0.75	5.04	3.31	16.41	16.93	0.32	2.04
6.34	0.40	6.13	0.62	49.48	49.65	0.40	3.39
1.96	0.02	1.13	0.10	12.22	12.34	0.20	1.77
0.80	–0.04	0.70	0.01	6.34	6.26	0.21	1.09
1.10	–0.06	0.81	1.13	18.28	18.65		0.95
0.13		0.15		0.32	0.34	0.23	0.09
0.86		0.78	0.33	3.59	3.68	0.07	0.31
0.62	0.13	0.75		–11.67	–11.73	14.20	2.03
1.42	0.01	1.34		2.60	2.60		0.62
0.52				0.82	0.33		0.01

1-B-5 按地区分组的私营工业企业

地　区	资产总计	固定资产净　额	固定资产原　价	累计折旧	流动资产合　计		
						应收账款	存货
全　省	**9548.26**	**3186.39**	**6931.29**	**3360.65**	**4450.35**	**1207.63**	**1207.31**
武汉市	1195.19	235.78	411.23	156.63	772.12	253.93	168.13
黄石市	339.36	104.16	156.20	43.92	156.06	33.84	39.22
十堰市	552.74	137.12	229.58	75.85	318.62	114.97	87.12
宜昌市	727.88	238.00	555.70	281.62	324.11	92.46	86.77
襄阳市	1290.63	496.84	780.51	240.43	559.04	158.42	170.29
鄂州市	242.30	70.63	157.73	67.12	127.47	35.94	36.46
荆门市	1032.93	401.14	687.41	254.83	400.99	80.98	138.55
孝感市	650.30	227.63	1551.10	1269.48	268.12	74.50	72.83
荆州市	671.88	205.10	568.94	348.80	321.01	92.57	111.12
黄冈市	727.08	264.98	431.87	124.67	319.60	83.64	110.72
咸宁市	506.52	175.33	297.53	86.54	209.93	49.32	63.92
随州市	383.17	137.12	211.49	54.10	161.68	42.06	42.42
恩施州	139.79	47.17	71.11	22.59	69.79	16.58	15.02
仙桃市	300.61	114.64	200.76	71.45	115.29	32.48	27.87
潜江市	477.15	211.58	271.61	50.95	175.39	19.18	13.62
天门市	305.36	117.00	345.10	210.39	149.30	26.52	23.09
神农架	5.41	2.16	3.44	1.28	1.83	0.24	0.18

主要经济指标

单位：亿元

产成品	负债合计	流动负债合计	应付账款	所有者权益合计	实收资本	国家资本	集体资本	法人资本
565.65	**4311.59**	**3494.01**	**937.67**	**5236.70**	**2146.69**	**22.32**	**45.55**	**1018.54**
85.43	636.40	560.61	202.60	558.83	251.55	2.55	5.88	113.16
18.98	220.53	156.79	29.34	118.82	52.68	0.56	0.96	15.59
46.02	308.12	266.85	93.08	244.61	96.93	0.47	0.79	39.46
42.92	391.68	300.76	83.04	336.19	134.51	1.48	0.68	60.39
78.37	577.19	474.58	125.41	713.44	210.24	5.61	6.41	100.77
17.97	117.92	100.98	22.81	124.38	61.11	0.39	5.24	19.72
52.16	422.91	336.58	47.21	610.01	204.81	0.42	1.15	130.56
34.97	271.87	199.76	38.15	378.43	156.75	0.20	1.17	46.77
47.66	296.51	254.58	53.21	375.37	143.14	0.91	2.24	46.59
58.04	330.34	263.00	59.40	396.75	194.84	2.85	16.32	63.02
23.90	184.12	161.10	53.54	322.40	125.39	0.26	0.98	41.56
21.18	115.60	84.34	16.75	267.56	112.31	3.26	0.04	32.46
7.80	76.50	62.70	11.45	63.29	38.92	0.22	0.40	11.73
14.90	122.02	102.92	28.45	178.59	43.75	2.17	0.10	24.96
5.71	100.58	69.21	38.55	376.56	230.12		3.04	207.29
9.52	136.36	98.08	34.31	169.00	88.60	0.97	0.16	64.00
0.12	2.94	1.17	0.40	2.47	1.02			0.50

1-B-5 续表

地 区				营业收入	营业成本	销售费用	管理费用
	个人资本	港澳台资本	外商资本				
全 省	**1054.34**	**4.46**	**0.74**	**17441.22**	**14412.87**	**501.02**	**636.90**
武汉市	127.20	1.67	0.39	2103.52	1782.70	73.92	85.35
黄石市	35.54	0.02		419.26	356.96	8.31	14.62
十堰市	56.02	0.11	0.05	777.43	618.62	22.37	30.27
宜昌市	71.96			1367.02	1120.08	47.33	56.67
襄阳市	97.41	0.05		2647.79	2131.83	56.40	98.36
鄂州市	35.77			663.49	556.05	19.18	24.20
荆门市	72.48		0.20	2049.18	1690.55	57.83	70.08
孝感市	106.70	1.90		1676.46	1433.72	54.46	63.90
荆州市	93.34		0.07	1060.19	912.80	27.44	29.24
黄冈市	112.64	0.01		939.44	765.86	20.34	29.49
咸宁市	82.39	0.20		1174.09	967.97	27.55	32.13
随州市	76.55			816.98	629.63	26.75	27.48
恩施州	26.57			82.55	64.36	3.96	4.95
仙桃市	16.13	0.40		589.20	484.09	25.99	30.21
潜江市	19.73	0.05		474.36	392.81	8.81	11.47
天门市	23.39	0.05	0.02	599.47	504.30	20.31	28.39
神农架	0.52			0.79	0.53	0.06	0.08

单位：亿元

财务费用			投资收益(损失以"–"号记)	营业利润	利润总额	亏损企业亏损额	平均用工人数(万人)
	利息收入	利息支出					
173.92	**6.78**	**113.76**	**–10.25**	**1530.58**	**1528.58**	**16.04**	**135.31**
12.01	0.07	8.63	–9.95	123.24	126.11	4.68	14.23
4.54	0.11	3.04	–7.71	21.02	21.46	3.53	4.34
8.14	0.44	5.28	0.48	92.10	93.54	1.17	6.44
14.79	0.29	12.32	1.18	118.95	114.14	0.62	11.02
21.24	0.44	16.42	0.27	323.71	326.97	0.34	15.89
4.92	0.03	2.37	0.40	54.15	53.03	0.53	5.05
16.74	3.25	9.86	1.27	174.30	171.10	0.45	10.46
23.25	1.06	6.13	0.23	77.28	77.45	0.85	11.72
11.11	0.26	7.08	0.93	72.60	73.44	0.74	10.37
8.88	–0.06	9.34	0.12	106.64	100.33	0.72	10.51
11.00	0.24	6.19	2.11	132.67	136.28	0.61	8.66
10.34	0.51	5.28	0.11	115.44	114.89	0.16	5.74
3.07	0.03	2.87	0.01	5.55	6.26	0.85	1.55
7.17	0.01	5.77	0.10	38.06	38.18	0.38	7.39
4.51	0.08	1.84	0.13	42.23	42.46		4.62
12.13	0.01	11.26		32.53	32.85	0.41	7.30
0.09		0.09	0.06	0.08	0.09		0.02

1-B-6 按地区分组的港澳台商

地 区	资产总计	固定资产净额	固定资产原价	累计折旧	流动资产合计	应收账款	存货
全 省	**1984.83**	**604.20**	**1063.49**	**447.06**	**1019.53**	**346.22**	**211.63**
武汉市	743.86	126.84	240.97	113.54	488.21	234.13	107.42
黄石市	252.19	93.08	162.03	65.01	137.12	19.35	25.90
十堰市	10.11	1.90	3.15	1.24	6.39	2.95	1.37
宜昌市	310.05	92.59	134.46	41.16	115.56	19.11	22.95
襄阳市	83.67	41.66	61.29	16.43	28.36	8.55	4.97
鄂州市	8.27	2.68	4.81	1.88	3.88	0.73	1.53
荆门市	32.28	8.51	18.06	9.53	16.79	6.45	5.45
孝感市	86.87	27.56	61.41	31.89	43.39	12.84	8.95
荆州市	82.84	33.97	44.51	10.54	27.93	7.25	9.98
黄冈市	82.09	42.28	72.29	29.43	21.77	6.28	6.64
咸宁市	142.81	61.22	121.58	59.98	69.31	12.60	6.35
随州市	59.92	33.59	44.28	10.32	18.38	6.26	1.98
恩施州	3.72	0.87	1.35	0.38	2.15	0.65	0.47
仙桃市	55.98	24.75	56.36	31.60	25.68	7.22	5.63
潜江市	6.02	2.51	2.97	0.34	3.03	0.25	0.54
天门市	24.15	10.18	33.98	23.80	11.57	1.61	1.50
神农架							

投资工业企业主要经济指标

单位：亿元

产成品	负债合计	流动负债合计	应付账款	所有者权益合计	实收资本	国家资本	集体资本	法人资本
78.97	**1048.21**	**877.46**	**265.14**	**936.62**	**438.80**	**88.15**	**2.94**	**140.49**
32.95	436.48	403.09	132.73	307.38	132.11	4.24	2.66	38.84
6.41	102.33	93.94	44.55	149.86	84.56	58.22		3.44
0.86	6.17	5.91	2.94	3.94	2.38	0.49		1.20
10.95	163.17	129.53	20.90	146.87	40.83	7.98		18.29
2.70	42.38	30.72	8.40	41.29	21.92	1.67	0.06	4.35
1.20	2.45	2.45	0.90	5.81	1.93	0.24		0.47
3.23	17.70	17.06	2.95	14.58	6.31		0.02	4.00
4.15	38.84	27.66	10.96	48.03	18.74			8.23
6.32	61.21	39.62	11.95	21.63	22.47			1.12
3.68	52.19	30.73	7.51	29.90	23.33	12.39		1.85
1.66	64.74	51.74	12.63	78.08	56.41			44.14
0.88	23.25	11.67	0.89	36.67	14.02	2.91	0.20	9.26
0.34	1.23	1.01	0.57	2.49	1.91			0.62
3.04	19.39	19.08	4.26	36.59	8.05			3.91
0.16	4.25	3.86	1.18	1.77	1.52			
0.43	12.42	9.37	1.80	11.73	2.31			0.78

1-B-6 续表

地　区	个人资本	港澳台资本	外商资本	营业收入	营业成本	销售费用	管理费用
全　省	**13.95**	**158.89**	**34.39**	**1985.27**	**1636.10**	**78.37**	**80.65**
武汉市	2.07	65.54	18.76	597.90	484.72	39.53	29.20
黄石市	0.92	21.66	0.33	432.58	395.05	3.86	13.06
十堰市	0.10	0.08	0.51	10.59	8.42	0.48	0.89
宜昌市	0.87	10.68	3.01	180.96	138.26	9.11	9.82
襄阳市	0.13	13.52	2.19	81.09	66.20	3.01	2.41
鄂州市	0.20	1.02		24.18	16.17	2.58	2.33
荆门市	0.13	1.46	0.71	56.30	44.58	2.61	2.44
孝感市	3.46	6.84	0.21	124.86	102.18	4.26	3.89
荆州市	0.02	18.45	2.88	60.12	55.56	1.55	1.87
黄冈市	2.35	5.31	1.43	64.49	57.15	0.53	1.12
咸宁市	2.48	7.48	2.31	132.35	88.75	1.31	2.98
随州市	0.45	0.82	0.38	45.16	31.17	2.16	2.24
恩施州	0.21	0.94	0.14	1.02	0.82	0.05	0.13
仙桃市	0.14	2.99	1.01	108.01	87.81	6.54	6.27
潜江市	0.41	1.10		10.93	9.56	0.15	0.41
天门市	0.02	1.00	0.51	54.73	49.71	0.66	1.58
神农架							

单位：亿元

财务费用			投资收益(损失以"–"号记)	营业利润	利润总额	亏损企业亏损额	平均用工人数(万人)
	利息收入	利息支出					
9.88	**7.64**	**17.73**	**2.91**	**175.25**	**176.03**	**5.50**	**14.76**
0.71	5.08	7.22	2.15	45.27	47.53	0.61	4.59
–0.65	0.91	0.36	0.34	18.72	18.30	0.25	1.88
0.08		0.05		0.64	0.70	0.01	0.13
2.56	0.92	3.56	–0.09	20.07	18.98	1.37	1.79
1.10	0.06	0.82	0.24	8.38	8.56	0.42	0.68
0.02	0.01	0.01		3.01	3.02		0.17
0.34		0.24		5.58	5.10	0.59	0.62
0.12	0.22	0.34	–0.02	14.57	14.99		0.95
1.32	–0.07	1.24	0.02	–0.48	–0.40	2.05	0.41
1.23		1.11		4.25	4.15	0.03	0.52
1.12	0.55	0.85	0.14	37.35	37.11		0.70
0.98	0.01	1.06	0.11	8.61	8.60		0.46
0.02		0.02			0.01	0.01	0.04
0.49	–0.03	0.46		6.43	6.54	0.18	1.26
0.12		0.08		0.49	0.49		0.13
0.33		0.31		2.34	2.34		0.43

1-B-7 按地区分组的外商投资

地　区	资产总计	固定资产净　额	固定资产原　价	累计折旧	流动资产合　计	应收账款	存货
全　省	**4056.87**	**1060.69**	**2240.69**	**1050.74**	**2250.81**	**527.25**	**363.86**
武汉市	2509.41	712.86	1444.17	691.26	1331.47	330.10	210.32
黄石市	120.08	64.75	118.24	52.98	43.46	9.56	10.45
十堰市	727.62	74.35	174.32	96.96	538.65	87.53	56.88
宜昌市	44.47	13.07	26.19	12.81	22.86	9.98	6.81
襄阳市	251.70	42.29	182.17	69.46	120.31	30.65	32.41
鄂州市	32.67	8.82	17.02	7.99	13.62	4.26	3.68
荆门市	35.11	9.04	17.85	8.76	23.93	3.90	9.75
孝感市	101.08	42.51	101.57	54.78	50.35	16.19	11.30
荆州市	70.94	17.01	32.43	15.17	39.41	16.60	5.59
黄冈市	46.57	20.64	42.63	17.10	21.88	5.09	4.85
咸宁市	2.89	0.73	2.41	1.07	1.59	0.29	0.35
随州市	19.50	6.37	12.35	2.59	6.32	2.41	1.00
恩施州	0.42	0.16	0.26	0.10	0.19	0.06	0.07
仙桃市	76.46	38.51	55.98	16.56	31.68	9.54	9.02
潜江市	14.07	7.42	9.50	2.06	3.91	1.07	1.04
天门市	3.89	2.18	3.59	1.11	1.16	0.02	0.34
神农架							

工业企业主要经济指标

单位：亿元

产成品	负债合计	流动负债合计	应付账款	所有者权益合计	实收资本	国家资本	集体资本	法人资本
157.90	**2365.87**	**2156.28**	**828.86**	**1691.00**	**827.80**	**232.05**	**41.64**	**134.78**
83.48	1411.05	1285.00	573.36	1098.37	464.81	114.08	37.45	87.52
6.20	75.95	59.26	11.20	44.14	38.61	13.73		6.79
38.10	525.50	496.39	140.39	202.12	145.32	91.03	1.20	7.73
2.43	36.22	33.71	11.56	8.25	16.54		1.38	1.39
6.49	103.84	90.39	29.88	147.87	41.31	7.55	0.01	6.21
2.58	13.82	13.69	0.81	18.85	10.89			
6.48	17.80	16.92	4.40	17.30	8.72	2.15		0.76
2.63	67.24	60.57	12.15	33.84	23.93	0.07	0.59	11.73
2.74	34.88	31.78	17.53	36.06	27.20	3.03	1.01	1.06
1.69	15.95	12.93	4.06	30.62	15.99	0.39		3.75
0.22	1.14	1.09	0.25	1.75	0.92			0.43
0.93	11.33	6.25	1.48	8.18	5.30			2.09
0.06	0.14	0.13	0.02	0.27	0.11			
3.55	43.68	42.69	19.67	32.77	21.40			1.68
0.29	4.75	3.99	1.70	9.32	6.46			3.44
0.02	2.58	1.49	0.41	1.31	0.29	0.02		0.20

1-B-7 续表

地区				营业收入	营业成本	销售费用	管理费用
	个人资本	港澳台资本	外商资本				
全省	**33.64**	**19.72**	**359.58**	**5236.68**	**4311.86**	**162.87**	**230.33**
武汉市	17.82	9.20	192.35	3602.51	2917.28	101.47	156.16
黄石市	0.25	4.41	13.43	93.90	77.71	1.80	2.20
十堰市	0.13		45.23	660.16	568.01	28.88	34.28
宜昌市	0.86	0.56	12.35	56.17	47.00	2.27	2.10
襄阳市	0.14	1.25	26.15	348.87	313.35	6.58	9.19
鄂州市	9.58		1.31	59.62	48.88	3.29	2.59
荆门市	1.98		3.84	33.09	29.02	1.20	1.40
孝感市	0.16	0.16	11.23	94.84	83.97	1.51	3.65
荆州市	0.58		21.52	69.06	53.94	2.33	6.37
黄冈市	1.41	3.64	6.80	55.20	43.67	3.95	1.65
咸宁市	0.07	0.31	0.11	6.07	5.12	0.21	0.43
随州市	0.36		2.86	27.06	22.68	0.82	1.04
恩施州	0.11			0.19	0.17	0.01	0.01
仙桃市	0.20	0.19	19.33	107.06	83.63	8.06	8.08
潜江市			3.01	17.59	13.31	0.26	0.73
天门市			0.07	5.29	4.13	0.24	0.45
神农架							

单位：亿元

财务费用			投资收益(损失以"–"号记)	营业利润	利润总额	亏损企业亏损额	平均用工人数(万人)
	利息收入	利息支出					
11.09	**2.82**	**18.36**	**14.09**	**419.12**	**420.06**	**38.80**	**23.68**
4.29	–1.39	10.91	6.83	324.51	327.12	25.86	12.11
2.02		1.58	–0.39	8.48	8.42	1.26	0.70
–1.56	3.55	0.76	6.11	37.78	34.85		3.71
0.46	0.04	0.45	–0.16	3.60	3.54	0.49	0.43
1.67	0.32	1.22	0.80	13.68	13.85	8.20	2.08
0.02		0.06		4.65	4.66	0.05	0.34
0.45	0.01	0.44		0.67	0.69	0.35	0.21
1.65	0.11	1.10		3.43	3.58	0.32	0.87
0.03	–0.04	0.15	0.88	6.92	6.96		0.46
0.21	0.05	0.20		5.40	5.54	0.01	1.02
0.06		0.06		0.17	0.09	0.20	0.10
0.29	–0.08	0.36	0.03	2.13	2.17		0.29
							0.01
1.38	0.24	0.95	–0.01	5.05	5.89	1.75	1.25
0.06	–0.01	0.07		2.75	2.80		0.06
0.06		0.06		–0.10	–0.10	0.31	0.05

1-B-8 按地区分组的大型

地 区	资产总计	固定资产净 额	固定资产原 价	累计折旧	流动资产合 计	应收账款	存货
全 省	**20249.80**	**5687.09**	**11887.08**	**5851.14**	**8922.02**	**1992.00**	**1865.16**
武汉市	10728.63	2901.93	6369.44	3263.46	5008.90	1185.21	1094.39
黄石市	938.97	213.36	402.93	185.14	595.32	54.06	127.22
十堰市	1390.82	132.75	317.41	175.17	885.68	135.64	90.97
宜昌市	3128.75	1375.98	2308.17	920.66	534.82	77.63	91.22
襄阳市	1359.15	322.66	620.82	231.42	785.09	278.43	137.89
鄂州市	203.85	81.55	197.75	116.01	69.91	8.14	10.39
荆门市	764.22	189.14	388.82	194.45	271.33	41.93	108.23
孝感市	343.86	99.82	231.79	126.16	165.88	43.99	45.16
荆州市	441.74	58.91	194.46	134.18	193.81	53.09	60.07
黄冈市	155.55	53.82	94.47	35.79	76.76	8.48	34.93
咸宁市	128.89	53.32	68.45	15.11	54.77	5.32	22.44
随州市	66.67	13.40	27.63	9.84	30.79	6.99	4.08
恩施州							
仙桃市	83.94	47.21	79.61	32.40	32.82	10.16	9.48
潜江市	335.79	83.58	428.95	317.45	116.64	67.37	16.89
天门市	178.97	59.67	156.40	93.92	99.49	15.57	11.79
神农架							

工业企业主要经济指标

单位：亿元

产成品	负债合计	流动负债合计	应付账款	所有者权益合计	实收资本	国家资本	集体资本	法人资本
558.45	**10648.29**	**8449.71**	**2685.65**	**9601.51**	**3070.30**	**1605.50**	**44.62**	**905.67**
276.44	5775.79	4762.63	1846.93	4952.83	1550.01	808.11	33.40	545.84
29.84	526.76	447.95	99.44	412.21	124.19	68.19	3.91	11.42
56.57	920.66	838.78	214.52	470.17	339.22	267.76	4.90	20.04
38.74	1479.45	768.34	89.68	1649.30	345.68	200.77		47.52
47.32	722.47	592.78	185.15	636.68	120.80	57.14	0.15	31.57
0.19	137.25	122.78	17.56	66.60	95.05	95.05		
30.55	280.74	229.73	56.75	483.48	231.98	72.21	1.15	131.70
15.89	196.76	169.23	26.66	147.11	85.89	7.80		34.77
18.68	145.18	132.97	41.25	296.56	44.65	22.42	1.12	14.46
14.70	76.15	66.37	12.83	79.41	34.07	0.39		23.32
7.95	53.05	45.54	12.30	75.84	23.02	0.07		0.95
1.32	24.73	19.67	8.49	41.94	8.33	0.08		2.97
3.86	48.16	46.56	19.17	35.78	19.13			2.59
13.52	178.69	148.80	34.54	157.10	25.43	5.50		19.93
2.88	82.46	57.58	20.36	96.51	22.85			18.59

1-B-8 续表

地 区	个人资本	港澳台资本	外商资本	营业收入	营业成本	销售费用	管理费用
全 省	**266.69**	**56.72**	**191.10**	**15772.51**	**12519.77**	**455.30**	**741.68**
武汉市	48.74	24.37	89.56	8729.44	6851.15	242.05	411.60
黄石市	6.42	16.86	17.39	970.46	792.60	21.35	33.91
十堰市	2.22		44.30	1035.09	880.23	45.75	66.21
宜昌市	90.68	4.46	2.26	1032.00	673.21	42.76	48.49
襄阳市	16.79	3.80	11.35	1076.25	893.75	24.39	57.70
鄂州市				217.14	175.08	0.80	11.80
荆门市	26.21		0.71	705.56	553.29	16.28	24.58
孝感市	38.79		4.53	285.12	236.88	11.55	12.57
荆州市	4.97		1.67	363.82	298.93	12.37	16.04
黄冈市	5.98	3.64	0.73	189.81	156.37	8.75	8.72
咸宁市	20.38	1.34	0.29	170.21	145.02	2.03	3.63
随州市	2.23	0.26	2.80	125.39	101.37	5.32	5.28
恩施州							
仙桃市	0.02	1.00	15.52	178.06	148.18	10.87	9.22
潜江市				379.18	346.39	2.16	17.00
天门市	3.26	1.00		314.97	267.33	8.87	14.92
神农架							

单位：亿元

财务费用			投资收益(损失以"–"号记)	营业利润	利润总额	亏损企业亏损额	平均用工人数(万人)
	利息收入	利息支出					
123.38	**36.82**	**158.05**	**133.08**	**1246.46**	**1223.23**	**93.42**	**96.77**
40.63	17.07	63.46	52.24	587.34	566.19	62.82	40.98
6.01	2.11	6.70	–12.83	64.26	62.48	0.11	6.01
–1.80	8.20	4.41	45.83	89.02	84.97	1.78	7.00
41.15	2.04	45.50	31.94	247.34	243.83	4.04	6.68
8.52	1.17	8.89	7.06	84.27	90.34	7.68	11.45
3.74	0.19	3.48	0.32	25.14	18.25		0.85
5.36	4.43	2.38	4.44	42.34	43.82	0.49	3.67
6.41	1.07	6.47	3.34	18.61	19.18	0.19	3.79
0.54	0.01	1.07	0.13	31.05	31.33	0.01	2.88
1.50	–0.11	4.86	0.07	13.45	13.43		2.27
0.48	0.08	0.58		18.86	23.11		1.33
1.26	–0.12	1.15	0.54	12.25	12.40		0.80
1.69	0.20	1.17	–0.01	7.32	7.98	1.21	2.86
1.81	0.47	2.25	–0.01	–11.87	–11.14	15.10	2.40
6.07	–0.01	5.68		17.08	17.07		3.78

1-B-9 按地区分组的中型工业

地 区	资产总计	固定资产净额	固定资产原价	累计折旧	流动资产合计	应收账款	存货
全 省	**8023.87**	**2404.96**	**5025.25**	**2478.63**	**4048.45**	**1122.38**	**898.66**
武汉市	2185.13	495.33	858.64	345.86	1327.32	497.37	256.32
黄石市	557.01	143.31	246.89	94.24	263.54	41.62	53.89
十堰市	285.70	70.33	134.41	55.09	170.43	52.41	35.83
宜昌市	677.63	229.62	503.73	263.04	304.06	65.69	80.12
襄阳市	838.59	270.89	517.38	226.10	412.92	120.27	132.32
鄂州市	277.73	80.48	181.88	99.32	96.86	33.22	22.89
荆门市	296.90	106.24	188.37	80.42	130.20	20.67	51.05
孝感市	517.75	217.14	741.43	491.23	203.43	56.48	41.85
荆州市	953.14	244.54	639.10	390.23	483.24	92.57	93.77
黄冈市	252.40	84.66	159.97	67.82	113.30	28.35	33.99
咸宁市	260.56	99.58	179.05	76.79	127.90	28.12	23.85
随州市	205.82	45.13	75.09	28.34	131.60	29.82	30.89
恩施州	42.15	20.25	33.72	13.47	15.07	1.04	1.42
仙桃市	244.15	93.85	177.89	73.42	108.16	27.97	20.09
潜江市	261.68	120.15	155.93	33.90	89.29	15.14	10.32
天门市	158.24	74.97	217.42	133.51	71.13	11.64	10.05
神农架	9.30	8.50	14.35	5.85	0.01		

企业主要经济指标

单位：亿元

产成品	负债合计	流动负债合计	应付账款	所有者权益合计	实收资本	国家资本	集体资本	法人资本
382.37	**4280.32**	**3527.55**	**974.30**	**3743.55**	**1588.35**	**323.04**	**45.26**	**679.68**
106.52	1196.15	1031.04	385.12	988.98	427.64	119.92	12.73	148.05
21.74	341.62	240.65	47.27	215.39	106.23	42.87	6.72	28.67
19.36	167.42	153.14	56.45	118.28	38.62	7.49	1.00	18.75
37.10	407.38	321.01	83.03	270.25	155.65	7.11	3.10	107.44
57.86	421.17	349.71	94.38	417.42	139.65	46.42	2.24	38.86
8.71	156.09	143.58	23.19	121.64	79.44	19.17	0.41	35.42
19.82	159.82	117.59	23.94	137.08	40.52	2.15	0.77	26.16
15.52	261.02	211.61	35.16	256.73	88.49	3.74		29.10
38.98	506.27	425.05	78.23	446.88	124.77	22.51	7.08	15.25
17.06	139.32	105.99	31.54	113.08	54.43	15.45	1.15	15.47
7.70	122.88	103.30	27.17	137.68	75.94	1.32	2.83	56.97
13.55	111.43	93.35	28.16	94.40	41.47	13.34	1.27	7.09
1.02	18.75	10.80	0.85	23.40	18.98	17.53	0.02	0.50
9.89	108.05	87.38	28.36	136.10	31.73	3.56	2.98	9.55
3.85	91.85	80.12	16.24	169.82	115.15	0.47	2.95	103.79
3.69	61.82	43.93	14.31	96.42	49.66			38.60
	9.30	9.30	0.90					

1-B-9 续表

地 区				营业收入	营业成本	销售费用	管理费用
	个人资本	港澳台资本	外商资本				
全 省	**343.61**	**70.92**	**118.86**	**9002.87**	**7368.23**	**287.53**	**423.32**
武汉市	54.18	22.79	62.97	2197.75	1802.06	71.32	123.72
黄石市	19.10	7.59	1.28	413.60	337.29	11.25	19.13
十堰市	10.21		1.16	291.97	226.62	12.32	15.22
宜昌市	24.79	3.00	10.20	750.85	611.84	25.71	34.88
襄阳市	36.24	4.08	11.82	1178.07	944.84	41.11	53.24
鄂州市	24.44			305.37	261.54	8.97	14.88
荆门市	10.54	0.44	0.48	478.82	401.57	10.11	14.35
孝感市	48.22	4.48	2.95	746.90	620.80	26.86	32.19
荆州市	40.83	18.06	21.04	780.81	654.16	18.32	31.79
黄冈市	17.33	3.85	1.18	271.21	237.10	4.75	9.19
咸宁市	8.37	4.77	1.68	298.05	227.43	6.03	10.24
随州市	18.97	0.36	0.44	265.36	206.44	10.31	10.52
恩施州	0.92			15.50	11.23	1.31	1.04
仙桃市	11.61	0.35	3.68	429.25	345.73	21.49	27.44
潜江市	6.79	1.16		242.20	196.63	5.30	8.98
天门市	11.06			336.16	281.10	12.37	16.49
神农架				1.00	1.84		

单位：亿元

财务费用			投资收益(损失以“–”号记)	营业利润	利润总额	亏损企业亏损额	平均用工人数(万人)
	利息收入	利息支出					
96.18	**3.94**	**80.72**	**–2.92**	**730.89**	**751.79**	**32.93**	**83.54**
13.96	0.48	14.55	–2.33	152.19	159.51	15.27	15.46
4.17	0.42	3.62	–7.94	19.45	19.36	7.38	4.72
1.70	0.16	1.69	1.17	35.52	36.29	0.46	3.05
11.54	0.37	11.58	1.22	66.37	63.08	1.71	8.35
8.70	0.72	7.78	1.00	125.87	138.49	0.72	8.72
2.21	0.02	1.57	0.20	16.47	16.47	0.19	2.54
3.50	–0.09	3.28	0.08	42.14	42.24	0.64	4.04
14.03	1.03	4.69	0.21	42.33	43.27	0.74	7.18
10.54	0.11	10.44	1.88	63.15	64.20	2.07	6.33
4.60	0.03	3.65	0.18	16.73	17.58	0.23	4.10
3.32	0.66	2.87	0.21	48.63	48.68	0.57	3.31
2.81	0.03	2.48	0.33	33.91	33.95	0.12	2.34
0.73	–0.11	0.87	0.31	1.33	1.38	0.08	0.42
3.99	0.01	3.26	0.41	28.02	28.31	1.28	5.19
3.51	0.10	1.90	0.13	21.34	21.55	0.61	3.39
6.88		6.48		18.30	18.29		4.34
				–0.87	–0.87	0.87	0.04

1-B-10 按地区分组的小型

地　区	资产总计	固定资产净　额	固定资产原　价	累计折旧	流动资产合　计	应收账款	存货
全　省	**13122.48**	**4276.00**	**8326.51**	**3608.57**	**6163.12**	**1849.23**	**1450.95**
武汉市	3458.27	685.29	1105.17	388.57	2008.01	678.96	372.68
黄石市	567.22	210.97	341.05	119.41	266.87	79.51	66.10
十堰市	683.65	232.11	362.75	110.80	333.15	124.92	87.01
宜昌市	976.38	315.73	689.77	328.60	444.55	120.06	106.39
襄阳市	1573.69	557.45	901.06	283.68	708.09	208.70	206.11
鄂州市	296.14	94.15	190.02	73.47	143.70	40.49	42.87
荆门市	925.54	395.96	684.74	244.30	346.47	82.78	98.95
孝感市	754.04	271.62	1497.16	1186.15	337.43	97.65	81.14
荆州市	715.18	226.75	476.58	232.62	335.55	104.10	97.67
黄冈市	885.42	367.18	577.68	160.98	363.94	102.18	101.52
咸宁市	639.03	210.73	382.33	125.07	256.96	64.97	61.05
随州市	538.58	221.51	327.53	78.85	201.37	58.15	47.12
恩施州	358.07	199.29	321.72	118.69	114.15	27.50	25.46
仙桃市	235.99	89.95	146.57	48.92	93.52	27.94	28.13
潜江市	350.86	142.21	188.06	39.63	136.92	17.47	11.56
天门市	126.45	42.85	114.69	61.81	53.28	13.28	14.86
神农架	37.97	12.26	19.63	7.04	19.15	0.57	2.33

工业企业主要经济指标

单位：亿元

产成品	负债合计	流动负债合计	应付账款	所有者权益合计	实收资本	国家资本	集体资本	法人资本
674.03	**6188.08**	**4954.68**	**1423.12**	**6932.19**	**3502.62**	**395.97**	**101.63**	**1610.98**
145.10	1671.24	1376.33	540.17	1784.82	1192.51	174.62	22.45	676.14
33.16	314.19	265.41	54.24	253.03	115.10	19.17	2.80	41.43
43.14	383.17	276.47	93.17	300.48	157.90	46.05	2.42	51.87
50.89	515.86	406.74	117.12	460.53	219.63	29.27	5.96	90.94
98.22	733.06	613.20	169.08	840.63	296.45	26.01	16.80	124.70
23.93	132.34	110.09	24.65	163.81	77.53	1.93	7.85	29.81
45.97	369.46	301.85	50.60	556.08	164.86	13.76	2.85	66.42
37.35	355.00	276.95	50.13	399.04	185.82	15.87	3.03	61.42
48.16	329.38	278.55	62.74	385.80	189.40	2.21	4.12	64.83
54.07	432.37	341.40	81.08	453.05	251.44	18.94	18.73	68.15
31.08	257.24	212.61	60.62	381.78	145.37	2.59	3.02	59.53
23.50	209.48	133.64	28.91	329.11	155.38	12.70	8.15	55.08
11.22	210.07	159.09	24.29	148.00	93.70	27.57	1.65	26.14
14.53	109.16	91.56	23.18	126.84	46.52	4.09	0.10	25.44
5.83	82.15	55.95	30.00	268.71	158.39		0.17	137.06
6.80	55.18	40.54	11.71	71.27	46.92	1.12	1.11	28.16
1.09	28.76	14.28	1.44	9.21	5.71	0.08	0.42	3.85

1-B-10 续表

地 区	个人资本	港澳台资本	外商资本	营业收入	营业成本	销售费用	管理费用
全 省	**1213.42**	**59.33**	**120.53**	**19861.00**	**16329.25**	**572.24**	**782.08**
武汉市	215.86	29.39	73.33	3632.12	3051.60	116.74	197.82
黄石市	39.49	2.64	9.57	723.08	593.64	17.39	21.81
十堰市	57.00	0.19	0.33	769.00	606.71	20.13	29.94
宜昌市	85.08	5.05	3.32	1528.59	1252.94	48.80	60.80
襄阳市	112.71	7.21	9.02	3277.14	2654.12	69.28	124.97
鄂州市	35.61	1.02	1.31	832.79	674.43	37.11	40.33
荆门市	77.21	1.02	3.61	2047.73	1683.75	65.16	69.86
孝感市	96.82	4.69	3.98	1619.05	1407.02	44.68	54.25
荆州市	114.38	0.42	3.43	1008.24	848.03	28.32	33.62
黄冈市	136.69	2.18	6.74	1064.65	858.72	23.02	33.54
咸宁市	77.57	1.89	0.77	1285.01	1045.62	33.69	38.16
随州市	79.24	0.21		914.61	707.34	27.78	30.25
恩施州	37.26	0.94	0.14	149.67	111.52	5.56	8.16
仙桃市	13.41	2.24	1.25	375.49	307.23	17.52	20.18
潜江市	18.05	0.09	3.01	399.52	329.42	8.19	8.54
天门市	15.67	0.16	0.71	225.78	192.43	8.67	9.33
神农架	1.37			8.52	4.72	0.17	0.53

单位：亿元

财务费用			投资收益(损失以"–"号记)	营业利润	利润总额	亏损企业亏损额	平均用工人数(万人)
	利息收入	利息支出					
186.79	**–1.54**	**131.89**	**4.28**	**1779.55**	**1777.73**	**59.05**	**135.24**
18.16	–4.70	18.99	5.33	217.49	224.19	36.05	23.83
8.16	0.20	6.05	–10.95	52.78	53.56	1.97	5.46
10.82	0.35	6.44	0.29	94.83	95.76	2.14	6.66
14.93	0.32	13.37	2.83	139.63	136.97	1.29	10.44
25.87	0.77	18.35	0.75	384.58	387.57	2.29	16.05
4.87	–0.06	2.43	0.59	69.94	68.88	0.72	5.71
15.69	0.17	11.90	0.13	168.54	163.51	1.49	9.65
18.73	–0.58	8.12	0.61	78.14	78.75	1.57	9.64
12.26	0.33	6.71	0.52	77.24	77.85	2.32	9.87
10.87	0.13	7.10	0.07	129.67	122.98	1.60	11.62
13.49	0.76	8.43	2.69	150.51	150.61	3.56	8.81
12.28	0.62	7.05	1.30	130.03	129.72	0.36	6.16
7.56	0.06	7.11	0.03	14.98	15.90	1.68	2.17
5.67	0.03	4.61	0.01	22.27	22.55	0.98	3.85
2.37	0.03	1.04		37.77	37.88	0.18	2.79
4.03	0.03	3.67		9.86	10.28	0.84	2.43
1.02	0.01	0.51	0.07	1.30	0.78	0.02	0.11

1-B-11 按地区分组的

地 区	资产总计	固定资产净额	固定资产原价	累计折旧	流动资产合计	应收账款	存货
全 省	**857.73**	**242.16**	**746.75**	**470.82**	**354.21**	**144.09**	**41.56**
武汉市	47.38	15.51	21.88	6.25	28.71	14.23	3.79
黄石市	124.42	52.32	101.51	46.67	45.58	14.92	4.37
十堰市	8.08	1.30	2.06	0.67	3.71	1.17	1.35
宜昌市	115.38	29.25	45.66	15.27	51.67	11.79	5.51
襄阳市	77.48	16.97	29.37	12.15	34.18	9.06	5.85
鄂州市	66.72	18.34	44.89	26.18	32.40	16.03	6.02
荆门市	43.57	19.80	34.00	13.29	16.79	2.62	2.19
孝感市	14.57	5.82	37.40	31.52	6.19	1.45	0.89
荆州市	1.27	0.51	0.87	0.36	0.63	0.19	0.07
黄冈市	22.48	7.73	13.63	4.81	11.19	1.30	3.11
咸宁市	29.37	8.03	11.96	3.42	13.75	3.14	1.93
随州市	14.49	7.68	10.71	2.24	4.09	0.68	0.92
恩施州	7.20	1.93	3.98	1.53	3.12	0.69	0.09
仙桃市							
潜江市	262.77	54.55	383.57	303.60	86.73	66.67	4.36
天门市	0.25	0.07	0.09	0.02	0.16	0.06	0.02
神农架	22.31	2.34	5.18	2.84	15.31	0.10	1.08

采矿业主要经济指标

单位：亿元

产成品	负债合计	流动负债合计	应付账款	所有者权益合计	实收资本	国家资本	集体资本	法人资本
24.18	**462.21**	**379.23**	**76.64**	**395.51**	**138.78**	**53.99**	**5.57**	**30.73**
0.07	38.09	34.79	6.49	9.30	10.88	10.12	0.33	0.02
2.48	69.10	55.01	7.41	55.32	26.05	19.19	0.41	1.61
0.27	4.22	3.48	0.40	3.86	1.91	0.74		0.83
3.39	60.11	43.46	11.60	55.27	20.96	1.59	1.27	11.52
4.81	51.45	35.72	5.19	26.02	13.43		3.29	4.04
3.42	40.90	34.96	7.55	25.82	23.00	16.64	0.10	0.65
1.51	11.50	8.77	0.40	32.07	8.31	0.05	0.07	2.79
0.55	7.74	7.70	0.05	6.83	3.98			1.30
0.01	0.49	0.48	0.08	0.78	0.50		0.04	0.43
2.76	10.69	8.21	2.56	11.79	6.69			0.55
1.38	7.36	6.44	1.37	22.01	8.01	0.17	0.03	1.87
0.74	2.51	1.51	0.16	11.98	4.78			1.52
0.01	6.49	6.30	2.95	0.71	2.09		0.02	0.94
1.76	135.12	121.83	29.41	127.65	5.50	5.50		
0.01	0.06	0.06	0.01	0.18	0.01			
1.02	16.39	10.48	1.03	5.92	2.67			2.67

1-B-11 续表

地 区	个人资本	港澳台资本	外商资本	营业收入	营业成本	销售费用	管理费用
全 省	**48.34**	**0.15**		**876.17**	**702.02**	**26.26**	**47.22**
武汉市	0.41			67.41	63.59	0.70	1.15
黄石市	4.84			140.22	108.08	3.87	7.02
十堰市	0.34			11.73	8.55	0.68	0.61
宜昌市	6.59			97.03	66.64	2.82	6.98
襄阳市	6.10			63.40	49.32	1.65	2.98
鄂州市	5.60			70.26	60.19	1.50	3.65
荆门市	5.41			116.99	90.15	7.43	3.20
孝感市	2.68			31.55	26.97	1.08	1.00
荆州市	0.03			2.82	2.14	0.18	0.15
黄冈市	6.15			26.23	22.19	0.29	0.49
咸宁市	5.79	0.15		73.07	55.39	3.16	2.67
随州市	3.26			38.32	29.20	1.49	1.40
恩施州	1.13			4.67	3.60	0.32	0.41
仙桃市							
潜江市				126.01	112.58	1.03	15.29
天门市	0.01			0.22	0.20	0.01	0.01
神农架				6.26	3.25	0.05	0.21

单位：亿元

财务费用			投资收益(损失以“–”号记)	营业利润	利润总额	亏损企业亏损额	平均用工人数(万人)
	利息收入	利息支出					
10.91	**0.52**	**8.16**	**–2.36**	**60.36**	**57.70**	**16.40**	**7.53**
0.18	0.15	0.29		1.25	1.25		0.18
1.60	0.06	1.13	–2.43	15.27	14.99	0.16	1.63
0.08		0.05		1.13	1.15		0.10
1.96	0.05	1.96	–0.06	13.92	14.21	0.32	0.93
1.75	0.04	1.48	0.02	5.96	6.01	0.08	0.55
1.06	0.02	0.98		3.36	3.37	0.18	0.53
0.35		0.27		12.72	11.95		0.50
0.28	0.01	0.26		1.72	1.17	0.26	0.23
0.05		0.02		0.18	0.18		0.03
0.37		0.04		2.15	1.49	0.02	0.26
1.23	0.01	0.47	0.03	9.71	9.61	0.20	0.33
0.52	0.04	0.14		5.19	5.17		0.23
0.17		0.17		–0.02	–0.03	0.28	0.14
0.57	0.13	0.70		–13.51	–13.57	14.91	1.84
							0.01
0.75	0.01	0.21	0.07	1.32	0.76		0.05

1-B-12　按地区分组的煤炭开采和

地　区	资产总计	固定资产净　额	固定资产原　价	累计折旧	流动资产合　计	应收账款	存货
全　省	**7.96**	**1.81**	**4.11**	**1.84**	**3.72**	**0.51**	**0.19**
武汉市							
黄石市							
十堰市							
宜昌市	0.84	0.22	0.34	0.13	0.19	0.06	0.04
襄阳市	0.53	0.08	0.19	0.11	0.04	0.01	0.03
鄂州市							
荆门市	2.53	0.29	0.89	0.60	2.09	0.01	0.05
孝感市							
荆州市							
黄冈市							
咸宁市	0.24	0.12	0.14	0.03	0.10	0.08	
随州市							
恩施州	3.82	1.10	2.55	0.99	1.28	0.35	0.07
仙桃市							
潜江市							
天门市							
神农架							

洗选业主要经济指标

单位：亿元

产成品	负债合计	流动负债合计	应付账款	所有者权益合计	实收资本	国家资本	集体资本	法人资本
0.10	**5.22**	**5.19**	**2.74**	**2.75**	**2.46**		**0.02**	**1.37**
0.04	0.05	0.04	0.02	0.79	0.22			
0.01	0.18	0.18		0.35	0.35			0.05
0.03	0.62	0.62	0.01	1.91	0.52			0.52
				0.24	0.24			
0.01	4.37	4.35	2.70	−0.55	1.13		0.02	0.80

1-B-12 续表

地 区				营业收入	营业成本	销售费用	管理费用
	个人资本	港澳台资本	外商资本				
全 省	**1.06**			**7.08**	**5.77**	**0.20**	**0.35**
武汉市							
黄石市							
十堰市							
宜昌市	0.22			3.51	2.92	0.08	0.06
襄阳市	0.30			1.04	0.91	0.01	0.01
鄂州市							
荆门市				0.70	0.33		0.12
孝感市							
荆州市							
黄冈市							
咸宁市	0.24			0.17	0.15		
随州市							
恩施州	0.31			1.65	1.46	0.11	0.16
仙桃市							
潜江市							
天门市							
神农架							

单位：亿元

财务费用			投资收益（损失以“–”号记）	营业利润	利润总额	亏损企业亏损额	平均用工人数（万人）
	利息收入	利息支出					
0.06		**0.06**		**0.53**	**0.52**	**0.25**	**0.17**
0.02		0.01		0.34	0.34		0.03
0.01		0.01		0.09	0.09		0.01
				0.22	0.22		0.04
				0.01	0.01		
0.03		0.03		–0.13	–0.14	0.25	0.09

1–B–13 按地区分组的石油和

地　区	资产总计	固定资产净　额	固定资产原　价	累计折旧	流动资产合　计	应收账款	存货
全　省	**217.50**	**34.84**	**328.45**	**272.16**	**64.70**	**55.46**	**2.12**
武汉市							
黄石市							
十堰市							
宜昌市							
襄阳市							
鄂州市							
荆门市							
孝感市							
荆州市							
黄冈市							
咸宁市							
随州市							
恩施州							
仙桃市							
潜江市	217.50	34.84	328.45	272.16	64.70	55.46	2.12
天门市							
神农架							

天然气开采业主要经济指标

单位：亿元

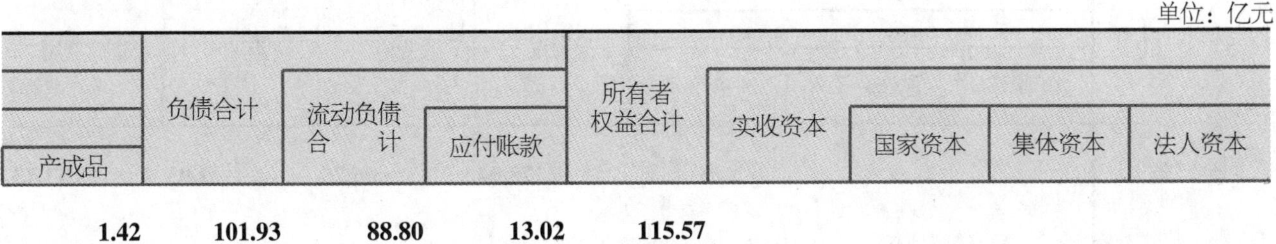

产成品	负债合计	流动负债合计	应付账款	所有者权益合计	实收资本	国家资本	集体资本	法人资本
1.42	**101.93**	**88.80**	**13.02**	**115.57**				
1.42	101.93	88.80	13.02	115.57				

1-B-13 续表

地 区				营业收入	营业成本	销售费用	管理费用
	个人资本	港澳台资本	外商资本				
全 省				**75.04**	**66.75**	**1.03**	**11.13**
武汉市							
黄石市							
十堰市							
宜昌市							
襄阳市							
鄂州市							
荆门市							
孝感市							
荆州市							
黄冈市							
咸宁市							
随州市							
恩施州							
仙桃市							
潜江市				75.04	66.75	1.03	11.13
天门市							
神农架							

单位：亿元

财务费用	利息收入	利息支出	投资收益(损失以“–”号记)	营业利润	利润总额	亏损企业亏损额	平均用工人数(万人)
0.52	**0.13**	**0.63**	**–0.01**	**–13.96**	**–14.04**	**14.04**	**1.32**
0.52	0.13	0.63	–0.01	–13.96	–14.04	14.04	1.32

1-B-14 按地区分组的黑色金属矿

地　区	资产总计	固定资产净　额	固定资产原　价	累计折旧	流动资产合　计	应收账款	存货
全　省	**149.38**	**53.86**	**110.34**	**55.46**	**61.74**	**26.12**	**11.54**
武汉市	0.30	0.22	0.25	0.03	0.08	0.05	0.02
黄石市	59.80	29.98	55.05	24.93	19.84	9.47	2.21
十堰市	0.36	0.02	0.03	0.01	0.34	0.22	0.04
宜昌市	4.51	1.99	3.54	1.54	0.91	0.03	0.23
襄阳市	10.00	1.75	3.44	1.69	2.77	0.14	0.47
鄂州市	65.73	18.10	44.40	25.95	31.87	15.87	5.93
荆门市							
孝感市							
荆州市	0.06	0.01	0.03	0.03	0.03		
黄冈市	7.00	0.72	2.08	0.87	5.68	0.29	2.55
咸宁市							
随州市	1.63	1.08	1.53	0.42	0.23	0.04	0.09
恩施州							
仙桃市							
潜江市							
天门市							
神农架							

采选业主要经济指标

单位：亿元

产成品	负债合计	流动负债合计	应付账款	所有者权益合计	实收资本	国家资本	集体资本	法人资本
7.49	**93.20**	**74.32**	**13.87**	**56.18**	**43.65**	**31.65**	**0.66**	**1.55**
	0.13	0.11		0.16	0.16		0.16	
1.24	35.43	27.81	3.44	24.37	16.23	15.17	0.39	0.09
0.02	0.14	0.14	0.11	0.22	0.20			0.20
0.09	3.60	3.45	0.56	0.91	1.22			0.50
0.40	7.54	3.16	0.25	2.46	1.62			0.02
3.36	40.20	34.40	7.38	25.52	22.68	16.47	0.10	0.56
	0.01			0.05	0.03			
2.30	5.93	5.13	2.13	1.07	1.20			0.10
0.08	0.20	0.12		1.43	0.31			0.09

1-B-14 续表

地　区				营业收入	营业成本	销售费用	管理费用
	个人资本	港澳台资本	外商资本				
全　省	**9.80**			**183.12**	**152.99**	**5.40**	**8.08**
武汉市				4.54	4.27	0.05	0.05
黄石市	0.58			82.83	68.35	3.24	3.47
十堰市				1.22	1.05	0.03	0.03
宜昌市	0.72			11.49	8.73	0.38	0.67
襄阳市	1.60			2.11	1.63	0.04	0.04
鄂州市	5.55			68.97	58.97	1.48	3.62
荆门市							
孝感市							
荆州市	0.03			1.12	0.89		
黄冈市	1.10			4.85	4.34	0.07	0.09
咸宁市							
随州市	0.22			5.98	4.76	0.13	0.10
恩施州							
仙桃市							
潜江市							
天门市							
神农架							

单位：亿元

财务费用	利息收入	利息支出	投资收益(损失以“-”号记)	营业利润	利润总额	亏损企业亏损额	平均用工人数(万人)
2.61	**0.04**	**1.98**	**-2.41**	**10.08**	**9.71**	**0.57**	**1.71**
				0.09	0.09		0.02
1.18	0.02	0.78	-2.35	3.87	3.65	0.15	0.96
				0.10	0.10		
0.06		0.06	-0.06	1.23	1.17	0.25	0.11
0.15		0.15		0.24	0.24		0.03
1.05	0.02	0.96		3.36	3.37	0.16	0.51
0.01		0.01		0.13	0.13		0.01
0.10		0.01		0.21	0.11	0.01	0.05
0.05		0.01		0.84	0.84		0.02

1-B-15 按地区分组的有色金属矿

地　区	资产总计	固定资产净　额	固定资产原　价	累计折旧	流动资产合　计	应收账款	存货
全　省	**50.40**	**14.67**	**33.82**	**16.39**	**21.19**	**3.46**	**2.25**
武汉市							
黄石市	43.01	10.60	27.78	15.20	18.41	3.18	1.63
十堰市	0.07	0.03	0.05	0.02	0.03		
宜昌市							
襄阳市							
鄂州市							
荆门市	2.51	1.98	3.17	0.89	0.53	0.11	0.07
孝感市							
荆州市							
黄冈市							
咸宁市	1.76	0.53	1.14	0.14	0.99	0.05	0.31
随州市	3.04	1.53	1.68	0.15	1.24	0.12	0.23
恩施州							
仙桃市							
潜江市							
天门市							
神农架							

采选业主要经济指标

单位：亿元

产成品	负债合计	流动负债合计	应付账款	所有者权益合计	实收资本	国家资本	集体资本	法人资本
1.39	**21.53**	**17.53**	**2.01**	**28.87**	**7.05**	**4.01**	**0.01**	**1.41**
0.94	19.53	16.13	1.77	23.47	5.97	4.01	0.01	0.96
	0.02	0.02	0.02	0.05	0.05			
0.04	0.30	0.30	0.08	2.22	0.02			0.02
0.21	0.85	0.60	0.14	0.92	0.51			0.43
0.20	0.84	0.48		2.21	0.50			

1-B-15 续表

地区	个人资本	港澳台资本	外商资本	营业收入	营业成本	销售费用	管理费用
全省	**1.63**			**40.46**	**24.00**	**0.52**	**3.47**
武汉市							
黄石市	1.00			29.25	15.40	0.23	2.67
十堰市	0.05			0.39	0.33		0.01
宜昌市							
襄阳市							
鄂州市							
荆门市				4.20	3.23	0.17	0.34
孝感市							
荆州市							
黄冈市							
咸宁市	0.08			3.33	2.73	0.01	0.32
随州市	0.50			3.28	2.32	0.11	0.15
恩施州							
仙桃市							
潜江市							
天门市							
神农架							

单位：亿元

财务费用			投资收益(损失以“-”号记)	营业利润	利润总额	亏损企业亏损额	平均用工人数(万人)
	利息收入	利息支出					
0.24	**0.04**	**0.28**		**11.02**	**10.94**	**0.20**	**0.58**
0.21	0.04	0.24		9.72	9.71		0.48
				0.05	0.05		
				0.37	0.37		0.01
0.02		0.02		0.21	0.13	0.20	0.07
0.01		0.02		0.68	0.68		0.01

1-B-16 按地区分组的非金属矿

地　区	资产总计	固定资产净　额	固定资产原　价	累计折旧	流动资产合　计	应收账款	存货
全　省	**358.41**	**102.09**	**193.33**	**87.27**	**170.27**	**44.62**	**22.64**
武汉市	19.00	0.28	0.38	0.10	18.50	11.52	3.27
黄石市	21.62	11.74	18.68	6.55	7.34	2.26	0.53
十堰市	7.65	1.25	1.98	0.64	3.33	0.95	1.30
宜昌市	110.02	27.04	41.77	13.61	50.58	11.70	5.24
襄阳市	66.68	15.01	25.59	10.33	31.29	8.90	5.33
鄂州市	0.99	0.24	0.49	0.23	0.54	0.16	0.08
荆门市	38.53	17.53	29.93	11.80	14.17	2.49	2.07
孝感市	14.57	5.82	37.40	31.52	6.19	1.45	0.89
荆州市	1.20	0.50	0.84	0.33	0.60	0.19	0.07
黄冈市	15.48	7.01	11.55	3.94	5.51	1.01	0.56
咸宁市	26.92	7.34	10.51	3.14	12.31	2.97	1.57
随州市	9.81	5.08	7.50	1.66	2.62	0.52	0.60
恩施州	3.38	0.83	1.43	0.54	1.83	0.35	0.02
仙桃市							
潜江市							
天门市	0.25	0.07	0.09	0.02	0.16	0.06	0.02
神农架	22.31	2.34	5.18	2.84	15.31	0.10	1.08

采选业主要经济指标

单位：亿元

产成品	负债合计	流动负债合计	应付账款	所有者权益合计	实收资本	国家资本	集体资本	法人资本
13.31	**187.66**	**144.13**	**27.70**	**170.76**	**69.86**	**2.80**	**4.88**	**26.34**
0.02	18.65	18.65	5.66	0.35	0.50	0.08	0.17	
0.30	14.14	11.07	2.20	7.48	3.85	0.01	0.01	0.56
0.25	4.06	3.32	0.27	3.58	1.66	0.74		0.63
3.26	56.46	39.97	11.02	53.57	19.53	1.59	1.27	11.02
4.37	43.71	32.36	4.94	22.96	11.45		3.29	3.97
0.05	0.69	0.56	0.17	0.30	0.32	0.17		0.10
1.43	10.58	7.86	0.31	27.94	7.77	0.05	0.07	2.25
0.55	7.74	7.70	0.05	6.83	3.98			1.30
0.01	0.48	0.48	0.07	0.73	0.47		0.04	0.43
0.45	4.76	3.08	0.43	10.72	5.50			0.45
1.12	6.35	5.68	1.14	20.57	7.23	0.17	0.03	1.41
0.46	1.47	0.91	0.16	8.34	3.97			1.43
	2.12	1.95	0.25	1.26	0.96			0.14
0.01	0.06	0.06	0.01	0.18	0.01			
1.02	16.39	10.48	1.03	5.92	2.67			2.67

1-B-16 续表

地　区				营业收入	营业成本	销售费用	管理费用
	个人资本	港澳台资本	外商资本				
全　省	**35.68**	**0.15**		**470.99**	**361.91**	**18.42**	**18.79**
武汉市	0.25			16.30	15.94		0.20
黄石市	3.26			28.14	24.33	0.41	0.88
十堰市	0.29			10.12	7.17	0.66	0.58
宜昌市	5.66			82.04	54.98	2.37	6.24
襄阳市	4.19			58.91	45.92	1.60	2.65
鄂州市	0.05			1.29	1.22	0.02	0.03
荆门市	5.41			112.09	86.60	7.27	2.74
孝感市	2.68			31.55	26.97	1.08	1.00
荆州市				1.70	1.25	0.18	0.15
黄冈市	5.05			21.38	17.85	0.22	0.39
咸宁市	5.47	0.15		68.94	51.98	3.11	2.29
随州市	2.54			29.05	22.13	1.25	1.16
恩施州	0.83			3.02	2.14	0.21	0.26
仙桃市							
潜江市							
天门市	0.01			0.22	0.20	0.01	0.01
神农架				6.26	3.25	0.05	0.21

单位：亿元

财务费用			投资收益(损失以“–”号记)	营业利润	利润总额	亏损企业亏损额	平均用工人数(万人)
	利息收入	利息支出					
7.25	**0.15**	**4.86**	**0.05**	**50.94**	**48.76**	**0.48**	**3.10**
0.01		0.01		0.03	0.03		0.05
0.21		0.10	–0.08	1.68	1.63	0.01	0.20
0.08		0.04		0.98	1.00		0.09
1.88	0.05	1.88	0.01	12.35	12.70	0.07	0.79
1.59	0.04	1.32	0.02	5.45	5.50	0.08	0.49
0.01		0.01				0.01	0.01
0.34		0.26		12.13	11.36		0.44
0.28	0.01	0.26		1.72	1.17	0.26	0.23
0.04		0.01		0.05	0.05		0.02
0.26		0.03		1.94	1.37	0.02	0.21
1.20	0.01	0.44	0.03	9.50	9.42		0.25
0.45	0.04	0.12		3.67	3.65		0.20
0.14		0.14		0.12	0.11	0.03	0.05
							0.01
0.75	0.01	0.21	0.07	1.32	0.76		0.05

1-B-17 按地区分组的开采专业

地区	资产总计	固定资产净额	固定资产原价	累计折旧	流动资产合计	应收账款	存货
全省	**69.56**	**34.78**	**76.32**	**37.55**	**28.46**	**11.26**	**2.38**
武汉市	23.58	14.91	20.88	5.97	6.01		0.06
黄石市							
十堰市							
宜昌市							
襄阳市	0.27	0.13	0.16	0.02	0.08	0.01	0.03
鄂州市							
荆门市							
孝感市							
荆州市							
黄冈市							
咸宁市	0.44	0.04	0.16	0.12	0.36	0.04	0.05
随州市							
恩施州							
仙桃市							
潜江市	45.27	19.70	55.12	31.44	22.03	11.21	2.24
天门市							
神农架							

及辅助性活动主要经济指标

单位：亿元

	负债合计			所有者权益合计				
		流动负债合计			实收资本			
产成品			应付账款			国家资本	集体资本	法人资本
0.47	**49.04**	**48.83**	**17.10**	**20.52**	**15.54**	**15.50**		**0.03**
0.05	15.67	15.62	0.63	7.91	10.00	10.00		
0.02	0.02	0.02		0.25	0.01			
0.05	0.17	0.17	0.08	0.28	0.03			0.03
0.34	33.19	33.03	16.39	12.08	5.50	5.50		

1-B-17 续表

地区				营业收入	营业成本	销售费用	管理费用
	个人资本	港澳台资本	外商资本				
全省	**0.01**			**79.64**	**73.18**	**0.06**	**4.84**
武汉市				26.72	25.96	0.02	0.34
黄石市							
十堰市							
宜昌市							
襄阳市	0.01			1.33	0.87	0.01	0.28
鄂州市							
荆门市							
孝感市							
荆州市							
黄冈市							
咸宁市				0.62	0.53	0.03	0.06
随州市							
恩施州							
仙桃市							
潜江市				50.97	45.83		4.16
天门市							
神农架							

单位：亿元

财务费用			投资收益(损失以“–”号记)	营业利润	利润总额	亏损企业亏损额	平均用工人数(万人)
	利息收入	利息支出					
0.18	**0.15**	**0.36**		**0.85**	**0.92**	**0.87**	**0.57**
0.14	0.15	0.28		0.22	0.23		0.03
				0.17	0.17		0.02
					0.05		
0.05	0.01	0.07		0.45	0.46	0.87	0.51

1-B-18 按地区分组的开采专业

地　区	资产总计	固定资产净　额	固定资产原　价	累计折旧	流动资产合　计		
						应收账款	存货
全　省	**4.51**	**0.10**	**0.37**	**0.15**	**4.12**	**2.65**	**0.44**
武汉市	4.51	0.10	0.37	0.15	4.12	2.65	0.44
黄石市							
十堰市							
宜昌市							
襄阳市							
鄂州市							
荆门市							
孝感市							
荆州市							
黄冈市							
咸宁市							
随州市							
恩施州							
仙桃市							
潜江市							
天门市							
神农架							

及辅助性活动主要经济指标

单位：亿元

产成品	负债合计	流动负债合计	应付账款	所有者权益合计	实收资本	国家资本	集体资本	法人资本
	3.64	**0.42**	**0.20**	**0.87**	**0.22**	**0.04**		**0.02**
	3.64	0.42	0.20	0.87	0.22	0.04		0.02

1-B-18 续表

地　区				营业收入	营业成本	销售费用	管理费用
	个人资本	港澳台资本	外商资本				
全　省	**0.16**			**19.85**	**17.42**	**0.63**	**0.56**
武汉市	0.16			19.85	17.42	0.63	0.56
黄石市							
十堰市							
宜昌市							
襄阳市							
鄂州市							
荆门市							
孝感市							
荆州市							
黄冈市							
咸宁市							
随州市							
恩施州							
仙桃市							
潜江市							
天门市							
神农架							

单位：亿元

财务费用			投资收益(损失以"–"号记)	营业利润	利润总额	亏损企业亏损额	平均用工人数(万人)
	利息收入	利息支出					
0.04				**0.89**	**0.89**		**0.07**
0.04				0.89	0.89		0.07

1-B-19 按地区分组的

地　区	资产总计	固定资产净　额	固定资产原　价	累计折旧	流动资产合　计	应收账款	存货
全　省	**34866.79**	**8534.25**	**18123.09**	**8716.74**	**18123.76**	**4655.75**	**4130.31**
武汉市	14556.88	2768.81	5705.12	2683.72	8139.13	2303.86	1706.35
黄石市	1729.19	424.72	741.58	295.11	1006.88	150.13	242.01
十堰市	2094.29	290.48	611.10	283.01	1344.50	306.43	211.46
宜昌市	2569.02	702.72	1481.25	720.75	1125.18	229.62	268.41
襄阳市	3545.73	1035.23	1803.27	622.50	1837.92	588.16	466.16
鄂州市	605.55	196.34	433.33	213.18	264.32	61.84	67.05
荆门市	1843.01	604.31	1117.27	464.79	708.34	135.40	253.00
孝感市	1422.15	447.72	2191.86	1668.27	667.94	184.95	163.66
荆州市	1992.16	464.46	1221.90	735.30	989.56	242.71	248.97
黄冈市	1069.02	368.08	633.72	207.92	502.14	122.86	164.42
咸宁市	907.15	301.62	513.33	163.49	404.60	88.91	102.48
随州市	659.67	188.62	317.44	99.54	328.64	80.25	80.61
恩施州	189.58	57.95	89.80	30.91	99.47	21.71	26.02
仙桃市	545.71	221.71	393.45	153.42	225.94	65.22	57.68
潜江市	682.50	290.20	387.19	86.41	255.15	33.17	34.36
天门市	450.78	169.85	479.32	288.02	222.05	40.09	36.46
神农架	4.40	1.42	2.16	0.41	1.97	0.45	1.24

制造业主要经济指标

单位：亿元

产成品	负债合计	流动负债合计	应付账款	所有者权益合计	实收资本	国家资本	集体资本	法人资本
1587.63	**17620.45**	**14854.19**	**4635.93**	**17244.13**	**6874.19**	**1477.85**	**167.94**	**2958.14**
527.07	7539.97	6365.47	2499.08	7014.71	2734.06	705.61	60.49	1354.24
82.16	983.42	832.70	185.20	745.77	288.08	94.82	13.01	74.69
118.64	1314.85	1201.19	355.65	779.44	454.54	262.12	8.12	69.32
123.11	1460.61	1142.93	261.76	1108.41	417.67	54.62	6.92	213.90
198.55	1741.95	1464.77	433.80	1803.78	497.13	96.95	12.17	184.75
29.37	331.33	298.76	55.29	274.22	197.53	99.42	7.90	33.82
94.67	737.72	598.19	124.81	1105.29	401.08	66.69	4.70	215.32
68.19	697.41	564.31	108.94	724.74	336.03	18.40	2.91	115.84
105.74	901.21	802.77	176.13	1090.95	331.89	31.38	11.87	87.12
82.67	495.83	428.22	100.38	573.20	288.12	9.55	19.88	92.44
45.23	386.92	332.34	90.86	520.23	194.73	2.18	5.80	77.29
37.19	265.91	217.78	61.10	393.75	171.92	15.41	9.21	47.44
12.03	97.88	85.31	15.43	91.70	60.71	12.07	0.52	12.12
28.25	251.12	216.08	70.70	294.59	93.14	7.65	0.20	36.22
21.40	216.16	161.99	51.01	466.34	293.01	0.48	3.12	260.55
13.27	194.07	138.69	45.41	256.70	113.87	0.45	1.11	82.68
0.07	4.10	2.70	0.37	0.30	0.69	0.05		0.40

1-B-19 续表

地区	个人资本	港澳台资本	外商资本	营业收入	营业成本	销售费用	管理费用
全省	**1674.83**	**177.44**	**410.23**	**41562.40**	**33713.91**	**1273.77**	**1858.13**
武汉市	314.82	73.27	217.91	13293.87	10486.32	423.77	724.48
黄石市	59.52	27.10	18.95	1892.83	1551.52	45.10	66.74
十堰市	68.96	0.19	45.79	2042.61	1675.94	76.99	103.91
宜昌市	113.99	12.46	15.78	2860.51	2316.55	113.74	128.00
襄阳市	159.61	11.57	32.08	5382.23	4377.56	131.09	230.04
鄂州市	54.05	1.02	1.31	1248.51	1018.41	45.00	62.37
荆门市	108.12	1.46	4.79	3059.86	2501.49	83.61	102.91
孝感市	180.69	6.84	11.36	2513.11	2148.41	81.04	95.99
荆州市	159.21	18.48	23.83	2109.36	1765.43	58.54	80.35
黄冈市	147.92	9.67	8.65	1436.15	1183.42	35.34	48.52
咸宁市	98.88	7.84	2.74	1610.49	1319.91	38.02	47.88
随州市	95.99	0.62	3.24	1243.21	976.02	41.49	43.86
恩施州	34.92	0.94	0.14	122.68	96.49	6.06	6.95
仙桃市	25.04	3.59	20.45	979.21	798.43	49.71	56.37
潜江市	24.60	1.25	3.01	893.13	758.55	14.50	19.06
天门市	28.28	1.16	0.19	873.46	738.62	29.67	40.62
神农架	0.24			1.20	0.85	0.12	0.07

单位：亿元

财务费用			投资收益（损失以"–"号记）	营业利润	利润总额	亏损企业亏损额	平均用工人数（万人）
	利息收入	利息支出					
317.63	**36.81**	**287.80**	**106.31**	**3414.28**	**3410.95**	**162.07**	**293.64**
54.99	12.52	79.05	51.50	943.26	933.70	113.66	70.90
14.81	2.60	13.37	–29.29	115.48	114.68	9.13	14.29
6.61	8.03	9.54	46.64	217.71	216.13	1.59	15.64
33.16	2.03	35.07	11.32	258.84	250.04	6.43	23.74
38.67	2.57	31.02	8.66	576.85	598.48	10.32	35.17
9.48	0.11	6.28	0.92	105.82	97.82	0.73	8.45
22.34	4.42	15.59	4.62	237.40	234.03	1.83	16.34
35.17	1.48	16.14	4.12	127.76	130.26	1.94	19.94
21.04	0.43	16.22	1.93	167.26	169.10	4.08	18.75
13.47	0.02	12.79	0.32	147.80	142.82	1.65	17.37
15.20	1.49	10.98	2.87	184.78	189.29	3.93	12.93
13.73	0.48	8.92	2.13	160.36	160.22	0.48	8.97
3.68	–0.09	3.63	0.03	8.24	8.91	1.16	2.11
11.29	0.24	8.98	0.41	57.44	58.68	3.34	11.79
7.12	0.46	4.49	0.12	60.66	61.76	0.97	6.71
16.78	0.01	15.63		44.62	44.99	0.84	10.51
0.08		0.10			0.03		0.03

1-B-20 按地区分组的农副食品

地区	资产总计	固定资产净额	固定资产原价	累计折旧	流动资产合计	应收账款	存货
全省	**1712.17**	**590.76**	**1355.52**	**688.13**	**735.39**	**145.21**	**263.38**
武汉市	200.62	58.17	88.00	28.96	116.86	21.15	31.01
黄石市	25.67	5.69	9.98	3.96	14.66	2.76	2.76
十堰市	52.28	14.04	20.56	5.20	29.68	7.71	8.89
宜昌市	77.79	24.93	68.77	38.62	37.13	8.27	13.45
襄阳市	256.47	98.26	160.21	52.60	119.65	26.81	47.36
鄂州市	18.65	7.94	13.73	4.03	6.22	0.54	1.97
荆门市	274.54	118.21	218.94	79.88	101.25	17.60	43.09
孝感市	120.54	39.94	177.22	128.73	46.63	10.06	15.95
荆州市	300.15	88.22	332.53	241.37	99.33	18.90	49.43
黄冈市	93.59	33.35	62.50	21.81	42.62	5.91	17.68
咸宁市	16.80	5.14	13.76	4.71	5.14	0.98	1.37
随州市	88.36	25.61	39.86	10.93	45.87	11.58	13.72
恩施州	35.26	9.68	13.57	3.83	18.34	3.72	5.52
仙桃市	41.93	13.45	21.55	7.20	15.33	2.17	6.13
潜江市	70.43	30.07	40.61	7.28	22.90	5.09	2.47
天门市	39.09	18.07	73.72	49.02	13.77	1.98	2.57
神农架							

加工业主要经济指标

单位：亿元

产成品	负债合计	流动负债合计	应付账款	所有者权益合计	实收资本	国家资本	集体资本	法人资本
108.50	**653.05**	**538.77**	**116.20**	**1059.12**	**340.48**	**10.28**	**7.00**	**143.20**
9.90	102.81	81.82	31.16	97.81	44.42	3.10	2.23	15.62
0.68	11.95	11.21	1.70	13.73	4.58	0.03	0.34	2.06
5.90	23.52	20.61	4.88	28.77	10.21	0.34	0.07	2.90
7.20	31.92	26.93	6.91	45.87	16.92	1.77		7.61
9.45	95.70	79.31	18.05	160.77	43.12	0.24	0.78	17.41
0.96	7.30	6.98	0.60	11.35	2.12	0.07		0.47
17.54	100.01	80.91	10.08	174.53	36.43	2.62	1.91	11.19
6.82	55.03	34.48	4.80	65.51	20.20	0.12	0.03	7.86
23.26	75.30	67.10	14.83	224.85	41.20	0.57	0.75	11.31
9.15	49.01	44.94	6.37	44.58	20.46	0.69	0.28	5.36
0.81	4.68	4.41	1.37	12.12	4.11			2.84
7.82	31.99	24.33	4.87	56.37	28.86		0.50	11.09
3.20	17.94	16.95	1.49	17.32	9.86	0.17	0.08	0.98
3.13	18.88	17.43	2.60	23.04	6.66	0.15		4.45
1.33	14.39	12.10	3.45	56.04	33.05	0.19	0.05	29.52
1.34	12.60	9.28	3.05	26.49	18.28	0.24		12.53

1-B-20 续表

地　区	个人资本	港澳台资本	外商资本	营业收入	营业成本	销售费用	管理费用
全　省	**155.52**	**7.99**	**16.48**	**3598.49**	**3027.16**	**96.75**	**95.31**
武汉市	15.74	0.09	7.64	391.37	332.54	13.74	11.68
黄石市	1.76	0.38		32.54	28.29	0.78	0.85
十堰市	6.90			80.01	62.51	2.29	2.50
宜昌市	6.27		1.28	237.64	197.99	8.63	8.34
襄阳市	18.87	4.01	1.81	582.75	469.05	12.08	16.66
鄂州市	1.58			32.96	28.13	0.53	0.79
荆门市	20.29	0.42		784.57	661.15	22.10	19.41
孝感市	12.20			273.44	236.42	10.21	8.06
荆州市	25.69		2.88	464.10	402.71	8.31	7.70
黄冈市	11.06	3.08		154.69	134.35	2.75	3.30
咸宁市	1.28			47.76	41.87	0.93	0.77
随州市	14.46	0.01	2.80	183.51	151.13	3.84	3.90
恩施州	8.63			25.93	21.84	1.18	1.13
仙桃市	2.06			77.03	63.16	3.48	4.02
潜江市	3.29			107.35	90.64	1.45	1.27
天门市	5.44		0.07	122.84	105.36	4.44	4.93
神农架							

单位：亿元

财务费用			投资收益（损失以“–”号记）	营业利润	利润总额	亏损企业亏损额	平均用工人数（万人）
	利息收入	利息支出					
27.48	**1.50**	**20.33**	**2.46**	**302.67**	**303.09**	**2.18**	**19.09**
1.95	0.05	1.57	2.31	21.73	22.28	0.60	2.01
0.36	0.01	0.23	–0.29	1.81	1.84	0.10	0.28
0.75	0.07	0.50	–0.05	10.45	10.47	0.01	0.55
1.08	0.09	0.97	0.15	19.51	19.22		1.60
3.76	0.07	3.23	0.32	77.28	79.53	0.34	2.16
0.13	–0.02	0.12		3.13	3.26		0.12
5.06	0.02	3.51	0.02	56.96	54.91	0.22	2.68
2.81	0.83	1.09	0.01	14.07	14.13	0.20	1.32
2.59	0.01	1.76		39.80	40.20	0.31	2.95
1.29	0.03	0.99	–0.01	12.98	12.28	0.14	1.12
0.27		0.20		3.65	3.66		0.36
2.02	0.27	1.36	0.01	20.88	20.67		1.18
0.61	0.02	0.56		1.08	1.28	0.07	0.38
1.33	0.02	1.18		4.49	4.54	0.05	0.44
0.51	0.02	0.35		10.04	10.02		0.88
2.94		2.71		4.80	4.80	0.13	1.07

1-B-21 按地区分组的食品

地　区	资产总计	固定资产净额	固定资产原价	累计折旧	流动资产合计	应收账款	存货
全　省	**624.78**	**206.12**	**404.03**	**184.25**	**295.22**	**62.90**	**72.87**
武汉市	122.38	34.48	59.10	23.78	67.05	16.40	10.45
黄石市	4.50	1.24	2.49	0.71	2.15	0.75	0.59
十堰市	7.91	2.54	3.26	0.66	3.11	0.53	1.44
宜昌市	143.33	29.58	64.32	32.07	71.09	11.20	15.68
襄阳市	62.17	34.16	48.85	12.26	18.24	2.54	6.09
鄂州市	3.10	0.58	1.12	0.43	2.14	0.56	0.30
荆门市	20.86	10.75	14.16	3.39	4.75	0.91	1.67
孝感市	59.15	21.46	58.83	34.52	29.66	7.87	7.43
荆州市	43.40	10.70	38.08	26.63	21.97	2.01	14.55
黄冈市	39.18	16.34	24.49	7.99	19.10	9.30	4.49
咸宁市	11.64	6.54	10.67	3.07	3.78	1.21	1.22
随州市	39.11	6.26	13.90	6.65	27.41	4.95	3.54
恩施州	6.53	1.36	2.46	1.09	3.71	0.54	0.79
仙桃市	43.25	23.35	52.16	28.19	13.42	2.85	3.54
潜江市	13.04	4.46	6.32	1.66	5.96	0.89	0.79
天门市	4.30	2.34	3.44	1.10	1.44	0.23	0.31
神农架	0.95		0.39	0.06	0.25	0.17	0.01

制造业主要经济指标

单位：亿元

产成品	负债合计	流动负债合计	应付账款	所有者权益合计	实收资本	国家资本	集体资本	法人资本
27.27	**267.92**	**233.03**	**52.58**	**356.86**	**117.78**	**7.86**	**1.16**	**44.41**
6.61	65.54	62.08	19.53	56.84	30.03	2.08	0.50	10.61
0.30	1.81	1.49	0.71	2.69	1.32			0.87
0.56	4.89	4.65	0.77	3.01	1.32			0.65
6.14	68.40	56.93	11.78	74.93	19.97	3.50		5.75
3.68	16.99	16.27	3.48	45.18	11.20	0.56	0.19	2.81
0.11	1.23	1.13	0.16	1.87	1.08		0.03	0.47
0.92	5.87	5.48	1.06	14.99	3.13			2.12
2.72	26.27	21.84	3.77	32.87	14.09	1.50		5.71
1.55	21.49	15.34	1.45	21.91	5.01		0.02	0.72
0.89	14.33	13.09	2.26	24.85	11.48		0.05	8.77
0.45	3.30	2.30	0.33	8.33	3.48	0.04		1.73
1.32	16.92	14.79	1.96	22.19	5.58		0.13	0.17
0.29	3.37	3.25	0.30	3.15	1.44			0.61
1.43	11.21	10.43	3.60	32.05	5.64		0.10	2.65
0.14	4.43	2.81	1.10	8.61	1.28			0.27
0.16	1.05	0.70	0.20	3.25	1.47	0.12	0.14	0.49
0.01	0.81	0.45	0.13	0.14	0.27	0.05		

1-B-21 续表

地 区				营业收入	营业成本	销售费用	管理费用
	个人资本	港澳台资本	外商资本				
全 省	**47.83**	**2.55**	**13.97**	**992.68**	**809.17**	**47.66**	**38.15**
武汉市	4.18	1.19	11.46	212.56	176.59	12.89	9.60
黄石市	0.45			3.88	3.18	0.23	0.18
十堰市	0.67			8.60	6.46	0.49	0.26
宜昌市	10.28	0.01	0.42	152.33	120.32	9.69	7.32
襄阳市	7.64			105.74	88.20	1.85	1.60
鄂州市	0.57	0.01		4.60	3.76	0.22	0.20
荆门市	1.00			47.89	39.45	1.40	1.67
孝感市	6.89			100.74	79.77	5.39	3.66
荆州市	4.27			88.95	80.11	2.76	1.76
黄冈市	2.11		0.54	60.16	49.99	2.39	1.79
咸宁市	1.71			34.21	28.58	0.85	0.86
随州市	5.28			47.35	34.10	1.62	1.67
恩施州	0.83			3.76	2.27	0.69	0.49
仙桃市	0.19	1.24	1.45	94.91	74.70	6.53	6.30
潜江市	1.01			20.26	16.35	0.17	0.40
天门市	0.51	0.11	0.09	6.43	5.06	0.50	0.40
神农架	0.22			0.30	0.29		0.02

单位：亿元

财务费用			投资收益（损失以"–"号记）	营业利润	利润总额	亏损企业亏损额	平均用工人数（万人）
	利息收入	利息支出					
5.83	**1.34**	**5.55**	**3.26**	**87.59**	**89.33**	**1.04**	**8.52**
0.01	0.30	0.43	0.15	12.75	13.55	0.24	1.43
0.07		0.04		0.21	0.17	0.03	0.06
0.13	0.01	0.05		1.17	1.19		0.10
0.83	0.93	1.44	3.03	16.06	16.38	0.11	1.79
0.65	0.01	0.61	0.01	12.87	13.00		0.53
0.04		0.02		0.34	0.33		0.07
0.57		0.29		3.84	3.85		0.26
0.64	0.04	0.25	0.04	10.21	10.49	0.12	1.12
1.04	0.01	0.87	0.03	2.91	3.09	0.03	0.60
0.28		0.20		5.39	5.15	0.01	0.60
0.18		0.11		3.41	3.42		0.25
0.69		0.62		9.08	9.08		0.37
0.09		0.09	0.01	–0.19	–0.17	0.51	0.09
0.37	0.03	0.35		6.39	6.62	0.01	1.02
0.15		0.08		2.79	2.77		0.13
0.07		0.07		0.38	0.38		0.10
0.01		0.01		–0.02			

1-B-22 按地区分组的酒、饮料和

地区	资产总计	固定资产净额	固定资产原价	累计折旧	流动资产合计	应收账款	存货
全省	**1044.23**	**256.20**	**457.65**	**184.43**	**608.71**	**46.04**	**125.77**
武汉市	131.64	43.84	109.24	60.43	51.74	8.39	10.39
黄石市	353.45	24.65	38.99	14.19	281.19	0.42	36.57
十堰市	34.27	19.57	29.00	8.66	10.76	3.45	3.48
宜昌市	110.25	32.76	62.18	24.58	52.06	4.95	15.56
襄阳市	76.21	22.92	38.34	14.66	37.52	9.29	13.63
鄂州市	1.22	0.48	0.62	0.14	0.60	0.27	0.12
荆门市	32.69	9.63	24.06	13.60	14.21	0.99	3.28
孝感市	28.84	15.09	29.62	14.33	9.79	3.11	3.26
荆州市	85.60	20.10	30.20	7.98	56.39	3.09	20.42
黄冈市	24.82	8.49	14.29	5.55	10.14	4.38	3.11
咸宁市	78.97	18.49	30.70	10.43	49.07	2.00	6.74
随州市	9.99	5.01	6.06	0.85	2.91	0.67	0.97
恩施州	34.37	11.19	15.28	3.96	18.65	3.76	5.45
仙桃市	5.59	3.07	5.36	2.29	1.43	0.97	0.35
潜江市	32.94	19.58	22.08	2.49	10.72	0.16	1.24
天门市	0.26				0.07		0.06
神农架	3.13	1.34	1.62	0.28	1.47	0.15	1.14

精制茶制造业主要经济指标

单位：亿元

产成品	负债合计	流动负债合计	应付账款	所有者权益合计	实收资本	国家资本	集体资本	法人资本
43.46	**549.54**	**498.59**	**81.03**	**494.69**	**174.91**	**7.99**	**2.57**	**70.38**
3.97	68.07	60.17	26.25	63.57	45.13	0.35		12.89
8.20	183.66	179.83	10.13	169.79	8.06	1.69	0.08	0.92
2.05	17.36	14.97	4.14	16.90	7.42	0.08	0.31	4.64
7.95	65.80	50.27	7.24	44.45	13.01			5.13
8.41	46.32	42.49	10.27	29.89	12.08	1.80	1.75	2.05
0.10	0.45	0.44	0.12	0.77	0.54			0.12
1.23	15.46	11.84	1.38	17.22	5.23	0.75	0.02	2.22
1.68	16.96	15.47	2.09	11.88	8.78	0.08	0.25	1.66
1.66	49.25	47.76	2.25	36.35	5.76	0.05	0.10	2.23
1.90	6.50	4.68	0.83	18.32	10.83	0.04	0.03	2.31
2.76	44.24	41.68	5.76	34.72	15.64		0.02	5.95
0.39	4.73	2.51	0.61	5.26	2.40	0.10		1.76
2.98	15.99	13.31	2.48	18.38	10.42	0.12	0.01	2.81
0.07	4.79	4.78	1.30	0.80	4.33	2.92		0.40
0.10	6.56	6.28	5.95	26.38	24.88			24.88
	0.38			–0.12				
	3.03	2.11	0.23	0.10	0.40			0.40

1-B-22 续表

地区	个人资本	港澳台资本	外商资本	营业收入	营业成本	销售费用	管理费用
全省	**54.71**	**24.58**	**14.67**	**935.14**	**652.79**	**68.01**	**43.40**
武汉市	2.89	18.61	10.39	148.53	105.14	18.10	6.71
黄石市	5.09	0.02	0.26	112.21	52.99	12.26	5.90
十堰市	2.39			61.53	43.38	6.12	2.11
宜昌市	6.71	1.17		172.82	124.48	10.75	9.91
襄阳市	6.43	0.05		99.52	77.15	6.12	5.26
鄂州市	0.04		0.38	1.20	1.08	0.04	0.04
荆门市	2.25			39.05	30.34	2.45	1.85
孝感市	3.15		3.64	40.19	32.66	1.60	2.20
荆州市	3.38			58.39	33.37	4.35	2.76
黄冈市	8.44			38.74	31.16	0.90	0.81
咸宁市	5.44	4.23		100.27	71.02	2.93	3.06
随州市	0.54			13.62	10.45	0.39	0.40
恩施州	7.48			19.63	15.86	0.98	1.19
仙桃市	0.50	0.51		2.41	2.05	0.27	0.30
潜江市				24.37	19.81	0.60	0.66
天门市				2.15	1.57	0.08	0.21
神农架				0.52	0.28	0.07	0.03

单位：亿元

财务费用			投资收益（损失以"–"号记）	营业利润	利润总额	亏损企业亏损额	平均用工人数（万人）
	利息收入	利息支出					
9.09	**1.03**	**7.37**	**1.26**	**133.58**	**130.36**	**2.26**	**8.16**
0.24	–0.15	0.20	0.89	15.20	15.40	0.14	1.22
1.11	0.53	1.51	0.31	32.20	30.34		0.64
0.38	0.01	0.39	0.03	9.14	9.25		0.62
2.42	0.07	2.09	0.02	21.53	20.12	0.37	1.54
1.30	0.02	0.82		8.08	8.22	0.32	0.83
0.01		0.01		0.02	0.02	0.05	0.03
0.15	0.06	0.15		2.90	2.22	0.05	0.25
0.46		0.40		2.80	2.94	0.03	0.56
0.54	–0.09	0.27		11.97	11.71		0.71
0.29		0.19		4.64	4.56		0.47
1.00	0.58	0.54	0.01	21.29	21.56	0.50	0.65
0.13		0.10		1.58	1.60		0.10
0.56		0.53		0.89	1.08	0.12	0.36
0.08		0.08		–0.36	–0.36	0.47	0.05
0.38		0.02		1.92	1.92		0.11
				–0.21	–0.21	0.21	
0.06		0.08					0.02

1-B-23 按地区分组的烟草

地 区	资产总计	固定资产净额	固定资产原价	累计折旧	流动资产合计		
						应收账款	存货
全 省	**539.27**	**55.21**	**124.95**	**69.52**	**418.20**	**83.53**	**224.90**
武汉市	521.38	48.92	112.60	63.68	409.52	81.62	224.13
黄石市							
十堰市							
宜昌市	4.26	1.11	2.99	1.65	1.99	1.66	0.13
襄阳市							
鄂州市							
荆门市							
孝感市							
荆州市							
黄冈市							
咸宁市							
随州市							
恩施州	13.63	5.18	9.37	4.19	6.69	0.25	0.64
仙桃市							
潜江市							
天门市							
神农架							

制品业主要经济指标

单位：亿元

产成品	负债合计	流动负债合计	应付账款	所有者权益合计	实收资本	国家资本	集体资本	法人资本
24.94	**177.11**	**175.61**	**62.52**	**362.17**	**31.62**	**12.08**	**1.05**	**18.49**
24.41	173.66	172.41	62.02	347.72	18.49			18.49
0.04	1.69	1.60	0.13	2.58	1.35	0.30	1.05	
0.49	1.76	1.60	0.37	11.87	11.78	11.78		

1-B-23 续表

地　区	个人资本	港澳台资本	外商资本	营业收入	营业成本	销售费用	管理费用
全　省				**756.34**	**207.30**	**10.74**	**21.70**
武汉市				753.01	204.74	10.63	21.18
黄石市							
十堰市							
宜昌市				0.82	0.52	0.02	0.20
襄阳市							
鄂州市							
荆门市							
孝感市							
荆州市							
黄冈市							
咸宁市							
随州市							
恩施州				2.52	2.04	0.10	0.31
仙桃市							
潜江市							
天门市							
神农架							

单位：亿元

财务费用			投资收益（损失以"–"号记）	营业利润	利润总额	亏损企业亏损额	平均用工人数（万人）
	利息收入	利息支出					
–1.04	**0.75**	**0.36**	**0.49**	**87.45**	**86.26**	**0.09**	**0.79**
–0.94	0.89	0.32	0.49	87.24	86.15		0.67
0.04		0.04		0.11	0.02	0.09	0.01
–0.13	–0.13			0.10	0.10		0.11

1-B-24 按地区分组的纺织业

地　区	资产总计	固定资产净　额	固定资产原　价	累计折旧	流动资产合　计	应收账款	存货
全　省	**968.06**	**354.71**	**910.29**	**531.01**	**410.69**	**84.74**	**124.08**
武汉市	44.90	7.66	20.02	8.48	23.91	6.40	6.75
黄石市	17.66	5.90	8.11	2.11	9.31	2.24	3.04
十堰市	7.58	1.22	2.65	1.36	5.24	2.39	1.88
宜昌市	46.74	10.73	25.12	13.85	25.43	4.91	6.20
襄阳市	204.88	79.87	131.59	48.55	87.49	16.48	30.59
鄂州市	5.10	1.69	3.69	1.97	2.64	0.47	0.63
荆门市	53.38	21.95	47.97	26.00	18.78	4.73	6.90
孝感市	107.87	49.99	330.92	277.64	42.31	7.22	10.59
荆州市	94.22	26.75	77.29	49.33	40.40	7.19	17.42
黄冈市	64.83	23.18	42.46	15.76	28.19	5.22	9.25
咸宁市	71.42	32.33	53.17	17.75	26.93	5.57	7.76
随州市	22.15	4.38	7.59	2.39	11.52	1.56	2.06
恩施州	1.31	0.35	0.46	0.10	0.83	0.25	0.50
仙桃市	113.31	44.96	88.97	42.29	51.24	14.07	12.84
潜江市	61.38	29.53	38.72	6.19	11.90	2.33	2.11
天门市	51.34	14.21	31.57	17.23	24.55	3.70	5.56
神农架							

主要经济指标

单位：亿元

产成品	负债合计	流动负债合计	应付账款	所有者权益合计	实收资本	国家资本	集体资本	法人资本
59.76	**425.55**	**340.00**	**83.09**	**542.52**	**189.76**	**6.55**	**7.15**	**91.64**
3.76	21.43	19.52	5.33	23.46	11.19	2.14		4.72
1.42	13.96	13.40	4.30	3.70	2.29		0.02	1.02
1.11	3.34	2.63	0.32	4.23	1.18		0.26	0.19
2.39	24.32	20.66	3.44	22.43	8.05			1.99
14.37	100.16	83.05	20.22	104.72	30.60	0.61	2.22	18.69
0.33	2.33	1.92	0.02	2.77	0.95			
3.82	16.79	14.84	2.94	36.59	8.55		0.03	3.91
6.41	39.52	25.35	4.36	68.35	24.20	0.08	0.01	5.83
9.37	53.70	39.86	8.80	40.52	14.09	0.03	1.99	4.87
4.84	30.36	27.76	8.20	34.47	14.15	0.10		2.34
2.91	29.45	26.63	5.25	41.97	14.93	0.04	2.62	5.45
1.12	6.45	4.23	1.02	15.71	5.22			1.37
0.22	0.64	0.62	0.13	0.67	0.31			0.01
5.41	47.89	37.19	10.76	65.42	19.50	3.56	0.01	10.75
0.99	17.92	9.93	4.96	43.46	29.30			27.22
1.29	17.29	12.40	3.02	34.06	5.24			3.30

1-B-24 续表

地　区	个人资本	港澳台资本	外商资本	营业收入	营业成本	销售费用	管理费用
全　省	**76.77**	**2.83**	**4.82**	**2075.48**	**1751.95**	**58.04**	**78.68**
武汉市	3.29		1.04	126.81	113.75	2.52	4.02
黄石市	0.93	0.33		9.26	8.14	0.19	0.37
十堰市	0.73			20.79	17.96	0.13	0.21
宜昌市	5.20	0.37	0.50	64.88	55.00	1.84	3.14
襄阳市	9.06	0.03		428.70	358.22	7.97	17.81
鄂州市	0.95			37.68	32.08	1.69	1.52
荆门市	2.09	0.05	2.46	118.43	97.00	4.98	3.34
孝感市	18.14	0.15		342.72	281.39	13.12	16.27
荆州市	7.18	0.04		152.21	137.70	1.63	3.02
黄冈市	10.51	1.17	0.04	96.92	87.10	1.16	1.44
咸宁市	6.17		0.65	137.72	117.35	2.77	3.57
随州市	3.59	0.26		64.36	52.08	1.69	1.57
恩施州	0.30			1.05	0.94	0.03	0.03
仙桃市	4.60	0.44	0.14	313.30	257.66	14.21	17.71
潜江市	2.08			81.81	67.79	1.42	1.44
天门市	1.94			78.84	67.78	2.73	3.22
神农架							

单位：亿元

财务费用			投资收益(损失以“–”号记)	营业利润	利润总额	亏损企业亏损额	平均用工人数(万人)
	利息收入	利息支出					
26.93	**0.29**	**15.63**	**3.54**	**143.26**	**143.41**	**2.49**	**23.02**
0.86	0.01	0.75		4.88	4.87	0.09	1.00
0.38		0.37		0.07	0.07	0.23	0.30
0.16		0.16	0.01	2.23	2.26		0.12
0.62	0.01	0.61	3.33	7.88	7.42	0.25	0.92
3.40	0.16	2.92	0.04	39.25	40.40	0.36	3.67
0.57		0.26		1.43	1.21		0.42
1.02		1.03	0.03	9.77	9.48	0.05	0.74
10.33	0.01	1.55	0.05	14.63	14.46	0.01	3.62
1.19	0.01	0.85	0.03	7.94	8.25	0.30	1.84
0.98		0.87		5.70	5.49	0.12	1.79
1.71	0.06	1.43	0.04	11.75	11.83	0.58	1.31
0.42	0.02	0.30		8.18	8.19	0.01	0.50
0.02		0.02		0.03	0.03		0.02
3.39	0.02	3.01	0.01	18.54	18.48	0.43	4.97
0.41	0.01	0.12		7.55	7.55		0.88
1.46	–0.01	1.37		3.44	3.43	0.06	0.91

1-B-25 按地区分组的纺织服装、

地　区	资产总计	固定资产净　额	固定资产原　价	累计折旧	流动资产合　计	应收账款	存货
全　省	**388.30**	**133.56**	**290.56**	**144.34**	**183.15**	**37.59**	**57.13**
武汉市	80.82	14.29	22.09	7.65	54.14	9.89	23.89
黄石市	32.57	6.00	13.90	7.70	18.12	2.38	6.31
十堰市	3.34	1.14	2.32	0.88	1.80	0.45	0.70
宜昌市	15.72	3.45	9.46	5.09	6.97	2.01	1.28
襄阳市	29.77	15.63	24.10	8.37	11.14	2.25	2.56
鄂州市	5.86	1.12	2.10	0.56	3.12	1.26	0.58
荆门市	29.03	13.02	24.07	9.07	11.35	2.55	4.54
孝感市	37.45	22.09	85.29	62.66	11.11	2.12	4.14
荆州市	21.25	5.16	10.16	4.29	10.54	3.51	3.47
黄冈市	20.00	7.29	13.51	4.28	9.46	2.61	2.14
咸宁市	17.02	7.04	16.14	6.95	4.95	1.04	1.42
随州市	8.38	3.68	6.83	2.49	2.85	0.59	0.32
恩施州	0.75	0.15	0.27	0.12	0.53	0.18	0.12
仙桃市	15.45	6.04	11.10	3.58	6.73	1.19	1.63
潜江市	39.20	17.14	22.50	4.69	9.93	1.78	1.08
天门市	31.70	10.33	26.70	15.96	20.40	3.78	2.95
神农架							

服饰业主要经济指标

单位：亿元

产成品	负债合计	流动负债合计	应付账款	所有者权益合计	实收资本	国家资本	集体资本	法人资本
30.08	**169.14**	**142.94**	**30.66**	**219.15**	**82.11**	**5.42**	**1.41**	**31.30**
15.38	39.83	36.14	5.86	40.99	9.58	1.54	0.10	2.57
2.49	23.12	21.78	1.83	9.46	5.63	2.76		1.05
0.44	2.11	1.85	0.42	1.23	0.91		0.05	0.83
0.76	7.87	5.12	1.02	7.85	3.00	0.64	0.01	1.36
1.25	10.25	8.90	2.95	19.52	4.15	0.12	0.42	1.91
0.38	3.32	1.89	0.81	2.53	1.24			0.17
2.72	17.07	14.06	3.59	11.96	3.84	0.20		1.76
0.85	6.15	4.02	0.60	31.30	18.40			2.55
1.07	12.56	11.37	2.93	8.69	3.85	0.10	0.09	1.28
1.16	8.73	7.58	2.35	11.26	4.26	0.05	0.70	0.61
0.49	4.94	4.46	1.23	12.08	4.27			0.77
0.22	2.33	1.98	0.07	6.05	2.17			0.55
0.08	0.33	0.33	0.06	0.42	0.20			
1.03	5.67	4.39	0.55	9.78	0.76			0.42
0.61	10.88	8.65	2.65	28.32	10.94		0.04	7.08
1.16	13.97	10.41	3.75	17.73	8.90			8.37

1-B-25 续表

地 区	个人资本	港澳台资本	外商资本	营业收入	营业成本	销售费用	管理费用
全 省	**39.79**	**3.85**	**0.34**	**855.58**	**721.25**	**26.17**	**31.03**
武汉市	4.75	0.62		126.37	101.96	8.04	5.02
黄石市	0.33	1.15	0.33	33.23	29.19	1.65	1.49
十堰市	0.02			11.44	10.50	0.04	0.23
宜昌市	0.75	0.24		44.87	38.78	1.20	1.78
襄阳市	1.70		0.01	64.57	53.80	1.10	2.74
鄂州市	1.07			36.58	31.04	1.21	1.16
荆门市	1.51	0.37		66.79	55.68	1.43	3.41
孝感市	15.81	0.04		113.41	99.24	1.85	3.55
荆州市	2.38			34.22	30.05	0.61	1.19
黄冈市	2.87	0.03		30.63	25.94	0.69	1.21
咸宁市	3.49			74.11	62.41	1.91	1.46
随州市	1.35	0.26		34.84	26.69	1.82	1.63
恩施州	0.16	0.05		0.86	0.74	0.02	0.06
仙桃市	0.34			39.78	33.41	1.55	1.51
潜江市	2.71	1.10		85.48	72.73	1.23	1.53
天门市	0.53			58.39	49.08	1.83	3.05
神农架							

单位：亿元

财务费用			投资收益（损失以“–”号记）	营业利润	利润总额	亏损企业亏损额	平均用工人数（万人）
	利息收入	利息支出					
7.57	**0.11**	**5.35**	**0.29**	**60.51**	**59.67**	**1.07**	**13.59**
1.04	0.04	0.63	0.09	9.66	9.80	0.10	1.56
0.24	0.01	0.18	0.09	0.57	0.60	0.09	1.14
0.01		0.01		0.63	0.70	0.01	0.21
0.44	0.01	0.43		2.21	2.18		0.58
0.33	–0.01	0.29		6.23	6.20		0.74
0.65		0.28		2.04	1.74	0.05	0.53
0.50	0.01	0.46	0.05	4.35	3.84	0.58	1.24
0.56		0.12		6.99	7.00		1.38
0.33		0.20		1.88	1.89	0.01	1.00
0.22		0.18		2.29	2.03	0.18	1.04
0.60		0.27		7.11	7.11	0.02	0.58
0.37	0.03	0.31	0.07	4.14	4.14		0.39
0.02		0.02		0.02	0.02		0.05
0.34		0.33		2.80	2.80		0.75
0.67		0.50		6.55	6.55		1.51
1.24		1.15		3.06	3.06	0.04	0.89

1-B-26 按地区分组的皮革、毛皮、羽毛及其

地　区	资产总计	固定资产净　额	固定资产原　价	累计折旧	流动资产合　计	应收账款	存货
全　省	**99.73**	**31.96**	**122.65**	**79.94**	**53.47**	**13.70**	**17.49**
武汉市	2.12	0.43	1.22	0.78	1.31	0.35	0.39
黄石市	10.46	4.44	8.22	3.66	5.03	1.64	1.16
十堰市	1.28	0.09	0.23	0.15	1.08	0.42	0.21
宜昌市	1.64	0.61	1.28	0.59	0.74	0.24	0.43
襄阳市	12.97	3.28	10.23	1.67	5.45	1.45	0.93
鄂州市	3.36	0.39	1.48	0.46	2.43	0.09	2.12
荆门市	11.55	3.24	6.33	3.09	7.39	2.00	2.71
孝感市	27.06	10.02	76.67	64.49	16.04	3.29	4.28
荆州市	1.46	0.23	0.40	0.17	1.13	0.70	0.12
黄冈市	6.28	1.21	4.37	1.60	3.23	0.63	0.68
咸宁市	2.64	0.77	3.11	1.52	0.43	0.09	0.24
随州市	6.25	2.53	3.24	0.66	2.62	1.71	0.45
恩施州	8.40	2.73	3.45	0.72	4.97	0.75	3.42
仙桃市	1.32	0.19	0.31	0.12	0.69	0.04	0.18
潜江市	2.95	1.81	2.11	0.25	0.92	0.31	0.17
天门市							
神农架							

制品和制鞋业主要经济指标

单位：亿元

产成品	负债合计	流动负债合计	应付账款	所有者权益合计	实收资本	国家资本	集体资本	法人资本
8.08	**47.74**	**41.06**	**9.87**	**52.00**	**27.26**	**1.98**		**6.02**
0.22	1.04	0.88	0.13	1.08	0.23			0.15
0.67	5.02	2.81	1.34	5.44	4.35			0.07
	0.05	0.05	0.03	1.23	0.05			
0.32	0.95	0.95	0.57	0.69	0.44			0.01
0.78	2.73	2.57	0.58	10.24	7.26	1.98		0.16
1.94	0.59	0.54	0.05	2.78	0.24			0.22
0.79	7.52	6.53	2.34	4.03	1.65			0.31
2.02	12.95	10.49	0.75	14.12	4.22			0.73
0.05	1.12	1.12	0.54	0.33	0.15			0.10
0.25	3.42	3.18	0.33	2.86	2.17			0.64
0.20	0.69	0.66	0.51	1.95	0.42			0.08
0.30	2.30	2.30	1.22	3.94	1.53			0.68
0.33	7.85	7.67	1.01	0.55	1.88			0.22
0.15	1.02	0.83	0.04	0.29	0.20			0.20
0.06	0.48	0.48	0.43	2.47	2.47			2.47

1-B-26 续表

地 区				营业收入	营业成本	销售费用	管理费用
	个人资本	港澳台资本	外商资本				
全 省	**10.96**	**8.12**	**0.18**	**247.90**	**215.09**	**4.11**	**7.87**
武汉市	0.08			16.49	13.30	0.07	0.18
黄石市	0.55	3.57	0.16	14.94	12.53	0.23	0.85
十堰市	0.05			3.62	3.06	0.04	0.04
宜昌市	0.31	0.12		6.58	6.02	0.03	0.36
襄阳市	1.10	4.03		17.40	14.86	0.13	0.29
鄂州市	0.02			12.45	10.57	0.10	0.11
荆门市	1.34			19.30	16.49	0.26	1.14
孝感市	3.36	0.13		117.30	107.09	1.83	2.96
荆州市	0.05			2.04	1.74	0.01	0.14
黄冈市	1.34	0.17	0.02	7.86	6.19	0.18	0.29
咸宁市	0.35			8.30	6.81	0.23	0.42
随州市	0.75	0.10		17.06	12.36	0.95	0.94
恩施州	1.66			0.82	0.70	0.01	0.09
仙桃市				2.13	1.98	0.02	0.02
潜江市				1.61	1.40	0.03	0.03
天门市							
神农架							

单位：亿元

财务费用			投资收益(损失以“–”号记)	营业利润	利润总额	亏损企业亏损额	平均用工人数(万人)
	利息收入	利息支出					
1.08		**0.62**	**–0.11**	**17.69**	**17.95**	**0.17**	**3.23**
0.04		0.04		2.87	2.87	0.01	0.07
0.12		0.02	–0.04	1.02	1.02	0.10	0.91
				0.46	0.47		0.02
				0.12	0.12		0.23
0.06	–0.01	0.04		1.95	1.94		0.31
0.03		0.02		1.59	1.59		0.09
0.14		0.14		1.01	1.22		0.54
0.24		0.04	–0.07	4.14	4.15		0.50
				0.12	0.13		0.07
0.02		0.01		1.13	1.13	0.02	0.25
0.10		0.06		0.74	0.74		0.04
0.27		0.19		2.37	2.38		0.13
0.04		0.04		–0.02	–0.01	0.03	0.04
0.01		0.01		0.10	0.10		0.03
				0.11	0.11		0.01

1-B-27 按地区分组的木材加工和木、竹、

地区	资产总计	固定资产净额	固定资产原价	累计折旧	流动资产合计	应收账款	存货
全省	**261.27**	**89.34**	**196.90**	**100.60**	**116.92**	**18.99**	**29.75**
武汉市	16.41	6.41	9.54	2.94	8.16	1.21	3.96
黄石市	1.23	0.30	0.48	0.07	0.54	0.15	0.28
十堰市	3.55	1.11	1.45	0.30	2.17	0.77	0.91
宜昌市	15.25	3.31	14.74	10.77	5.58	0.73	1.41
襄阳市	17.14	8.15	12.85	4.44	6.89	0.91	2.77
鄂州市	0.76	0.28	0.64	0.27	0.32	0.08	0.04
荆门市	26.68	9.13	21.09	9.71	12.85	2.81	3.91
孝感市	67.98	18.74	42.90	23.81	35.49	4.24	2.80
荆州市	24.84	9.31	39.80	30.49	8.30	1.09	3.78
黄冈市	19.50	4.04	7.59	3.22	9.69	1.62	2.12
咸宁市	30.61	9.86	17.80	6.01	14.47	3.40	4.97
随州市	5.49	1.89	2.66	0.77	2.53	0.36	0.88
恩施州	2.97	1.31	1.59	0.27	1.18	0.19	0.41
仙桃市	3.41	1.31	2.33	0.77	0.72	0.12	0.28
潜江市	12.62	5.15	6.09	0.80	4.81	0.37	0.20
天门市	12.82	9.05	15.34	5.94	3.21	0.94	1.03
神农架							

藤、棕、草制品业主要经济指标

单位：亿元

产成品	负债合计	流动负债合计	应付账款	所有者权益合计	实收资本	国家资本	集体资本	法人资本
13.94	**129.70**	**105.61**	**15.54**	**131.57**	**54.46**	**1.21**	**3.07**	**18.63**
1.01	7.59	7.10	0.57	8.82	5.22	0.47	0.01	1.31
0.23	0.58	0.44	0.06	0.66	0.48			0.38
0.37	1.51	1.39	0.64	2.04	0.71			0.12
0.87	10.30	8.52	1.89	4.95	1.87	0.03		1.19
0.81	6.45	3.43	0.68	10.69	1.97			1.36
0.01	0.40	0.16		0.36	0.23		0.01	0.10
1.49	11.02	9.23	0.74	15.66	2.87	0.03		1.35
1.78	39.15	33.98	2.63	28.82	11.46	0.67	0.19	1.29
1.63	11.26	9.40	1.57	13.58	5.67		1.92	1.77
1.49	11.97	10.19	3.25	7.53	4.77	0.01	0.73	1.67
2.49	14.54	10.88	2.09	16.07	6.34		0.21	2.92
0.77	4.09	3.87	0.23	1.40	0.35			0.11
0.15	1.13	1.10	0.08	1.84	1.46			0.02
0.18	0.76	0.54	0.08	2.65	0.43			0.09
0.16	3.65	3.48	0.75	8.97	7.91			3.95
0.49	5.30	1.90	0.27	7.52	2.73			1.01

1-B-27 续表

地　区	个人资本	港澳台资本	外商资本	营业收入	营业成本	销售费用	管理费用
全　省	**31.45**	**0.01**	**0.09**	**394.76**	**328.36**	**10.44**	**11.91**
武汉市	3.44			38.69	34.82	0.64	1.08
黄石市	0.10			1.30	0.92	0.13	0.09
十堰市	0.59			9.07	6.94	0.19	0.21
宜昌市	0.65			25.97	21.69	0.80	0.93
襄阳市	0.61			26.52	22.11	0.41	0.61
鄂州市	0.12			4.00	3.47	0.07	0.19
荆门市	1.50			50.51	40.94	0.90	1.65
孝感市	9.30			60.10	48.48	2.50	2.29
荆州市	1.98			34.64	29.29	0.93	0.86
黄冈市	2.35	0.01		18.10	14.50	0.58	0.71
咸宁市	3.12		0.09	86.12	71.74	2.07	2.15
随州市	0.23			5.30	4.51	0.07	0.06
恩施州	1.44			2.38	2.08	0.09	0.07
仙桃市	0.34			7.44	6.18	0.31	0.30
潜江市	3.97			11.67	9.89	0.20	0.18
天门市	1.72			12.98	10.78	0.54	0.53
神农架							

单位：亿元

财务费用			投资收益(损失以“–”号记)	营业利润	利润总额	亏损企业亏损额	平均用工人数(万人)
	利息收入	利息支出					
5.10	**0.05**	**2.91**	**0.97**	**34.68**	**34.20**	**0.36**	**3.50**
0.62	–0.01	0.33		1.10	1.12	0.01	0.28
0.02		0.02		0.12	0.11		0.02
0.05		0.04		1.26	1.26		0.10
0.30		0.28		1.96	1.97		0.21
0.23	0.01	0.16	–0.24	2.68	2.70		0.21
0.01		0.01		0.22	0.22		0.03
0.51		0.41		4.47	3.55		0.34
1.23	0.01	0.18		5.13	5.28	0.18	0.38
0.35		0.29		3.05	3.12	0.05	0.32
0.26		0.06		1.92	1.98		0.50
0.92	0.03	0.56	1.22	9.94	9.96	0.11	0.63
0.03		0.04		0.59	0.65		0.05
0.08		0.08		0.05	0.08		0.05
0.06		0.06		0.55	0.55		0.09
0.08		0.06		0.93	0.93		0.12
0.35		0.34		0.72	0.72		0.16

1-B-28 按地区分组的家具

地 区	资产总计	固定资产净额	固定资产原价	累计折旧	流动资产合计	应收账款	存货
全 省	**184.02**	**67.92**	**104.36**	**30.03**	**71.85**	**12.70**	**13.60**
武汉市	10.76	2.23	3.65	1.28	5.62	0.93	1.87
黄石市							
十堰市							
宜昌市	3.90	1.05	2.63	0.82	1.34	0.44	0.44
襄阳市	5.93	2.20	3.18	0.69	2.49	0.67	0.69
鄂州市	0.76	0.35	0.40	0.05	0.25	0.14	0.11
荆门市	6.82	2.53	3.34	0.73	2.00	0.33	0.72
孝感市	7.89	2.44	13.35	9.28	2.01	0.36	0.91
荆州市	4.11	1.20	6.74	5.09	0.95	0.34	0.28
黄冈市	35.04	12.11	16.54	3.39	14.86	1.57	3.45
咸宁市	17.35	4.68	6.61	1.59	7.65	3.69	1.39
随州市	1.04	0.68	0.89	0.21	0.16	0.07	0.06
恩施州	4.86	1.02	1.67	0.64	1.63	0.57	0.32
仙桃市	1.87	0.90	1.10	0.21	0.89	0.48	0.36
潜江市	75.68	35.30	42.00	5.19	27.05	2.29	2.45
天门市	8.01	1.23	2.26	0.85	4.95	0.84	0.56
神农架							

制造业主要经济指标

单位：亿元

产成品	负债合计	流动负债合计	应付账款	所有者权益合计	实收资本	国家资本	集体资本	法人资本
6.85	**69.09**	**47.87**	**19.21**	**114.93**	**81.55**	**0.01**	**0.02**	**70.29**
0.77	6.21	4.61	0.79	4.56	2.06			0.91
0.27	1.45	1.32	0.32	2.44	0.68			0.03
0.37	2.77	1.87	0.51	3.16	1.07	0.01	0.02	0.85
	0.36	0.26	0.17	0.40	0.10			0.10
0.39	4.09	1.41	0.44	2.73	0.95			0.77
0.28	3.72	3.10	0.25	4.17	3.23			0.71
0.21	0.99	0.76	0.07	3.12	0.53			
2.04	12.57	11.34	3.29	22.48	13.90			10.59
0.54	7.49	6.89	3.02	9.86	2.27			0.70
0.06	0.12	0.12		0.92	0.77			0.06
0.11	3.28	1.96	0.22	1.58	0.82			0.56
0.23	0.97	0.83	0.66	0.90	0.41			0.41
1.34	21.60	11.08	8.42	54.08	53.60			53.57
0.24	3.46	2.34	1.05	4.55	1.16			1.02

1-B-28 续表

地　区	个人资本	港澳台资本	外商资本	营业收入	营业成本	销售费用	管理费用
全　省	**11.13**	**0.10**		**197.39**	**161.16**	**5.93**	**7.76**
武汉市	1.05	0.10		14.19	11.73	0.98	0.71
黄石市							
十堰市							
宜昌市	0.64			9.57	7.86	0.28	0.26
襄阳市	0.19			11.39	9.49	0.33	0.38
鄂州市				1.07	0.83	0.06	0.05
荆门市	0.18			10.57	8.44	0.33	0.44
孝感市	2.52			14.45	13.16	0.23	0.26
荆州市	0.53			8.67	7.30	0.34	0.51
黄冈市	3.31			33.68	24.52	1.01	1.93
咸宁市	1.57			31.29	25.06	0.88	1.34
随州市	0.70			5.15	3.60	0.34	0.38
恩施州	0.26			3.31	2.86	0.11	0.15
仙桃市				2.70	2.32	0.12	0.12
潜江市	0.03			39.55	34.60	0.50	0.54
天门市	0.14			11.80	9.39	0.41	0.69
神农架							

单位：亿元

财务费用			投资收益(损失以“–”号记)	营业利润	利润总额	亏损企业亏损额	平均用工人数(万人)
	利息收入	利息支出					
1.70	**–0.01**	**1.27**	**0.06**	**18.99**	**19.27**	**0.44**	**2.30**
0.10		0.08		0.48	0.48	0.11	0.22
0.05		0.05		1.06	1.06		0.08
0.07		0.05		1.04	1.04		0.10
0.03		0.03		0.10	0.09		0.01
0.12		0.11		1.09	1.11		0.11
0.16		0.11		0.40	0.40	0.15	0.17
0.17		0.04		0.27	0.27		0.09
0.19	–0.02	0.11	0.04	5.97	6.06	0.16	0.51
0.20		0.12	0.02	4.14	4.31		0.26
0.11		0.08		0.69	0.69		0.03
0.07		0.06		0.10	0.10	0.01	0.06
0.02		0.02		0.10	0.11		0.03
0.13		0.13		2.58	2.58	0.01	0.36
0.29		0.27		0.97	0.97		0.25

1-B-29 按地区分组的造纸和

地区	资产总计	固定资产净额	固定资产原价	累计折旧	流动资产合计	应收账款	存货
全 省	**386.45**	**138.24**	**253.94**	**106.32**	**173.30**	**42.32**	**39.28**
武汉市	53.94	18.55	34.37	12.87	26.94	6.92	5.76
黄石市	2.03	0.74	1.00	0.26	0.94	0.23	0.21
十堰市	1.45	0.30	0.58	0.28	0.98	0.43	0.20
宜昌市	29.21	10.72	19.79	8.72	14.11	4.77	4.61
襄阳市	17.84	6.22	8.30	2.08	7.42	1.07	3.07
鄂州市	3.61	0.32	0.37	0.04	2.24	0.85	0.37
荆门市	6.01	3.25	4.72	1.26	1.92	0.39	0.36
孝感市	116.47	40.19	95.80	53.04	57.52	15.19	10.32
荆州市	72.24	33.80	45.24	10.44	22.38	6.42	7.65
黄冈市	1.87	0.33	1.60	0.31	0.81	0.24	0.17
咸宁市	17.38	3.51	9.70	5.18	7.59	1.74	1.53
随州市	6.49	2.24	3.48	1.24	2.89	0.29	0.83
恩施州	1.99	1.43	1.70	0.26	0.45	0.10	0.22
仙桃市	27.89	10.59	14.68	4.08	12.00	1.90	2.52
潜江市	18.41	3.87	5.20	1.07	7.74	0.44	0.45
天门市	9.63	2.18	7.42	5.18	7.38	1.35	0.99
神农架							

纸制品业主要经济指标

单位：亿元

产成品	负债合计	流动负债合计	应付账款	所有者权益合计	实收资本	国家资本	集体资本	法人资本
17.66	**212.81**	**158.80**	**41.18**	**173.65**	**88.11**	**0.42**	**1.77**	**42.97**
2.28	40.76	38.93	6.06	13.18	8.43	0.02		3.27
0.10	0.60	0.42	0.03	1.43	0.51			0.01
0.14	0.79	0.77	0.14	0.67	0.22			0.05
2.11	18.68	15.70	4.51	10.53	4.61	0.35		0.76
1.66	7.94	6.43	1.07	9.90	1.96	0.04	0.57	1.19
0.33	2.48	2.39	0.11	1.13	0.41		0.06	0.30
0.15	1.11	1.01	0.16	4.90	0.72			0.24
3.81	59.96	44.98	14.03	56.51	24.92	0.02	0.33	14.96
3.84	44.94	20.27	6.46	27.30	20.11			3.45
0.13	0.61	0.55	0.10	1.26	0.22			0.06
0.80	6.07	2.98	0.76	11.31	8.66		0.81	5.01
0.16	4.25	4.13	0.08	2.24	1.85			0.05
0.10	2.95	1.88	0.24	–0.96	0.69			0.05
1.52	11.62	10.92	3.01	16.27	3.32			3.09
0.14	4.74	3.69	3.03	13.67	10.44			9.66
0.37	5.31	3.76	1.39	4.32	1.05			0.81

1-B-29 续表

地 区				营业收入	营业成本	销售费用	管理费用
	个人资本	港澳台资本	外商资本				
全 省	**23.76**	**14.53**	**4.66**	**512.87**	**432.61**	**18.86**	**19.24**
武汉市	3.97		1.18	117.92	102.49	3.28	3.78
黄石市	0.50			3.79	3.55	0.05	0.06
十堰市	0.17			5.57	4.21	0.50	0.06
宜昌市	2.72	0.54	0.24	65.99	57.12	1.95	3.11
襄阳市	0.15			26.98	22.20	0.47	0.74
鄂州市	0.05			0.81	0.76	0.02	0.04
荆门市	0.48			15.70	11.84	0.94	1.13
孝感市	6.67	0.96	1.99	123.22	100.17	5.66	4.51
荆州市	3.93	12.73		50.56	46.74	1.34	1.50
黄冈市	0.17			1.85	1.58	0.03	0.04
咸宁市	1.28	0.31	1.25	26.22	21.39	1.09	0.98
随州市	1.80			12.83	9.85	0.36	0.43
恩施州	0.64			1.97	1.97	0.08	0.04
仙桃市	0.23			24.74	20.41	2.07	1.25
潜江市	0.77			13.76	11.29	0.34	0.31
天门市	0.24			20.94	17.04	0.69	1.27
神农架							

单位：亿元

财务费用			投资收益(损失以“–”号记)	营业利润	利润总额	亏损企业亏损额	平均用工人数(万人)
	利息收入	利息支出					
7.29	**0.47**	**5.71**	**–1.95**	**29.13**	**29.86**	**2.54**	**3.47**
1.54	0.03	1.25	–2.13	4.21	4.96	0.07	0.56
0.02				0.11	0.11		0.04
0.02		0.01		0.69	0.69		0.03
0.60	0.11	0.44	0.04	3.02	2.76	0.02	0.47
0.21		0.10	0.01	3.26	3.27		0.19
0.01		0.01	0.01	–0.02		0.03	0.02
0.32		0.32		1.14	1.15		0.07
1.45	0.32	1.26	–0.02	9.88	10.32	0.01	0.68
1.32		1.05		–0.52	–0.42	2.11	0.34
0.02		0.01		0.17	0.05		0.03
0.59		0.27	0.14	2.22	2.24	0.07	0.21
0.19		0.16		1.90	1.68		0.08
0.08		0.08		–0.11	–0.11	0.12	0.04
0.23		0.13		0.61	0.58	0.13	0.31
0.25		0.19		1.14	1.14		0.15
0.45		0.42		1.45	1.45		0.26

1-B-30 按地区分组的印刷和记录

地　区	资产总计	固定资产净　额	固定资产原　价	累计折旧	流动资产合　计	应收账款	存货
全　省	**339.51**	**98.66**	**203.04**	**96.89**	**179.03**	**66.28**	**46.87**
武汉市	118.28	20.27	46.27	25.06	79.34	34.88	16.48
黄石市	5.58	2.84	3.72	0.86	1.57	0.28	0.65
十堰市	0.22	0.01	0.03	0.02	0.15	0.08	0.04
宜昌市	40.04	8.54	18.11	7.93	24.93	9.57	7.62
襄阳市	20.99	7.67	13.13	5.26	10.10	2.14	4.15
鄂州市	23.54	9.25	18.97	9.12	8.11	2.84	1.94
荆门市	13.60	6.60	9.51	2.90	5.02	1.59	1.39
孝感市	42.80	16.01	47.15	29.67	18.76	5.69	5.64
荆州市	9.35	3.28	5.47	2.05	3.45	0.73	1.54
黄冈市	15.03	4.16	8.10	3.03	7.77	2.90	2.62
咸宁市	18.08	4.74	8.32	2.75	7.17	2.02	1.37
随州市	9.82	3.09	4.95	1.82	5.61	1.54	2.41
恩施州	0.96	0.33	0.56	0.23	0.42	0.13	0.13
仙桃市	14.39	9.30	13.10	3.66	2.79	1.27	0.49
潜江市	1.71	0.97	2.71	1.54	0.65	0.03	0.03
天门市	5.14	1.61	2.93	1.01	3.19	0.60	0.37
神农架							

媒介复制业主要经济指标

单位：亿元

产成品	负债合计	流动负债合计	应付账款	所有者权益合计	实收资本	国家资本	集体资本	法人资本
19.37	**156.17**	**135.62**	**38.31**	**183.33**	**70.81**	**9.53**	**1.16**	**23.91**
7.09	48.99	45.92	16.52	69.28	21.26	7.64	0.08	6.34
0.06	3.60	3.57	0.23	1.98	1.01	0.02		0.12
0.03	0.07	0.07	0.04	0.16	0.08			0.06
2.93	23.18	20.87	7.11	16.85	7.14	0.19		2.33
1.98	10.26	9.76	2.21	10.72	2.92	1.26		0.31
0.85	8.59	6.35	0.08	14.95	5.84	0.07	0.86	0.45
0.65	5.48	4.63	0.84	8.12	4.05			3.45
2.38	23.19	18.80	4.03	19.60	12.14			4.18
0.85	5.52	4.60	0.66	3.83	2.18			1.27
0.82	9.97	8.96	2.28	5.06	3.95	0.36	0.10	1.45
0.42	4.54	2.89	1.43	13.53	6.08		0.11	2.75
0.84	4.62	3.46	1.43	5.20	1.91			0.37
0.02	0.49	0.49	0.07	0.47	0.22			
0.25	4.72	3.08	0.75	9.67	0.31			0.05
0.03	0.21	0.21		1.50	0.82			
0.16	2.75	1.96	0.63	2.39	0.90			0.79

1-B-30 续表

地 区	个人资本	港澳台资本	外商资本	营业收入	营业成本	销售费用	管理费用
全 省	**33.34**	**1.48**	**1.40**	**501.92**	**409.68**	**16.32**	**25.87**
武汉市	5.69	0.11	1.40	110.18	85.69	4.13	6.87
黄石市	0.87			6.45	5.61	0.07	0.50
十堰市	0.02			0.78	0.61	0.02	0.02
宜昌市	3.98	0.65		55.38	47.42	1.41	2.31
襄阳市	1.10	0.25		54.64	45.50	1.40	1.98
鄂州市	4.46			60.05	50.02	2.11	3.43
荆门市	0.58	0.02		23.36	18.87	0.82	1.17
孝感市	7.52	0.45		63.96	54.81	2.14	2.89
荆州市	0.91			11.37	9.93	0.26	0.63
黄冈市	2.04			14.78	11.61	0.43	0.78
咸宁市	3.22			40.60	34.32	0.57	0.96
随州市	1.55			18.87	14.35	0.55	0.67
恩施州	0.22			0.97	0.82	0.03	0.05
仙桃市	0.26			26.09	18.09	2.06	3.05
潜江市	0.82			5.02	4.34	0.04	0.04
天门市	0.10			9.41	7.68	0.30	0.53
神农架							

单位：亿元

财务费用			投资收益(损失以"–"号记)	营业利润	利润总额	亏损企业亏损额	平均用工人数(万人)
	利息收入	利息支出					
3.57	**–0.12**	**2.82**	**0.01**	**41.91**	**42.11**	**0.97**	**4.60**
0.56	–0.13	0.54	–0.14	11.52	11.79	0.24	1.01
0.17				0.07	0.11		0.12
				0.13	0.13		0.01
0.42		0.41	0.13	3.64	3.45	0.01	0.69
0.29	–0.01	0.29		5.11	4.95	0.17	0.34
0.02		0.04	0.01	4.07	4.07	0.05	0.32
0.21		0.20		1.84	1.86	0.05	0.18
0.57		0.37		3.22	3.45	0.11	0.60
0.13		0.05		0.22	0.21	0.26	0.16
0.34		0.18		1.49	1.44	0.07	0.26
0.30		0.26		4.19	4.19		0.31
0.24		0.23		2.81	2.84		0.18
0.04		0.04		0.03	0.04		0.02
0.06		0.04		2.47	2.47		0.19
0.01				0.43	0.43		0.04
0.19		0.18		0.67	0.67		0.17

1-B-31 按地区分组的文教、工美、

地　区	资产总计	固定资产净　额	固定资产原　价	累计折旧	流动资产合　计	应收账款	存货
全　省	**366.07**	**114.79**	**289.35**	**166.57**	**202.85**	**26.41**	**75.55**
武汉市	136.50	21.83	26.80	4.92	111.34	5.07	40.58
黄石市	12.32	3.71	4.92	1.07	6.19	1.95	2.29
十堰市	16.35	2.07	3.35	1.20	7.96	2.00	3.28
宜昌市	37.68	14.24	23.42	8.16	16.00	3.31	6.73
襄阳市	28.62	8.30	15.59	4.41	12.64	3.72	4.99
鄂州市	0.97	0.37	0.55	0.18	0.54	0.25	0.08
荆门市	31.28	18.07	23.94	5.85	8.69	1.08	2.83
孝感市	37.24	14.49	148.72	132.05	16.10	3.56	4.80
荆州市	2.07	0.81	1.08	0.27	0.99	0.33	0.48
黄冈市	42.10	24.49	30.51	4.92	12.11	2.96	5.42
咸宁市	6.45	1.82	3.05	1.04	2.46	0.69	1.40
随州市	5.99	1.70	3.05	1.01	3.01	0.63	1.56
恩施州	3.85	1.11	1.83	0.72	2.25	0.40	0.67
仙桃市	0.13	0.07	0.08	0.02	0.06	0.03	0.02
潜江市	0.41	0.22	0.25	0.04	0.18	0.02	0.01
天门市	4.12	1.50	2.20	0.70	2.33	0.41	0.40
神农架							

体育和娱乐用品制造业主要经济指标

单位：亿元

产成品	负债合计	流动负债合计	应付账款	所有者权益合计	实收资本	国家资本	集体资本	法人资本
21.64	**208.54**	**93.30**	**16.91**	**157.53**	**67.24**	**0.78**	**5.98**	**20.89**
4.67	116.10	25.70	4.39	20.39	13.13	0.02	0.57	1.52
1.48	5.12	4.86	0.63	7.20	3.82			0.54
1.63	6.10	3.28	0.38	10.24	4.28	0.29		0.74
2.33	13.73	10.78	2.11	23.95	4.56	0.28	0.01	1.25
2.01	12.82	11.68	2.32	15.80	5.16		0.66	1.57
0.06	0.33	0.21	0.02	0.63	0.15			0.05
0.68	16.98	9.27	1.98	14.31	2.72			0.29
3.25	11.12	9.08	0.69	26.12	12.98	0.19	0.27	6.41
0.30	0.88	0.88	0.25	1.19	0.91			0.24
3.26	15.97	9.39	1.39	26.14	14.55		4.46	6.75
0.71	2.21	1.86	0.81	4.24	0.78			0.29
0.76	2.72	2.47	1.15	3.28	2.27		0.01	0.41
0.27	2.37	2.24	0.20	1.48	1.01			0.03
0.02	0.04	0.03	0.02	0.08	0.08			0.08
	0.08	0.07	0.02	0.33	0.22			0.22
0.21	1.98	1.50	0.56	2.15	0.64			0.52

1-B-31 续表

地 区	个人资本	港澳台资本	外商资本	营业收入	营业成本	销售费用	管理费用
全 省	**26.27**	**12.31**	**1.01**	**505.46**	**410.89**	**13.26**	**19.45**
武汉市	2.03	9.00		86.41	74.88	0.82	2.97
黄石市	2.01	1.27		20.20	16.55	1.06	0.75
十堰市	3.13	0.08	0.03	16.97	11.75	0.52	1.23
宜昌市	1.93	1.09		44.00	34.59	1.05	2.60
襄阳市	1.97		0.97	54.07	43.89	1.13	2.21
鄂州市	0.09			3.35	3.15	0.05	0.06
荆门市	2.44			37.86	33.02	0.36	0.67
孝感市	6.10		0.01	115.88	93.29	5.57	5.52
荆州市	0.67			2.23	1.72	0.09	0.16
黄冈市	2.47	0.86		73.76	57.07	1.12	1.67
咸宁市	0.49			18.54	15.24	0.52	0.55
随州市	1.85			22.40	18.01	0.44	0.45
恩施州	0.98			1.99	1.62	0.09	0.17
仙桃市				0.44	0.32	0.02	0.04
潜江市				1.02	0.90	0.01	0.01
天门市	0.12			6.33	4.89	0.40	0.41
神农架							

单位：亿元

财务费用	利息收入	利息支出	投资收益(损失以“–”号记)	营业利润	利润总额	亏损企业亏损额	平均用工人数(万人)
5.22	**0.03**	**3.20**	**0.06**	**51.47**	**50.10**	**0.12**	**4.46**
1.12	0.01	0.87		6.14	6.16	0.02	0.34
0.37		0.32	–0.08	1.19	1.20		0.25
0.24	0.02	0.18		2.70	2.67		0.18
0.54		0.46	0.10	4.93	4.33		0.67
0.50		0.40		7.22	7.27		0.57
0.01		0.01		0.06	0.06		0.03
0.20		0.11	0.03	3.00	3.01		0.34
1.41		0.41	0.02	7.24	6.88	0.05	0.71
0.03		0.01		0.19	0.19		0.05
0.23		0.09		13.10	12.84		0.74
0.19		0.08		1.90	1.68		0.17
0.09		0.02		3.21	3.21		0.16
0.12		0.11		–0.02	–0.01	0.05	0.07
0.02		0.01		0.04	0.04		0.01
				0.07	0.07		
0.12		0.12		0.49	0.49		0.18

1-B-32 按地区分组的石油、煤炭及其他

地区	资产总计	固定资产净额	固定资产原价	累计折旧	流动资产合计	应收账款	存货
全省	**301.18**	**120.32**	**262.36**	**140.62**	**135.02**	**17.80**	**42.96**
武汉市	121.80	42.91	97.82	54.62	66.02	6.38	14.94
黄石市	21.82	10.82	19.22	8.40	9.97	4.68	1.36
十堰市	2.09	0.08	0.16	0.08	1.90	0.48	0.89
宜昌市							
襄阳市	5.91	2.11	5.58	3.47	2.83	0.38	0.42
鄂州市	13.16	9.54	14.45	4.92	2.16	0.70	0.41
荆门市	79.02	34.98	89.02	52.92	20.14	4.73	11.24
孝感市	5.65	3.45	6.68	3.22	1.87	0.14	0.41
荆州市	6.05	3.87	5.79	1.92	2.19	0.01	2.07
黄冈市	0.76	0.15	0.18	0.03	0.28	0.22	0.02
咸宁市	0.06	0.04	0.18	0.14	0.02		0.01
随州市							
恩施州	0.72	0.12	0.15	0.03	0.30	0.06	0.02
仙桃市							
潜江市	43.65	11.80	22.58	10.78	27.32		11.15
天门市	0.49	0.46	0.54	0.08	0.03	0.01	0.01
神农架							

燃料加工业主要经济指标

单位：亿元

产成品	负债合计	流动负债合计	应付账款	所有者权益合计	实收资本	国家资本	集体资本	法人资本
20.32	**166.62**	**154.80**	**37.55**	**134.56**	**84.32**	**70.53**	**0.15**	**8.62**
3.47	58.00	57.45	16.05	63.80	2.32	0.40		0.78
0.08	9.63	9.48	6.20	12.19	9.99	9.91		
0.50	0.67	0.67	0.01	1.41	0.55			0.40
0.05	2.15	1.59	0.18	3.76	1.12		0.10	0.67
0.01	10.47	10.47	1.20	2.69	12.58	12.00		0.58
3.09	49.23	49.06	11.91	29.79	48.71	48.23	0.05	0.23
0.18	2.72	1.50	0.14	2.93	1.75			
1.77	2.95	2.95	0.24	3.11	0.94			
0.01	0.60	0.35	0.04	0.16	0.11			
0.01				0.05	0.02			
	0.72	0.72	0.08		0.15			0.06
11.15	29.23	20.33	1.44	14.43	5.90			5.90
	0.24	0.24	0.04	0.25	0.20			0.01

1-B-32 续表

地 区				营业收入	营业成本	销售费用	管理费用
	个人资本	港澳台资本	外商资本				
全 省	**3.38**		**1.59**	**1037.64**	**832.87**	**3.21**	**15.20**
武汉市	0.74		0.40	451.56	344.20	1.21	7.51
黄石市	0.09			43.49	41.46		0.03
十堰市	0.10			2.59	2.03	0.03	0.02
宜昌市							
襄阳市	0.35			13.06	11.67	0.17	0.22
鄂州市				6.23	5.08	0.05	0.86
荆门市	0.20			291.07	214.33	0.81	4.99
孝感市	0.56		1.19	8.00	7.57	0.08	0.15
荆州市	0.94			5.45	4.88	0.07	0.07
黄冈市	0.11			0.45	0.39		0.05
咸宁市	0.02			0.19	0.17	0.01	0.01
随州市							
恩施州	0.09			0.07	0.06		0.01
仙桃市							
潜江市				215.24	200.82	0.77	1.27
天门市	0.19			0.23	0.19	0.01	0.01
神农架							

单位：亿元

财务费用	利息收入	利息支出	投资收益(损失以“–”号记)	营业利润	利润总额	亏损企业亏损额	平均用工人数(万人)
–0.30	**2.15**	**1.79**	**0.07**	**30.54**	**31.36**	**0.20**	**1.05**
–1.73	1.76	0.04	0.08	21.59	21.56	0.01	0.40
–0.02	0.02			1.70	1.61		0.06
0.02		0.01		0.49	0.49		0.01
0.03		0.03		0.79	0.79		0.05
0.09		0.10		0.12	0.12		0.04
0.30	0.04	0.32		6.32	6.30		0.30
0.09		0.09		0.07	0.23		0.03
0.03		0.03		0.42	0.42		0.01
					0.01		0.01
0.87	0.34	1.17	–0.01	–0.98	–0.19	0.19	0.13
				0.01	0.01		0.01

1-B-33 按地区分组的化学原料和

地 区	资产总计	固定资产净额	固定资产原价	累计折旧	流动资产合计	应收账款	存货
全 省	**2981.01**	**855.71**	**2124.12**	**1172.46**	**1147.72**	**196.36**	**283.30**
武汉市	383.18	143.50	228.09	84.04	133.67	36.82	28.82
黄石市	35.36	10.24	19.59	8.10	20.92	3.94	5.54
十堰市	18.89	4.63	8.49	3.83	10.68	3.25	1.39
宜昌市	977.91	262.10	546.21	272.06	343.43	38.05	69.86
襄阳市	217.77	78.01	134.12	47.23	96.07	22.80	26.12
鄂州市	16.65	5.67	13.94	7.44	7.73	2.65	2.21
荆门市	312.86	109.49	224.25	105.05	143.56	15.85	60.45
孝感市	233.28	47.58	516.08	435.98	91.08	14.89	25.23
荆州市	336.64	51.72	161.97	107.01	98.32	26.11	19.24
黄冈市	89.44	25.27	48.84	19.84	43.43	5.15	16.78
咸宁市	84.23	20.91	47.50	11.21	21.15	6.28	4.80
随州市	40.95	10.06	16.55	5.20	22.33	5.01	7.23
恩施州	3.76	1.35	1.72	0.37	1.81	0.23	0.37
仙桃市	73.69	25.21	39.20	9.94	33.02	8.93	5.11
潜江市	117.08	41.95	61.75	19.68	61.36	2.10	5.92
天门市	39.33	18.02	55.82	35.47	19.15	4.29	4.23
神农架							

化学制品制造业主要经济指标

单位：亿元

产成品	负债合计	流动负债合计	应付账款	所有者权益合计	实收资本	国家资本	集体资本	法人资本
135.33	**1424.12**	**1171.51**	**255.39**	**1556.90**	**561.58**	**100.01**	**10.11**	**234.43**
11.26	108.49	99.58	18.73	274.69	112.25	43.74	1.09	21.21
3.44	13.14	12.32	2.87	22.22	6.52		1.58	2.37
0.86	8.54	6.94	2.04	10.35	3.59	1.10		1.14
34.78	649.69	488.27	103.12	328.22	132.08	17.22	3.89	95.30
13.03	105.09	95.79	30.09	112.68	43.33	3.33	0.37	14.16
1.83	5.22	4.71	1.38	11.43	4.00	0.32	1.36	0.36
23.97	141.05	110.20	24.33	171.81	55.48	11.09		26.01
10.51	123.16	117.83	7.47	110.12	62.53	1.82	0.12	20.73
8.28	77.99	71.65	19.59	258.65	61.40	20.15	0.09	12.97
14.13	47.47	39.72	10.59	41.97	11.98	0.37	0.16	4.62
3.02	17.70	15.68	4.10	66.52	12.31	0.05	0.16	1.98
2.67	15.32	13.20	4.49	25.63	8.57	0.53	1.22	3.18
0.21	1.36	0.91	0.27	2.39	1.39			0.24
3.27	42.17	35.38	18.38	31.52	9.00			4.06
2.42	49.61	44.67	3.96	67.47	27.73	0.28	0.07	21.12
1.65	18.11	14.67	3.97	21.21	9.42			4.98

1-B-33 续表

地　区	个人资本	港澳台资本	外商资本	营业收入	营业成本	销售费用	管理费用
全　省	**165.14**	**6.25**	**45.65**	**3232.37**	**2667.58**	**94.97**	**133.35**
武汉市	17.69	0.65	27.86	389.13	320.09	7.39	18.14
黄石市	2.41	0.16		31.29	22.75	1.15	2.30
十堰市	1.35			22.08	16.55	1.23	1.56
宜昌市	12.16	2.04	1.47	760.93	634.87	17.37	29.02
襄阳市	25.48			341.90	274.13	8.96	12.93
鄂州市	1.95		0.01	86.78	65.20	7.02	6.89
荆门市	18.38			477.69	394.49	15.12	14.55
孝感市	37.19	2.51	0.16	319.43	291.86	7.19	10.13
荆州市	14.14		14.04	223.08	180.84	6.99	12.88
黄冈市	6.76	0.08		89.15	71.43	3.69	5.47
咸宁市	9.45	0.67		112.87	87.23	2.93	2.97
随州市	3.64			87.08	68.70	2.80	3.24
恩施州	1.16			2.80	2.17	0.15	0.21
仙桃市	3.35		1.58	91.47	72.40	7.88	5.33
潜江市	5.59	0.14	0.53	108.63	87.93	2.92	4.40
天门市	4.44			88.05	76.94	2.17	3.33
神农架							

单位：亿元

财务费用			投资收益(损失以"-"号记)	营业利润	利润总额	亏损企业亏损额	平均用工人数(万人)
	利息收入	利息支出					
34.39	**-1.17**	**37.07**	**9.05**	**285.60**	**284.58**	**6.43**	**18.51**
2.17	0.30	2.31	1.13	40.41	40.89	1.92	1.42
0.24	-0.01	0.20	-0.30	4.16	4.09	0.16	0.29
0.27		0.17	0.01	2.08	2.13		0.26
14.66	-2.02	16.35	2.90	63.38	61.28	1.60	3.94
2.60	0.14	1.56	0.07	41.65	41.67	0.04	2.05
0.04		0.01		7.13	7.03		0.46
3.50	0.44	3.28	0.21	43.24	43.31	0.09	2.56
3.48	-0.18	3.63	3.53	8.58	9.00	0.10	1.51
1.18	0.20	1.44	1.01	20.94	21.12	0.34	1.78
0.93	-0.10	4.30	0.02	7.13	6.77	0.09	0.64
0.82	-0.02	0.56	0.02	18.10	18.04	0.08	0.65
0.67	0.01	0.54	0.02	11.13	11.12	0.06	0.56
0.04		0.04		0.20	0.20	0.02	0.09
1.79	0.01	1.13	0.42	3.82	3.98	1.29	0.74
1.33	0.06	0.93		9.00	9.06	0.60	0.73
0.67		0.63		4.66	4.89	0.03	0.81

1-B-34 按地区分组的医药

地区	资产总计	固定资产净额	固定资产原价	累计折旧	流动资产合计	应收账款	存货
全省	**1692.76**	**346.77**	**621.95**	**257.53**	**716.40**	**185.28**	**148.17**
武汉市	781.97	102.37	168.13	62.29	385.71	114.19	73.03
黄石市	51.99	17.85	25.55	7.64	20.05	3.43	5.83
十堰市	29.15	9.08	14.06	4.98	15.43	5.83	5.47
宜昌市	220.02	61.29	87.04	25.48	93.16	13.66	13.74
襄阳市	53.85	16.92	24.20	6.64	24.92	5.41	7.11
鄂州市	19.80	7.22	13.19	5.95	7.97	2.52	2.75
荆门市	188.39	7.70	15.99	6.26	11.79	3.43	2.79
孝感市	30.51	12.03	41.04	28.77	11.77	3.59	3.36
荆州市	74.63	23.89	45.25	21.34	41.16	12.27	7.67
黄冈市	93.16	33.91	62.20	21.26	40.28	7.58	13.12
咸宁市	22.64	7.61	14.17	5.28	8.55	1.91	2.60
随州市	14.04	5.65	9.61	2.06	3.87	1.18	1.41
恩施州	8.31	1.80	2.57	0.77	5.10	1.73	1.71
仙桃市	12.11	5.63	8.72	2.99	5.08	1.85	1.49
潜江市	35.39	12.77	18.54	5.48	9.59	1.98	1.68
天门市	56.80	21.05	71.69	50.35	31.98	4.73	4.38
神农架							

制造业主要经济指标

单位：亿元

产成品	负债合计	流动负债合计	应付账款	所有者权益合计	实收资本	国家资本	集体资本	法人资本
76.93	**685.32**	**546.43**	**88.44**	**1007.44**	**282.43**	**23.16**	**8.28**	**145.93**
41.26	350.27	276.06	40.66	431.70	98.81	21.76	1.15	40.56
1.94	30.79	24.83	2.99	21.20	9.83		0.74	5.95
3.04	16.41	13.33	2.57	12.74	5.73			2.46
6.70	90.83	71.73	7.48	129.19	26.03			19.61
4.26	28.14	22.48	5.45	25.71	11.41			5.85
2.38	7.91	6.73	0.60	11.90	3.79		0.79	0.61
1.56	11.39	8.00	1.50	177.00	54.51			41.08
1.74	12.80	8.74	2.71	17.71	8.04	0.40	0.03	4.53
3.25	33.42	30.31	5.24	41.21	12.23		0.61	3.41
5.57	44.12	37.03	6.42	49.04	23.68	0.91	0.98	9.05
0.84	11.71	9.50	2.15	10.93	5.09	0.08	0.22	2.21
0.71	4.92	4.18	0.69	9.11	4.84			2.60
0.71	3.87	3.64	1.70	4.44	2.95			1.23
0.72	4.47	3.80	1.42	7.64	3.23			1.53
0.89	6.12	5.56	2.05	29.27	5.99		2.95	2.81
1.33	28.15	20.49	4.82	28.64	6.26		0.81	2.45

1-B-34 续表

地 区				营业收入	营业成本	销售费用	管理费用
	个人资本	港澳台资本	外商资本				
全 省	**70.56**	**27.96**	**6.55**	**1277.15**	**855.28**	**167.25**	**96.76**
武汉市	13.28	19.00	3.06	431.51	234.25	98.39	41.15
黄石市	2.14	1.00		31.66	19.72	4.77	3.47
十堰市	3.27			40.50	32.37	1.14	1.90
宜昌市	2.04	1.82	2.56	119.97	64.06	23.16	10.16
襄阳市	5.57			71.64	50.65	5.88	4.99
鄂州市	2.39			84.12	57.79	10.12	8.59
荆门市	13.44			29.39	22.41	1.54	2.25
孝感市	3.08			33.38	26.10	1.84	1.53
荆州市	8.10	0.10		68.96	53.39	2.63	3.72
黄冈市	7.96	4.14	0.63	105.77	84.58	6.08	5.84
咸宁市	2.29		0.29	46.47	37.87	1.84	1.83
随州市	2.24			30.30	21.57	2.71	1.34
恩施州	0.83	0.89		5.50	4.63	0.21	0.37
仙桃市	1.69		0.01	31.19	22.35	2.54	3.07
潜江市	0.23			32.14	24.89	1.63	1.39
天门市	2.00	1.00		114.63	98.67	2.78	5.17
神农架							

单位：亿元

财务费用	利息收入	利息支出	投资收益(损失以"–"号记)	营业利润	利润总额	亏损企业亏损额	平均用工人数(万人)
14.67	**1.50**	**15.11**	**9.46**	**142.44**	**141.97**	**2.33**	**12.76**
7.66	0.19	8.12	5.66	50.19	50.04	1.16	4.00
0.57	0.01	0.24	0.01	2.80	3.09	0.17	0.48
0.43	0.01	0.36	0.06	5.16	4.98	0.06	0.28
1.04	0.69	1.85	0.55	21.84	21.09	0.30	1.45
0.41	0.11	0.38		9.41	9.62	0.04	0.38
0.12	–0.07	0.20		6.89	6.95		0.50
–0.12	0.51	0.36	2.99	5.86	5.79	0.14	0.35
0.43		0.42	0.01	3.12	3.24	0.01	0.42
0.43	–0.02	0.39		8.42	8.57	0.02	0.70
1.33	0.01	0.68	–0.01	7.19	6.86	0.16	1.78
0.38		0.28	0.06	4.59	4.59	0.08	0.56
0.19		0.15		4.34	4.34		0.24
0.04	0.01	0.05		0.23	0.26	0.03	0.09
0.60		0.44		2.20	2.21		0.28
–0.04	0.03	0.06	0.13	3.66	3.79	0.17	0.33
1.19		1.12		6.55	6.55		0.94

1-B-35 按地区分组的化学

地　区	资产总计	固定资产净　额	固定资产原　价	累计折旧	流动资产合　计	应收账款	存货
全　省	**40.83**	**13.70**	**40.03**	**25.78**	**19.79**	**5.36**	**8.82**
武汉市	2.98	1.98	3.30	1.32	0.98	0.38	0.34
黄石市							
十堰市							
宜昌市	5.06	0.92	1.61	0.69	2.38	0.15	0.55
襄阳市	18.58	6.54	19.33	12.79	8.49	1.96	5.25
鄂州市							
荆门市	2.20	0.34	0.61	0.27	1.55	0.96	0.28
孝感市	3.90	1.41	10.70	9.30	2.28	1.35	0.33
荆州市	0.38	0.09	0.10	0.01	0.11		0.08
黄冈市							
咸宁市	6.08	1.91	2.98	1.00	3.33	0.39	1.89
随州市							
恩施州							
仙桃市							
潜江市	0.85	0.48	0.55	0.07	0.37	0.11	0.07
天门市	0.81	0.02	0.83	0.34	0.31	0.07	0.03
神农架							

纤维制造业主要经济指标

单位：亿元

产成品	负债合计	流动负债合计	应付账款	所有者权益合计	实收资本	国家资本	集体资本	法人资本
3.64	**18.38**	**14.99**	**6.42**	**22.45**	**15.10**			**4.18**
0.23	0.88	0.88	0.78	2.10	1.71			
0.54	2.02	2.00	0.36	3.04	1.41			1.26
0.96	9.32	8.53	4.78	9.26	7.93			1.07
0.12	0.97	0.97	0.18	1.23	0.40			
0.23	2.22	0.22		1.68	0.72			
0.04	0.04	0.04		0.33	0.38			0.38
1.47	2.37	2.02	0.07	3.71	1.43			0.36
0.03	0.40	0.26	0.26	0.45	0.45			0.45
0.03	0.16	0.07		0.65	0.65			0.65

1-B-35 续表

地　区				营业收入	营业成本	销售费用	管理费用
	个人资本	港澳台资本	外商资本				
全　省	**2.65**		**8.26**	**55.12**	**48.49**	**1.39**	**2.31**
武汉市			1.71	3.37	3.13	0.16	0.09
黄石市							
十堰市							
宜昌市	0.15			2.80	2.28	0.09	0.21
襄阳市	0.31		6.55	21.61	18.63	0.54	1.15
鄂州市							
荆门市	0.40			4.75	4.06	0.14	0.29
孝感市	0.72			10.65	9.94	0.16	0.18
荆州市				0.37	0.40	0.01	0.02
黄冈市							
咸宁市	1.07			8.70	7.55	0.22	0.31
随州市							
恩施州							
仙桃市							
潜江市				1.01	0.83	0.03	0.04
天门市				1.85	1.67	0.03	0.03
神农架							

单位：亿元

财务费用			投资收益（损失以“–”号记）	营业利润	利润总额	亏损企业亏损额	平均用工人数（万人）
	利息收入	利息支出					
0.51	**–0.01**	**0.43**	**0.01**	**1.69**	**1.70**	**0.10**	**0.61**
				0.02	0.02		0.02
–0.01	–0.01	0.02		0.20	0.21		0.03
0.20		0.15	0.01	0.62	0.59		0.39
0.03		0.03		0.20	0.23		0.03
0.07				0.16	0.16		0.04
				–0.05	–0.04	0.04	0.01
0.19		0.19		0.41	0.41	0.06	0.07
				0.07	0.07		
0.03		0.03		0.07	0.07		0.02

1-B-36 按地区分组的橡胶和

地　区	资产总计	固定资产净　额	固定资产原　价	累计折旧	流动资产合　计	应收账款	存货
全　省	**578.03**	**162.11**	**385.59**	**200.00**	**304.01**	**79.07**	**61.43**
武汉市	165.88	33.76	56.96	20.84	110.61	25.63	16.22
黄石市	16.92	7.02	9.69	2.67	7.46	2.19	2.58
十堰市	30.06	6.35	19.85	6.37	17.81	5.49	3.75
宜昌市	51.60	13.29	28.45	12.51	28.32	9.85	4.59
襄阳市	29.55	8.42	13.77	4.93	16.98	2.70	4.32
鄂州市	35.51	7.49	12.46	4.14	16.26	3.92	2.81
荆门市	41.93	19.16	40.99	19.83	14.36	3.50	3.80
孝感市	39.41	13.60	98.04	83.11	18.43	5.67	4.95
荆州市	41.26	8.98	23.34	14.26	23.07	8.29	4.41
黄冈市	21.36	6.98	13.56	4.48	10.82	3.10	3.53
咸宁市	21.25	7.68	15.50	6.29	8.83	3.28	3.13
随州市	23.09	6.10	10.90	3.13	6.52	1.15	1.80
恩施州	6.10	2.15	2.62	0.46	3.56	0.57	0.54
仙桃市	20.82	9.32	15.06	5.31	6.99	1.78	2.35
潜江市	2.70	1.27	1.58	0.27	1.13	0.05	0.10
天门市	30.59	10.55	22.81	11.41	12.84	1.89	2.58
神农架							

塑料制品业主要经济指标

单位：亿元

产成品	负债合计	流动负债合计	应付账款	所有者权益合计	实收资本	国家资本	集体资本	法人资本
33.97	**253.61**	**207.22**	**52.84**	**324.42**	**121.39**	**1.57**	**2.06**	**51.06**
9.71	77.64	61.19	16.79	88.25	31.33	0.30	0.65	20.12
0.78	8.39	6.77	1.49	8.53	4.31		0.10	1.14
2.69	24.01	23.52	4.73	6.05	2.62	0.50		0.98
2.61	24.86	18.73	6.99	26.75	8.71			3.97
2.49	10.95	9.82	3.17	18.61	5.26	0.77	0.22	1.91
1.53	16.40	15.70	3.43	19.11	10.32			2.18
1.78	11.80	9.45	2.33	30.13	5.26			2.82
2.71	15.70	13.07	2.24	23.70	9.04		0.32	2.27
2.52	13.47	12.67	3.41	27.79	12.07		0.01	2.35
2.21	7.64	6.75	1.34	13.72	8.68		0.68	1.88
1.20	8.62	6.24	2.21	12.63	4.02			1.10
1.04	8.71	5.71	0.62	14.38	3.35			0.41
0.34	2.88	2.86	0.12	3.22	1.41			0.50
1.35	8.90	7.13	1.02	11.92	4.04		0.07	0.45
0.05	1.71	0.88	0.88	1.00	0.94			0.81
0.97	11.95	6.73	2.06	18.64	10.00			8.17

1-B-36 续表

地　区				营业收入	营业成本	销售费用	管理费用
	个人资本	港澳台资本	外商资本				
全　省	**62.06**	**2.65**	**1.99**	**1010.55**	**827.47**	**30.46**	**43.18**
武汉市	8.60	0.55	1.11	273.56	223.58	6.87	10.81
黄石市	3.05	0.02		21.67	17.98	0.51	0.94
十堰市	1.14			29.05	22.67	0.98	1.61
宜昌市	4.03		0.72	84.32	68.76	2.35	4.17
襄阳市	2.35			56.88	44.88	1.58	1.91
鄂州市	8.14			39.73	33.34	1.02	1.87
荆门市	2.44			108.67	86.57	3.94	6.17
孝感市	6.30		0.16	112.17	96.48	3.43	4.52
荆州市	9.71			57.72	48.73	1.57	2.10
黄冈市	6.12			22.28	18.66	0.49	0.85
咸宁市	2.16	0.76		45.64	39.53	0.98	0.98
随州市	2.94			56.24	40.33	3.19	2.91
恩施州	0.91			3.27	2.74	0.07	0.10
仙桃市	2.20	1.32		39.49	34.19	1.03	1.23
潜江市	0.13			2.83	2.44	0.03	0.04
天门市	1.83			57.02	46.60	2.43	2.97
神农架							

单位：亿元

财务费用			投资收益(损失以“–”号记)	营业利润	利润总额	亏损企业亏损额	平均用工人数(万人)
	利息收入	利息支出					
10.09	**0.45**	**7.57**	**0.15**	**80.51**	**79.92**	**0.93**	**8.33**
0.68	0.08	0.94	0.20	20.11	20.29	0.74	1.69
0.27		0.15	–0.06	1.76	1.86	0.01	0.21
0.31	0.02	0.30		3.14	3.20		0.31
0.68	0.12	0.58	0.01	8.29	8.09		0.70
0.51		0.31		7.55	7.46		0.34
0.32	–0.03	0.20		3.29	3.33		0.34
0.65		0.54		9.12	9.09		0.49
1.70	0.14	0.43	0.01	4.16	4.23	0.03	0.78
0.99	0.06	0.66		3.58	3.23		0.63
0.23		0.15		1.88	1.78	0.07	0.36
0.40		0.34		3.54	3.19	0.06	0.50
1.09	0.05	0.88		8.14	8.17	0.01	0.40
0.12		0.10		0.24	0.25	0.01	0.03
0.52	0.01	0.46		2.31	2.37		0.55
				0.21	0.21		0.02
1.61		1.55		3.18	3.19		0.96

1-B-37 按地区分组的非金属矿物

地区	资产总计	固定资产净额	固定资产原价	累计折旧	流动资产合计	应收账款	存货
全省	**1956.46**	**720.71**	**1379.34**	**591.17**	**864.41**	**286.49**	**170.38**
武汉市	327.01	80.73	156.03	69.98	198.18	97.25	24.25
黄石市	105.20	33.36	75.35	40.96	59.40	21.94	7.38
十堰市	56.50	12.56	30.39	15.89	33.98	13.65	6.06
宜昌市	282.95	99.50	206.05	95.69	102.92	26.65	25.90
襄阳市	212.40	84.05	143.91	49.44	93.45	24.35	24.81
鄂州市	68.14	20.42	45.29	21.48	34.82	11.26	7.45
荆门市	152.22	58.02	98.54	39.07	58.62	10.40	11.93
孝感市	73.53	24.77	121.35	94.00	32.10	13.82	7.27
荆州市	125.11	54.11	97.03	39.31	47.46	13.73	9.33
黄冈市	206.30	93.15	158.67	49.75	73.53	22.84	21.43
咸宁市	130.43	55.71	94.50	34.67	50.33	12.92	12.63
随州市	82.17	44.12	62.25	12.57	20.36	6.16	6.09
恩施州	45.40	15.37	27.74	12.13	22.21	6.14	3.06
仙桃市	6.58	1.38	2.72	1.34	4.13	2.08	0.84
潜江市	67.87	39.08	45.55	6.10	24.67	1.20	0.76
天门市	14.33	4.30	13.81	8.70	8.00	1.96	1.09
神农架	0.32	0.07	0.15	0.07	0.25	0.13	0.09

制品业主要经济指标

单位：亿元

产成品	负债合计	流动负债合计	应付账款	所有者权益合计	实收资本	国家资本	集体资本	法人资本
87.39	**819.72**	**702.74**	**223.52**	**1136.74**	**521.30**	**31.95**	**21.37**	**227.88**
9.44	168.96	154.77	66.41	158.05	74.50	3.91	1.63	23.87
3.09	49.24	41.62	13.17	55.96	26.85	3.27	0.19	16.69
3.55	32.46	28.03	10.51	24.04	11.75	1.06	0.10	4.97
15.77	142.71	122.12	28.79	140.25	55.03	5.45	1.39	29.85
12.46	90.78	73.04	22.48	121.62	35.13	9.36	0.52	16.45
4.22	31.21	27.89	10.74	36.93	16.92	1.25	1.00	5.84
5.78	55.89	48.33	8.65	96.32	39.61	2.45	1.09	24.81
3.34	28.47	25.09	10.39	45.06	17.03		0.56	4.52
3.78	52.42	49.42	8.44	72.69	29.97	2.49	3.49	6.81
12.64	63.66	48.00	15.33	142.64	79.26	1.45	10.67	15.15
6.10	49.72	39.23	12.79	80.70	37.92	1.15	0.06	18.21
4.54	11.34	9.14	2.52	70.84	26.96	0.01	0.04	2.99
1.53	24.09	20.03	5.47	21.31	12.83		0.43	4.41
0.35	4.59	4.51	1.92	1.99	1.41		0.02	0.58
0.40	6.99	5.75	3.71	60.88	52.47		0.01	51.04
0.35	6.92	5.64	2.18	7.41	3.67	0.08	0.16	1.71
0.06	0.27	0.14		0.06	0.02			

1-B-37 续表

地　区	个人资本	港澳台资本	外商资本	营业收入	营业成本	销售费用	管理费用
全　省	**212.58**	**5.95**	**20.97**	**3073.50**	**2454.23**	**100.46**	**112.67**
武汉市	27.86	2.33	14.30	472.01	396.68	15.31	16.54
黄石市	6.51	0.18		121.58	87.87	4.18	3.70
十堰市	5.62			57.92	44.89	2.16	2.14
宜昌市	16.31	1.34	0.70	372.01	297.87	15.23	14.35
襄阳市	8.79			399.91	320.11	9.83	13.95
鄂州市	8.45	0.37		193.35	157.03	7.36	7.53
荆门市	10.89	0.38		273.71	216.19	10.86	11.42
孝感市	11.32	0.64		153.34	129.08	5.48	5.99
荆州市	17.19			143.87	114.92	4.33	6.59
黄冈市	45.91	0.13	5.95	320.15	250.99	6.32	8.90
咸宁市	17.96	0.54		255.09	203.04	7.76	9.32
随州市	23.91			201.65	150.76	7.55	7.95
恩施州	7.99			39.00	27.78	1.97	1.85
仙桃市	0.80			8.25	7.03	0.47	0.35
潜江市	1.41			40.91	32.50	0.80	1.17
天门市	1.64	0.05	0.02	20.37	17.23	0.80	0.91
神农架	0.02			0.37	0.28	0.05	0.02

单位：亿元

财务费用	利息收入	利息支出	投资收益(损失以“–”号记)	营业利润	利润总额	亏损企业亏损额	平均用工人数(万人)
32.62	**0.44**	**20.07**	**6.25**	**350.35**	**346.28**	**2.02**	**22.92**
1.94	0.11	1.69	0.78	38.14	39.30	0.75	2.73
0.83		0.62	0.72	24.02	24.06	0.10	0.95
0.74	0.02	0.54	0.01	7.68	7.79	0.22	0.47
4.90	–0.02	4.53	0.85	38.65	36.39	0.43	3.66
4.02	0.05	3.13	0.47	49.99	47.12	0.10	2.11
2.52	0.02	1.00	0.43	17.74	17.06		1.37
2.06	0.13	1.30	1.15	28.74	29.39	0.04	1.57
2.00	0.01	0.73	0.25	8.72	8.84	0.01	1.05
1.36	0.07	0.92	0.07	15.91	16.16		1.24
2.09	0.04	1.06	0.16	48.55	47.95	0.22	3.17
3.43	–0.02	1.99	1.33	31.89	32.24	0.02	2.27
3.33	0.04	0.63	0.01	30.08	29.67		1.30
1.62		1.57	0.01	5.46	5.53	0.11	0.37
0.10		0.05		0.23	0.24		0.09
1.40		0.08		3.45	3.45		0.30
0.27		0.21		1.06	1.07		0.26
0.01		0.01		0.02	0.03		

1-B-38 按地区分组的黑色金属冶炼和

地 区	资产总计	固定资产净 额	固定资产原 价	累计折旧	流动资产合 计	应收账款	存货
全 省	**2537.73**	**860.30**	**2108.46**	**1191.95**	**955.98**	**87.32**	**203.17**
武汉市	1883.72	616.95	1642.52	984.92	639.74	65.39	122.14
黄石市	269.73	94.52	163.90	65.59	147.47	11.64	34.21
十堰市	13.65	3.65	11.86	2.92	4.02	0.39	2.83
宜昌市	22.95	3.04	5.68	2.64	18.82	0.85	4.48
襄阳市	35.07	16.23	23.95	7.28	16.28	3.08	5.65
鄂州市	201.70	82.57	193.75	109.88	72.93	2.87	13.14
荆门市	9.33	1.52	3.18	1.66	6.54	0.32	1.39
孝感市	3.71	1.50	2.28	0.78	0.98	0.21	0.53
荆州市	7.03	3.08	9.08	5.62	2.33	0.13	1.18
黄冈市	6.38	2.54	3.91	1.33	3.26	1.20	1.44
咸宁市	71.50	30.28	36.04	5.62	36.79	0.44	15.38
随州市	10.81	4.31	11.83	3.35	5.81	0.70	0.38
恩施州	0.48	0.09	0.11	0.02	0.15	0.02	0.04
仙桃市	1.65	0.02	0.36	0.34	0.86	0.08	0.37
潜江市							
天门市							
神农架							

压延加工业主要经济指标

单位：亿元

产成品	负债合计	流动负债合计	应付账款	所有者权益合计	实收资本	国家资本	集体资本	法人资本
59.25	**1484.22**	**1203.41**	**294.14**	**1053.51**	**498.72**	**147.32**	**0.65**	**305.42**
34.42	1126.91	870.11	220.09	756.80	291.75	10.23	0.32	277.65
12.28	129.61	122.54	37.41	140.12	66.92	48.51		17.30
2.25	4.42	3.74	0.33	9.23	8.67			
1.06	20.18	20.09	1.45	2.77	1.99	1.06	0.04	0.10
2.38	15.70	11.90	1.57	19.37	9.26	1.95		7.14
1.34	139.09	127.30	17.89	62.61	90.99	85.57	0.29	1.78
1.25	7.65	7.53	0.78	1.68	3.07			0.07
0.34	1.41	1.41	0.41	2.30	1.60			0.42
0.14	2.64	2.64	1.09	4.38	3.28			
0.63	2.91	2.46	1.13	3.47	1.51			0.63
2.57	28.96	28.96	8.81	42.54	17.48			0.06
0.22	3.41	3.41	2.53	7.40	1.98			0.25
0.02	0.25	0.25	0.02	0.24	0.16			
0.37	1.06	1.06	0.63	0.58	0.08			

1-B-38 续表

地 区				营业收入	营业成本	销售费用	管理费用
	个人资本	港澳台资本	外商资本				
全 省	**43.30**	**1.13**	**0.90**	**2378.26**	**2075.29**	**19.23**	**103.13**
武汉市	3.52		0.03	1261.37	1105.67	9.05	71.43
黄石市	0.94		0.17	483.62	436.39	3.90	15.23
十堰市	8.67			31.00	25.67	0.35	0.18
宜昌市	0.79			39.98	36.68	0.45	0.60
襄阳市	0.17			96.66	78.12	0.80	1.10
鄂州市	3.34			254.44	212.85	0.59	10.77
荆门市	2.29		0.70	1.68	1.61	0.12	0.09
孝感市	0.05	1.13		12.80	11.61	0.02	0.21
荆州市	3.28			18.03	17.66	0.03	0.12
黄冈市	0.88			9.15	7.36	0.22	0.24
咸宁市	17.42			130.12	111.60	0.65	1.23
随州市	1.73			33.77	25.47	2.44	1.83
恩施州	0.16			0.41	0.34		0.01
仙桃市	0.08			5.22	4.28	0.59	0.08
潜江市							
天门市							
神农架							

单位：亿元

财务费用			投资收益（损失以“–”号记）	营业利润	利润总额	亏损企业亏损额	平均用工人数（万人）
	利息收入	利息支出					
26.85	**3.02**	**27.42**	**35.10**	**141.14**	**112.56**	**2.20**	**8.25**
22.38	1.86	22.02	38.20	49.35	23.73	1.49	4.73
–0.30	1.01	0.75	–3.85	19.58	19.33	0.08	1.28
0.01				4.62	4.62		0.08
–0.14	–0.19	0.04		2.34	2.39		0.19
0.69	0.02	0.69		15.85	15.85		0.27
3.27	0.19	3.11	0.32	26.48	19.58	0.24	0.77
0.12		0.12		–0.35	–0.34	0.35	0.03
0.02		0.01		0.90	0.91		0.07
0.02				0.16	0.16	0.04	0.10
0.10		0.08		1.20	1.08		0.07
–0.10	0.13	0.03		17.22	21.46		0.46
0.68		0.47	0.43	3.63	3.63		0.14
0.02		0.02					
0.07		0.07		0.14	0.14		0.05

1-B-39 按地区分组的有色金属冶炼和

地 区	资产总计	固定资产净额	固定资产原价	累计折旧	流动资产合计	应收账款	存货
全 省	**383.70**	**121.54**	**233.61**	**103.53**	**201.15**	**38.21**	**84.50**
武汉市	13.31	4.23	7.00	2.71	7.87	2.63	1.94
黄石市	229.46	74.43	141.45	61.67	113.89	7.70	63.24
十堰市	18.30	6.76	17.06	10.26	8.25	1.61	2.98
宜昌市	6.21	0.75	9.91	9.16	2.67	0.34	0.50
襄阳市	29.89	5.30	8.48	3.17	20.86	11.36	5.08
鄂州市	3.38	1.24	2.71	0.83	1.47	0.56	0.34
荆门市	10.94	5.08	6.51	1.43	4.57	1.34	1.71
孝感市	10.32	3.18	5.68	1.74	5.20	1.51	1.41
荆州市	5.91	2.33	4.99	2.53	2.58	0.90	0.74
黄冈市	25.37	7.10	9.94	2.41	16.65	5.46	2.88
咸宁市	15.67	1.66	3.08	0.99	12.43	2.86	2.25
随州市	0.91	0.20	0.25	0.03	0.45	0.06	0.02
恩施州							
仙桃市	1.02	0.26	1.06	0.11	0.58	0.39	0.19
潜江市	13.01	9.02	15.50	6.48	3.67	1.50	1.21
天门市							
神农架							

压延加工业主要经济指标

单位：亿元

产成品	负债合计	流动负债合计	应付账款	所有者权益合计	实收资本	国家资本	集体资本	法人资本
19.22	**257.21**	**196.39**	**56.83**	**126.49**	**67.29**	**27.86**	**0.53**	**10.49**
0.77	9.28	8.96	1.39	4.03	3.02		0.18	1.32
12.09	167.36	113.57	27.88	62.10	41.84	23.46		2.33
0.90	11.84	11.55	1.47	6.46	5.57	3.77		0.24
0.15	2.40	2.28	0.34	3.81	0.42			0.42
1.74	19.58	18.01	12.33	10.32	3.30	0.02	0.04	2.78
0.04	2.64	1.96	0.88	0.74	0.67		0.24	0.26
0.30	3.89	3.50	0.18	7.05	0.66		0.08	0.40
0.74	3.63	2.78	0.58	6.69	2.05			1.05
0.41	2.83	2.35	0.68	3.08	1.51			
1.07	15.59	14.63	2.46	9.78	4.06	0.60		0.34
0.50	11.52	10.75	6.20	4.15	2.44			0.65
0.01	0.21	0.15		0.70	0.60			0.60
0.04	0.71	0.67	0.57	0.31	0.12			
0.46	5.74	5.22	1.86	7.27	1.03			0.10

1-B-39 续表

地 区				营业收入	营业成本	销售费用	管理费用
	个人资本	港澳台资本	外商资本				
全 省	**14.19**		**14.22**	**799.36**	**671.41**	**5.61**	**13.57**
武汉市	1.52			48.84	44.19	0.49	1.31
黄石市	1.83		14.22	464.74	383.06	2.21	5.70
十堰市	1.56			24.52	20.76	0.52	1.38
宜昌市				19.06	16.58	0.23	0.31
襄阳市	0.46			64.88	49.12	0.32	0.91
鄂州市	0.17			13.35	12.70	0.20	0.12
荆门市	0.18			51.32	46.81	0.09	0.37
孝感市	1.00			16.74	14.71	0.23	0.48
荆州市	1.51			5.96	5.00	0.11	0.28
黄冈市	3.12			44.87	38.51	0.46	1.50
咸宁市	1.79			25.40	22.58	0.39	0.91
随州市				3.05	2.38	0.03	0.03
恩施州							
仙桃市	0.12			3.04	2.84	0.01	0.02
潜江市	0.93			13.58	12.18	0.32	0.27
天门市							
神农架							

单位：亿元

财务费用			投资收益(损失以“-”号记)	营业利润	利润总额	亏损企业亏损额	平均用工人数(万人)
	利息收入	利息支出					
7.07	**0.75**	**6.34**	**-18.07**	**34.46**	**36.20**	**2.33**	**3.80**
0.16		0.14	0.01	1.95	2.09	0.15	0.19
5.05	0.71	4.56	-18.45	5.27	4.69	2.00	2.11
0.28		0.27		0.47	2.08	0.17	0.24
0.07		0.08		1.82	1.84		0.06
0.30	0.01	0.29		13.60	14.17		0.11
0.08	0.02	0.07		0.20	0.21		0.03
0.16		0.16		3.02	3.05		0.09
0.15		0.05	0.31	1.60	1.60		0.12
0.06		0.01		0.47	0.43		0.07
0.28		0.27	0.05	3.83	3.67		0.24
0.29	0.01	0.28	0.01	1.02	1.05	0.01	0.13
0.01		0.01		0.59	0.59		0.03
0.02				0.13	0.13		0.02
0.15		0.15		0.49	0.60		0.37

1-B-40 按地区分组的金属

地 区	资产总计	固定资产净额	固定资产原价	累计折旧	流动资产合计	应收账款	存货
全 省	**1170.86**	**285.82**	**595.06**	**257.54**	**685.32**	**194.09**	**179.19**
武汉市	483.77	82.29	165.19	65.69	323.60	92.63	74.31
黄石市	62.54	17.22	31.94	11.01	39.57	8.73	9.73
十堰市	23.25	5.62	10.35	4.19	14.35	5.82	3.54
宜昌市	71.72	24.60	53.86	25.21	32.32	9.14	8.45
襄阳市	50.22	10.20	23.10	8.06	29.90	8.92	10.94
鄂州市	37.20	8.88	25.45	11.78	20.80	6.20	6.73
荆门市	27.31	10.07	21.40	10.55	9.08	2.17	3.50
孝感市	86.55	32.83	88.11	50.51	40.67	18.02	9.43
荆州市	74.23	20.83	48.92	27.37	45.33	18.28	11.42
黄冈市	89.87	19.50	33.16	11.55	56.15	11.31	27.14
咸宁市	89.04	30.10	40.31	8.35	42.38	5.38	6.58
随州市	29.57	7.42	16.00	7.87	13.81	4.00	4.40
恩施州	2.30	0.44	0.62	0.18	0.87	0.31	0.37
仙桃市	21.71	6.96	16.03	5.96	6.32	1.19	1.22
潜江市	7.57	3.86	5.18	1.32	2.01	0.95	0.33
天门市	14.01	5.00	15.46	7.94	8.14	1.06	1.09
神农架							

制品业主要经济指标

单位：亿元

产成品	负债合计	流动负债合计	应付账款	所有者权益合计	实收资本	国家资本	集体资本	法人资本
72.10	**647.87**	**548.95**	**134.90**	**522.99**	**334.51**	**146.83**	**2.18**	**94.26**
27.45	321.38	279.83	76.10	162.38	205.05	144.64	0.67	36.07
5.28	35.03	33.50	9.00	27.50	11.66			5.57
1.99	10.35	9.74	3.47	12.89	3.18	0.58		1.32
4.24	29.58	20.57	5.77	42.14	11.40	0.08	0.27	5.47
6.87	20.86	19.47	6.13	29.36	7.61	0.88		0.91
4.00	15.00	11.35	3.22	22.20	11.74		0.65	5.93
2.73	10.13	7.40	0.80	17.17	4.33		0.02	2.42
2.74	47.73	31.35	4.81	38.82	15.23	0.38	0.50	6.11
5.53	26.35	24.86	3.69	47.88	24.93	0.15		6.71
4.30	57.01	51.43	10.60	32.86	14.37	0.13	0.08	8.72
4.09	40.86	32.97	3.97	48.18	8.81			6.94
1.16	15.30	11.87	3.49	14.27	6.69			1.26
0.19	1.10	1.01	0.34	1.20	0.38			0.08
0.88	8.90	7.84	1.26	12.81	2.16			0.89
0.16	2.28	1.55	0.38	5.29	1.99			1.62
0.49	5.99	4.21	1.86	8.02	4.99			4.24

1-B-40 续表

地　区				营业收入	营业成本	销售费用	管理费用
	个人资本	港澳台资本	外商资本				
全　省	**82.50**	**6.17**	**2.57**	**1589.70**	**1329.62**	**48.58**	**68.46**
武汉市	18.32	4.97	0.37	511.84	437.81	17.76	25.49
黄石市	4.91	1.18		91.34	77.53	2.30	3.37
十堰市	1.28			41.63	33.61	0.93	1.67
宜昌市	5.59			124.92	102.66	3.53	4.90
襄阳市	4.47		1.35	131.84	103.74	3.88	5.21
鄂州市	4.54		0.62	119.31	99.22	4.04	5.09
荆门市	1.89	0.01		66.69	54.08	2.10	2.79
孝感市	8.08		0.16	94.49	83.36	2.89	3.71
荆州市	18.06	0.01		82.64	70.52	3.00	3.36
黄冈市	5.38		0.07	93.37	80.50	1.57	4.09
咸宁市	1.87			83.31	67.40	1.58	2.49
随州市	5.43			43.93	33.61	1.33	1.29
恩施州	0.30			1.03	0.82	0.04	0.10
仙桃市	1.27			39.07	30.95	1.64	2.68
潜江市	0.37			26.62	22.14	0.57	0.61
天门市	0.75			37.67	31.67	1.40	1.63
神农架							

单位：亿元

财务费用			投资收益(损失以“–”号记)	营业利润	利润总额	亏损企业亏损额	平均用工人数(万人)
	利息收入	利息支出					
15.27	**1.58**	**11.64**	**–1.06**	**107.21**	**107.87**	**12.10**	**12.67**
3.07	0.68	2.48	–0.80	17.14	18.48	9.71	3.91
0.91	0.09	0.81	–0.49	3.81	3.94	0.52	0.66
0.50		0.26	0.02	4.65	4.69		0.29
1.83		0.83		10.99	10.84	0.01	0.87
1.02	0.05	0.57	0.20	18.04	18.04		0.62
0.33	0.01	0.23		9.75	9.76	0.03	0.93
0.50	0.01	0.45		6.28	6.03		0.32
0.87	0.05	0.54	–0.02	2.88	2.94	0.19	1.06
1.20	0.03	0.64		4.15	4.15	0.04	0.88
1.54		1.14	0.03	4.97	4.45	0.11	1.04
1.05	0.63	1.59		10.68	10.66	1.49	0.60
0.49	0.03	0.33		6.92	6.88		0.45
0.06		0.06			0.05		0.03
0.42	0.01	0.35		3.08	3.08		0.34
0.52		0.46		1.96	1.96		0.17
0.96		0.89		1.90	1.91		0.50

1-B-41 按地区分组的通用设备

地 区	资产总计	固定资产净额	固定资产原价	累计折旧	流动资产合计	应收账款	存货
全 省	**1061.65**	**247.43**	**516.24**	**251.78**	**589.17**	**189.85**	**151.67**
武汉市	280.55	56.27	96.64	37.81	177.35	62.93	38.41
黄石市	119.27	20.11	34.33	13.73	62.91	25.00	16.30
十堰市	36.98	9.90	14.60	4.49	25.25	7.56	5.75
宜昌市	101.16	20.56	59.11	37.91	65.04	16.48	12.02
襄阳市	174.72	38.60	64.05	23.74	92.03	32.55	32.15
鄂州市	48.64	8.76	22.52	11.41	20.09	6.44	8.09
荆门市	115.62	36.21	60.77	22.55	48.09	12.89	13.32
孝感市	20.57	4.10	42.09	36.62	13.44	3.74	3.48
荆州市	50.22	10.93	44.89	32.86	28.88	8.15	8.03
黄冈市	22.66	6.75	10.64	3.06	12.24	3.70	3.42
咸宁市	12.66	3.53	7.05	3.12	6.53	2.06	1.70
随州市	23.31	6.32	12.38	4.31	11.76	3.53	3.96
恩施州	0.80	0.11	0.27	0.16	0.63	0.23	0.37
仙桃市	15.10	5.53	8.60	3.07	8.77	1.65	2.44
潜江市	1.84	1.11	1.79	0.68	0.43	0.36	0.03
天门市	37.54	18.64	36.51	16.26	15.73	2.59	2.21
神农架							

制造业主要经济指标

单位：亿元

产成品	负债合计	流动负债合计	应付账款	所有者权益合计	实收资本	国家资本	集体资本	法人资本
68.54	**542.79**	**470.39**	**142.31**	**518.84**	**175.30**	**25.52**	**11.56**	**50.73**
14.00	168.73	140.70	47.44	111.80	57.00	13.02	1.36	12.16
6.45	61.24	57.96	23.06	58.03	15.95	1.07	8.69	2.41
4.26	16.98	15.68	6.16	20.00	4.56	0.15	0.08	2.81
3.74	51.70	43.79	10.01	49.46	13.00	4.72		3.28
19.51	82.27	71.57	24.06	92.45	20.46	5.69	0.06	4.98
3.09	27.74	26.28	3.72	20.90	5.94	0.05	0.98	2.40
6.55	45.20	37.81	9.53	70.43	14.36	0.53		2.60
1.30	8.87	7.30	0.66	11.71	3.94		0.01	1.21
4.14	26.71	24.80	5.13	23.51	7.35	0.30	0.02	0.86
1.70	11.36	10.02	2.02	11.30	6.45		0.15	2.26
1.07	5.29	4.78	1.28	7.38	3.11			1.04
1.33	10.15	7.85	2.22	13.16	7.19		0.20	2.44
0.28	0.47	0.47	0.16	0.33	0.30			0.28
0.41	8.83	8.69	1.12	6.28	1.87			1.18
0.03	0.07	0.02		1.77	0.61			0.61
0.70	17.20	12.66	5.73	20.34	13.21			10.20

1-B-41 续表

地　区				营业收入	营业成本	销售费用	管理费用
	个人资本	港澳台资本	外商资本				
全　省	**72.20**	**4.22**	**11.09**	**1241.61**	**1015.00**	**40.74**	**65.30**
武汉市	17.21	3.43	9.85	240.73	201.09	7.90	15.79
黄石市	2.52	0.63	0.63	76.33	58.41	3.34	5.52
十堰市	1.35		0.17	36.88	28.56	1.33	1.98
宜昌市	4.92	0.08		101.27	85.10	3.25	5.13
襄阳市	9.71			229.52	186.98	5.75	10.85
鄂州市	2.51			100.18	80.28	4.66	5.24
荆门市	10.80		0.43	159.44	128.02	4.55	8.23
孝感市	2.72			56.94	49.49	1.33	1.72
荆州市	6.08	0.08		63.03	56.17	1.63	2.25
黄冈市	4.04			26.77	19.83	1.06	1.25
咸宁市	2.07			32.85	27.64	0.76	1.01
随州市	4.55			38.87	28.33	2.33	2.36
恩施州	0.03			0.59	0.44	0.01	0.04
仙桃市	0.69			9.04	7.50	0.37	0.58
潜江市				5.72	4.86	0.12	0.06
天门市	3.01			63.45	52.29	2.33	3.28
神农架							

单位：亿元

财务费用			投资收益(损失以“–”号记)	营业利润	利润总额	亏损企业亏损额	平均用工人数(万人)
	利息收入	利息支出					
9.81	**1.79**	**8.78**	**–0.81**	**99.83**	**100.64**	**2.58**	**10.69**
2.17	0.01	2.03	0.11	12.83	13.91	1.44	2.41
0.70	0.04	0.70	–1.59	5.67	5.84	0.24	0.99
0.57	0.04	0.43		4.12	4.14		0.29
–0.64	1.50	0.73	0.01	7.76	7.48		0.82
1.57	0.08	1.12	0.05	23.75	23.98	0.51	1.05
0.40		0.18	0.03	8.78	8.72	0.03	0.82
0.84	0.01	0.41	0.12	15.21	15.19	0.06	0.98
0.58		0.26		2.72	2.72		0.30
0.80	0.09	0.59	0.44	2.30	2.46	0.07	0.82
0.29	0.01	0.14	0.01	4.06	3.54	0.02	0.44
0.16		0.08		3.05	3.05	0.01	0.26
0.54		0.44	0.01	5.03	5.03	0.02	0.37
0.02		0.02		0.06	0.06		0.02
0.05	0.01	0.05		0.44	0.45	0.13	0.13
0.04				0.42	0.42		0.03
1.72		1.58		3.64	3.64	0.06	0.97

1-B-42 按地区分组的专用设备

地　区	资产总计	固定资产净　额	固定资产原　价	累计折旧	流动资产合　计	应收账款	存货
全　省	**1059.47**	**228.06**	**476.38**	**215.08**	**681.58**	**206.01**	**203.79**
武汉市	457.56	71.11	146.73	63.07	326.60	99.56	97.98
黄石市	70.79	22.15	30.52	7.72	37.61	11.08	9.12
十堰市	56.40	5.89	15.99	8.04	44.14	9.42	18.70
宜昌市	36.95	12.25	28.66	15.83	22.49	6.47	7.17
襄阳市	107.13	30.06	44.11	10.41	62.03	23.05	17.94
鄂州市	21.55	5.02	16.82	7.21	10.85	2.46	3.48
荆门市	50.41	14.97	27.13	10.33	28.45	8.68	6.99
孝感市	43.66	7.06	30.20	22.33	31.52	7.87	7.63
荆州市	72.94	16.03	34.79	17.78	48.50	16.43	20.31
黄冈市	18.22	6.74	10.79	3.10	7.85	2.45	1.74
咸宁市	36.44	6.96	11.14	3.93	22.36	8.44	4.85
随州市	7.79	2.91	4.71	0.74	3.24	0.76	0.98
恩施州							
仙桃市	21.20	8.13	12.28	3.64	9.88	2.82	3.66
潜江市	16.87	6.52	8.19	1.27	5.05	1.64	0.68
天门市	41.56	12.25	54.33	39.67	21.02	4.86	2.56
神农架							

制造业主要经济指标

单位：亿元

产成品	负债合计	流动负债合计	应付账款	所有者权益合计	实收资本	国家资本	集体资本	法人资本
81.31	**596.39**	**520.19**	**168.38**	**463.08**	**221.76**	**35.88**	**5.12**	**101.33**
37.25	288.48	254.85	86.79	169.08	93.86	15.88	1.85	43.67
3.86	37.20	34.72	7.06	33.59	12.52	2.46	0.03	4.37
3.95	31.53	29.56	11.96	24.88	8.40	5.00	0.35	1.23
2.17	17.35	15.40	5.50	19.60	14.27	0.15		11.79
5.42	58.13	42.46	9.83	49.00	20.24	4.55	0.88	2.48
1.22	8.12	7.23	0.98	13.43	5.54		0.51	2.83
2.89	24.63	22.47	5.89	25.78	11.13		1.00	3.75
2.46	23.29	22.12	5.36	20.36	8.48	4.77		0.91
14.95	40.41	38.78	14.45	32.53	10.58	3.08	0.03	3.42
0.81	7.02	5.81	1.82	11.20	5.16		0.15	1.02
2.67	20.10	18.43	7.10	16.34	6.26		0.33	4.70
0.36	2.22	1.90	0.32	5.57	2.55			1.56
2.25	13.73	9.32	1.80	7.48	1.93			1.06
0.23	7.31	4.79	3.41	9.57	5.38			4.45
0.83	16.89	12.34	6.11	24.68	15.46			14.10

1-B-42 续表

地 区				营业收入	营业成本	销售费用	管理费用
	个人资本	港澳台资本	外商资本				
全 省	**65.30**	**4.54**	**8.95**	**1215.85**	**984.39**	**43.00**	**68.90**
武汉市	27.62	3.98	0.24	322.41	256.98	13.38	26.09
黄石市	5.25	0.41		84.39	67.79	1.77	3.68
十堰市	1.52		0.30	46.12	35.84	1.06	2.42
宜昌市	2.28	0.05		69.06	58.04	2.23	3.28
襄阳市	4.67	0.10	7.55	183.43	145.68	6.02	8.33
鄂州市	2.20			59.47	49.31	1.86	2.40
荆门市	6.38			100.18	84.40	2.36	3.94
孝感市	2.01		0.79	56.00	46.78	2.36	3.20
荆州市	4.06			78.98	64.67	4.28	4.71
黄冈市	3.99			22.89	17.74	0.72	1.37
咸宁市	1.20		0.03	46.69	36.94	1.69	1.94
随州市	0.98			16.22	12.96	0.40	0.64
恩施州							
仙桃市	0.83		0.04	26.47	21.04	1.21	1.52
潜江市	0.94			24.63	19.55	0.90	1.50
天门市	1.36			78.91	66.67	2.75	3.88
神农架							

单位：亿元

财务费用			投资收益(损失以“–”号记)	营业利润	利润总额	亏损企业亏损额	平均用工人数(万人)
	利息收入	利息支出					
11.01	**0.68**	**9.36**	**–1.40**	**94.53**	**95.57**	**2.34**	**10.84**
2.51	0.24	2.92	0.90	20.06	21.05	1.06	3.28
0.65	0.07	0.63	–2.36	7.48	7.83	0.20	0.84
0.16	0.04	0.13		6.45	6.42		0.38
0.29	0.10	0.34		4.58	4.56		0.39
2.06	0.22	1.35	0.05	19.91	19.97	0.85	1.23
0.16		0.10		5.38	5.27		0.43
0.58	0.02	0.57	0.01	7.06	7.39		0.60
0.45	0.01	0.24	0.02	2.42	2.44	0.10	0.48
1.10	–0.04	0.33	–0.02	3.78	3.90	0.07	0.78
0.22	–0.01	0.12		2.62	2.31		0.35
0.65	0.05	0.61		5.00	4.57		0.41
0.10	0.02	0.11		1.99	1.99		0.13
0.26	–0.06	0.21		2.31	2.31	0.06	0.23
0.11	0.01	0.08		1.83	1.83		0.26
1.71	0.01	1.61		3.66	3.73		1.06

1-B-43 按地区分组的汽车

地区	资产总计	固定资产净额	固定资产原价	累计折旧	流动资产合计	应收账款	存货
全省	**7214.56**	**1200.96**	**2457.53**	**1099.26**	**4102.83**	**974.20**	**559.55**
武汉市	3530.12	549.94	1150.13	560.72	1891.25	346.73	214.36
黄石市	73.42	6.56	12.65	4.59	33.05	2.55	4.48
十堰市	1637.00	178.84	395.87	200.55	1078.27	221.58	131.77
宜昌市	8.45	1.03	7.72	5.70	3.85	1.32	0.95
襄阳市	1364.51	339.66	636.41	215.88	762.55	285.61	131.83
鄂州市	4.41	0.95	2.75	1.05	2.48	0.67	0.54
荆门市	70.15	14.17	24.57	10.09	32.42	6.04	12.62
孝感市	53.07	7.83	20.04	8.71	28.25	16.09	4.88
荆州市	167.65	34.15	72.16	36.71	94.77	42.34	17.36
黄冈市	42.85	10.65	21.37	7.90	21.35	6.13	7.82
咸宁市	25.79	10.17	18.17	7.11	12.03	3.63	4.39
随州市	173.36	25.55	47.60	18.32	110.37	28.82	22.23
恩施州	0.68	0.05	0.11	0.07	0.63	0.38	0.21
仙桃市	42.01	13.17	34.47	17.12	20.83	9.66	4.59
潜江市	7.63	3.94	5.33	1.37	2.96	0.74	0.41
天门市	13.47	4.27	8.18	3.38	7.77	1.91	1.12
神农架							

制造业主要经济指标

单位：亿元

产成品	负债合计	流动负债合计	应付账款	所有者权益合计	实收资本	国家资本	集体资本	法人资本
285.05	**3660.18**	**3196.46**	**1208.87**	**3554.38**	**1023.11**	**465.14**	**52.73**	**179.90**
100.51	1452.56	1296.04	650.87	2077.57	399.28	154.55	41.26	60.49
2.04	63.46	23.26	2.28	9.96	11.24	0.05		0.60
79.58	1073.20	988.90	288.99	563.80	367.96	248.95	6.79	40.06
0.56	4.41	3.63	2.09	4.04	1.30			0.31
67.01	742.78	610.49	175.20	621.73	133.64	41.29	2.18	39.83
0.42	2.07	1.70	0.36	2.34	1.55	0.04	0.55	0.18
2.59	41.66	30.47	5.45	28.49	7.67		0.50	5.12
2.44	40.78	30.42	7.01	12.29	13.52	5.02		2.28
8.58	85.99	78.78	36.93	81.67	24.89		0.90	8.93
6.33	19.73	17.69	2.25	23.12	6.75	0.39		2.34
2.98	16.60	13.39	3.47	9.19	2.37	0.07		1.48
8.99	91.35	79.32	27.61	82.00	39.15	14.77	0.56	10.46
0.15	0.49	0.49	0.02	0.19	0.19			
2.06	15.05	13.72	4.47	26.96	8.34			2.88
0.28	1.53	1.53	0.32	6.10	4.11			3.79
0.52	8.52	6.64	1.56	4.94	1.15			1.15

1-B-43 续表

地　区	个人资本	港澳台资本	外商资本	营业收入	营业成本	销售费用	管理费用
全　省	**153.24**	**10.94**	**161.07**	**7175.69**	**5796.69**	**196.60**	**375.66**
武汉市	48.41	3.03	91.44	3354.07	2629.37	82.45	178.54
黄石市	10.59			17.91	16.48	0.57	1.61
十堰市	26.77	0.10	45.29	1463.48	1222.64	56.41	80.24
宜昌市	1.00			23.44	18.65	0.75	1.02
襄阳市	34.72	1.80	13.82	1577.88	1299.74	35.82	82.36
鄂州市	0.78			11.18	8.86	0.18	0.27
荆门市	1.30		0.76	67.84	52.79	2.81	3.31
孝感市	2.92	0.76	2.54	50.01	40.31	1.11	2.07
荆州市	7.39	5.17	2.51	165.87	139.59	5.66	9.45
黄冈市	2.60		1.41	57.92	48.52	1.28	1.55
咸宁市	0.81			43.99	36.71	1.05	2.00
随州市	12.98		0.38	239.74	198.46	4.96	7.55
恩施州	0.19			0.36	0.27	0.03	0.03
仙桃市	2.46	0.08	2.92	80.42	67.28	2.70	4.06
潜江市	0.32			7.44	5.73	0.27	0.66
天门市				14.15	11.32	0.57	0.94
神农架							

单位：亿元

财务费用			投资收益(损失以"–"号记)	营业利润	利润总额	亏损企业亏损额	平均用工人数(万人)
	利息收入	利息支出					
13.76	**16.58**	**28.76**	**55.10**	**730.73**	**733.53**	**60.44**	**42.00**
–5.97	7.39	8.25	2.17	373.79	375.55	47.45	13.52
0.34	0.02	0.30	–1.44	–2.66	–2.64	3.24	0.34
1.11	7.75	5.30	46.46	147.87	144.03	0.70	10.66
0.36		0.26		2.40	2.35		0.10
9.23	1.44	7.32	7.15	144.60	149.10	7.60	10.64
0.22		0.04	0.02	1.43	1.43		0.10
0.71	0.02	0.35		9.00	8.96		0.70
3.28	0.02	3.14	–0.02	2.05	2.14	0.03	0.70
1.01	–0.13	0.83	0.32	9.54	9.78	0.04	1.70
0.47	0.02	0.35		5.65	5.18	0.03	0.63
0.55	0.03	0.36		3.62	3.69	0.23	0.47
1.49	0.03	1.50	0.43	26.44	26.74	0.25	1.47
0.01				0.02	0.02		0.01
0.50	–0.02	0.44		5.55	5.71	0.65	0.62
0.04				0.55	0.55		0.10
0.39		0.34		0.90	0.93	0.23	0.26

1-B-44 按地区分组的铁路、船舶、航空航天和

地 区	资产总计	固定资产净额	固定资产原价	累计折旧	流动资产合计	应收账款	存货
全 省	**1174.02**	**127.53**	**395.88**	**154.54**	**708.43**	**125.44**	**218.05**
武汉市	864.72	65.76	264.32	90.87	511.43	61.17	166.40
黄石市	15.57	3.01	4.52	1.51	10.80	3.24	2.36
十堰市	0.25	0.09	0.10	0.01	0.06		0.04
宜昌市	56.18	11.64	27.45	14.99	36.44	10.74	10.30
襄阳市	155.67	28.29	54.42	21.74	95.88	34.23	25.93
鄂州市	12.88	4.16	7.17	2.58	7.41	2.21	3.35
荆门市	13.89	3.11	4.68	1.57	6.85	2.79	2.03
孝感市	18.43	2.15	17.74	15.32	15.14	4.35	3.16
荆州市	10.36	1.91	3.70	1.69	8.05	2.71	1.29
黄冈市	22.15	6.06	9.83	3.76	14.24	3.12	2.82
咸宁市	2.26	0.28	0.46	0.19	1.71	0.78	0.22
随州市	1.03	0.74	0.99	0.16	0.17	0.04	0.05
恩施州							
仙桃市							
潜江市							
天门市	0.63	0.33	0.52	0.16	0.24	0.06	0.10
神农架							

其他运输设备制造业主要经济指标

单位：亿元

产成品	负债合计	流动负债合计	应付账款	所有者权益合计	实收资本	国家资本	集体资本	法人资本
24.99	**776.44**	**646.29**	**272.18**	**397.58**	**222.00**	**142.30**	**1.09**	**60.00**
12.31	600.57	486.54	203.07	264.15	162.30	109.72	0.68	46.84
0.72	7.50	6.93	2.11	8.07	3.02			1.55
0.02	0.23	0.20	0.01	0.02	0.01			
2.46	37.09	30.77	9.96	19.09	12.29	9.36		0.71
3.59	86.69	82.99	36.97	68.97	27.61	17.73	0.06	8.20
2.65	6.17	5.32	2.17	6.71	3.33		0.24	1.16
1.18	5.89	3.92	2.96	8.00	1.17	0.71		0.36
0.64	8.72	7.98	5.61	9.71	4.02	2.97		0.56
0.96	5.25	4.33	2.71	5.10	1.98	0.82		0.11
0.27	16.70	15.88	6.43	5.46	5.72	1.00	0.10	0.17
0.13	1.24	1.16	0.07	1.02	0.35			0.20
0.02	0.11	0.09	0.04	0.93	0.05			
0.06	0.28	0.19	0.07	0.35	0.14			0.14

1-B-44 续表

地 区	个人资本	港澳台资本	外商资本	营业收入	营业成本	销售费用	管理费用
全 省	**14.36**	**0.65**	**3.61**	**646.84**	**568.34**	**10.21**	**40.38**
武汉市	2.08		2.97	366.58	329.70	4.34	23.97
黄石市	1.48			15.57	13.01	0.48	0.70
十堰市	0.01			0.26	0.20		0.03
宜昌市	2.10		0.12	54.44	46.68	0.74	2.79
襄阳市	1.62			119.06	103.91	2.02	7.33
鄂州市	1.28	0.65		20.44	15.82	0.84	1.67
荆门市	0.11			9.46	7.53	0.37	0.78
孝感市	0.49			32.46	28.34	0.47	1.39
荆州市	0.53		0.52	9.34	6.99	0.65	0.93
黄冈市	4.46			7.70	6.65	0.20	0.47
咸宁市	0.15			7.96	6.48	0.08	0.21
随州市	0.05			2.53	2.13	0.02	0.06
恩施州							
仙桃市							
潜江市							
天门市				1.06	0.90	0.03	0.05
神农架							

单位：亿元

财务费用			投资收益(损失以"–"号记)	营业利润	利润总额	亏损企业亏损额	平均用工人数(万人)
	利息收入	利息支出					
5.40	**0.84**	**4.65**	**–0.23**	**12.96**	**14.44**	**20.25**	**6.29**
2.88	0.59	1.96	–0.22	–6.05	–4.86	20.14	3.15
0.16		0.13	–0.33	0.63	0.75	0.02	0.13
				0.03	0.03		
0.66	0.01	0.66	0.01	3.17	3.24		0.74
1.33	0.21	1.53	0.33	8.27	8.31		1.25
0.04		0.03		1.89	1.90	0.01	0.22
0.05	0.03	0.11		0.63	0.66		0.21
0.09	0.01	0.06	–0.01	1.97	2.00		0.26
		0.03		0.74	0.74	0.01	0.14
0.11		0.05		0.19	0.20	0.06	0.13
0.06		0.06		1.12	1.12		0.02
0.01				0.30	0.30		0.02
0.02		0.02		0.06	0.06		0.02

1-B-45 按地区分组的电气机械和

地 区	资产总计	固定资产净 额	固定资产原 价	累计折旧	流动资产合 计	应收账款	存货
全 省	**1794.64**	**361.61**	**645.78**	**266.09**	**1139.09**	**466.78**	**249.11**
武汉市	856.40	145.97	259.79	109.92	583.89	265.07	120.65
黄石市	95.07	19.87	37.18	17.16	64.89	21.50	12.59
十堰市	39.02	4.08	7.05	2.06	24.36	11.74	6.48
宜昌市	82.72	20.51	43.41	19.87	47.71	20.37	12.97
襄阳市	260.29	59.33	98.94	36.10	138.79	49.16	40.01
鄂州市	38.30	7.21	9.78	2.30	20.80	6.78	5.17
荆门市	80.84	27.24	34.86	7.14	44.81	15.43	9.43
孝感市	49.98	15.94	41.14	24.26	26.78	8.92	7.66
荆州市	137.09	19.66	45.31	24.76	110.15	35.32	18.22
黄冈市	23.86	5.92	10.79	3.02	13.08	6.12	3.01
咸宁市	42.99	10.86	17.00	4.68	22.42	8.01	5.27
随州市	17.69	5.78	14.57	8.20	8.27	1.84	1.67
恩施州	3.39	0.57	0.97	0.39	2.32	0.54	0.81
仙桃市	17.79	5.02	7.84	2.73	11.99	5.88	3.13
潜江市	36.57	8.67	10.09	1.42	13.20	8.80	0.93
天门市	12.64	5.00	7.06	2.06	5.61	1.30	1.10
神农架							

器材制造业主要经济指标

单位：亿元

产成品	负债合计	流动负债合计	应付账款	所有者权益合计	实收资本	国家资本	集体资本	法人资本
108.93	**1040.56**	**888.83**	**329.11**	**754.08**	**309.02**	**23.72**	**13.59**	**126.49**
65.44	514.30	445.63	189.01	342.10	128.65	21.37	2.91	42.86
7.49	66.73	60.94	12.38	28.34	6.59	0.24	0.77	4.06
2.30	21.88	16.80	11.21	17.14	4.64	0.30	0.10	3.26
4.80	49.42	31.92	12.84	33.30	30.71		0.05	5.99
10.08	110.87	88.36	26.58	149.41	34.62		0.82	23.48
1.15	22.21	20.78	3.03	16.10	10.20			6.09
3.02	50.88	37.83	20.80	29.96	10.21			7.61
2.40	29.68	24.76	5.80	20.30	11.47	0.39	0.30	2.74
5.62	100.55	99.32	25.09	36.54	24.21	0.20	1.55	12.68
1.42	9.21	8.69	4.94	14.66	9.26	0.20	0.34	2.45
2.10	21.07	19.77	7.39	21.91	11.36		0.24	5.91
0.93	5.02	4.96	0.42	12.67	9.00		6.50	0.96
0.22	2.47	1.45	0.33	0.92	0.44			
1.10	10.75	10.11	6.20	7.05	5.11	1.02		0.14
0.38	19.42	12.33	1.68	17.15	9.84			7.36
0.48	6.11	5.17	1.39	6.52	2.72			0.90

1-B-45 续表

地区	个人资本	港澳台资本	外商资本	营业收入	营业成本	销售费用	管理费用
全省	**101.63**	**3.18**	**40.41**	**2184.54**	**1819.94**	**65.00**	**114.57**
武汉市	34.87	1.55	25.10	1062.92	895.17	33.61	63.86
黄石市	1.51			105.36	92.64	2.24	5.43
十堰市	0.97			21.48	17.39	0.39	1.70
宜昌市	17.23		7.44	95.42	77.73	3.57	4.18
襄阳市	9.00	1.30	0.02	405.50	323.63	12.81	19.19
鄂州市	4.11			33.61	29.55	0.39	1.16
荆门市	2.20	0.21	0.20	73.00	62.25	1.39	3.22
孝感市	8.04			76.92	66.91	2.41	3.47
荆州市	5.77	0.13	3.88	150.13	122.95	4.41	4.80
黄冈市	6.26			26.70	21.34	0.64	1.27
咸宁市	5.20			42.61	35.69	0.89	1.72
随州市	1.54			24.89	21.35	0.89	1.23
恩施州	0.43			2.23	1.78	0.08	0.25
仙桃市	2.67		1.29	22.62	21.20	0.21	0.65
潜江市			2.48	20.61	13.42	0.12	1.19
天门市	1.82			20.52	16.93	0.96	1.24
神农架							

单位：亿元

财务费用			投资收益（损失以“–”号记）	营业利润	利润总额	亏损企业亏损额	平均用工人数（万人）
	利息收入	利息支出					
15.32	**–0.21**	**13.16**	**1.12**	**152.45**	**171.36**	**4.99**	**16.43**
4.44	–0.09	4.29	–0.13	63.08	65.67	2.93	5.97
1.26	0.06	1.04		2.30	2.95	0.18	0.98
0.41	0.02	0.40	0.04	1.20	1.55	0.43	0.29
1.23	0.01	1.02	0.07	8.17	7.79	0.06	0.65
3.38	–0.23	3.26	0.10	38.00	52.88		3.72
0.26	0.01	0.16	0.01	1.79	1.74	0.12	0.22
0.57	0.01	0.60		4.92	5.09	0.08	0.70
1.13	0.01	0.23		2.37	2.46	0.14	0.87
1.33	–0.05	1.28	0.01	15.26	15.41	0.22	1.08
0.25		0.14		2.79	2.85	0.07	0.52
0.37	0.02	0.19	0.01	3.37	3.37	0.48	0.62
0.18		0.15	1.02	2.12	2.32		0.19
0.08		0.08			0.05	0.05	0.06
0.10	0.04	0.01		0.32	0.38	0.13	0.24
0.06	–0.01	0.06		5.75	5.79		0.06
0.29		0.28		1.02	1.04	0.09	0.27

1-B-46 按地区分组的计算机、通信和

地 区	资产总计	固定资产净额	固定资产原价	累计折旧	流动资产合计	应收账款	存货
全 省	**3381.95**	**611.54**	**932.56**	**314.28**	**2054.02**	**866.79**	**363.30**
武汉市	2783.43	463.52	683.80	219.13	1705.82	792.21	308.06
黄石市	61.64	24.10	30.76	6.40	26.56	7.21	9.67
十堰市	2.55	0.72	1.53	0.45	1.47	0.66	0.38
宜昌市	60.22	17.61	29.64	11.45	31.74	14.44	9.84
襄阳市	40.74	11.20	16.82	5.30	21.17	5.66	3.91
鄂州市	13.89	3.68	7.31	3.62	8.48	4.88	2.14
荆门市	24.84	11.69	15.91	4.04	11.06	4.02	2.11
孝感市	54.55	12.34	26.32	13.69	32.26	10.32	6.30
荆州市	209.84	8.38	29.87	21.33	164.63	10.01	7.69
黄冈市	15.06	5.27	8.71	3.12	7.03	2.84	1.96
咸宁市	38.94	13.76	22.60	6.12	17.82	8.39	3.88
随州市	29.48	11.58	15.94	4.11	12.96	2.43	3.36
恩施州	1.31	0.01	0.14	0.03	1.07	0.30	0.12
仙桃市	41.09	26.54	34.42	7.89	11.24	3.23	3.67
潜江市	0.29	0.12	0.18	0.06	0.05	0.01	0.01
天门市	4.08	1.01	8.63	7.54	0.67	0.19	0.20
神农架							

其他电子设备制造业主要经济指标

单位：亿元

	负债合计			所有者权益合计				
		流动负债合计			实收资本			
产成品			应付账款			国家资本	集体资本	法人资本
93.88	**1857.37**	**1607.28**	**736.55**	**1524.58**	**939.26**	**150.57**	**2.16**	**654.62**
70.41	1502.95	1300.57	661.73	1280.48	819.27	145.88	1.49	619.17
6.14	40.18	32.23	13.35	21.46	24.29			2.17
0.27	1.36	1.18	0.12	1.19	0.77			0.16
4.66	32.15	25.03	12.61	28.08	16.71	1.15	0.21	7.12
1.36	14.54	12.83	4.79	26.20	6.33			4.18
0.29	6.17	5.72	2.37	7.73	6.46		0.16	1.18
0.73	15.43	13.41	3.06	9.40	4.67	0.08	0.02	1.29
3.40	25.11	20.61	8.30	29.44	14.88			10.31
1.51	144.88	135.06	8.51	64.96	13.88	3.45	0.10	0.58
0.66	10.72	9.83	2.18	4.35	3.30		0.10	1.32
1.10	21.03	16.08	7.87	17.90	6.86		0.04	2.34
1.33	16.30	10.96	3.15	13.18	7.39		0.05	4.07
0.10	0.63	0.63	0.22	0.68	0.23			0.01
1.79	23.28	22.39	8.15	17.80	13.43			0.21
0.01	0.03	0.03	0.01	0.26	0.05			0.05
0.12	2.60	0.72	0.13	1.47	0.75			0.45

1-B-46 续表

地区				营业收入	营业成本	销售费用	管理费用
	个人资本	港澳台资本	外商资本				
全　省	**76.57**	**24.58**	**24.37**	**2337.20**	**2022.39**	**56.38**	**170.24**
武汉市	37.04	3.27	6.02	1767.87	1555.92	43.50	137.42
黄石市	2.16	16.79	3.17	38.09	33.25	0.64	2.48
十堰市	0.61			4.10	3.26	0.05	0.11
宜昌市	4.93	2.94	0.35	65.26	56.28	1.51	3.94
襄阳市	2.14			94.33	76.24	2.57	3.81
鄂州市	4.82		0.30	20.68	17.38	0.41	1.62
荆门市	3.05		0.23	27.88	22.93	0.89	1.56
孝感市	3.85		0.71	44.24	35.83	1.40	3.55
荆州市	9.51	0.23		116.79	87.99	2.23	8.37
黄冈市	1.88			17.32	14.36	0.60	0.88
咸宁市	2.71	1.34	0.43	71.03	59.82	1.34	3.03
随州市	3.27			30.57	25.69	0.54	1.08
恩施州	0.08		0.14	1.14	0.97	0.05	0.08
仙桃市	0.21		13.01	27.96	23.58	0.38	2.01
潜江市				0.72	0.58	0.02	0.01
天门市	0.30			9.24	8.31	0.26	0.29
神农架							

单位：亿元

财务费用			投资收益(损失以“–”号记)	营业利润	利润总额	亏损企业亏损额	平均用工人数(万人)
	利息收入	利息支出					
12.00	**–1.03**	**19.80**	**1.31**	**90.39**	**94.54**	**24.54**	**18.26**
3.87	–1.68	13.28	1.38	45.48	48.23	21.95	11.30
0.83	0.01	0.35	–0.43	–0.30	–0.25	1.64	0.82
0.03		0.01		0.62	0.61		0.11
0.35	0.15	0.40	0.06	3.28	3.44	0.10	0.72
0.42	0.06	0.26	0.12	10.94	11.42		0.75
0.06	–0.01	0.02		1.08	1.16	0.11	0.43
0.24	0.01	0.17		1.94	1.86	0.10	0.37
0.62	0.15	0.30	0.02	2.29	2.42	0.38	0.79
3.51	0.15	3.61	0.04	13.30	13.45	0.01	0.56
0.25		0.20		1.57	1.36	0.10	0.44
0.37	–0.02	0.21	0.01	6.02	6.11	0.01	0.90
0.34	–0.02	0.25	0.11	2.88	2.91	0.12	0.41
0.03		0.03		0.01	0.01	0.01	0.03
0.91	0.17	0.55	–0.01	1.06	1.60		0.55
0.01		0.01		0.05	0.05		
0.17		0.15		0.17	0.17		0.06

1-B-47 按地区分组的仪器仪表

地　区	资产总计	固定资产净　额	固定资产原　价	累计折旧	流动资产合　计	应收账款	存货
全　省	**180.92**	**33.73**	**71.60**	**34.79**	**124.40**	**40.96**	**32.09**
武汉市	83.93	11.13	16.66	5.45	64.93	24.44	13.53
黄石市	4.35	0.72	1.70	0.54	2.60	1.11	0.47
十堰市	0.74	0.07	0.19	0.12	0.55	0.14	0.22
宜昌市	53.48	10.69	31.09	18.04	33.89	8.35	12.89
襄阳市	7.98	2.50	5.85	3.35	5.05	1.90	1.69
鄂州市	0.55	0.17	0.47	0.29	0.24	0.06	0.09
荆门市	0.86	0.21	0.50	0.29	0.49	0.16	0.11
孝感市	3.11	0.73	1.23	0.38	1.73	0.86	0.21
荆州市	0.76	0.09	1.21	1.12	0.41	0.19	0.07
黄冈市	2.84	0.91	1.23	0.32	1.52	0.21	0.86
咸宁市	9.56	2.89	5.62	2.73	4.31	1.41	1.18
随州市	1.86	0.37	0.75	0.32	1.27	0.61	0.22
恩施州	0.40		0.06	0.05	0.39	0.34	0.04
仙桃市							
潜江市							
天门市	10.50	3.24	5.03	1.79	7.02	1.16	0.53
神农架							

制造业主要经济指标

单位：亿元

产成品	负债合计	流动负债合计	应付账款	所有者权益合计	实收资本	国家资本	集体资本	法人资本
14.30	**96.88**	**81.89**	**25.14**	**84.07**	**36.01**	**10.52**	**0.74**	**12.52**
6.34	37.71	36.08	12.00	46.25	18.00	1.64	0.65	9.32
0.26	2.44	2.38	0.60	1.92	0.54			0.20
0.07	0.52	0.34	0.18	0.22	0.06			
5.29	35.74	25.11	6.84	17.74	9.85	8.37		0.85
1.22	4.87	4.64	2.34	3.11	1.10	0.50		0.35
0.06	0.24	0.21		0.31	0.26			
0.03	0.42	0.40	0.32	0.44	0.24			0.15
0.07	1.20	1.15	0.32	1.91	0.92			0.61
0.05	0.39	0.32		0.37	0.11			0.05
0.04	1.75	1.73	0.26	1.09	0.55		0.09	0.11
0.62	4.57	4.44	0.65	4.99	3.81			0.67
0.13	0.86	0.72	0.34	1.00	0.35			0.03
	0.38	0.38	0.02	0.02	0.06			0.03
0.12	5.80	4.00	1.28	4.70	0.15			0.15

1-B-47 续表

地区	个人资本	港澳台资本	外商资本	营业收入	营业成本	销售费用	管理费用
全省	**11.80**	**0.02**	**0.41**	**199.49**	**154.89**	**9.21**	**17.24**
武汉市	6.04	0.02	0.34	71.76	50.88	5.20	8.45
黄石市	0.34			4.02	3.29	0.12	0.30
十堰市	0.06			1.01	0.84	0.04	0.07
宜昌市	0.62			34.24	28.30	1.28	3.31
襄阳市	0.25			20.88	17.81	0.56	1.52
鄂州市	0.26			4.72	3.75	0.16	0.17
荆门市	0.09			2.79	2.50	0.04	0.08
孝感市	0.30		0.01	4.67	4.07	0.07	0.23
荆州市	0.06			5.74	5.27	0.08	0.07
黄冈市	0.35			1.50	1.06	0.07	0.16
咸宁市	3.13			26.06	20.00	0.88	1.55
随州市	0.26		0.06	6.94	5.42	0.14	0.17
恩施州	0.03			0.30	0.20		0.10
仙桃市							
潜江市							
天门市				14.86	11.49	0.59	1.06
神农架							

单位：亿元

财务费用			投资收益(损失以“–”号记)	营业利润	利润总额	亏损企业亏损额	平均用工人数(万人)
	利息收入	利息支出					
2.26	**0.55**	**1.41**	**0.48**	**14.20**	**14.82**	**4.09**	**2.58**
0.50	0.05	0.50	0.38	7.95	8.46	0.93	1.12
0.08		0.02	0.02	0.23	0.25		0.15
0.01		0.01		0.04	0.04		0.01
0.53	0.48	0.15	0.06	–1.46	–1.41	3.02	0.51
0.12		0.06		0.76	0.73		0.16
0.01				0.43	0.43		0.02
0.03		0.03		0.13	0.13		0.02
0.05		0.03		0.20	0.20		0.04
0.05				0.26	0.26		0.02
0.03		0.01		0.17	0.18		0.04
0.40		0.18	0.01	3.11	3.12	0.12	0.12
0.05	0.02	0.05	0.01	1.11	1.15		0.08
				–0.01	–0.01	0.01	0.08
0.40		0.37		1.29	1.29		0.23

1-B-48 按地区分组的其他

地 区	资产总计	固定资产净额	固定资产原价	累计折旧	流动资产合计	应收账款	存货
全 省	**94.57**	**17.44**	**40.00**	**21.09**	**62.60**	**16.25**	**18.34**
武汉市	16.48	0.23	3.36	3.10	10.51	1.80	6.59
黄石市	0.89	0.44	0.68	0.24	0.43	0.16	0.09
十堰市	0.40	0.04	0.05	0.02	0.36	0.11	0.12
宜昌市	3.68	1.34	1.78	0.43	1.41	0.29	0.37
襄阳市	39.86	8.81	16.60	7.09	27.04	5.62	4.88
鄂州市	0.37	0.09	0.24	0.14	0.09		
荆门市	0.39	0.28	2.15	1.87	0.11	0.04	0.05
孝感市	25.98	3.82	10.34	6.52	20.14	7.30	5.19
荆州市	1.46	0.30	0.45	0.15	1.04	0.54	0.33
黄冈市	2.14	0.88	1.96	0.74	0.75	0.16	0.33
咸宁市	1.62	0.34	1.05	0.34	0.37	0.14	0.17
随州市	0.12	0.06	0.09	0.04	0.04	0.01	0.03
恩施州	0.12	0.03	0.03		0.07	0.01	0.05
仙桃市	1.07	0.79	1.23	0.41	0.25	0.08	0.14
潜江市							
天门市							
神农架							

制造业主要经济指标

单位：亿元

产成品	负债合计	流动负债合计		所有者权益合计	实收资本			
			应付账款			国家资本	集体资本	法人资本
2.69	**55.77**	**43.41**	**15.60**	**36.57**	**13.94**	**4.38**	**0.02**	**7.48**
0.64	11.65	2.48	1.64	2.60	1.35			1.07
0.04	0.35	0.35	0.04	0.54	0.15	0.10		0.04
0.12	0.13	0.13	0.10	0.27	0.01			0.01
0.21	1.24	1.19	0.37	2.44	0.31			0.18
0.95	21.27	19.63	4.38	18.59	5.05	4.27		0.49
	0.21	0.05		0.16	0.16			
0.01	0.16	0.06		0.23	0.01			
0.29	18.69	17.58	8.49	7.30	4.92	0.01		4.90
0.14	0.49	0.47	0.21	0.97	0.19			
0.10	0.92	0.87	0.17	1.23	0.62		0.02	
0.08	0.15	0.09	0.01	1.47	0.96			0.74
0.01	0.02	0.02	0.01	0.11	0.08			
0.01	0.05	0.05	0.01	0.07	0.04			
0.08	0.45	0.45	0.16	0.62	0.10			0.05

1-B-48 续表

地 区	个人资本	港澳台资本	外商资本	营业收入	营业成本	销售费用	管理费用
全 省	**2.06**		**0.01**	**100.94**	**86.35**	**1.38**	**5.13**
武汉市	0.28			5.44	4.32	0.34	0.50
黄石市	0.01			3.30	3.13	0.01	0.02
十堰市				0.50	0.38	0.04	0.03
宜昌市	0.13			7.43	5.67	0.23	0.23
襄阳市	0.29			42.07	35.17	0.29	2.92
鄂州市	0.16			1.48	1.36	0.01	0.01
荆门市	0.01			2.25	1.75	0.07	0.20
孝感市			0.01	26.40	24.35	0.20	0.87
荆州市	0.19			1.35	1.04	0.02	0.03
黄冈市	0.61			2.13	1.84	0.04	0.06
咸宁市	0.22			5.33	4.56	0.06	0.05
随州市	0.08			0.98	0.84	0.03	0.05
恩施州	0.04			0.24	0.17	0.01	0.03
仙桃市	0.05			2.04	1.77	0.04	0.12
潜江市							
天门市							
神农架							

单位：亿元

财务费用			投资收益(损失以"–"号记)	营业利润	利润总额	亏损企业亏损额	平均用工人数(万人)
	利息收入	利息支出					
0.06	**0.19**	**0.21**	**0.09**	**7.68**	**7.81**	**0.01**	**1.00**
		0.01		0.25	0.26	0.01	0.08
0.01				0.11	0.11		0.04
			0.03	0.08	0.09		
0.02		0.01		1.13	1.13		0.04
–0.16	0.16	0.04	–0.03	3.61	3.69		0.33
0.01			0.09	0.34	0.34		0.01
				0.16	0.16		0.01
0.05	0.03	0.03		0.96	0.98		0.29
0.03		0.02		0.23	0.23		0.03
0.05		0.05		0.06	0.08		0.05
0.05		0.05		0.60	0.60		0.07
				0.05	0.05		0.01
							0.01
				0.09	0.09		0.03

1-B-49 按地区分组的废弃资源

地区	资产总计	固定资产净额	固定资产原价	累计折旧	流动资产合计	应收账款	存货
全省	**304.45**	**74.19**	**105.80**	**28.41**	**152.73**	**29.13**	**55.73**
武汉市	49.55	16.71	20.52	3.56	21.55	7.84	3.90
黄石市	29.71	6.78	10.73	2.56	9.61	1.22	3.19
十堰市	0.85	0.03	0.06	0.03	0.70	0.47	0.05
宜昌市	0.82	0.38	0.49	0.11	0.41	0.06	0.21
襄阳市	3.70	1.14	1.42	0.27	1.19	0.53	0.31
鄂州市	2.37	0.45	1.27	0.83	1.07	0.30	0.02
荆门市	155.39	33.69	48.08	14.38	77.64	7.70	37.84
孝感市	12.66	2.95	6.35	2.79	8.90	3.61	2.11
荆州市	10.88	4.51	5.87	1.23	3.95	2.73	0.34
黄冈市	22.97	1.25	1.79	0.29	21.09	3.80	4.92
咸宁市	7.65	2.04	2.95	0.72	3.60	0.18	2.14
随州市	0.43	0.40	0.51	0.11	0.03		
恩施州	0.96	0.02	0.48	0.10	0.69	0.01	0.12
仙桃市	1.34	0.55	0.71	0.16	0.69	0.50	0.16
潜江市	2.39	1.53	1.77	0.23	0.60	0.02	0.10
天门市	2.78	1.76	2.80	1.04	1.02	0.15	0.33
神农架							

综合利用业主要经济指标

单位：亿元

产成品	负债合计	流动负债合计	应付账款	所有者权益合计	实收资本	国家资本	集体资本	法人资本
17.55	**142.97**	**123.50**	**12.94**	**161.48**	**112.87**	**5.91**	**2.64**	**94.92**
1.83	27.30	25.26	4.80	22.25	22.33	0.60	0.54	18.48
0.57	11.73	9.49	2.35	17.98	3.81	1.25	0.48	0.89
0.05	0.58	0.58	0.04	0.27	0.12			0.10
0.06	0.23	0.23	0.04	0.59	0.16			
0.11	2.08	1.95	0.25	1.62	1.37		0.30	0.75
0.06	2.98	2.98	1.10	–0.62	0.19	0.05	0.14	
6.71	60.05	48.17	0.56	95.34	69.43			69.01
0.65	9.20	8.81	0.66	3.46	1.29			0.80
0.24	7.01	5.21	0.70	3.86	2.38		0.20	0.60
4.84	15.25	15.15	1.74	7.72	5.70	3.25		1.82
2.11	3.24	3.20	0.14	4.41	3.17	0.76	0.98	0.19
	0.16	0.14		0.27	0.27			
0.03	1.03	1.03		–0.08	0.10			
0.14	0.65	0.57	0.22	0.69	0.67			0.57
0.03	0.79	0.29	0.29	1.60	1.60			1.60
0.10	0.68	0.43	0.06	2.10	0.29			0.10

1-B-49 续表

地区	个人资本	港澳台资本	外商资本	营业收入	营业成本	销售费用	管理费用
全省	**8.55**	**0.86**		**363.37**	**319.24**	**2.96**	**8.55**
武汉市	1.92	0.78		87.58	72.79	0.30	1.17
黄石市	1.19			20.67	15.80	0.27	1.22
十堰市	0.02			1.08	0.92	0.01	0.01
宜昌市	0.16			4.10	3.60	0.12	0.03
襄阳市	0.32			17.07	15.69	0.20	0.90
鄂州市				4.42	3.81	0.01	0.48
荆门市	0.42			98.03	85.55	0.43	2.80
孝感市	0.41	0.08		39.09	35.14	0.26	0.40
荆州市	1.57			4.38	3.62	0.16	0.30
黄冈市	0.63			54.66	53.71	0.54	0.52
咸宁市	1.24			21.04	19.32	0.17	0.21
随州市	0.27			1.18	0.86	0.06	0.03
恩施州	0.10			0.55	0.39	0.03	0.04
仙桃市	0.10			1.94	1.75	0.02	0.06
潜江市				1.14	0.96	0.03	0.03
天门市	0.19			6.45	5.34	0.36	0.34
神农架							

单位：亿元

财务费用	利息收入	利息支出	投资收益(损失以“–”号记)	营业利润	利润总额	亏损企业亏损额	平均用工人数(万人)
5.76	**3.26**	**1.94**	**–0.68**	**21.92**	**23.36**	**0.28**	**1.27**
0.14	0.01	0.14		7.07	7.43	0.08	0.25
0.37	0.01	0.17	–0.71	1.55	1.57		0.21
				0.16	0.16		0.01
0.01		0.01		0.34	0.34		0.04
0.09		0.03	0.02	0.28	0.29		0.02
0.02		0.02		0.08	0.16		0.09
3.30	3.09	0.04		5.55	5.54		0.26
0.24		0.15		3.91	4.26	0.09	0.07
0.25	0.12	0.06		0.02	0.02	0.12	0.08
1.15	0.03	1.16	0.02	1.12	1.48		0.10
0.07		0.07		1.10	1.34		0.05
0.01				0.20	0.20		
0.03		0.03		0.06	0.06		
0.05		0.03		0.04	0.07		0.03
0.01		0.01		0.08	0.08		0.01
0.03		0.03		0.36	0.36		0.05

1-B-50 按地区分组的金属制品、机械和

地　区	资产总计	固定资产净　额	固定资产原　价	累计折旧	流动资产合　计	应收账款	存货
全　省	**44.13**	**7.29**	**17.55**	**8.81**	**30.36**	**9.96**	**6.09**
武汉市	30.79	2.40	5.23	2.83	23.49	7.60	4.82
黄石市							
十堰市							
宜昌市	1.10	0.19	0.31	0.12	0.80	0.34	0.06
襄阳市	4.90	1.19	1.83	0.63	3.35	1.56	0.97
鄂州市	0.12	0.02	0.10	0.08	0.09	0.02	0.04
荆门市							
孝感市							
荆州市	1.05	0.04	0.20	0.16	0.80	0.27	0.06
黄冈市	1.36	0.06	0.20	0.10	0.61	0.16	0.06
咸宁市							
随州市							
恩施州							
仙桃市							
潜江市							
天门市	4.81	3.40	9.69	4.88	1.23	0.02	0.09
神农架							

设备修理业主要经济指标

单位：亿元

产成品	负债合计	流动负债合计		所有者权益合计	实收资本			
			应付账款			国家资本	集体资本	法人资本
0.67	**27.66**	**18.29**	**7.70**	**16.46**	**8.18**	**0.58**	**0.61**	**5.73**
0.25	21.87	13.22	6.16	8.92	2.11	0.58	0.60	0.23
	0.71	0.38	0.18	0.39	0.40			0.30
0.28	3.46	3.46	0.88	1.44	0.88			0.77
0.01	0.10	0.10	0.08	0.02	0.02		0.02	
0.04	0.41	0.33	0.19	0.63	0.15			
0.01	0.73	0.56		0.63	0.20			
0.09	0.37	0.24	0.22	4.44	4.43			4.43

1-B-50 续表

地 区				营业收入	营业成本	销售费用	管理费用
	个人资本	港澳台资本	外商资本				
全 省	**1.26**			**69.23**	**57.02**	**0.84**	**3.15**
武汉市	0.71			28.78	22.85	0.29	2.40
黄石市							
十堰市							
宜昌市	0.10			1.03	0.95	0.01	0.13
襄阳市	0.10			21.82	17.21	0.09	0.17
鄂州市				0.25	0.19		0.03
荆门市							
孝感市							
荆州市	0.15			0.28	0.12	0.05	0.08
黄冈市	0.20			2.18	1.93	0.11	0.06
咸宁市							
随州市							
恩施州							
仙桃市							
潜江市							
天门市				14.89	13.77	0.30	0.27
神农架							

单位：亿元

财务费用	利息收入	利息支出	投资收益(损失以"-"号记)	营业利润	利润总额	亏损企业亏损额	平均用工人数(万人)
1.25		**1.21**	**0.03**	**6.75**	**6.85**	**0.18**	**0.65**
0.95	0.01	0.94	0.01	2.14	2.18	0.12	0.38
			0.01	–0.06	–0.06	0.06	0.03
0.06	–0.01	0.07		4.26	4.28		0.07
				0.02	0.02		0.01
0.01				0.02	0.03		0.01
0.01		0.01		0.05	0.09		0.06
0.21		0.19		0.31	0.31		0.10

1-B-51 按地区分组的电力、热力、燃气及

地　区	资产总计	固定资产净　额	固定资产原　价	累计折旧	流动资产合　计		
						应收账款	存货
全　省	**5671.64**	**3591.64**	**6369.01**	**2750.79**	**655.62**	**163.77**	**42.89**
武汉市	1767.76	1298.23	2606.24	1307.91	176.39	43.44	13.26
黄石市	209.58	90.59	147.79	57.01	73.26	10.14	0.83
十堰市	257.80	143.41	201.42	57.37	41.05	5.37	0.99
宜昌市	2098.37	1189.36	1974.75	776.28	106.57	21.98	3.81
襄阳市	148.22	98.81	206.62	106.54	34.01	10.18	4.31
鄂州市	105.46	41.49	91.43	49.44	13.74	3.98	3.08
荆门市	100.08	67.22	110.66	41.09	22.86	7.36	3.04
孝感市	178.93	135.03	241.12	103.74	32.60	11.72	3.60
荆州市	116.63	65.22	87.37	21.38	22.41	6.86	2.47
黄冈市	201.87	129.84	184.76	51.86	40.66	14.85	2.92
咸宁市	91.96	53.99	104.54	50.06	21.29	6.37	2.92
随州市	136.92	83.73	102.11	15.26	31.03	14.03	0.56
恩施州	203.44	159.66	261.67	99.72	26.64	6.13	0.78
仙桃市	18.37	9.30	10.62	1.32	8.56	0.85	0.03
潜江市	3.06	1.19	2.16	0.97	0.97	0.14	0.05
天门市	12.63	7.55	9.09	1.20	1.68	0.34	0.22
神农架	20.56	17.01	26.65	9.64	1.89	0.03	0.01

水生产和供应业主要经济指标

单位：亿元

产成品	负债合计	流动负债合计	应付账款	所有者权益合计	实收资本	国家资本	集体资本	法人资本
3.04	**3034.03**	**1698.53**	**370.50**	**2637.61**	**1148.31**	**792.68**	**17.99**	**207.46**
0.92	1065.13	769.74	266.65	702.63	425.22	386.93	7.76	15.77
0.10	130.05	66.30	8.34	79.53	31.39	16.22		5.23
0.15	152.18	63.71	8.09	105.62	79.30	58.44	0.20	20.51
0.24	881.97	309.71	16.47	1216.40	282.33	180.94	0.87	20.48
0.03	83.29	55.20	9.62	64.94	46.34	32.62	3.73	6.34
0.05	53.45	42.73	2.57	52.01	31.49	0.08	0.26	30.75
0.16	60.81	42.21	6.08	39.27	27.98	21.38		6.17
0.02	107.62	85.78	2.96	71.31	20.18	9.01	0.11	8.16
0.07	79.13	33.32	6.01	37.50	26.42	15.76	0.42	6.99
0.41	141.31	77.33	22.52	60.55	45.13	25.23		13.96
0.12	38.89	22.66	7.86	53.07	41.58	1.63	0.02	38.29
0.43	77.20	27.36	4.31	59.72	28.48	10.71	0.20	16.19
0.19	124.45	78.29	6.76	78.99	49.87	33.04	1.13	13.58
0.02	14.25	9.43	0.01	4.12	4.25		2.88	1.37
0.04	1.41	1.06	0.36	1.65	0.45			0.22
0.09	5.32	3.30	0.96	7.31	5.54	0.67		2.67
	17.57	10.40	0.94	2.99	2.36	0.03	0.42	0.78

1-B-51 续表

地区	个人资本	港澳台资本	外商资本	营业收入	营业成本	销售费用	管理费用
全省	**100.55**	**9.38**	**20.25**	**2197.80**	**1801.32**	**15.04**	**41.73**
武汉市	3.55	3.27	7.94	1198.03	1154.90	5.65	7.50
黄石市	0.65		9.29	74.09	63.93	1.02	1.09
十堰市	0.15			41.72	29.07	0.53	6.85
宜昌市	79.98	0.05		353.91	154.80	0.71	9.19
襄阳市	0.03	3.53	0.10	85.84	65.83	2.05	2.89
鄂州市	0.40			36.53	32.45	0.39	1.00
荆门市	0.43			55.27	46.98	0.51	2.68
孝感市	0.46	2.33	0.10	106.41	89.31	0.98	2.02
荆州市	0.95		2.31	40.70	33.56	0.30	0.94
黄冈市	5.94			63.29	46.58	0.89	2.44
咸宁市	1.65			69.72	42.76	0.58	1.48
随州市	1.19	0.20		23.84	9.93	0.43	0.79
恩施州	2.13			37.82	22.67	0.48	1.85
仙桃市				3.59	2.72	0.17	0.47
潜江市	0.23			1.76	1.32	0.13	0.17
天门市	1.69		0.51	3.23	2.03	0.23	0.12
神农架	1.13			2.06	2.47		0.25

单位：亿元

财务费用			投资收益(损失以"–"号记)	营业利润	利润总额	亏损企业亏损额	平均用工人数(万人)
	利息收入	利息支出					
77.81	**1.89**	**74.70**	**30.49**	**282.27**	**284.11**	**6.92**	**14.37**
17.59	0.18	17.66	3.74	12.52	14.94	0.47	9.19
1.93	0.07	1.87		5.75	5.74	0.17	0.27
4.03	0.69	2.96	0.66	0.53	–0.26	2.78	0.97
32.50	0.65	33.43	24.73	180.58	179.64	0.29	0.79
2.67	0.04	2.52	0.13	11.90	11.92	0.29	0.50
0.28	0.02	0.23	0.20	2.37	2.40	0.01	0.13
1.86	0.09	1.71	0.03	2.90	3.58	0.79	0.51
3.72	0.03	2.88	0.04	9.59	9.77	0.30	0.44
2.24	0.02	1.98	0.61	4.00	4.11	0.31	0.30
3.14	0.02	2.79		9.90	9.67	0.15	0.37
0.87		0.44		23.51	23.51		0.20
2.11	0.02	1.62	0.04	10.64	10.68		0.10
4.43	0.04	4.18	0.31	8.09	8.40	0.32	0.34
0.06		0.06		0.16	0.16	0.13	0.11
				0.09	0.10	0.01	0.03
0.20	0.01	0.20		0.63	0.65		0.04
0.19		0.19		–0.89	–0.89	0.90	0.07

1-B-52 按地区分组的电力、热力生产和

地　区	资产总计	固定资产净　额	固定资产原　价	累计折旧	流动资产合　计	应收账款	存货
全　省	**4912.59**	**3348.83**	**5983.69**	**2614.89**	**373.03**	**112.16**	**27.92**
武汉市	1404.60	1198.54	2449.53	1250.93	47.15	10.28	4.22
黄石市	95.42	68.69	117.83	48.96	19.67	8.11	0.39
十堰市	232.86	134.78	187.41	52.53	30.47	3.57	0.30
宜昌市	2058.95	1178.63	1955.54	770.12	88.94	19.96	3.23
襄阳市	127.39	87.40	189.62	100.96	27.68	9.78	3.52
鄂州市	93.80	36.57	83.52	46.46	8.69	3.72	2.93
荆门市	85.46	62.14	101.52	37.03	17.48	5.74	2.58
孝感市	153.00	120.62	203.92	81.00	24.69	10.79	3.50
荆州市	95.73	55.32	73.10	17.01	15.16	6.02	2.17
黄冈市	154.43	98.48	141.66	42.79	32.02	11.73	2.04
咸宁市	76.97	49.70	97.63	47.93	18.78	5.47	2.71
随州市	123.28	80.72	97.05	13.22	26.13	12.29	0.09
恩施州	182.06	153.12	250.93	95.67	13.60	4.54	0.22
仙桃市	3.72	3.31	3.59	0.28	0.14	0.01	
潜江市	0.51	0.38	0.42	0.04	0.13	0.03	0.02
天门市	3.85	3.44	3.77	0.33	0.41	0.10	
神农架	20.56	17.01	26.65	9.64	1.89	0.03	0.01

供应业主要经济指标

单位：亿元

产成品	负债合计	流动负债合计	应付账款	所有者权益合计	实收资本	国家资本	集体资本	法人资本
0.30	**2595.36**	**1423.65**	**315.98**	**2317.23**	**1030.73**	**741.83**	**8.33**	**174.89**
	851.95	636.05	241.06	552.65	370.38	360.91	1.36	7.47
	71.31	51.62	5.69	24.11	24.56	10.49		4.78
0.03	138.99	53.99	6.69	93.87	73.21	56.66	0.20	16.26
	860.55	291.81	14.29	1198.40	274.04	177.69	0.87	16.01
0.02	74.79	47.58	8.67	52.61	42.48	29.15	3.73	5.96
	46.63	38.37	2.44	47.17	30.10			30.00
0.04	53.55	37.54	4.64	31.91	25.58	20.44		5.14
0.04	96.48	76.51	2.38	56.53	15.83	7.56		5.89
0.04	67.50	23.87	5.28	28.23	19.58	13.27	0.42	5.62
0.01	97.73	40.32	8.32	56.70	40.16	23.38		11.95
0.05	30.58	16.88	6.42	46.39	37.29	1.13		35.52
0.03	67.84	22.57	2.60	55.45	26.44	10.48	0.20	14.73
	115.87	72.60	5.64	66.19	44.86	30.64	1.13	12.06
	2.37	2.37		1.35	1.35			1.35
0.02	0.33	0.22	0.17	0.18	0.15			
	1.34	0.94	0.73	2.51	2.35			1.36
	17.57	10.40	0.94	2.99	2.36	0.03	0.42	0.78

1-B-52 续表

地 区				营业收入	营业成本	销售费用	管理费用
	个人资本	港澳台资本	外商资本				
全 省	**89.81**	**5.89**	**9.99**	**1921.30**	**1581.35**	**1.80**	**26.39**
武汉市	0.04		0.61	1086.44	1061.50	0.02	3.01
黄石市			9.29	55.30	49.20		0.10
十堰市	0.10			31.47	21.26	0.03	5.86
宜昌市	79.47			332.83	137.80	0.19	8.16
襄阳市	0.03	3.52	0.10	70.67	54.74	0.36	2.16
鄂州市	0.10			29.80	27.09		0.57
荆门市				46.70	40.53	0.06	1.97
孝感市	0.21	2.17		86.74	72.71	0.41	0.69
荆州市	0.27			30.20	25.51	0.08	0.51
黄冈市	4.83			39.90	28.90	0.45	0.72
咸宁市	0.63			59.77	35.44	0.04	0.76
随州市	0.82	0.20		19.07	6.89	0.07	0.40
恩施州	1.04			28.74	16.34		1.20
仙桃市				0.71	0.55	0.02	0.02
潜江市	0.15			0.44	0.36	0.02	0.01
天门市	0.99			0.47	0.06	0.05	0.02
神农架	1.13			2.06	2.47		0.25

单位：亿元

财务费用			投资收益（损失以“–”号记）	营业利润	利润总额	亏损企业亏损额	平均用工人数（万人）
	利息收入	利息支出					
71.84	**1.86**	**69.14**	**26.11**	**256.84**	**255.83**	**6.04**	**11.33**
13.57	0.19	13.60	0.28	5.21	5.93	0.47	8.12
1.93	0.07	1.85		3.76	3.69	0.12	0.13
3.96	0.69	2.90	0.66	–0.30	–1.11	2.65	0.80
32.42	0.64	33.39	24.63	178.15	177.16	0.15	0.57
2.63	0.04	2.45		10.16	10.11	0.29	0.28
0.23	0.02	0.19	0.20	1.90	1.95		0.06
1.68	0.11	1.53		2.19	2.66	0.73	0.40
3.60	0.03	2.79	0.03	8.63	8.69		0.23
2.08	0.02	1.93		1.79	1.87	0.27	0.17
2.80	0.01	2.51		6.79	6.50	0.14	0.13
0.55		0.13		22.51	22.04		0.08
1.86	0.01	1.59		9.88	9.91		0.04
4.24	0.03	3.99	0.31	6.66	6.93	0.32	0.25
				0.12	0.12		0.01
				0.04	0.04		
0.10		0.10		0.24	0.24		
0.19		0.19		–0.89	–0.89	0.90	0.07

1-B-53 按地区分组的燃气生产和

地 区	资产总计	固定资产净额	固定资产原价	累计折旧	流动资产合计	应收账款	存货
全 省	**239.28**	**113.99**	**159.02**	**39.86**	**85.47**	**11.34**	**7.30**
武汉市	101.30	43.70	60.13	16.42	39.76	4.96	3.11
黄石市	9.03	5.17	7.82	2.65	3.13	0.45	0.30
十堰市	9.75	3.84	5.06	0.89	4.18	0.42	0.57
宜昌市	15.92	6.50	11.74	3.59	5.05	1.59	0.45
襄阳市	10.76	6.03	8.48	2.45	4.01	0.03	0.75
鄂州市	2.70	1.26	1.96	0.70	1.00	0.01	
荆门市	4.76	1.33	2.22	0.89	1.40	0.09	0.28
孝感市	11.01	4.33	5.38	1.01	5.17	0.71	
荆州市	8.89	3.38	5.28	1.90	4.55	0.17	0.28
黄冈市	34.36	25.96	33.60	4.98	3.75	1.05	0.61
咸宁市	4.32	2.96	3.76	0.80	0.66	0.21	0.03
随州市	4.15	1.87	2.11	0.24	1.88	0.12	0.44
恩施州	14.79	3.33	5.87	2.39	10.27	1.40	0.37
仙桃市							
潜江市	0.36	0.23	0.32	0.10	0.03	0.01	
天门市	7.17	4.11	5.31	0.86	0.64	0.12	0.10
神农架							

供应业主要经济指标

单位：亿元

产成品	负债合计	流动负债合计	应付账款	所有者权益合计	实收资本	国家资本	集体资本	法人资本
1.58	**146.31**	**134.85**	**31.72**	**92.97**	**44.62**	**7.21**	**6.51**	**20.41**
0.37	58.48	55.82	10.81	42.82	20.53	4.25	6.40	4.55
0.10	4.82	4.66	2.36	4.21	1.60	0.50		0.45
0.01	3.98	3.24	0.38	5.78	4.25			4.25
0.20	8.71	7.39	0.88	7.21	2.68	0.09		2.02
0.01	5.27	5.04	0.40	5.50	1.11	0.85		0.25
	1.54	1.53	0.09	1.16	0.40			0.10
0.06	2.71	2.40	0.71	2.05	0.68	0.24		0.18
–0.05	6.70	6.22	0.14	4.31	1.31		0.11	0.88
0.01	5.30	4.38	0.53	3.60	1.64	0.28		1.37
0.29	34.79	33.99	13.93	–0.43	2.93	0.90		1.48
0.01	1.95	1.95	0.14	2.38	1.40			1.20
0.40	2.02	1.81	0.07	2.13	0.70			0.70
0.08	6.72	4.49	1.06	8.07	2.72	0.10		1.53
	0.20	0.16	0.02	0.16	0.14			0.14
0.09	3.14	1.76	0.20	4.04	2.53			1.31

1-B-53 续表

地区				营业收入	营业成本	销售费用	管理费用
	个人资本	港澳台资本	外商资本				
全省	**4.32**	**3.49**	**2.67**	**176.24**	**141.52**	**6.51**	**5.94**
武汉市		3.27	2.06	72.29	60.51	2.60	1.99
黄石市	0.65			15.46	12.44	0.64	0.31
十堰市				6.59	5.11	0.28	0.25
宜昌市	0.51	0.05		13.10	10.41	0.27	0.29
襄阳市		0.01		11.76	8.68	1.41	0.32
鄂州市	0.30			2.55	2.09	0.14	0.12
荆门市	0.26			5.98	4.76	0.19	0.33
孝感市	0.05	0.16	0.10	9.44	8.03	0.19	0.33
荆州市				6.96	5.22	0.13	0.19
黄冈市	0.55			16.80	12.63	0.27	1.26
咸宁市	0.20			3.55	2.96	0.13	0.06
随州市				2.29	1.75	0.05	0.09
恩施州	1.09			6.73	4.85	0.13	0.31
仙桃市							
潜江市				0.43	0.34	0.01	0.02
天门市	0.71		0.51	2.31	1.74	0.08	0.08
神农架							

单位：亿元

财务费用			投资收益(损失以"–"号记)	营业利润	利润总额	亏损企业亏损额	平均用工人数(万人)
	利息收入	利息支出					
1.43	**–0.07**	**1.32**	**0.04**	**20.83**	**21.29**		**0.98**
0.51	–0.06	0.51		6.97	7.03		0.44
0.01		0.01		2.01	2.03		0.05
0.04	0.01	0.02		0.89	0.91		0.05
0.04	–0.01	0.02		2.06	2.12		0.08
0.04	–0.01	0.05		1.29	1.32		0.07
				0.19	0.19		0.01
0.11	–0.02	0.13		0.52	0.72		0.03
0.07		0.04		0.81	0.81		0.06
0.08		0.03	0.02	1.34	1.34		0.05
0.22		0.20		2.39	2.43		0.06
0.05		0.05		0.34	0.34		0.01
		0.01	0.01	0.40	0.42		0.02
0.15		0.15		1.28	1.28		0.04
				0.04	0.04		0.01
0.10		0.10		0.30	0.30		0.02

1-B-54 按地区分组的水的生产和

地 区	资产总计	固定资产净 额	固定资产原 价	累计折旧	流动资产合 计		
						应收账款	存货
全 省	**519.78**	**128.83**	**226.30**	**96.04**	**197.12**	**40.27**	**7.67**
武汉市	261.86	55.99	96.59	40.56	89.49	28.21	5.93
黄石市	105.14	16.74	22.15	5.40	50.46	1.58	0.15
十堰市	15.18	4.79	8.95	3.95	6.39	1.38	0.13
宜昌市	23.51	4.23	7.47	2.56	12.57	0.44	0.13
襄阳市	10.07	5.38	8.51	3.14	2.32	0.37	0.05
鄂州市	8.97	3.66	5.95	2.28	4.05	0.25	0.15
荆门市	9.87	3.75	6.92	3.18	3.99	1.53	0.18
孝感市	14.92	10.09	31.82	21.73	2.75	0.21	0.10
荆州市	12.01	6.52	8.99	2.47	2.69	0.68	0.02
黄冈市	13.07	5.41	9.50	4.09	4.89	2.07	0.27
咸宁市	10.66	1.33	3.15	1.33	1.86	0.68	0.17
随州市	9.49	1.14	2.95	1.79	3.02	1.62	0.03
恩施州	6.59	3.21	4.88	1.67	2.78	0.19	0.18
仙桃市	14.65	6.00	7.04	1.04	8.42	0.83	0.03
潜江市	2.19	0.59	1.42	0.83	0.82	0.10	0.03
天门市	1.60	0.01	0.02	0.01	0.63	0.12	0.12
神农架							

供应业主要经济指标

单位：亿元

产成品	负债合计	流动负债合计	应付账款	所有者权益合计	实收资本	国家资本	集体资本	法人资本
1.16	**292.36**	**140.03**	**22.80**	**227.42**	**72.96**	**43.64**	**3.16**	**12.16**
0.55	154.70	77.86	14.78	107.16	34.31	21.76		3.75
	53.92	10.02	0.30	51.22	5.23	5.23		
0.10	9.21	6.49	1.02	5.97	1.84	1.79		
0.03	12.72	10.52	1.29	10.79	5.61	3.16		2.45
	3.23	2.57	0.54	6.83	2.75	2.62		0.13
0.05	5.28	2.83	0.03	3.69	0.99	0.08	0.26	0.65
0.06	4.55	2.26	0.72	5.32	1.72	0.70		0.85
0.03	4.45	3.05	0.44	10.47	3.04	1.44		1.39
0.01	6.33	5.07	0.19	5.68	5.20	2.22		
0.11	8.80	3.02	0.26	4.28	2.03	0.95		0.53
0.06	6.36	3.84	1.30	4.30	2.89	0.49	0.02	1.57
	7.35	2.98	1.65	2.15	1.34	0.23		0.75
0.11	1.87	1.19	0.07	4.72	2.29	2.29		
0.02	11.88	7.06	0.01	2.77	2.89		2.88	0.01
0.03	0.89	0.67	0.16	1.31	0.16			0.08
	0.84	0.60	0.04	0.76	0.67	0.67		

1-B-54 续表

地　区				营业收入	营业成本	销售费用	管理费用
	个人资本	港澳台资本	外商资本				
全　省	**6.42**		**7.59**	**100.26**	**78.45**	**6.73**	**9.40**
武汉市	3.51		5.28	39.30	32.88	3.03	2.49
黄石市				3.33	2.29	0.37	0.69
十堰市	0.05			3.67	2.70	0.22	0.75
宜昌市				7.98	6.59	0.25	0.74
襄阳市				3.41	2.41	0.28	0.42
鄂州市				4.17	3.27	0.25	0.31
荆门市	0.17			2.58	1.69	0.25	0.38
孝感市	0.21			10.22	8.57	0.38	1.00
荆州市	0.67		2.31	3.54	2.84	0.09	0.24
黄冈市	0.55			6.59	5.06	0.18	0.46
咸宁市	0.81			6.40	4.36	0.41	0.66
随州市	0.36			2.48	1.30	0.30	0.31
恩施州				2.35	1.48	0.35	0.33
仙桃市				2.88	2.17	0.15	0.45
潜江市	0.08			0.88	0.61	0.10	0.14
天门市				0.46	0.23	0.10	0.03
神农架							

单位：亿元

财务费用			投资收益（损失以“–”号记）	营业利润	利润总额	亏损企业亏损额	平均用工人数（万人）
	利息收入	利息支出					
4.54	**0.09**	**4.24**	**4.34**	**4.59**	**6.99**	**0.88**	**2.06**
3.51	0.05	3.55	3.46	0.34	1.98		0.64
–0.01				–0.02	0.02	0.05	0.10
0.03	–0.01	0.04		–0.07	–0.06	0.14	0.11
0.04	0.02	0.03	0.10	0.37	0.36	0.14	0.15
0.01	0.01	0.02	0.13	0.45	0.48		0.15
0.05		0.03		0.29	0.26	0.01	0.05
0.08		0.05	0.03	0.19	0.20	0.06	0.09
0.05		0.05	0.01	0.16	0.27	0.30	0.15
0.08		0.02	0.59	0.86	0.90	0.03	0.09
0.11		0.07		0.72	0.75	0.02	0.18
0.27		0.26		0.66	1.12		0.11
0.25	0.01	0.02	0.03	0.35	0.35		0.05
0.04	0.01	0.04		0.14	0.18		0.05
0.06		0.06		0.04	0.04	0.13	0.11
				0.02	0.02	0.01	0.02
–0.01	0.01			0.09	0.11		0.01

第2篇

主要工业产品产量篇

2-1　2018年湖北工业主要产品产量

产品名称	计量单位	产品产量
铁矿石原矿	万吨	1670.66
铁矿石成品矿	万吨	359.64
#铁精矿	万吨	227.31
锰矿石原矿	万吨	90.44
铜金属含量	万吨	7.97
铅金属含量	吨	5849.25
锌金属含量	万吨	1.18
稀有稀土金属矿	吨	1392.15
#钨精矿折合量（折三氧化钨65%）	吨	1113.15
钼精矿折合量（折纯钼45%）	吨	134.00
砂石	万吨	2788.58
化学矿	万吨	3448.58
#磷矿石（折含五氧化二磷30%）	万吨	3402.98
原盐	万吨	416.74
小麦粉	万吨	303.55
大米	万吨	2697.78
饲料	万吨	1601.58
#配合饲料	万吨	782.97
混合饲料	万吨	270.26
宠物食品	万吨	1.45
食用植物油	万吨	536.47
#精制食用植物油	万吨	308.55
鲜、冷藏肉	万吨	132.11
冷冻水产品	万吨	50.29
冷冻蔬菜	万吨	43.40
豆腐及豆制品	万吨	10.78
糕点	万吨	25.71
面包	万吨	11.62
饼干	万吨	4.98
膨化食品	万吨	3.87
焙烤松脆食品	万吨	7.22
糖果	万吨	21.45
速冻食品	万吨	6.80
#速冻米面食品	万吨	6.04
方便面	万吨	17.69
乳制品	万吨	106.92
#液体乳	万吨	104.99
固体及半固体乳制品	万吨	1.93
罐头	万吨	74.44
味精（谷氨酸钠）	万吨	1.23
酱油	万吨	10.08
复合调味品	万吨	8.32
蜂蜜营养制品	万吨	2.08
冷冻饮品	万吨	10.45
食用盐	万吨	26.23
食品添加剂	万吨	38.97

2-1 续表1

产品名称	计量单位	产品产量
饲料添加剂	万吨	13.46
发酵酒精（折96度，商品量）	千升	4878.00
饮料酒	万千升	258.37
#白酒（折65度，商品量）	万千升	55.95
啤酒	万千升	167.54
黄酒	万千升	1.91
葡萄酒	千升	3409.40
果酒及配制酒	万千升	8.11
饮料	万吨	987.58
#碳酸型饮料（汽水）	万吨	104.40
包装饮用水	万吨	327.12
精制茶	万吨	33.41
复烤烟叶	万吨	3.60
卷烟	亿支	1275.84
#一类烟	亿支	646.42
二类烟	亿支	271.73
三类烟	亿支	236.68
四类烟	亿支	85.93
五类烟	亿支	35.08
雪茄烟	亿支	5.09
纱	万吨	298.39
#棉纱	万吨	189.22
棉混纺纱	万吨	42.42
化学纤维纱	万吨	66.75
布	亿米	56.45
#棉布	亿米	43.99
棉混纺布	亿米	8.15
化学纤维短纤布	亿米	3.95
印染布	亿米	4.12
#漂白布	亿米	1.46
染色布	亿米	2.27
印花布	万米	3813.83
毛机织物（呢绒）	万米	3042.00
亚麻纱	吨	8258.00
蚕丝	吨	35.80
床褥单	万条	1324.00
蚕丝被	万条	47.44
非织造布（无纺布）	万吨	59.11
服装	亿件	9.39
#针织服装	亿件	2.15
梭织服装	亿件	7.23
#羽绒服装	万件	2001.10
西服套装	万件	1459.40
衬衫	万件	520.75
皮革服装	万件	137.48
衣箱、提箱及类似容器	万个	140.61
手提包（袋）、背包	万个	1739.90
毛皮服装	万件	108.01

2-1　续表2

产品名称	计量单位	产品产量
鞋	万双	6385.78
#纺织面鞋	万双	2594.82
皮革鞋靴	万双	2573.46
塑料鞋	万双	243.00
胶鞋	万双	974.50
人造板	万立方米	1023.99
实木木地板	万平方米	123.90
复合木地板	万平方米	5341.38
竹地板	万平方米	145.15
家具	万件	686.42
#木质家具	万件	520.57
#金属家具	万件	46.16
纸浆(原生浆及废纸浆)	万吨	1.40
机制纸及纸板(外购原纸加工除外)	万吨	373.27
#新闻纸	吨	9699.00
卫生用纸原纸	万吨	4.65
包装用纸及纸板	万吨	27.87
#箱纸板	万吨	3.75
纸制品	万吨	508.76
单色印刷品	万令	905.61
多色印刷品	万对开色令	3183.88
室内训练健身器材	万台	16.08
硫酸（折100%）	万吨	1211.95
盐酸（氯化氢，含量31%）	万吨	49.72
浓硝酸（折100%）	吨	5611.65
磷酸（含量85%）	万吨	4.75
烧碱（折100%）	万吨	83.12
#离子膜法烧碱（折100%）	万吨	57.69
纯碱（碳酸钠）	万吨	137.48
碳化钙（电石，折300升/千克）	万吨	28.74
乙烯	万吨	89.31
丙烯	万吨	46.38
纯苯	万吨	37.57
甲醛	万吨	37.71
精甲醇	万吨	35.85
合成氨（无水氨）	万吨	335.07
农用氮、磷、钾化学肥料(折纯)	万吨	490.79
#氮肥(折含氮100%)	万吨	236.24
#尿素(折含氮100%)	万吨	60.51
磷肥(折五氧化二磷100%)	万吨	251.02
钾肥(折氧化钾100%)	万吨	3.54
复合肥、复混合肥	万吨	1040.30
磷酸一铵（实物量）	万吨	912.63
磷酸二铵（实物量）	万吨	465.34
化学农药原药(折有效成分100%)	万吨	19.97
#杀虫剂(杀螨剂)原药	万吨	3.89
杀菌剂原药	吨	2848.00
除草剂原药	万吨	12.04

2-1 续表3

产品名称	计量单位	产品产量
涂料	万吨	169.40
初级形态塑料	万吨	203.99
#低密度聚乙烯树脂(LDPE)	万吨	2.78
线型低密度聚乙烯树脂(LLDPE)	万吨	30.98
聚丙烯树脂	万吨	67.81
ABS树脂	万吨	2.84
聚氯乙烯树脂	万吨	19.29
合成橡胶	万吨	3.05
合成纤维单体	万吨	40.71
#精对苯二甲酸（PTA）	万吨	6.83
乙二醇	万吨	34.41
合成纤维聚合物	万吨	3.11
#聚酯	吨	2710.00
合成洗涤剂	万吨	21.02
#液体洗涤剂	吨	7984.36
化学药品原药	万吨	15.89
中成药	万吨	23.76
兽用药品	万吨	3.60
化学纤维	万吨	25.90
#人造纤维(纤维素纤维)	万吨	10.04
#粘胶短纤维	万吨	8.50
粘胶纤维长丝	万吨	1.54
合成纤维	万吨	15.87
#涤纶纤维	万吨	9.79
丙纶纤维	万吨	5.65
橡胶轮胎外胎	万条	934.59
塑料制品	万吨	505.64
#塑料薄膜	万吨	25.21
泡沫塑料	万吨	13.64
塑料人造革、合成革	万吨	1.11
日用塑料制品	万吨	85.54
硅酸盐水泥熟料	万吨	6137.96
#窑外分解窑水泥熟料	万吨	5283.84
水泥	万吨	10906.16
石灰	万吨	538.58
商品混凝土	万立方米	10084.28
水泥混凝土压力管	千米	409.08
水泥混凝土电杆	万根	124.18
水泥混凝土预制构件	万立方米	774.75
石膏板	亿平方米	4.23
砖	亿块	582.05
瓦	亿片	22.05
天然大理石建筑板材	万平方米	2486.11
天然花岗石建筑板材	万平方米	17494.74
平板玻璃	万重量箱	9447.41
钢化玻璃	万平方米	2985.74
夹层玻璃	万平方米	179.90
中空玻璃	万平方米	1203.03

2-1　续表4

产品名称	计量单位	产品产量
日用玻璃制品	万吨	91.39
玻璃包装容器	万吨	64.61
玻璃保温容器	万个	477.00
玻璃纤维纱	吨	6627.00
瓷质砖	万平方米	15787.91
陶质砖	万平方米	6292.38
卫生陶瓷制品	万件	1220.84
日用陶瓷制品	万件	87.45
耐火材料制品	万吨	273.83
生铁	万吨	3203.53
粗钢	万吨	3475.37
钢材	万吨	3682.74
#铁道用钢材	万吨	52.78
#重轨	万吨	52.78
大型型钢	万吨	30.02
中小型型钢	万吨	133.84
棒材	万吨	280.20
钢筋	万吨	861.56
线材（盘条）	万吨	323.55
特厚板	万吨	39.92
厚钢板	万吨	59.31
中板	万吨	105.83
热轧薄板	万吨	1.92
冷轧薄板	万吨	121.29
中厚宽钢带	万吨	423.43
热轧薄宽钢带	万吨	319.13
冷轧薄宽钢带	万吨	203.56
热轧窄钢带	万吨	5.86
冷轧窄钢带	万吨	3.58
镀层板（带）	万吨	313.95
涂层板（带）	万吨	83.55
电工钢板（带）	万吨	173.29
无缝钢管	万吨	94.33
焊接钢管	万吨	5.36
其他钢材	万吨	46.47
高温合金	万吨	1.20
铁合金	万吨	17.06
#电炉硅铁（折合含硅75%）	万吨	2.43
锰硅合金（折合含锰硅量合计82%）	万吨	8.24
十种有色金属	万吨	76.57
#精炼铜（电解铜）	万吨	50.83
铅	万吨	17.69
镍	吨	772.00
锑品	吨	6438.80
原铝（电解铝）	万吨	6.91
海绵钛	吨	3282.00
黄金	万千克	1.14
白银（银锭）	万千克	106.20

2-1 续表5

产品名称	计量单位	产品产量
铜合金	万吨	1.55
铝合金	万吨	8.98
锌合金	吨	1500.00
铜材	万吨	29.69
铝材	万吨	112.61
锌材	吨	4012.00
钢结构	万吨	502.35
金属门窗及类似制品	万吨	48.12
铸铁件	万吨	281.33
铸钢件	万吨	47.78
锻件	万吨	39.05
粉末冶金零件	吨	8511.30
金属丝	万吨	14.92
#钢丝	万吨	9.42
钢丝绳	万吨	3.14
钢绞线	万吨	14.99
电站锅炉	蒸发量吨	7114.00
工业锅炉	蒸发量吨	4552.90
发动机	万千瓦	14915.81
#汽车用发动机	万千瓦	14894.57
#汽车用汽油发动机	万千瓦	12042.57
汽车用柴油发动机	万千瓦	2852.00
汽轮机	万千瓦	155.15
水轮机	千瓦	5200.00
金属切削机床	台	11192.00
#数控金属切削机床	台	5030.00
金属成形机床	台	4549.00
#数控金属成形机床（数控锻压设备）	台	2028.00
电焊机	台	3104.00
机床数控装置	套	1615.00
起重机	万吨	6.62
电动车辆（电动叉车）	万台	4.01
连续搬运设备	万吨	8.57
电梯	台	3650.00
泵	万台	49.69
气体压缩机	万台	2937.47
#制冷设备用压缩机	万台	2936.77
非制冷设备用压缩机	台	6966.00
阀门	万吨	6.30
液压元件	万件	107.78
气动元件	万件	32.19
滚动轴承	亿套	1.74
齿轮	万吨	11.62
工业电炉	台	15.00
风机	万台	6.25
#鼓风机	台	7113.00
工商用制冷、空调设备	万台（套）	93.28
电动手提式工具	万台	22.58

2-1　续表6

产品名称	计量单位	产品产量
包装专用设备	万台	1.45
影像投影仪	台	1230.00
金属密封件	万件	887.53
机械密封件	万件	687.30
金属紧固件	万吨	22.69
弹簧	万吨	9.48
矿山专用设备	万吨	20.60
石油钻探、开采专用设备	万台（套）	3.53
建筑工程用机械	台	1398.00
建筑材料及制品专用生产机械	台	632.00
冶金专用设备	万吨	24.43
炼油、化工生产专用设备	万吨	5.68
橡胶加工专用设备	台	118.00
塑料加工专用设备	台	1516.00
木材加工、处理机械	台	7424.00
模具	万套	35.69
食品制造机械	台	600.00
农产品加工专用设备	万台	4.13
农产品初加工机械	万台	14.13
饲料生产专用设备	台	2239.00
制浆和造纸专用设备	台	13.00
印刷专用设备	吨	3550.00
制药专用设备	台	3099.00
纺织专用设备	台	2274.00
皮革、毛皮及其制品加工专用设备	台	124.00
电工机械专用设备	万台	1.03
电子工业专用设备	台	5331.00
大型拖拉机	台	298.00
中型拖拉机	台	4622.00
小型拖拉机	台	4763.00
机械化农业及园艺机具	万台	67.13
#收获机械	台	848.00
收获后处理机械	万台	7.18
畜牧机械	万台	2.28
渔业捕捞养殖机械	台	2370.00
医疗仪器设备及器械	万台	32.15
一次性注射器	亿支	2.28
眼镜成镜	万副	33.96
环境污染防治专用设备	万台（套）	7.17
#大气污染防治设备	万台（套）	6.07
水质污染防治设备	台（套）	9114.00
固体废弃物处理设备	台（套）	1409.00
放射性污染防治和处理设备	台（套）	424.00
地质勘查专用设备	台	342.00
灭火器	万台	177.21
工业机器人	万套	1.15
金属处理机械	台	3237.00
服务机器人	万套	9.85
汽车	万辆	241.90

2-1 续表7

产品名称	计量单位	产品产量
#基本型乘用车（轿车）	万辆	100.76
#轿车（排量≤1升）	万辆	13.73
轿车（1升<排量≤1.6升）	万辆	57.12
轿车（1.6升<排量≤2.0升）	万辆	27.94
轿车（2.0升<排量≤2.5升）	辆	4323.00
多功能乘用车（MPV）	万辆	16.50
运动型多用途乘用车（SUV）	万辆	75.19
交叉型乘用车	万辆	5.18
客车	万辆	4.98
#中型客车（7米<车长≤10米）	辆	778.00
轻型客车（车长≤7米）	万辆	4.90
载货汽车	万辆	25.00
#重型载货车	万辆	2.96
中型载货车	辆	8072.00
轻型载货车	万辆	21.22
微型载货车	辆	100.00
半挂牵引车	万辆	5.44
汽车底盘	万辆	8.84
#公路机动车底盘	辆	6358.00
#客运机动车底盘	辆	5.00
货车底盘	辆	6353.00
#新能源汽车	万辆	6.73
改装汽车	万辆	26.39
低速载货汽车	辆	2626.00
铁路货车	万辆	1.01
城市轨道车辆	辆	309.00
民用钢质船舶	万载重吨	66.94
#钢质机动货船	万载重吨	65.65
钢质机动非货船	载重吨	3081.00
钢质非机动船	载重吨	9845.00
民用无人机	架	223.00
电动自行车	万辆	41.84
发电机组（发电设备）	万千瓦	154.39
#汽轮发电机组	万千瓦	151.95
内燃发电机组	万千瓦	16.57
电动机	万千瓦	393.10
#直流电动机	万千瓦	8.59
交流电动机	万千瓦	329.43
变压器	万千伏安	4160.81
#电力变压器	万千伏安	145.08
互感器	万台	41.78
电力电容器	千乏	330.02
配电或电器控制设备	万台（套、面）	87.00
通信及电子网络用电缆	万对千米	205.19
电力电缆	万千米	128.39
光纤	万千米	2136.67
光缆	万芯千米	7294.02
锂离子电池	万只（自然只）	84739.72
蓄电池	万千伏安时	4740.11

2-1　续表8

产品名称	计量单位	产品产量
#铅酸蓄电池△	万千伏安时	2637.33
碱性蓄电池	万只（自然只）	482.42
原电池及原电池组（非扣式）	亿只	2.80
太阳能电池（光伏电池）	万千瓦	82.38
家用电冰箱（家用冷冻冷藏箱）	万台	488.80
家用冷柜（家用冷冻箱）	万台	183.42
房间空气调节器	万台	1842.86
家用电热水器	万台	238.43
家用燃气灶具	万台	166.30
家用燃气热水器	万台	1.83
太阳能热水器	万平方米	10.06
白炽灯泡	万只	4204.47
灯具及照明装置	万套（台、个）	1639.23
车辆专用照明、信号及其装置	万套（台、个）	1514.40
电子计算机整机	万台	1150.46
#微型计算机设备	万台	1111.45
#台式微型计算机	万台	11.36
平板电脑	万台	856.25
显示器	万台	1168.17
#平板显示器	万台	1168.07
微波通信设备	万部	89.50
移动通信基站设备	万信道	136.65
移动通信手持机（手机）	万台	4364.08
#智能手机	万台	3876.70
液晶电视机	万台	582.17
数字激光音、视盘机	万台	28.99
电视接收机顶盒	万台	14.77
半导体分立器件	亿只	110.82
传感器	亿只	2.31
集成电路	万块	166.07
集成电路圆片	万片	29.68
光电子器件	亿只（片、只）	49.53
#发光二极管（LED管）	亿只	37.95
液晶显示屏	万片	1241.91
液晶显示模组	万套	102.73
电子元件	亿只	116.91
印制电路板	万平方米	1003.18
工业自动调节仪表与控制系统	万台（套）	47.53
电工仪器仪表	万台	18.91
工业仪表	万台（个）	48.32
#水表	万个	42.79
分析仪器及装置	台（套）	2675.00
环境监测专用仪器仪表	万台	4.76
汽车仪器仪表	万台	84.27
光学仪器	万台（个）	42.95
打火机	万个	6798.00
熔炼用废钢	万吨	357.61
熔炼用废铁	万吨	40.44
自来水生产量	亿立方米	33.59

2-2　2018年全国规模以上工业主要产品生产能力

产品名称	计量单位	2018年
天然原油	万吨	54.23
卷烟	亿支	1930.03
原油加工能力	万吨	1650.00
焦炭	万吨	941.00
烧碱	万吨	93.30
碳化钙(电石，折300升/千克)	万吨	31.50
农用氮、磷、钾化学肥料总计(折纯)	万吨	1203.22
初级形态塑料	万吨	214.52
化学纤维	万吨	41.15
水泥	万吨	14031.48
平板玻璃	万重量箱	10804.46
粗钢	万吨	3621.65
钢材	万吨	4412.06
原铝(电解铝)	万吨	12.96
金属切削机床	万台	2.26
汽车	万辆	290.66
家用电冰箱	万台	550.00
房间空气调节器	万台	1800.00
微型计算机设备	万台	1594.36
移动通信手持机(手机)	万台	5513.38
彩色电视机	万台	610.00
发电设备容量总计	万千瓦	6543.98
#火电设备容量	万千瓦	2655.49
水电设备容量	万千瓦	3433.10
风电设备容量	万千瓦	256.60

2-3　2018年全省主要能源产品产量

产品名称	计量单位	产品产量
原煤	亿吨	0.01
原油	万吨	54.25
天然气	亿立方米	5.09
液化天然气	万吨	27.35
原油加工量	万吨	1414.02
汽油	万吨	373.28
煤油	万吨	124.71
柴油	万吨	447.14
燃料油	万吨	5.85
石脑油	万吨	146.87
液化石油气	万吨	67.23
石油焦	万吨	97.88
石油沥青	万吨	15.79
焦炭	万吨	873.98
发电量	亿千瓦小时	2754.06
火力发电量	亿千瓦小时	1236.86
水力发电量	亿千瓦小时	1430.93
核能发电量	亿千瓦小时	
风力发电量	亿千瓦小时	54.89
太阳能发电量	亿千瓦小时	31.38
煤气	亿立方米	352.23

注：1调查范围为四上企业，原煤、天然气、发电量数据为四经普605-3表数据，不包括四下企业。

2-4 2018年分地区主要能源产品产量

地区	原煤(万吨)	原油(万吨)	天然气(亿立方米)	液化天然气(万吨)	原油加工量(万吨)	汽油(万吨)	煤油(万吨)	柴油(万吨)	燃料油(万吨)	石脑油(万吨)
全省	**58.46**	**54.25**	**5.09**	**27.34**	**1414.01**	**373.28**	**124.71**	**447.14**	**5.85**	**146.87**
武汉市					801.85	180.78	92.17	240.78	4.40	146.87
黄石市										
十堰市										
宜昌市										
襄阳市										
鄂州市										
荆门市	20.09				481.04	169.30	32.54	134.11	1.45	
孝感市			3.92							
荆州市										
黄冈市				26.93						
咸宁市	0.21									
随州市										
恩施州	38.16									
仙桃市										
潜江市		54.25	1.17	0.41	131.12	23.20		72.25		
天门市										
神农架										

备注：1.能源分地区叠加数据有可能与全省总计数据不一致，分项发电量叠加有可能与发电量不一致，原因为两位小数点四舍五入造成的；
2.原煤、天然气、发电量数据采用四经普605-3表数据，不包括四下企业。

2-4 续表

地区	液化石油气(万吨)	石油焦(万吨)	石油沥青(万吨)	焦炭(万吨)	发电量(亿千瓦小时)	#火力发电量	#水力发电量	#核能发电量	#风力发电量	#太阳能发电量	煤气(亿立方米)
全省	**67.24**	**97.87**	**15.79**	**873.98**	**2754.09**	**1236.86**	**1430.95**		**54.89**	**31.39**	**352.23**
武汉市	26.52	59.26		578.52	254.64	254.64					293.63
黄石市				100.83	124.28	120.54	0.97		1.62	1.14	3.05
十堰市					82.65	8.23	72.67			1.75	
宜昌市					1333.98	81.00	1250.80		0.74	1.43	
襄阳市					147.87	125.28	12.29		7.81	2.50	
鄂州市			3.84	194.63	83.78	83.78					
荆门市	27.20	24.98	11.95		98.92	94.82			3.83	0.27	
孝感市					191.74	180.47	0.18		8.19	2.89	
荆州市	4.00				83.46	79.27	1.98		0.95	1.25	
黄冈市					88.31	64.90	10.78		4.79	7.85	
咸宁市					139.08	136.71	1.15		0.91	0.31	55.55
随州市					28.94				18.95	10.00	
恩施州					83.87	0.89	75.16		7.10	0.73	
仙桃市					0.80					0.80	
潜江市	9.52	13.63			6.33	6.33					
天门市					0.47					0.47	
神农架					4.97		4.97				

备注：1.能源分地区叠加数据有可能与全省总计数据不一致，分项发电量叠加有可能与发电量不一致，原因为两位小数点四舍五入造成的；
2.原煤、天然气、发电量数据采用四经普605-3表数据，不包括四下企业。

附　录

主要指标解释

主要指标解释

资产总计　指企业过去的交易或者事项形成的、由企业拥有或者控制的、预期会给企业带来经济利益的资源。资产一般按流动性（资产的变现或耗用时间长短）分为流动资产和非流动资产。其中流动资产可分为货币资金、交易性金融资产、应收票据、应收账款、预付款项、其他应收款、存货等；非流动资产可分为长期股权投资、固定资产、无形资产及其他非流动资产等。根据会计“资产负债表”中“资产总计”项目的期末余额数填报。包括企业拥有的土地、办公楼、厂房、机器、运输工具、存货等实物资产和现金、存款、应收账款和预付账款等金融资产。

流动资产合计　资产满足以下条件之一应归为流动资产：(1）预计在一个正常营业周期中变现、出售或耗用，主要包括存货、应收账款等；(2）主要为交易目的而持有；(3）预计在资产负债表日起一年内（含一年）变现；(4）自资产负债日起一年内，交换其他资产或清偿负债的能力不受限制的现金或现金等价物。包括货币资金、应收票据、应收账款、存货等项目。根据会计“资产负债表”中“流动资产合计”项目的期末余额数填报。

应收账款　指企业因销售商品、提供劳务等经营活动所形成的债权，包括应向客户收取的货款、增值税款和为客户代垫的运杂费等。根据会计“资产负债表”中“应收账款”项目的期末余额数填报。

存货　指企业在日常活动中持有以备出售的产成品或商品、处在生产过程中的在产品、在生产过程或提供劳务过程中耗用的材料或物料等，通常包括原材料、在产品、半成品、产成品、商品以及周转材料等。根据会计“资产负债表”中“存货”项目的期末余额数填报。其中：“年初存货”根据会计“资产负债表”中“存货”项目的年初余额数填报。注意：“存货”具有实物形态，不属于无形资产，由于企业持有存货的最终目的是为了出售，所以房地产开发企业（单位）购置的土地、尚未销售的商品房等均计入“存货”。

产成品　指企业已经完成全部生产过程并验收入库，可以按照合同规定的条件送交订货单位，或者可以作为商品对外销售的产品。根据会计“产成品”科目的借方余额填报。

固定资产原价　指固定资产的成本，包括企业在购置、自行建造、安装、改建、扩建、技术改造某项固定资产时所发生的全部支出总额。根据会计“固定资产”科目的期末借方余额填报。

累计折旧　指企业在报告期末提取的历年固定资产折旧累计数。根据会计“累计折旧”科目的期末贷方余额填报。

固定资产净额　指固定资产原价减去累计折旧、固定资产减值准备后的金额。当会计“资产负债表”列示“固定资产净额”项目时，根据“固定资产净额”项目的期末余额数填报；当会计“资产负债表”列示“固定资产”项目，且含义及核算范围与本指标解释一致时，根据“固定资产”项目的期末余额数填报；其他情况，根据会计“固定资产”科目的期末余额，减去“累计折旧”和“固定资产减值准备”科目的期末余额后的金额填报。

负债合计　指企业过去的交易或者事项形成的，预期会导致经济利益流出企业的现时义务。负债一般按偿还期长短分为流动负债和非流动负债。根据会计资产负债表中“负债合计”项目的期末余额数填报。包括银行贷款、借款、应付账款、应付职工工资、应付职工福利费、应交税金等企业负有偿还责任的债务。

执行企业会计准则或《小企业会计准则》的企业：负债合计=流动负债合计+非流动负债合计；执行其他企业会计制度的企业负债包括流动负债和长期负债。

流动负债合计　负债满足下列条件之一的应归为流动负债：(1）预计在一个正常营业周期中清偿；(2）主要为交易目的而持有；(3）自资产负债表日起一年内到期应予清偿；(4）企业无权自主地将清偿推迟至资产负债表日后一年以上。包括短期借款、应付票据、应付账款、应付职工薪酬、应交税费等项目。根据会计资产负债表中“流动负债合计”项目的期末余额数填报。

应付账款　指企业因购买材料、商品和接受劳务供应等经营活动应支付的款项。根据会计资产负债表中“应付账款”项目的期末余额数填报。

所有者权益合计　指企业资产扣除负债后由所有者享有的剩余权益。公司的所有者权益又称股东权益。包括实收资本、资本公积、盈余公积、未分配利润等。根据会计资产负债表中“所有者权益合计”项目的期末余额数填报。

实收资本　指企业各投资者实际投入的资本（或股本）总额，包括货币、实物、无形资产等各种形式的投入。实收资本按投资主体可分为国家资本、集体资本、法人资本、个人资本、港澳台资本和外商资本。根据会计资产负债表中“所有者权益”项下“实收资本”的期末余额数填报。

国家资本　指有权代表国家投资的政府部门或机构、直属事业单位对企业形成的资本金。根据会计“实收资本”科目计算填报。

集体资本　指由本企业职工等自然人集体投资或各种机构对企业进行扶持形成的集体性质的资本金。根据会计“实收资本”科目计算填报。

法人资本　指其他法人单位以其依法可支配的资产投入企业形成的资本金。根据会计“实收资本”科目计算填报。

个人资本　指自然人实际投入企业的资本金。根据会计“实收资本”科目计算填报。

港澳台资本 指我国香港、澳门和台湾地区投资者实际投入企业的资本金。根据会计“实收资本”科目计算填报。

外商资本 指外国投资者实际投入企业的资本金。根据会计“实收资本”科目计算填报。

营业收入 指企业经营主要业务和其他业务所确认的收入总额。营业收入包括“主营业务收入”和“其他业务收入”。根据会计“利润表”中“营业收入”项目的本年累计数填报。

营业成本 指企业经营主要业务和其他业务所发生的成本总额。包括企业（单位）在报告期内从事销售商品、提供劳务等日常活动发生的各种耗费。包括“主营业务成本”和“其他业务成本”。根据会计“利润表”中“营业成本”项目的本年累计数填报。

销售费用 指企业在销售商品和材料、提供劳务的过程中发生的各种费用，包括保险费、包装费、展览费和广告费、商品维修费、预计产品质量保证损失、运输费、装卸费等以及为销售本企业商品而专设的销售机构（含销售网点、售后服务网点等）的职工薪酬、业务费、折旧费等经营费用。建筑业企业销售费用指企业从事施工生产活动过程中发生的各项费用，包括应由企业负担的运输费、装卸费、包装费、保险费、维修费、展览费、差旅费、广告费和其他经费。房地产企业销售费用指企业在从事主要经营业务过程中所发生的各项销售费用，包括转让、销售、结算和出租开发产品等。执行企业会计准则或《小企业会计准则》的企业,根据会计“利润表”中“销售费用”项目的本年累计数填报。执行其他企业会计制度的企业，根据会计“利润表”中“营业费用（或经营费用）”项目的本年累计数填报。

管理费用 指企业为组织和管理企业生产经营所发生的费用，包括企业在筹建期间内发生的开办费、董事会和行政管理部门在企业经营管理中发生的，或者应当由企业统一负担的公司经费等。根据会计“利润表”中“管理费用”项目的本年累计数填报。执行财政部《关于修订印发2018年度一般企业财务报表格式的通知》（财会〔2018〕15号）的企业，应把研发费用项目的本年累计数归并到管理费用项目中填报。

财务费用 指企业为筹集生产经营所需资金等而发生的筹资费用，包括企业生产经营期间发生的利息支出（减利息收入）、汇兑损失（减汇兑收益）以及相关的手续费等。根据会计“利润表”中“财务费用”项目的本年累计数填报。

利息收入 指非金融企业存款业务所确认的利息金额。根据企业“财务费用明细账”中“财务费用——利息收入”科目的本期发生额填报。如果未设置该科目，填“0”。

利息支出 指企业短期借款利息、长期借款利息、应付票据利息、票据贴现利息、应付债券利息、长期应付引进国外设备款利息等利息支出。根据企业“财务费用明细账”中“财务费用——利息支出”科目的本期发生额填报。如果企业没有单独设立“利息收入”科目，应填报利息支出减去银行存款等的利息收入后的净额。

投资收益 指企业确认的投资收益或投资损失，反映企业以各种方式对外投资所取得的收益。根据会计“利润表”中“投资收益”项目的本年累计数填报。如为投资损失以“-”号记。

营业利润 指企业从事生产经营活动所取得的利润。执行企业会计准则或《小企业会计准则》的企业，营业利润为营业收入减去营业成本、税金及附加、销售费用、管理费用、财务费用、资产减值损失，再加上公允价值变动收益、投资收益和其他收益后的金额，根据会计“利润表”中“营业利润”项目的本年累计数填报；执行其他企业会计制度的企业，营业利润为营业收入减去营业成本、税金及附加、销售费用、管理费用、财务费用，再加上投资收益后的金额，根据会计“损益表”中“营业利润”项目、“投资收益”项目的本年累计数之和填报。

利润总额 指企业在一定会计期间的经营成果，是生产经营过程中各种收入扣除各种耗费后的盈余，反映企业在报告期内实现的盈亏总额。利润总额为营业利润加上营业外收入，减去营业外支出后的金额，根据会计“利润表”中“利润总额”项目的本年累计数填报。

平均用工人数 指报告期企业平均实际拥有的、参与本企业生产经营活动的人员数。

原煤 指煤矿生产的、经过验收符合质量标准的原煤。即：从毛煤中选出规定粒度的矸石（包括黄铁矿等杂物）并且绝对干燥灰分在40%以下的原煤。绝对干燥灰分虽在40%以上，但经有关部门批准开采，并有消费需求的劣质煤，亦应计入原煤产量。原煤分为无烟煤、烟煤、褐煤，在烟煤中又分为炼焦烟煤和一般烟煤两种。原煤不包括石煤、泥煤（泥炭）和伴随原煤生产过程而采出的煤矸石。

原油 指各种碳氢化合物的复杂混合物，通常呈暗褐色或者黑色液态，少数呈黄色、淡红色、淡褐色。包括自油井开采的原油；因事故、自然灾害以及探井、未交采油单位或未具备生产条件的井中产生的落地油（产量按已销售、利用、回收的量计算）；油（气）井井口直接回收和经处理装置回收的凝析油等。

天然气 指以气态碳氢化合物为主的各种气体的混合物，由有机物质经生物化学作用分解而成，或与石油共存于岩石的裂缝和空洞中，或以溶解状态存在于地下水中；主要成分为甲烷（约占85%-95%），还有乙烷、丙烷、丁烷等，是一种优质燃料和化工原料。天然气分为常规天然气和非常规天然气，常规天然气包括气田天然气、油田天然气（分为油田气层气、油田伴生溶解气），非常规天然气包括煤层气、页岩气、致密砂岩气等。天然气产量是指进入集输管网和就地利用的全部气量。

液化天然气 指液体状态的天然气，由气态天然气在一定温度和压力条件下液化而成，无毒、无色、无味，在-161℃下的密度约为425千克/立方米。天然气在常温、常压状态为气态，占有的体积大，不利于储存，液化后体积只有气态的1/600左右。天然气的主要成分——甲烷的临界温度为-82℃，故在常温下不可能通过压缩而将其液化。而当将甲烷冷却到-161℃以下时，在常压下即转化为液体，即液化天然气（LNG）。

原油加工量 指直接进入蒸馏装置及二次加工装置加工的原油量。该指标是衡量炼化企业生产规模、能力的一项基础指标，也是炼化企业计算各项技术经济指标的重要依据。因此，原油加工量作为一个特殊的指标在产品产量中统计。

汽油 指直馏汽油和二次加工（如催化裂化、加氢裂化，催化重整和经精制的热裂化、焦化等）汽油，按不同比例调和，加入适量抗氧防胶剂及金属钝化剂，必要时加入适量的抗爆剂（如加入抗爆剂还要加入着色剂）而制成。本品为易燃、易挥发液体，具有良好的抗爆性能和燃烧性能，其蒸发性好，燃烧完全，积炭少，对发动机部件及储油容器无腐蚀性，由于加有抗氧剂，产品具有较好的安定性，不易过早氧化。包括航空汽油和车用汽油。

煤油 是一种精制的燃料，挥发度在车用汽油和轻柴油之间，不含诸如粗柴油、润滑油之类的重碳氢化合物。包括灯用煤油、航空煤油。

柴油 指直馏柴油和经过精制的二次加工（如催化裂化、加氢裂化、热裂化、加氢精制的焦化的柴油等），以不同比例调和而成的成品油。柴油分为轻柴油、重柴油。

燃料油 包括船用燃料油、重油或其他燃料油。燃料油分为商品燃料油和自用燃料油。商品燃料油指企业作为商品销售的燃料油；自用燃料油指本企业用作燃料和化肥、化工原料的自用油。

石脑油 属一部分石油轻馏分的泛称；用途不同，各种馏程亦不同。馏程自初馏点至220℃左右，主要用作重整和化工原料；70–145℃馏分，称轻石脑油，生产芳烃的重整原料；70–180℃馏分，称重石脑油，用作生产高辛烷值汽油。用作溶剂时，称作溶剂石脑油；来自煤焦油的芳香族溶剂油也称作重石脑油或溶剂石脑油。

液化石油气 亦称液化气或压缩汽油，是炼油精制过程中产生并回收的气体在常温下经加压而成的液态产品。主要成分是丙烷、丁烷、丙烯、丁烯，主要用作石油化工原料，脱硫后可直接用作燃料。

石油焦 指以原油经常减压装置蒸馏所得的渣油或以重油为原料，经焦化装置生产。产品按用途分为三个牌号，每个牌号按质量分为A、B两类，牌号有1#A、1#B、2#A、2#B、3#A、3#B石油焦等。主要用于制造石墨电极、碳素、碳化硅、碳化钙等产品的原料，也可直接用于冶炼、铸煅工艺作燃料。

石油沥青 指由原油经常减压装置蒸馏直接获得的渣油制品，也可以用减压渣油为原料经氧化，溶剂脱出的沥青再经适度氧化或调合而成。是来自原油中的最重的组分，是高度缩合的多环烃类混合物，具有良好的粘结性、绝缘性、不渗水性，并能抵抗许多化学药物的侵蚀，广泛用于道路工程、建筑工程、水利工程、防护涂料以及保持水土、改良土壤等领域。沥青按用途可分为普通沥青、道路沥青、建筑沥青、专用沥青，其中以道路沥青的用量最大。

焦炭 指将各种经过洗选的煤炭按一定比例配合后，在隔绝空气的高温炭化室内经过热解、缩聚、固化、收缩等复杂的物理化学过程形成的固体燃料，呈黑灰色块状、有光泽，燃烧时烟气少，具有不粘结、不结块、低硫、低灰、坚硬、耐磨、耐压、富于气孔性等特点，主要用于冶金、化工、铸造等工艺的燃料和原料。它包括各种生产方式生产的焦炭，即包括机械化焦炉、简易焦炉、土焦炉、煤气发生炉等装置生产的所有焦炭和半焦炭。

发电量 指电厂（发电机组）在报告期内生产的电能量。它是发电机组经过对一次能源的加工转换而生产出的有功电能数量，即发电机实际发出的有功功率（千瓦）与发电机实际运行时间的乘积。发电量包括全部电力工业企业、自备电厂的产量。新装发电设备在未正式投入生产以前所发的电量以及发电设备大修或改进后试运转期间所发的电量，凡被本厂或用户利用的，均应计入发电量中，未被利用的，则不应计入。发电量中不包括电动的交直流变换、励磁机和周波变换的电量。

火力发电 指利用煤炭、燃油、燃气、生物质等燃料燃烧时产生的热能，通过火电动力装置转换成电能的发电方式，包括燃煤发电，燃气发电，燃油发电，余热、余压、余气发电，生物质发电等。

水力发电 指利用水位落差，配合水轮发电机产生电力的一种发电方式，也就是利用水的势能转为水轮机的机械能，再以机械能推动发电机产生电能，包括抽水蓄能发电。

核能发电 指利用原子反应堆中核燃料(例如铀)缓慢裂变所释放的热能产生蒸汽驱动汽轮机再带动发电机发电的一种发电方式。

风力发电 指把风的动能转变成机械动能，再把机械能转化为电力动能的发电方式。

太阳能发电 指先将太阳光或能转化为热能，再将热能转化成电能或者直接将太阳能转换成电能的发电方式，主要包括太阳能光伏发电和太阳能光热发电。

煤气 指煤、焦炭、半焦等固体燃料与燃料油等液体燃料干馏或气化所产生的可燃气体。包括焦炉煤气、高炉煤气、发生炉煤气和油煤气等。